《머니볼》에 이어지는 찬사

"열정과 활력이 넘치는 책! 야구장과 드래프트 작전실에서 벌어지는 수많은 사건이 수치를 바탕으로 생생하게 펼쳐진다."

– 레브 그로스먼, 〈타임〉

"빌리 빈에 대한 탁월한 묘사를 통해 루이스는 가장 흥미진진한 야구 책을 만들어냈다."

– 로렌스 리터, 〈뉴욕타임스〉

"야구를 좋아한다면 반드시 읽어라."

– 캐슬린 맥가이건, 〈뉴스위크〉

"유쾌하면서도 수많은 교훈으로 가득한 이 책은 명예의 전당에 오르기에 충분하다."

– 리치 칼가아드, 〈포브스〉

"루이스는 굉장한 이야기를 더 굉장하게 풀어냈다."

– 리처드 H. 탈러와 캐스 R. 선스타인, 〈뉴 리퍼블릭〉

"놀라운 일화들을 품은 흥미로우면서도 깨달음을 주는 책이다."

– 윌 링고, 〈베이스볼 아메리카〉

"기막히게 유익하면서도 재미있는 책이다. 질투 나도록 흥미진진하다."
– 조시 벤슨, 〈뉴욕 옵저버〉

"보도와 저술에서 탁월한 성취를 이룬 책이다."
– 마크 에먼스, 〈새너제이 머큐리뉴스〉

"마이클 루이스는 야구에 관한 최고의 걸작이 될 만한 책을 썼다."
– 스티브 와인버그, 〈올랜도 센티널〉

"루이스의 저술은 빌리 빈과 야구계의 흥미로운 인물들에 생명력을 불어넣었다."
– 〈퍼블리셔 위클리〉

"루이스의 책은 현대적이면서 흥미진진할 뿐 아니라 메이저리그에 일어난 변화와 앞으로의 변화를 혁신적인 시각으로 조명하고 있다. 많은 사람의 심기를 건드릴 것이 분명한 책이다."
– 브래드 젤러, 〈미니애폴리스 스타 트리뷴〉

"탁월한 전달력을 지닌 책이다. 소중한 아이디어를 향한 마이클 루이스의 아름다운 집념이 빛나는 성취를 이루어냈다. 《머니볼》은 모두가 홈런을 꿈꾸지만 진정한 야구의 영예는 아웃당하지 않는 것에 숨겨져 있다는 새로운 통찰을 담고 있다."
– 개리 트루도

“야구에 대한 새로운 발상에 즐거움을 느끼는 사람들을 위한 책이다.”

– 브라이언 오닐, 〈피츠버그 포스트–가젯〉

“매력적이고 유익하며, 유쾌한 역발상의 책!”

– 조너선 야들리, 〈워싱턴 포스트〉

“루이스는 5툴 기자다. 그는 통찰력과 유머, 캐릭터 묘사에 능하며 일반 독자뿐 아니라 힘 있는 정책 결정권자를 위한 책을 써내는 능력을 갖고 있다.”

– 데이비드 키펜, 〈샌프란시스코 크로니클〉

“루이스는 스포츠계의 수많은 신성불가침 영역을 건드리는, 야구에 관한 주목할 만한 책을 만들어냈다.”

– 카롤 놉스, 〈USA 투데이〉

“야구계의 뿌리 깊은 비합리성에 대한 루이스의 폭로는 모든 사람에게 풍부한 메시지를 전달해준다. 그는 빌 제임스의 이야기를 빌려 야구의 재능에 관한 빌리 빈과 그 밖의 야구인들의 시각차를 확인시켜 준다.”

– 마르타 살리, 〈디트로이트 프리 프레스〉

“통찰력 있는 이 책은 경험 많은 야구인들의 전통적 관습에 반박하며 약자에게 희망을 전한다.”

– 데이비드 리버파브, 〈뉴어크 스타–레저〉

“《머니볼》에 나오는 단어의 절반에 절반 정도밖에 이해하지 못했음에도 수년간 읽은 스포츠 관련 책들 가운데 가장 마음을 사로잡는 최고의 책이었다. 당신이 야구에 관해 조금이라도 안다면 나보다 네 배는 더 즐겁게 읽을 것이다. 그리고 터질 듯한 흥분을 느끼게 될 것이다.”

– 닉 혼비, 〈빌리버〉

“이 책을 펼치며 당신의 마음도 함께 펼쳐라.”

– 냇 뉴웰, 사우스캐롤라이나 컬럼비아, 〈스테이트〉

“저널리즘의 투르 드 프랑스!”

– 리차드 토펠, 〈월스트리트저널〉

머니볼

머니볼

마이클 루이스 지음 | 김찬별·노은아 옮김

MONEYBALL

비즈니스맵

최근 캘리포니아의 난파선에서 승객 중 한 사람이
200파운드의 금을 허리띠에 꽉 동여맨 채로 배 밑바닥에서 발견되었다.
자, 가라앉던 그 순간 그가 금을 소유했을까, 금이 그를 소유했을까?

– 존 러스킨, 《나중에 온 이 사람에게도》 중에서

머리말

메이저리그에 어울리지 않는다며 퇴짜 맞은 프로야구 선수와 운영진이 모인 팀이 있다. 그들은 어느 순간 메이저리그에서 가장 성공적인 프랜차이즈 스타로 탈바꿈했다. 내가 책을 쓴 이유는 바로 이 매력적인 이야기에 깊이 빠져들었기 때문이다. 그러나 책을 쓰겠다는 생각을 하기 전부터 궁금했던 점이 있다. 메이저리그에서 가장 가난한 팀 중 하나인 오클랜드 애슬레틱스가 어떻게 그토록 좋은 성적을 낼 수 있었을까?

10여 년 전부터 프로야구 관계자들은 프로야구가 더는 운동 경기가 아니라 자본 경쟁의 장이 되고 말았다고 주장했다. 야구에서 부자 구단과 가난한 구단의 격차는 다른 어떤 프로 스포츠보다 큰데다가 시간이 흐르면서 그 격차가 더욱 크게 벌어지고 있다. 2002년 시즌 개막 당시 가장 부유한 구단인 뉴욕 양키스는 팀의 총연봉으로 1억 2,600만 달러를 지급했는데, 가장 가난한 구단인 오클랜드 에이스(A's, 애슬레틱스의 약칭-옮긴이)와 탬파베이 데블레이스(2007년 11월 팀명을 탬파베이 레이스Tampa Bay Rays로 변경-옮긴이)의 연봉 총액은 양키스의 3분의 1에도 못 미치는 4,000만 달러에 불과했다. 10년 전에는 연봉 총액이 가장 높았던 뉴욕 메츠가 4,400만 달러를, 가장 낮은 클리블랜드 인디언스는 800만 달러가 조금 넘는 돈을 썼을 뿐이었는데 말이다.

이런 노골적인 격차는 부자 팀만이 뛰어난 선수를 보유할 수 있음을 의미한다. 가난한 팀이 확보할 수 있는 선수는 다쳤거나 기량이 부족한 선수밖에 없으니 성적이 부진하리라는 건 예상 가능한 일이었다. 적어도 야구 관계자들은 대부분 그렇게 생각했다.

나 역시 가장 부유한 팀이 우수한 성적을 낸다는 주장에 동의하지 않을 수 없었다. 그러나 지난 몇 년간의 경기 결과를 보면 의구심이 생긴다. 각 지구(메이저리그는 아메리칸리그와 내셔널리그로 나뉘며, 각 리그는 동부·중부·서부 지구로 다시 나뉨-옮긴이)의 꼴찌 팀 중에는 텍사스 레인저스와 볼티모어 오리올스, LA 다저스, 뉴욕 메츠처럼 엄청난 돈을 쓰고도 어이없게 패한 부자 구단이 즐비하기 때문이다.

한편 오클랜드 애슬레틱스는 정반대의 사례에 속한다. 과거 수년간 메이저리그에서 연봉 총액 기준으로 보면 꼴찌이거나 간신히 꼴찌를 면했던 오클랜드 애슬레틱스는 정규 시즌에서 애틀랜타 브레이브스를 제외하면 그 어떤 팀보다도 더 많은 승리를 거뒀다. 그들은 3년 연속으로 플레이오프에 진출했으며, 2000년과 2001년 가장 부자 구단인 양키스에 아웃카운트 몇 개 차이로 아깝게 패했다. 도대체 어떻게 이런 일이 가능했을까? 어쨌든 양키스는 물질만능주의의 극단적인 사례를 보여주는 팀이다. 이 점은 양키스의 연고지인 뉴욕 시도 피차일반인데, 이들은 성공을 위해서라면 얼마를 써도 부끄럽지 않다고 생각하다 보니 각자의 영역에서 최고 위치에 올랐다.

이에 앞서 1999년 메이저리그 사무국 총재인 앨런 버드 셀리그는 오클랜드 애슬레틱스의 성공을 '일탈'이라고 부르기도 했다. 그러나 이런 표현은 한낱 변명에 불과하며, 다음과 같은 질문에는 답을 줄 수 없다. 그들은 어떻게 성공했는가? 그들의 비밀은 무엇인가? 어떻게 두 번째로 가난한 프로야구 팀이 정규 리그에서 엄청난 부자 팀들과 겨루어 한 팀을 제외한 다른 29개 팀보다 더 많은 승리를 챙길 수 있었을까? 수많은 부자 구단의 금전 공세를 이겨낸 성공 비결이 궁금하지 않을 수 없다. 나는 이런 질문에 관심을 두게 되었고, 이 책에서 그 답을 찾고자 했다.

그 대답의 출발점은 간단하다. 프로야구에서는 얼마나 돈을 많이 갖고 있느냐 하는 것보다 얼마나 돈을 잘 쓰느냐가 여전히 더 중요하다. 내가 처음으로 오클랜드의 구단 프런트에 들렀을 때 그들은 3,400만 달러의 총연봉으로 102경기에서 승리하는 놀라운 성적으로 시즌을 마감하고 있었다. 1년 전인 2000년에는 2,600만 달러의 총연봉으로 91경기에서 승리를 거두면서 아메리칸리그 서부지구 우승까지 차지했다. 맨해튼의 변호사이자 권위 있는 야구 재정 분석가인 더그 파파스는 오클랜드와 나머지 팀의 차이를 정량화한 적이 있다. 25명으로 구성된 팀의 최소 연봉 총액은 500만 달러이며, 추가로 200만 달러를 더 쓰면 40인 로스터(팀의 선수 명단-옮긴이)의 나머지를 구성하고 부상자 명단에 오른 선수까지 유지할 수 있다. 야구에서 행운이 커다란 비중을 차지하고 메이저리거와 저임금 신인 선수의 실력 차가 상대적으로 작음을 감안할 때, 최소 연봉을 지급하는 팀이 한 시즌의 162경기 중 거둘 수 있는 최소 승수는 약 49승으로 계산된다. 파파스는 각 팀이 49승을 거둔 이후 추가 1승마다 700만 달러에서 얼마의 추가 비용이 발생하는지 계산함으로써 경제적 효율성을 측정하고자 했다. 즉 팀별로 49승 이후 매 1승에 지출하는 한계비용을 분석한 것이다.

과거 3년간 오클랜드 애슬레틱스의 한계비용은 1승에 약 50만 달러였다. 오클랜드와 함께 십만 자릿수를 기록한 유일한 팀인 미네소타 트윈스의 한계비용은 1승당 67만 5,000달러였다. 가장 많은 돈을 낭비한 부자 프랜차이즈 구단의 예를 들면 볼티모어 오리올스나 텍사스 레인저스가 있다. 이들은 추가 1승을 위해 거의 300만 달러를 지급했는데 이는 오클랜드보다 여섯 배나 높은 수준이다. 오클랜드는 여느 팀과는 다른 방식으로 경기를 하는 듯했다. 만일 보통의 다른 사업 분야라면 오클랜드 애슬레틱스는 진작 다른 구단을 인수해 그들만의 제국을 세웠을 것이다. 그러나 야구에서는 경기장에서 다른 부자 구단을 당황하게 만드는 것으로 만족해야 한다.

오클랜드의 실험적인 행보 밑바탕에는 야구에 대한 생각을 바꿔보자는 의지가 깔려 있다. 그들은 어떻게 구단을 운영하고 경기를 펼치며, 누가 가장 훌륭한 선수이고 왜 그런지에 대한 근본적인 질문을 던진다. 양키스처럼 돈을 쓸 수 없다는 것을 알고 있는 오클랜드 애슬레틱스의 단장 빌리 빈은 기존의 운영 방식이 엄청나게 비효율적임을 깨달은 뒤 여기서 새로운 통찰력을 얻었다. 오클랜드의 구단 프런트는 발이 빠른 선수에게 매겨지는 시장가격, 평균적인 메이저리그 선수와 마이너리그 트리플A(마이너리그는 트리플A, 더블A, 싱글A, 루키 이렇게 4등급으로 나뉨-옮긴이) 선수 사이에 존재하는 역량의 차이 등 모든 것을 체계적이고 과학적으로 재검토했다. 그렇게 해서 그들은 저평가된 선수를 헐값에 사들였다. 오클랜드 애슬레틱스가 드래프트로 지명하거나 다른 구단에서 사들인 선수 중 상당수는 뿌리 깊은 편견의 희생양이었다. 오클랜드 구단 프런트의 연구개발 부서는 이 같은 편견에서 선수들을 해방시키고 진정한 가치를 펼쳐보일 수 있도록 기회를 제공했다. 이것이 계기가 되어 오클랜드 구단은 인간사에서 이성의 가능성과 그 한계에 관한 이야기의 중심에 서게 되었다. 이들의 야구는 비과학적인 문화가 과학적 방식에 어떻게 대응하는지(또는 대응을 실패하는지)에 관한 사례를 보여준다.

앞서 말한 대로 나는 이들의 이야기에 빠져들었다. 이 책은 프로야구와 야구를 하는 사람들에 관한 이야기다. 그 중심에는 프로야구 때문에 인생이 뒤집혔다가 기적적으로 정상 궤도를 회복한 한 남자가 있다. 그 남자와 그가 야구에 일으킨 혁명에 관해 더 많이 알고 싶었던 나는 토론토 블루제이스의 단장인 J.P. 리치아디(2001년부터 2009년까지 토론토 블루제이스의 단장을 맡았으며 2009년 10월 성적 부진을 이유로 경질됨-옮긴이)와 며칠을 함께 보냈다. 리치아디는 오클랜드 애슬레틱스에서 빌리 빈과 함께 했던 경험이 있다. 그는 오클랜드에서 경험한 급진적인 방식을 도입해 자신이 맡은 팀의 전면적인 개편에 착수했다. 처음에 리치아디의 방식은 조롱거리의 대상이 되곤 했지만, 내가 그를 만날 무렵에는 까다로운 베테랑 야구 기자들한테서도 존경을 받았다. 2002년 시즌이 끝날 무렵 보스턴 레드삭스가 오클랜드 애슬레틱스를 본보기로 구단을 재편하기 위해 리치아디를 영입하려고 했을 때 그가 떠날까 봐 토론토 전체가 두려움에 떨기도 했다.

몇 달 전 리치아디는 내게 빌리 빈과 다른 단장들 사이에는 정말 엄청난 격차가 있다고 말했다. 그는 한 손을 최대한 높이 들고 다른 한 손은 최대한 낮게 내리고는 "빌리가 이 위에 있다면 다른 사람들은 모두 이 아래에 있지요"라고 표현했다. 리치아디를 다시 만나 이야기를 나눈 곳은 블루제이스와 레드삭스의 경기가 벌어지는 현장이었다. 그의 손으로 새롭게 탈바꿈한 블루제이스가 레드삭스에 승리를 거두는 모습을 지켜보면서 나는 리치아디에게 물었다. 오클랜드에 있는 빌리만큼 팀을 잘 운영할 자신이 있느냐고 말이다. 그러자 그는 그저 나를 보고 웃었다. 빌리가 최고라는 사실에는 의문의 여지가 없다. 만약 의문이 있다면 왜 그런가 하는 것이다.

차례

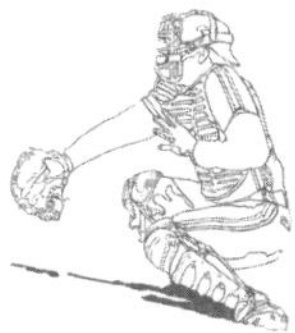

CHAPTER 1

저주받은 재능

The Curse Of Talent

MONEYBALL

신은 파멸시키려는 자를 먼저 유망주로 만든다.

– 시릴 코널리, 《약속의 적들Enemies of Promise》

메이저리그 스카우터는 선수를 뽑을 때 먼저 달리기를 시켜본다. 우수한 아마추어 유망수를 모아놓고 현장 테스트를 할 때 가장 먼저 체크해야 할 항목이 빠른 발이기 때문이다. 스카우터는 선수의 능력을 평가할 때 '툴'이라는 용어를 쓰는데, 여기에는 주루 능력과 송구 능력, 수비 능력, 타격 정확도, 장타력을 뜻하는 5툴five-tools이 있다. 이들은 잘 달리는 선수에게 '바퀴'가 있다고 하거나 잘 던지는 선수에게 '호스'가 있다고 하는 등 자동차 정비 용어를 사용하기도 한다. 그러니 스카우터들의 대화를 듣고 이들이 스포츠카에 관해 토론하고 있다고 착각해도 이상한 일은 아니다.

어느 늦은 봄 몇몇 메이저리그 팀이 샌디에이고의 한 고등학교 구장에서 선수 후보군을 모아놓고 달리기 능력을 테스트하고 있었다. 다른 어느 때보다 긴장된 분위기가 감돌았는데, 그건 그해가 1980년이었기 때문이다. 즉 야구 선수를 선발하는 과정에서 구단이 안게 될 위험부담이 갑작스럽게 커지던 시점이었다. 1976년 미국 프로야구에 법적으로 자유계약(FA, Free Agent) 제도가 도입되면서 잠시 갈팡질팡하던 구단주들은 그간 관행적으로 받던 연봉을 거부하고 나선 선수들한테 거액을 치르게 되었다. 그 결과 4년간 메이저리그 선수들의 평균 연봉은 5만 2,000달러에서 15만 달러로 거의 세 배나 상승했다. 뉴욕 양키스의 구단주 조지 스타인브레너(1973년부터 2008년까지 양키스의 구단주였으며 2010년 사망함-옮긴이)는 1973년 팀의 총연봉으로 1,000만 달러를 썼지만, 1975년에는 메이저리그 최초의 자유계약 선수인 캣피시 헌터 한 명에게만 375만 달러를 줘야 했다. 불과 몇 년 전만 해도 유망주를 잘못 선발할까 봐 걱정하는 사람은 없었다. 하지만 예전 같으면 1,000달러의 손해로 끝날 실수가 이제는 100만 달러 수준으로 커진 것이다.

어쨌든 그때나 지금이나 스카우터들은 어린 선수들에게 가장 먼저 달리기를 시켜본다. 지금도 어린 선수 다섯 명이 잡초가 무성한 외야에서 스트레칭과 구보를 하고 있다. 다넬 콜스, 세실 에스피, 에릭 에릭슨, 개리 해리스, 빌리 빈이 바로 그들이었다. 당시 이들은 말 그대로 소년이었으며 테스트에 참가해도 된다는 어머니의 허락을 받아야 하는 나이였다. 그들의 이름은 아직 외부에 알려지지 않았지만 스카우터들한테는 이미 가족이나 다름없을 정도로 친숙했다. 다섯 명 모두 신인 드래프트의 1라운드 지명 대상, 다시 말해 미국 전체에서 서른 명 안에 드는 최고 유망주였기 때문이다. 그들은 모두 뛰어난 야구 선수를 많이 배출한 남부 캘리포니아에서 선발되어 샌디에이고의 허버트후버고등학교 야구장에 모였다. 그중에서 누가 최고인지 가려내기 위해서였다.

소년들이 몸을 푸는 동안 스카우터들은 내야 잔디밭에 모여 한담을 나눴다. 외야에서는 토론토 블루제이스의 단장인 팻 길릭이 손에 스톱워치를 쥐고 서 있었다. 길릭 주위에 모인 대여섯 명의 스카우터도 모두 스톱워치를 갖고 있었다. 그중 한 명이 보폭으로 55미터(60야드)를 재고, 발끝으로 결승점을 표시했다. 소년들은 왼쪽 파울라인에 줄을 맞춰 섰다. 그들 왼쪽으로는 테드 윌리엄스(보스턴 레드삭스의 선수였으며 메이저리그 역사상 마지막 4할 타자로 유명함–옮긴이)가 고교 시절 좌익수 앞 2루타를 날렸던 외야 담장이 있었다. 허버트후버고등학교는 테드 윌리엄스의 모교였지만 이 사실은 소년들에게 아무런 의미가 없었다. 그들은 주위 환경에 전혀 관심을 보이지 않았다. 지난 몇 달간 수많은 사람한테서 철두철미하게 평가를 받아왔기 때문에 지금 어디서 누구에게 실력을 선보이는지조차 생각할 여력이 없었던 것이다. 심지어 선수로서 테스트를 받는다기보다는 시험주행을 위해 끌려나온 스포츠카가 된 듯한 느낌이었다.

그 자리에는 샌디에이고 파드리스의 스카우터 폴 위버도 있었다. 그는 스카우터 앞에만 서면 늘 얼어붙는 어린 선수들만 보아왔기에 소년들의 무심한 모습을 보고 놀랐다. 훗날 시애틀 매리너스에서 외야수로 300만 달러의 연봉을 받게 될 마크 맥레모어도 위버 앞에서 테스트를 준비하다가 구토까지 했을 정도다. 하지만 이들은 달랐다. 오랜 시간이 지났는데도 다넬 콜스, 세실 에스피, 에릭 에릭슨, 개리 해리스, 빌리 빈 모두 좋은 모습을 보여주고 있었다.

한 스카우터가 다른 스카우터에게 몸을 돌려 말했다. "나라면 흑인 아이들 셋(콜스, 에스피, 해리스)을 데려가겠어. 이 녀석들이라면 나머지 백인 아이들을 쓸어버릴 수 있을 거야. 이 중에 에스피 하나만 있어도 상당히 든든하겠는걸. 콜스도 괜찮고 말이야." 콜스는 이미 UCLA 풋볼팀의 와이드 리시버가 되는 조건으로 장학금까지 예약한 스프린터(sprinter, 수영이나 육상 등에서 단거리 선수를 이르는 말–옮긴이)였다. 스카우터들은 그런 콜스조차 에스피를 따라잡지 못할 거라고 확신했다. 에스피가 그 정도로 빨랐기 때문이다.

길릭이 출발 신호를 보냈다. 다섯 명의 어린 선수는 몸을 일으켜 달려나갔고, 출발 신호와 함께 전력 질주를 했다. 모든 것은 7초 만에 결정났다. 빌리 빈 앞에서 다른 선수들은 모두 거북이가 되고 말았다. 두 번째로 들어온 에스피는 그보다 몇 발짝 늦었고 나머지 셋은 말할 것도 없었다.

이처럼 확실한 결과를 눈앞에 둔(사실 55미터 경주에서 달리 따져볼 게 뭐가 있겠는가) 길릭은 혼란에 빠졌다. 그는 다른 스카우터에게 트랙 길이를 다시 재보라고 외친 뒤 정확히 55미터인지 확인했다. 그러고는 소년들에게 출발선으로 다시 돌아가라고 지시했다. 소년들은 그의 말이 이해되지 않았다. 이미 결과가 나온 경주를 한 번 더 시키는 게 이상했던 것이다. 그들은 자신들의 지구력을 시험하기 위해서라고 생각했지만 길릭의 생각은 그게 아니었다. 스카우터는 자기 눈으로 직접 본 것만을 믿고 보지 못한 것은 믿지 않는다. 그런데 그는 자기 눈으로 직접 본 상황을 믿을 수가 없었다. 빌리 빈이 세실 에스피와 다넬 콜스를 정정당당하게 제쳤다는 사실이 믿어지지 않았던 것이다. 게다가 그는 자신의 스톱워치에 찍힌 시간도 믿을 수가 없었다. 스톱워치에 6.4초가 찍혀 있었던 것이다. 이는 스프린터도 아닌 애송이가 낼 수 있는 기록이 아니었다.

소년들은 영문도 모르는 채 출발선으로 돌아갔고 다시 한 번 경주를 했다. 결과는 마찬가지였다. 그러자 폴 위버가 입을 열었다.

"빌리가 모두를 바보로 만들었군."

빌리 빈은 어렸을 때부터 운동이라면 누구라도 이길 자신이 있었다. 그는 어떤 종목을 겨루더라도 뛰어난 능력을 발휘해 아주 쉬운 게임을 하는 것처럼 보였다. 고등학교 2학년 때는 풋볼팀의 쿼터백인 동시에 농구팀의 고득점 선수이기도 했다. 그는 몸이 능력을 발휘할 준비가 되기도 전에 이미 재능을 부여받은 것 같았다. 말하자면 농구공을 쥘 만큼 손이 커지기도 전에 이미 덩크슛을 넣을 수 있었다.

빌리의 아버지는 운동선수는 아니었지만 교본을 보면서 아들에게 야구를 가르쳤다. 해군 장교였던 그는 1년 중 아홉 달을 바다에서 지내야 했기 때문에 해군 사택인 집으로 돌아오면 아들에게 뭔가를 가르치고 싶은 의욕이 넘쳐났다. 그는 아들에게 먼저 피칭을 가르쳤는데, 피칭은 배워야 할 것이 많았다. 그래서 계절에 상관없이 모서리가 잔뜩 접힌 야구 교본을 옆에 끼고 아들과 함께 비어 있는 어린이 야구장으로 향했다. 빌리에게 이 시간이 그저 즐겁기만 한 것은 아니었다. 빌리의 아버지는 완벽주의자였는데, 군대처럼 효율적이면서 신병훈련소처럼 강도 높게 연습을 시켰다. 그래도 빌리는 자신이 운이 좋다고 생각했다. 그는 매일같이 캐치볼을 하고 싶었고, 그럴 때면 아버지가 파트너가 되어주었기 때문이다.

열네 살이 되자 빌리는 아버지보다 15센티미터나 더 컸고, 아버지의 교본에 나오지 않는 것도 할 수 있게 되었다. 고등학교에 들어가서는 코치에게 집중 훈련을 받았고 선배들의 거센 반대에도 그해의 고교 대표팀 마지막 경기에서 투수로 등판했다. 그는 10개의 삼진을 잡아내며 완봉승을 거뒀을 뿐 아니라 타석에서는 4타수 2안타를 기록했다. 열다섯 살이 되던 고등학교 2학년 때는 전미를 통틀어 가장 치열한 고교리그에서 5할이 넘는 타율을 올렸다. 3학년이 되자 그의 키는 193센티미터에 달했고 체중은 80킬로그램을 넘어섰지만 여전히 성장을 멈추지 않았다. 그가 다니는 고등학교 운동장은 메이저리그 스카우터들로 붐볐으며, 그들은 빌리가 또 한 번 5할 타율을 기록하는 장면을 지켜보았다. 스카우터들의 이목을 끌면서 치른 첫 번째 빅게임에서 그는 투수로 나서 안타 2개만을 허용했으며, 타석에서는 4개의 도루와 3개의 3루타를 기록했다. 그로부터 22년이 지난 지금도 3개의 3루타는 캘리포니아 고교야구의 최고 기록으로 남아 있다. 하지만 절대 잊을 수 없는 일은 그가 3루타를 만들어낸 방식이었다.

그날 야구장에는 담장이 없었다. 샌디에이고 교외의 끝없이 펼쳐진 무더운 초원에서 경기가 벌어졌던 것이다. 타석에 들어선 빌리가 상대팀 외야수의 머리 너머로 처음 3루타를 치자 외야수들은 더 깊숙한 외곽으로 물러나 수비를 했다. 그가 외야수 머리 너머로 두 번째 3루타를 쳐내자 외야수들은 또다시 뒤로 한참 물러났다. 만약 메이저리그 구장이었다면 바깥의 주차장쯤 되는 위치에서 수비를 했던 것이다. 그런데도 빌리는 그들의 머리 위로 세 번째 공을 날려보냈다. 그 장면을 지켜보던 관중들은 크게 웃음을 터뜨렸다. 빌리는 어떤 운동을 하던 이처럼 뛰어난 실력을 보였지만 특히 야구를 할 때는 더욱 빛났다. 눈 깜짝할 사이에 다시 보기 어려운 장관을 연출해내는 것이다. 이것이 바로 빌리가 보여주는 경기 방식이었다.

스카우터의 임무는 어린 선수들이 장차 어떤 프로 선수로 성장할지 예측하는 것이다. 이런 스카우터들에게 빌리는 깊은 인상을 남겼다. 이 소년은 누구나 꿈꾸는 신체조건까지 갖췄다. 장대처럼 쭉 뻗은 키에 군살 하나 없고 호리호리하지만 지나치게 마르지도 않았다. 게다가 제멋대로 흐트러진 갈색 머리카락에 숨겨진 얼굴마저도 스카우터가 좋아할 만한 날카로운 생김새였다. 어떤 스카우터는 어린 선수의 얼굴 윤곽만 보고도 성격뿐 아니라 미래도 예견할 수 있다고 말한다. 그들은 '좋은 얼굴'이라는 표현을 쓰곤 하는데 빌리는 바로 그 '좋은 얼굴'을 지녔다.

그 당시 빌리의 코치인 샘 블레이락은 스카우터들을 어떻게 대해야 할지 몰랐다. 훗날 그는 이렇게 말했다. "빌리가 드래프트에서 1라운드 지명 대상이 되자 우리 팀이 연습경기를 할 때마다 열다섯에서 스무 명씩 되는 스카우터가 나타났습니다. 그런데 난 어찌할 바를 몰랐어요. 프로팀에서 뛰어본 경험이 없었으니까요."

그로부터 20년 뒤 블레이락은 동료들 사이에서 미국 최고의 고교야구 코치로 뽑히기도 했다. 그가 맡은 샌디에이고의 랜초버나도고등학교 야구팀은 메이저리그 유망주를 많이 배출해 야구계에서 '선수 공장'으로 알려질 정도였다. 하지만 1979년만 해도 블레이락은 코치를 맡은 지 불과 몇 년밖에 되지 않았고 메이저리그뿐 아니라 연습경기에 찾아온 여러 스카우터에게도 경외감을 품고 있던 신출내기였다.

스카우터들은 하나같이 개인적으로 빌리 빈을 만나고 싶어 했다. 그 정도가 얼마나 심했던지 빌리는 쉴 새 없이 울리는 집 전화를 피하려고 연습을 마친 뒤 곧장 친구 집으로 도망칠 정도였다. 당연히 빌리는 스카우터뿐 아니라 코치에게도 냉랭하게 대했다. 주위에서 그에게 영향을 줄 수 있었던 사람은 단 한 명, 그의 영어선생님이었다. 그녀는 어느 날 교실 밖으로 빌리를 불러내 타고난 신체적 재능과 외모만 믿고 살기에는 그의 똑똑한 머리가 아깝다고 조언했다. 빌리는 선생님을 위해서라도 지금보다 더 훌륭한 사람이 되고 싶었다. 그런 그에게 스카우터들의 제안은 받아들이거나 거절하면 그뿐이었다.

샘 블레이락은 나중에 그때를 떠올리면서 스카우터들한테 당당한 태도를 보이지 못한 것을 후회했다. 당시 그는 스카우터들이 시키는 일이라면 뭐든지 했고, 그들이 빌리를 마음껏 테스트하게 놔두었다. 스카우터가 달리는 모습을 보고 싶어 하면 빌리는 전력질주를 해야 했고, 공 던지는 모습을 보고 싶어 하면 외야까지 가서 홈플레이트에 있는 블레이락에게 힘껏 공을 던져야 했다. 또한 타격을 보고 싶어 하면 빌리는 스카우터들 외에는 아무도 없는 야구장에서 배팅을 해야 했다(블레이락은 이렇게 회상했다. "내가 던지고 빌리가 공을 치면 외야에서 스무 명의 스카우터가 날아온 공을 주웠지요"). 스카우터들은 빌리한테서 매번 그들이 보고 싶어 하는 모습, 즉 미래의 메이저리그 스타만을 보았다.

한편 코치로서 블레이락은 빌리를 그냥 내버려두었다. 처음 코치직을 맡을 무렵 그는 야구가 단체 운동이라기보다는 개인 종목이며, 학습된 기술보다는 타고난 운동신경이 더 중요하다고 생각했다. 그래서 빌리처럼 타고난 운동선수를 맡은 코치라면 방임이 최선이라고 생각한 것이다. 그는 이렇게 말했다. "그때는 젊었을 때라 매사가 조심스럽고 두려웠습니다. 혹시라도 빌리를 망치게 될까 봐 노심초사했죠." 훗날 그는 이런 생각을 바꾸게 되지만 빌리의 재능에 대한 믿음만큼은 한 번도 변하지 않았다. 그는 22년의 코치 생활 동안 60명이 넘는 제자와 조카 두 명을 프로야구 선수로 만들었지만 아직까지 빌리의 재능에 맞먹는 선수를 본 적이 없다고 말했다.

그러나 이들은 모두 중요한 단서를 놓치고 있었다. 2학년 때 평균 5할이 넘던 빌리의 타율이 3학년이 돼서는 3할을 간신히 넘는 수준으로 떨어졌는데 아무도 이 사실을 눈치 채지 못한 것이다. 그 이유를 꼬집어 말하기는 어려웠다. 스카우터들 때문에 심적 부담을 받아서일 수도 있고, 다른 팀 투수들이 그를 상대하는 방법을 찾아냈기 때문일 수도 있다. 아니면 그저 운이 나빴기 때문일 수도 있다. 요점은 아무도 이 갑작스러운 추락을 눈치 채지 못했다는 것이다.

한 스카우터는 이렇게 인정했다. "나는 빌리의 기록은 하나도 보지 않았습니다. 그럴 생각도 하지 않았어요. 빌리는 5툴 플레이어였으니까요. 모든 재능을 다 갖춘 선수였단 말입니다."

뉴욕 메츠의 스카우터 총책임자였던 로저 존게워드는 말했다. "우리는 단지 실력만 보는 것이 아니라 숨겨진 재능을 봅니다. 이 점을 이해해야 합니다."

그러나 빌리의 경우에는 재능 때문에 다른 모든 것이 가려졌다. 모든 것이 너무나 완벽했기에 경기가 제대로 안 풀릴 때 그가 어떤 행동을 보이는지 아무도 신경 쓰지 않았던 것이다. 샘 블레이락 역시 걱정스럽기는 했지만 그냥 감수하고 넘어갔다. 이때부터 빌리는 경기가 잘 안 풀리면 뭔가 부러뜨릴 만한 것을 찾기 시작했다. 한 번은 삼진을 당한 뒤 벽에다 알루미늄 방망이를 거세게 집어던지는 바람에 방망이가 직각으로 휘어졌는데, 그래도 화가 풀리지 않자 휘어진 방망이를 들고 다음 타석에 들어서겠다며 고집을 부리기도 했다. 또 한 번은 빌리가 하도 성질을 부리는 바람에 경기장 밖으로 쫓아낼 수밖에 다른 도리가 없었다. 블레이락은 이렇게 회상했다. "빌리가 삼진이라도 당하고 들어오면 다른 선수들은 모두 벤치 끝으로 몸을 피해버렸지요. 빌리는 그런 선수였어요."

빌리가 부진의 늪에 빠질수록 그의 재능 앞에 점점 더 거대한 장벽이 생겨났다. 하지만 빌리는 그 장벽을 두들겨 부수려고만 할 뿐, 제대로 헤쳐나갈 방법은 몰랐다. 그는 실패를 싫어했지만 실패에 어떻게 대처해야 하는지 그 방법을 몰랐던 것이다. 스카우터들 역시 이 점을 조금도 신경 쓰지 않았다. 빌리가 3학년을 마칠 무렵 그들이 빌리에게 품은 유일한 의문은 자기 팀에 데려갈 수 있느냐 하는 것이었다. 하지만 1980년 메이저리그 신인 드래프트가 다가올 무렵, 부정적인 대답을 얻게 될 공산이 커졌다.

첫 번째 나쁜 징조는 뉴욕 메츠의 스카우터 총책임자인 로저 존게워드가 빌리에게 비상한 관심을 보였다는 것이다. 메츠는 1980년 드래프트에서 전체 1순위 지명권을 갖고 있었으니 원하기만 하면 빌리를 데려갈 수 있었다. 최종 후보를 빌리와 로스앤젤레스 고등학교 선수인 대릴 스트로베리로 압축했는데, 존게워드가 스트로베리보다 빌리를 선호한다는 소문이 퍼졌다(빌리를 선호한 건 존게워드만은 아니었다). 존게워드는 이렇게 말했다. "선수 가운데 우수한 선수와 최상급 선수가 있다면 빌리는 최상급 중에서도 최상급이었어요. 그는 체격과 스피드, 강한 어깨 등 모든 것을 갖췄습니다. 그는 모든 스포츠에 뛰어난 진정한 운동선수였어요. 학교 성적도 뛰어났고 가장 예쁜 여학생과 데이트할 만큼 매력도 있었지요. 그는 무엇이든 될 수 있는 선수였어요."

또 다른 나쁜 징조는 빌리가 프로야구에 진출하지 않겠다는 뜻을 굽히지 않았다는 것이다. 그는 대학에 가고 싶어 했으며 구체적으로는 야구와 풋볼 양쪽에서 장학금을 받는 조건으로 스탠퍼드대학에 가고 싶어 했다. 그는 운동만큼이나 학업에도 관심이 많았다. 서던캘리포니아대학의 야구부 신입생 모집 담당자는 빌리를 스탠퍼드에서 빼내려고 이런 말을 했다. "거기로 진학하면 기말시험 보느라 일주일 내내 운동을 하지 못할 거야." 그러자 빌리는 이렇게 대답했다. "그거 정말 괜찮은데요."

스카우터 몇 명은 빌리가 야구에 지장을 줄 수 있는 심각한 부상을 피하고자 고교 2학년 이후 풋볼을 그만두고 그 뒤로 풋볼 연습을 하지 않았다는 점을 지적했다. 하지만 스탠퍼드는 조금도 신경 쓰지 않았다. 스탠퍼드는 기존의 스타 쿼터백인 2학년생 존 얼웨이의 뒤를 이을 쿼터백을 구하고 있었다. 당시 신입생 모집에 대한 영향력이 미미했던 스탠퍼드대학 야구팀은 풋볼팀에 빌리를 대신 살펴봐 달라고 부탁했다. 이에 풋볼팀 코치는 연습장에서 빌리의 연습경기를 몇 시간 지켜본 뒤 그를 존 얼웨이가 떠난 자리를 대신할 적임자로 추천했다. 빌리가 수학에서 B학점 이상을 얻기만 하면 나머지는 스탠퍼드 운동부에서 다 처리해주겠다고 했으며, 실제로 그렇게 했다.

드래프트 날이 되자 모든 메이저리그 스카우터는 빌리를 차지할 수 없을 거라고 단념했다. 스카우터 폴 위버는 이렇게 회상했다. "빌리는 여럿을 겁주어 쫓아버렸습니다. 어느 누구도 계약서에 그의 서명을 받아낼 수 있을 거라고 생각하지 않았어요." 프로에 가지 않겠다고 결정한 학생에게 1라운드 지명권을 낭비하는 것은 미친 짓이나 다름없었다.

지레 겁먹고 포기하지 않은 유일한 스카우터는 로저 존게워드뿐이었다. 메츠는 1980년 드래프트에서 세 장의 1라운드 지명권을 갖고 있었으므로 존게워드는 구단 프런트가 한 장 정도는 과감하게 계약 가능성이 불투명한 선수에게 걸 수 있을 것이라고 생각했다. 또 다른 일도 있었다. 드래프트를 몇 달 앞둔 시점에서 메츠의 프런트는 기묘한 실험에 참여하기로 했다. 〈스포츠 일러스트레이트(이하 SI)〉가 메츠의 단장이었던 프랭크 캐션에게 요청해 메츠가 누구를 드래프트 전체 1순위로 뽑을지 결정하는 동안 기자가 따라다니며 취재하기로 한 것이다. 메츠는 SI에 최종 후보자 선발 리스트를 보여주었고, SI는 메츠가 대릴 스트로베리를 뽑는다면 언론사로서 좋을 것 같다는 의견을 밝혔다. 로스앤젤레스 빈민가 출신의 가난한 소년이 부와 유명세를 거머쥔다면 굉장한 이야깃거리가 되기 때문이었다.

그러나 스트로베리보다 빌리를 원했던 존게워드는 잡지사가 끼어드는 것 자체를 반대했다. 그는 그 이유를 "우린 괴물을 만들어내는 겁니다. 유명해지면 스트로베리한테 돈을 엄청나게 줘야 할 테니까요"라고 말했다. 하지만 구단은 존게워드의 의견을 묵살했다. 메츠 구단의 프런트는 대릴 스트로베리의 몸값 상승으로 발생하는 비용, 심지어 잘못된 선수를 선발하는 비용보다 전국적으로 매스컴의 주목을 받음으로써 생길 이익이 더 크다고 생각한 것이다.

결국 메츠는 스트로베리를 1순위로 지명했고, 그에게 21만 달러라는 엄청난 계약금을 지급했다. 그리고 블루제이스는 개리 해리스를 2순위로 지명했다. 다넬 콜스는 6순위로 매리너스에 갔고 세실 에스피는 8순위로 화이트삭스로 향했다. 2차 1라운드 드래프트, 전체 23순위 지명에서 메츠의 프런트는 로저 존게워드에게 선택권을 줬고 그는 빌리 빈을 골랐다.

존게워드는 대학에 가겠다고 하던 어린 선수가 테이블 위의 돈을 보자마자 마음을 바꾸는 일을 종종 겪었다. 그래서 드래프트가 끝난 주에 빌리의 부모에게 10만 달러를 제시했지만 협상 분위기는 별반 달라지지 않았다. 그는 빌리의 결심이 진지한 것을 알고 걱정이 되기 시작했다. 그래서 빌리가 스탠퍼드에 가기를 바라는 빌리의 어머니를 설득하기 위해 아예 그의 집에 눌러 살다시피 했다. 하지만 그 방법 역시 소용없었다. 존게워드는 이렇게 회고했다. "그곳에서는 내 뜻대로 분위기를 끌고 갈 수가 없었어요. 그래서 빌리를 메이저리그 구단에 데려가 직접 보여주기로 했습니다."

그때가 1980년이었다. 빌리의 가족은 전형적인 중산층 군인 가족이었고 빌리는 뉴욕 시는커녕 샌디에이고 바깥으로도 거의 나가본 적이 없었다. 그런 그에게 뉴욕 메츠라는 팀은 먼 나라 이야기에 불과했다. 그해 여름, 메츠가 파드리스와 경기하러 샌디에이고로 원정을 오자 존게워드는 빌리를 데리고 원정팀 클럽하우스에 들어갔다. 그곳에서 빌리는 자신의 이름이 등에 새겨진 유니폼을 받고 리 마질리, 무키 윌슨, 월리 백맨 같은 유명 선수들의 환대를 받았다. 선수들은 빌리가 누군지 알고 있었다. 그들은 빌리에게 다가와 그가 당장 필요하니 어서 메이저리그에서 함께 뛰자고 인사를 건넸다. 메츠의 감독 조 토리(1977~1981년 메츠의 감독이었으며 뉴욕 양키스와 LA다저스를 거쳐 현 메이저리그 사무국 부사장 - 옮긴이) 역시 그를 따뜻하게 맞이했다.

존게워드는 이렇게 말했다. "그때 빌리의 생각이 바뀌었을 겁니다. 메이저리그 팀의 선수를 만나고 이들과 함께 뛸 수 있으면 얼마나 좋을까 생각했겠지요." 빌리 역시 이렇게 말했다. "그곳은 정말이지 신성한 장소였어요. 일반인은 접근조차 할 수 없는 곳인데 그 안에 들어간 겁니다. 꿈이 현실이 된 거죠."

최종 결정은 빌리의 몫이었다. 1년 전쯤 빌리의 아버지는 그를 테이블 앞에 앉혀놓고 팔씨름을 하자고 했다. 빌리는 아버지답지 않은 이상한 행동이라고 생각했다. 그의 아버지는 강한 사람이었지만 먼저 팔씨름을 청할 만큼 공격적인 성격은 아니었기 때문이다. 아버지와 아들은 팔씨름을 했고 빌리가 이겼다. 그러자 아버지는 빌리에게 팔씨름에서 자신을 이길 정도라면 스스로 인생의 결정을 내릴 만한 남자가 된 것이라고 말했다. 메츠의 제안에 대한 답변은 빌리가 인생에서 처음으로 내리는 중대한 결정이었다. 빌리는 로저 존게워드에게 계약하겠다고 말했다.

그 뒤의 일은 이상하게 돌아갔다. 훗날 빌리는 자신이 꿈을 꾼 것인지 아니면 실제 있었던 일인지 확신이 들지 않는다고 했다. 메츠에는 계약하겠다고 말했지만, 빌리는 실제로 계약하기 직전에 마음을 바꾸었다. 그는 아버지에게 자신이 정말 프로팀에 가고 싶은지 확신이 서지 않는다며 다시 생각하고 싶다고 말했다. 하지만 아버지는 이렇게 대답했다. "그건 네가 내린 결정이다. 그러니 계약해라."

결국 빌리는 메츠에서 12만 5,000달러를 받고 계약서에 서명했다. 그는 비시즌에는 스탠퍼드에서 강의를 듣겠다고 결심함으로써 어머니를 안심시켰다. 하지만 스탠퍼드 측은 동의하지 않았다. 스탠퍼드대학 입학처는 빌리가 대학 소속 선수로 활동하지 않는 한 입학을 허가할 수 없다고 했다. 스탠퍼드대학 입학처장 프레드 하가든은 빌리의 어머니에게 이런 편지를 보냈다. '친애하는 빈 여사에게. 우리는 빌리의 입학 허가를 철회합니다. (중략) 앞으로 빌리가 프로야구 선수로서의 경력과 학업을 지속하기 위한 다른 계획에서 모두 성공을 거두기 바랍니다.'

그렇게 빌리의 인생은 갑자기 바뀌었다. 한때 빌리 빈은 무엇이라도 될 수 있는 사람이었지만, 이제 그는 그저 흔한 마이너리그 야구 선수 중 하나일 뿐이었다. 심지어 부자도 되지 못했다. 빌리의 부모는 친구 말을 듣고 아들을 대신해 계약금 12만 5,000달러를 전부 부동산 회사에 투자했지만 그 회사는 곧 파산하고 말았다. 그 뒤 빌리의 어머니가 로저 존게워드에게 말문을 열기까지는 오랜 세월이 걸렸다.

CHAPTER 2

진흙 속의 진주들

How To Find A Ballplayer

MONEYBALL

지금까지의 드래프트는 빌어먹을 도박이나 다름없었습니다.
50명을 뽑아놓고 그중 두 명만 성공해도 기뻐하죠.
도대체 어떤 사업에서 50분의 2를 성공이라고 부릅니까?
주식시장이었으면 진작 파산했을 겁니다.
– 빌리 빈

세월이 흐른 뒤 빌리 빈은 과거를 회상하면서 자신이 순전히 돈 때문에 의사결정을 내린 때는 프로야구 선수가 되기로 마음먹은 순간이 유일하다고 말했다. 그는 그 뒤로 다시는 돈을 위해 살지 않을 것이며, 돈 때문에 삶의 방향을 바꾸지 않을 것이라고 결심했다. 흥미로운 점은 현재 가난한 메이저리그 구단의 단장으로서 그가 맡은 직무의 대부분이 돈과 관계되어 있다는 것이다. 어디서 자금을 구해와서 누구한테 어떻게 쓸지를 결정하는 일이다. 특히 정규 시즌이 열린 다음부터 신인 드래프트로 이어지는 몇 주간은 1년 중 돈 문제로 가장 첨예하게 고민해야 하는 시기다. 하지만 그는 오히려 이 시기를 즐긴다고 한다. 자신이 아닌 다른 사람을 위해 돈을 쓰는 일은 그만한 가치가 있다고 생각하는 것이다.

2002년의 어느 여름, 빌리 빈은 스카우터가 모두 모인 회의실에 앉아 있었다. 빌리 빈은 이제 막 40세가 되었으며 오클랜드 애슬레틱스의 단장으로 근무한 지 5년째를 맞이했다. 그는 젊은 시절처럼 활기찬 모습이 아니었고, 덥수룩하던 갈색 머리는 숱이 줄고 머리칼도 힘이 없어졌다. 그렇다고 평범한 중년처럼 축 늘어지고 주름진 모습은 아니었다. 빌리에게 생긴 변화는 그가 살아왔던 인생 때문이 아니라 살지 못했던 인생 때문이었다. 다시 말해 과거의 그는 자신이 주도하는 삶을 살지 못했는데, 현재의 그는 그 사실을 잘 알고 있었다. 하지만 그는 어느 누구도 그 사실을 모르기 바랐다.

회의실에 모인 사람들은 16세의 빌리를 미래의 슈퍼스타로 인정했던 스카우터들의 정신적 후예였다. 평범한 야구팬은 알지 못하겠지만 그들이야말로 리그의 중심부에 있는 사람들이다. 그들은 선수의 미래를 예측하고 리그를 어떻게 이끌어갈지 실질적으로 결정한다. 빌리는 단장으로 취임한 이후 처음으로 스카우터의 역할과 업무 방식에 대해 논쟁을 벌이려는 참이었다. 오클랜드 애슬레틱스는 신인 드래프트가 시작되기 전, 현장에서 일하는 스카우터들이 콜리세움 구장(오클랜드 애슬레틱스의 홈구장－옮긴이)의 칙칙한 회의실에 모여 일주일 동안 회의하고 결정을 내리는 전통이 있었다. 빌리는 바로 그 전통을 변화시키고자 했다.

지금부터 1년 전, 2001년 신인 드래프트를 앞두고 있을 때였다. 오클랜드 애슬레틱스의 단장인 빌리와 스카우터들은 최우선으로 지명할 선수를 놓고 서로 의견을 조율하는 회의를 했다. 당시 빌리는 회의의 주도권을 스카우터에게 주었고, 그들의 의견을 최대한 존중해서 의사결정을 내렸다. 상위 라운드에서 선수를 지명할 기회도 스카우터에게 더 많이 양보하면서 말이다. 하지만 그해의 신인 드래프트는 비싼 대가를 치르고 실패로 끝나고 말았다. 이제 그런 방식은 막을 내려야 했다. 빌리와 스카우터가 합의했던 엘리트 선수들은 오클랜드 애슬레틱스가 1라운드의 두 번째와 마지막 지명권을 행사할 차례가 오기도 전에 다른 팀에서 낚아챘다. 남은 선수들은 스카우터들은 좋아할지 몰라도 빌리는 전혀 관심을 두지 않았던 이들뿐이었다. 그런 와중에 애슬레틱스의 스카우팅 책임자였던(그러나 실패에 대한 책임으로 그해를 끝으로 해고된) 그레이디 퓨슨은 제러미 본더먼(현재 디트로이트 타이거즈 소속 – 옮긴이)이라는 고등학교를 갓 졸업하는 투수를 선택했다. 그는 시속 151킬로미터의 직구와 깔끔한 제구력을 지녔으며 누가 봐도 야구 선수다운 체격을 가졌다. 하지만 본더먼은 빌리가 스카우터들한테 절대 선택하면 안 된다고 신신당부했던 바로 그런 유형의 투수였다.

본더먼이 메이저리그에서 성공할 만한 재목인지 스카우팅 당시의 시점에서 예측하기란 불가능한 일이었다. 기본적으로 고교 선수의 성공 확률은 그리 높지 않고, 이 점에서는 고교 선수인 본더먼 역시 다르지 않았다. 하지만 스카우터들은 고교 선수, 그중에서도 투수를 선호했다. 고교 투수가 앞으로 어떤 선수로든 성장할 가능성이 있다고 생각했기 때문이다. 무엇보다 아직 팔이 싱싱하므로 스카우터들이 중요하게 여기는 빠른 직구를 던질 수 있었다. 그러나 그들은 정작 중요한 사실을 모르고 있었다. 투수에게 중요한 자질은 강한 힘이 아니라 타자를 속이는 능력에 있으며, 타자를 속이려면 다양한 구질의 공을 던질 수 있어야 한다는 것이다.

어쨌든 드래프트 역사만 봐도 고교 투수가 메이저리그에 진입할 확률은 대학 투수에 비해 절반에 지나지 않았고, 대학 출신의 다른 포지션 선수에 비해 반의반밖에 되지 않았다. 그럼에도 스카우터들에게 맡겨두면 1라운드에서 무려 120만 달러의 계약금을 주고 고교 투수를 선발하는 일이 벌어지곤 한다. 이처럼 스카우터들은 통계나 합리적인 측면을 무시한다. 빌리는 야구에 합리성, 더 나아가 과학을 도입하고자 했다. 그런데 자신의 목적인 야구의 합리화를 위해 분노와 격정, 심지어 신체적인 위협에 이르기까지 전혀 합리적이지 않은 수단을 사용했다. 그는 이렇게 말했다. "구단 운영에 대한 내 철학은 평소의 내 성격과는 전혀 맞지 않았습니다. 그러다 보니 내 안에서 끊임없이 갈등을 겪었습니다."

퓨슨은 고교 투수를 1차로 지명한 뒤에 일어날 일에 대해서는 전혀 상상도 하지 못했다. 신인 드래프트가 진행되는 날, 오클랜드 구단의 회의실은 격식 있고 점잖은 분위기였다. 각 팀의 구단주는 물론이고 그 아내와 친구들까지 회의실 뒤쪽에 자리 잡고 앉아서 자기 팀의 미래가 결정되는 과정을 지켜보았다. 173센티미터 키에 연약한 인상의 퓨슨은 보기만 해도 주눅이 드는 장신의 빌리 옆에 서 있었다. 퓨슨은 빌리가 여러 손님이 보는 자리에서 차마 성질을 부리지는 않을 것이라고 생각했다. 그러나 빌리는 그의 예상을 깨버렸다. 프로 생활을 거치면서 젊은 시절의 성질이 많이 죽기는 했지만 기본적으로 빌리는 삼진을 당하면 팀 동료들이 벤치 한쪽 끝으로 피해야 했던 불같은 성질의 소유자였다. 퓨슨이 스피커폰에 몸을 숙이고 본더먼을 지명하자 빌리는 자리에서 벌떡 일어나 의자를 번쩍 들더니 벽에 집어던졌다. 단 한 방에 의자는 산산조각이 나고 벽에는 구멍이 뚫렸다. 스카우터들은 구멍이 뻥 뚫린 벽을 보면서 이제까지 안정적이라고 생각했던 자신들의 미래가 언제 저렇게 끝장날지 모른다는 사실을 깨달았다.

그전까지 퓨슨은 자신의 일자리가 안정적이라고 생각했다. 그럴 만한 이유도 있었다. 다른 팀은 항상 많은 돈을 쓰고도 매번 지는 데 반해 오클랜드 애슬레틱스가 그렇게 적은 돈으로도 수많은 승리를 얻어내는 이유를 찾을 때면 대개 애슬레틱스 스카우터의 실력이 핑계로 등장했기 때문이다. 그러다 보니 퓨슨은 애슬레틱스의 스카우팅 부서를 전면 개편한다거나 자신의 일자리가 날아갈 거라는 생각을 하지 못했다. 그러나 빌리는 지향하는 방향이 뚜렷했다. 빌리는 스카우팅 부서 역시 프런트의 다른 여러 부서와 마찬가지로 개혁이 절실하다고 생각하고 있었다.

빌리는 자신감에 찬 어조로 이렇게 말했다. "지금까지의 드래프트는 빌어먹을 도박이나 다름없었습니다. 50명을 뽑아놓고 그중 두 명만 성공해도 기뻐하죠. 도대체 어떤 사업에서 50분의 2를 성공이라고 부릅니까? 주식시장이었으면 진작 파산했을 겁니다." 퓨슨은 그동안 자신의 뿌리 깊은 사고방식을 빌리가 얼마나 못마땅하게 여기는지 눈치 채지 못했다. 하지만 빌리는 현재의 스카우터 수준이 18세기의 의술 수준과 다를 바 없다고 생각했다. 퓨슨이 제러미 본더먼을 지명하는 순간, 빌리의 이런 생각은 더욱 확고해졌다.

퓨슨도 빌리의 반감을 전혀 모르지는 않았다. 그는 드래프트가 시작되기 일주일 전, 빌리의 직속 보좌관인 폴 디포디스타(2004~2005년 LA 다저스 단장을 거쳐 현재 샌디에이고 파드리스 운영 부문 특별보좌역을 맡고 있음 - 옮긴이)가 노트북 컴퓨터를 들고 회의실에 나타난 순간을 기억했다. 퓨슨은 심기가 불편했다. 폴은 야구 경험이 전혀 없는 하버드 졸업생이었다. 그는 야구에 몸담고 있는 사람이라기보다는 하버드 졸업생처럼 말하고 행동했다. 퓨슨이 보기에 폴은 이 자리에 나타날 자격이 없는 사람이었다. 드래프트를 위한 회의는 스카우터가 해야 할 일이지, 단장의 비서 따위가 끼어들 자리가 아니었다.

퓨슨은 폴의 컴퓨터를 한참 노려보았다. 회의가 끝나자마자 퓨슨은 컴퓨터가 마치 자신의 권위에 도전이라도 했다는 듯 불쾌한 말투로 물었다. "그건 어디다 쓰려고 그러나? 컴퓨터 앞에 앉아서 도대체 뭘 하자는 건지 모르겠군."

그러자 폴은 별일 아니라는 듯 대답했다. "통계를 보고 있을 뿐입니다. 전부 다 출력해서 보는 것보다는 컴퓨터로 보는 게 더 편하니까요."

폴은 통계 수치를 이용해 아마추어 선수들을 새롭게 분석하고자 했다. 그는 경제학과를 우등으로 졸업했지만, 그의 실제 관심사는 단순한 경제학보다는 심리학과 경제학의 접점에 있었다. 그는 불합리한 현실에 저항하는 사람이 새로운 기회를 잡는다는 사실에 매력을 느꼈다. 그래서 대학 전공을 살려 월스트리트의 금융 전문가로 일하며 쉽게 돈을 버는 것보다 야구 선수 뽑는 일에 훨씬 흥미를 느꼈다. 그는 이 바닥에서 일하며 몇 가지 사실을 깨달았다. 첫째로 선수 출신들은 하나같이 자신의 경험을 일반화하는 경향이 있었다. 그들은 자신이 겪은 일을 전형적인 것이라고 생각하지만 사실은 그렇지 않다. 둘째로 사람들은 최근의 성적을 과도하게 신뢰하는 경향이 있었다. 그러나 최근 성적이 반드시 미래의 성적으로 연결되는 것은 아니다. 셋째로 사람들이 자기 눈으로 직접 보았거나 보았다고 생각하는 사실에도 편견이 작용한다. 자신이 본 것에만 전적으로 의존할 때 사람들은 환상 속에 갇히게 된다. 반대로 그런 환상을 뚫고 현실을 올바로 본 누군가한테는 돈을 벌 기회가 될 수도 있다. 게다가 야구에는 눈으로 직접 볼 수 없는 것도 많다.

빌리는 폴과는 조금 달랐다. 그는 폴처럼 지성적이지는 않았지만 본능적인 감각이 있었다. 빌리는 선수를 뽑을 수 있는 결정 권한을 스카우터들한테서 빼앗아오려고 했다. 그리고 폴이 이 싸움에서 행동대장 역할을 할 수 있을 것이라고 생각했다.

퓨슨은 그런 사실까지는 알지 못했다. 폴이 컴퓨터로 통계를 분석해 선별해낸 선수를 뽑자고 제안한 적이 있지만 그는 그것을 무시했다. 폴은 스카우터들에게 케빈 유킬리스라는 이름의 대학 선수를 관찰해보라고 요청했다. 스카우터들이 보기에 유킬리스는 주루와 송구, 수비 능력이 모두 평균 이하에 불과한 뚱뚱한 3루수에 불과했다. 그 따위 선수를 관찰하러 현장에 갈 이유가 전혀 없었다(3개월 후였다면 폴은 유킬리스가 배리 본즈의 뒤를 이어 두 번째로 높은 출루율을 기록한 선수라고 말했을 것이다. 그에게 유킬리스는 '고대 그리스 신화에 나오는 에우클레스Euclis'였다).* 퓨슨과 다른 스카우터들은 폴이 커크 살루스라는 대학생 투수를 관찰해보라고 요청한 것도 무시했다. 살루스는 직구 구속이 142킬로미터에 불과한 단신의 우완투수였다. 그들은 키도 작은 이 우완투수에게 시간을 낭비할 이유가 없었다(1년 뒤라면 폴은 살루스가 2001년 신인 드래프트에서 지명받은 투수 가운데 메이저리그까지 올라간 단 두 명의 투수 중 하나라고 말했을 것이다).

빌리의 폭발적인 분노에 봉변을 당한 퓨슨은 이대로 가다간 큰일 나겠다는 생각이 들었다. 스카우터가 단장의 시선을 의식하지 않고 현장에서 선수를 찾는 것은 야구계의 오랜 전통이었다. 하지만 퓨슨은 빌리가 전통을 무시하는 현장을 두 눈을 똑바로 뜨고 목격했다. 빌리가 신경 쓰는 것은 오직 승리뿐이었다. 2001년 드래프트를 끝내고 며칠간 빌리가 계속해서 자리를 비웠기 때문에 퓨슨은 그와 이야기를 나눌 기회가 없었다. 그 대신 폴을 찾아가 애리조나에 있는 루키리그의 선수 명단을 채울 투수가 필요하니 그가 고른 선수를 뽑겠다고 했다. 폴이 유킬리스, 살루스와 함께 추천했지만 역시나 무시당했던 투수의 이름은 데이비드 벡이었다. 벡은 드래프트에서 완전히 외면당했다. 각각 50장의 지명권을 보유한 메이저리그 서른 팀 중에서 어느 팀도 그를 뽑지 않았다. 사실 폴이 컴퓨터에서 벡을 처음 발견하게 된 것은 그가 158킬로미터의 직구를 꽂아대는 어느 유망주의 팀 동료였기 때문이다. 테네시 주 컴벌랜드대학 소속인 이 유망주는 모든 팀에서 1라운드에 지명하고자 욕심내는 선수였다. 하지만 폴은 이 유망주보다 그의 동료인 키 193센티미터짜리 무명 좌완투수의 기록이 더 낫다는 사실을 알아차렸다. 방어율이 더 낮고 피홈런 수는 더 적었으며, 삼진은 더 많이 잡고 볼넷은 더 적게 허용했다. 그는 이 선수에게 스카우터들이 놓친 능력이 많을지도 모르겠다는 호기

● 2003년 출간된 이 책을 통해 유명세를 얻은 유킬리스의 별명은 책에서 언급된 '고대 그리스 걸음의 신the Greek God of Walks'이 되었는데, 'Walks'는 '출루'를 의미하는 야구 용어기도 하다—옮긴이

심이 생겼다.

그러나 폴의 호기심은 끝내 해결되지 않았다. 스카우팅 부서 사람들은 벡에게 아무런 관심도 보이지 않은 채 몇 달을 보냈다. 한참 뒤 폴이 퓨슨에게 벡에 관해 물어보자 그는 이렇게 대답했다. "아차, 깜박했네. 직원을 보내 확인해보도록 하지." 하지만 그는 그렇게 하지 않았다. 폴이 다시 한 번 물어본 뒤에야 테네시 지역을 담당하는 스카우터가 마지못해 현장에 다녀와서 벡을 '똥볼 투수'라고 평가했다. 똥볼 투수는 시간을 들일 가치가 없는 투수를 뜻하는 스카우터들의 은어였다. 폴은 그들이 애초부터 벡을 데려올 의지가 없다는 느낌을 받았다.

그런데 드래프트가 끝난 뒤 퓨슨이 폴을 찾아갔을 때는 분위기가 완전히 바뀌었다. 그는 폴에게 이렇게 말했다. "자네가 강력하게 추천했던 선수와 계약할까?" 벡에 대해 까맣게 잊고 있었던 폴이 되물었다. "누구 말입니까?" 퓨슨이 대답했다. "벡 말이야." 그러자 폴이 이해하기 어렵다는 듯이 말했다. "내가 그를 강력하게 추천했던 것은 아니에요. 그저 가서 한번 살펴보라고 했을 뿐이지요."

프런트와 화해하고 싶었던 퓨슨은 폴에게 제스처를 보여줌으로써 화해가 가능할 거라고 생각했다. 퓨슨은 실제로 벡을 만나보지도 않고 그와 계약했다. 며칠 후 벡은 애리조나 스코츠데일에 있는 애슬레틱스의 훈련장에 첫발을 내디뎠다. 벡이 애슬레틱스의 불펜에서 몸을 풀고 있을 때, 마침 대부분의 스카우터와 폴이 그 자리에 있었다. 그런데 벡이 마운드에 올라 공을 던지는 모습을 보고 모두 처음 보는 기괴한 자세에 깜짝 놀랐다. 그가 공을 던지기 위해 왼팔을 뒤로 넘긴 순간 갑자기 손목이 아래로 늘어졌고, 손이 팔에서 떨어져 나갈 것처럼 빙글빙글 돌아갔다. 마치 손목이 없는 것 같았다. 어쩌면 관절이 2개거나, 애초에 없을 수도 있었다. 아무튼 정상이 아닌 것처럼 보였다. 그 순간부터 벡은 스카우터들에게 본명이 아닌 '괴물'이라는 별명으로 불렸다. 다른 구단에서 온 스카우터 한 명은 낄낄대며 애슬레틱스의 스카우터에게 다가와 어쩌다 저런 '괴물'과 계약하게 되었느냐고 물었다. 그 스카우터는 폴을 가리키며 말했다. "우리가 한 게 아니라 폴이 계약하라고 시켰다네."

그리고 그 '괴물'은 등판하자마자 애리조나 루키리그를 휩쓸었다. 그의 유령 같은 손에서 나오는 135킬로미터의 직구는 타선을 완전히 틀어막았다. 상대팀은 두 눈을 멀쩡하게 뜨고도 당할 수밖에 없었다. 시즌 동안 '괴물'은 중간 계투로 18이닝을 던져 삼진 32개를 잡았으며 정확히 1.00의 방어율을 기록했다. 그는 루키리그 올스타팀에서 구원투수로도 활약했다.

'괴물'은 폴이 컴퓨터를 이용해 추천한 선수를 스카우팅 부서가 계약한 첫 번째 사례였다. 그 뒤로는 이런 방식으로 등장한 선수가 더 많아질 거라는 기대감이 생겨났다. 2002년의 신인 드래프트는 빌리 빈이 아마추어 선수에게 과학적인 분석 방법을 적용하는 최초의 실험무대였다.

오전 10시가 채 되기 전, 회의실에 모인 사람들은 하버드 졸업생만 빼고는 모두 잇몸 가득히 담배를 질겅거리고 있었다. 모두가 긴장된 표정이었다. 스카우터들은 이름이 두 음절을 넘거나 발음하기 어려우면, 대화할 때 편하도록 부르기 쉬운 이름으로 바꿔 부르곤 했다. 론 홉킨스는 '호피', 크리스 피타로는 '피터', 딕 보가드는 '보기'라는 이름으로 불렸다. 이들 대부분은 마이너리그 선수 출신이었다. 일부는 메이저리그에 오르기도 했지만 아주 짧은 기간이었고 실제로 메이저리그 경험을 가진 선수는 거의 없는 것이나 마찬가지였다. 존 폴로니는 텍사스 레인저스에서 1977년 7이닝을 던졌다. 켈리 히스는 캔자스시티 로열스의 마이너리그에서 2루수를 맡았으며, 1982년 로열스의 고정 2루수인 프랭크 화이트가 치질로 경기를 포기했을 때 딱 한 차례 메이저리그 무대에 선 적이 있었다. 누군가의 표현대로 켈리는 '똥구멍 덕분에 메이저리그에 딱 한 번 오른 적이 있는 역사상 유일한 선수'였다. 크리스 피타로는 디트로이트 타이거스와 미네소타 트윈스에서 2루수로 뛰었다. 1985년 피타로가 루키리그에서 뛸 당시, 디트로이트 단장이었던 스파키 앤더슨은 피타로를 '역사상 가장 위대한 2루수가 될 잠재력을 가진 선수'라고 했지만 현실은 그렇지 못했다.

스카우터들은 서로 조금씩 다른 듯하지만 비슷한 사연을 가진 전직 선수 출신이었다. 그들은 모두 탄력을 잃어버린 고무줄 또는 채 터지지 못한 폭죽과도 같았다. 회의실에 있는 사람 중 진짜 메이저리그 붙박이 선수 출신은 맷 키오가 유일했다. 그는 1978년 루키리그 시절에 올스타전 투수를 맡았으며 1980년 오클랜드 애슬레틱스에서 16승을 거두었다. '매티'라는 애칭으로 불리는 그는 다른 스카우터들과는 조금 분위기가 달랐다. 그는 오랜만에 옛 친구와 한담을 나누려고 잠시 들른 듯한 여유로운 분위기였다.

오클랜드 애슬레틱스의 미래에서 2002년 신인 드래프트는 대단히 중요했다. 애슬레틱스는 낮은 연봉에도 실력 있는 선수를 찾아내는 것으로 지금껏 버텨왔기 때문이다. 메이저리그에서 신인으로 지명되는 아마추어 선수는 일방적으로 불리한 계약 조건을 감수해야 했다. 신인 선수를 드래프트해서 계약한 팀은 마이너리그라면 7년, 메이저리그라면 6년 동안 선수를 보유할 수 있는 권한을 가진다. 그 기간에는 선수의 실제 능력이나 시장가격보다 훨씬 적은 돈을 지급해도 됐다. 예를 들어 애슬레틱스는 올스타 투수인 배리 지토(위력적인 커브로 유명하며 2007년 FA로 메이저리그 투수 역대 최고 연봉인 7년간 1억 2,600만 달러를 받고 샌프란시스코 자이언츠로 이적함-옮긴이)에게 2000년에는 20만 달러, 2001년에는 24만 달러를 지급했으며, 아메리칸리그에서 최우수투수한테 주는 사이영상을 받은

2002년에도 고작 50만 달러의 연봉을 지급했다. 이 모든 것은 1999년에 그를 드래프트로 지명한 덕분이었다. 지토는 메이저리그에 처음 들어온 3년 동안 꼼짝없이 애슬레틱스에 묶여 있었다. 그다음 3년간은 연봉 조정을 신청할 수 있지만, 그래도 한계가 있었다. 공개 시장에서였다면 1,000만 달러에서 1,500만 달러에 달할 그의 연봉이 오클랜드에서는 여전히 수백만 달러 수준에 머물러 있었다. 메이저리그에서 6년을 채우는 2007년이 되어서야 지토는 가장 높은 금액을 부르는 팀으로 옮겨갈 수 있다. 그때가 되면 가난한 애슬레틱스는 지토를 계속 잡아둘 수 없게 된다. 바로 그런 이유로 애슬레틱스는 드래프트에서 지토 같은 선수를 찾아내 낮은 연봉으로 장기 계약을 체결해야 하는 것이다.

2002년은 또 다른 배리 지토를 여럿 찾아낼 수 있는 최고의 기회였다. 2001년에 애슬레틱스는 FA를 선언한 최고의 선수 세 명을 모두 부자 팀에 내줘야 했다. 1루수인 제이슨 지암비는 7년간 1억 2,000만 달러를 받는 조건으로 양키스로 이적했으며, 외야수 자니 데이먼은 4년간 3,200만 달러를 받고 보스턴 레드삭스로 갔다. 마무리 투수 제이슨 이스링하우젠은 4년간 2,800만 달러의 계약으로 세인트루이스 카디널스로 이적했다. 이들 선수 세 명이 매년 받게 될 연봉의 합계는 연간 3,300만 달러인데, 이는 오클랜드 전체 팀 연봉인 3,800만 달러보다 고작 500만 달러 적은 액수였다.

드래프트 규칙에 따라 오클랜드 애슬레틱스는 정상급 선수 세 명을 데려간 세 팀의 1라운드 지명권을 넘겨받고, 여기에 더해 1라운드 마지막에 보상 차원의 지명권 세 장을 더 받았다. 따라서 원래 보유한 한 장의 1라운드 지명권과 합치면 사실상 일곱 장의 1라운드 지명권을 갖게 되었다. 드래프트가 시작된 1965년 이래로 어느 팀도 일곱 장이나 되는 1라운드 지명권을 얻은 적이 없었다. 이제 일곱 장으로 누구를 뽑을지가 문제였다. 빌리 빈은 지난해 퓨슨이 저지른 일, 그리고 지난 37년간 고루한 스카우터들이 저지른 일만큼은 결코 하지 않을 생각이었다. 빌리는 회의를 시작하기 전 폴에게 말했다. "이봐, 우리가 무슨 방식을 택하든 간에 옛날에 하던 방식보다 더 나빠지진 않을 거야."

스카우팅 부서는 이미 엄청난 수의 미국 내 아마추어 선수 명단을 680명으로 압축해놓았다. 그들은 자석 띠에다 각 선수의 이름을 인쇄해서 붙여두었다. 앞으로 일주일 동안 이름표 무더기를 적당한 기준에 따라 줄여나갈 것이다. 이 과정은 처음에는 한 명씩 탈락시키는 방식으로 이뤄진다. 에릭 쿠보타가 명단에서 선수의 이름을 읽으면 그 선수에 대해 잘 아는 스카우터가 간결하게 설명했고, 그의 경기를 본 적이 있는 다른 스카우터도 의견을 내놓았다. 그런 다음 모두 합의를 이룰 때까지 토의를 진행하는 방식이었다.

첫날 아침, 그들은 선수 명단에서 한 명씩 줄여나가는 일을 시작했다. 상당한 숫자의 선수들이 이런저런 이유로 속속 탈락했다. 예를 들면 이런 식이었다. 에릭이 '라크'라는 선수를 거명했다. 에릭은 빌리가 퓨슨을 해고하고 새로 임명한 젊은 스카우팅 책임자였다. 처음에 오클랜드 애슬레틱스의 홍보담당 인턴으로 입사했던 에릭은 자신이 캘리포니아대학 버클리 캠퍼스를 졸업한 수재라는 사실을 감추려고 담배를 엄청나게 씹어댔다. 빌리는 에릭이 고등학교에서조차 야구를 해본 적이 없다는 사실 때문에 그를 매우 마음에 들어 했다. 빌리는 선수 경력이 스카우터 업무를 수행하는 데 극복해야 할 장해물이라고 생각했던 것이다. 그래서 자신을 '재활치료에 성공한 알코올 중독자'라고 부르기도 했다.

라크는 불같이 빠른 강속구를 던지는 고교생 투수였다. 라크를 마음에 들어 했던 고참 스카우터가 몇 마디의 간결한 말로 그를 소개했다. "좋은 체격, 굵은 팔을 가졌음. 직구는 훌륭하고 슬라이더는 쓸 만한데 체인지

업은 그저 그런 편임. 약간 소심한 편인데 고치지 못할 정도는 아님. 어떤 날은 잘하고 어떤 날은 별로였음." 그러자 에릭이 물었다. "대학에 갈 위험은 없나요?" 고참 스카우터가 대답했다. "학생 타입은 아닙니다. 대학과 계약할 것 같지 않아요."

이번에는 피터(크리스 피타로)가 물었다. "그럼 돌대가리라는 말입니까?" 피터는 노스캐롤라이나대학 출신으로, 미네소타 트윈스에서 선수생활을 하던 시절 빌리의 룸메이트였다. 빌리는 그를 선수 시절에 배웠던 것을 전부 잊어버리고 새로운 방식으로 생각할 수 있는 스카우터라고 평가했다. 고참 스카우터는 피터의 질문에 어떻게 대답할지 고심했다. 야구 선수는 너무 멍청해도 안 되고 너무 똑똑해도 안 된다. 한참 고민한 끝에 그는 이렇게 대답했다. "너무 똑똑한 쪽이죠. 자신만만한 녀석입니다. 하지만…."

아마도 이런 대화는 앞으로 몇 주간 드래프트 회의실에서 수차례 되풀이될 것이다.

에릭이 말을 받았다. "하지만?" 그 고참 스카우터는 잠깐 망설이다가 말했다. "음, 가정 문제가 좀 있는 것 같더군요. 그 녀석 아버지가 감옥에 잠시 있었던 모양입니다. 포르노 때문이라던가."

회의실에 모여 앉은 서른 명에 가까운 사람들이 모두 그의 말을 듣고 잠잠해졌다. 포르노가 범죄인지 곰곰이 생각하는 듯했다. 마침내 누군가가 말했다. "그래서 포르노 좀 가져올 수 있대요?" 그러자 분위기가 다시 바뀌었다. "언젠가는 이 녀석이 불꽃 투구를 한다는 신문기사를 보게 될 거요, 공이 정말 총알처럼 빠르다니까."

이 고참 스카우터는 55세가 되어가는데도 여전히 군살이 없고 민첩했는데, 자신이 언젠가 다시 경기에 나갈 수 있으리라는 희망을 아직도 못 버린 듯했다. 그는 고교 선수를 선호했고, 그러한 취향을 전혀 부끄럽게 여기지 않았다.

누군가가 말했다. "성격이 걱정인데."

다른 누군가가 물었다. "프로필에는 뭐라고 쓰여 있지?"

한 젊은이가 방 한구석에 있는 데스크톱 컴퓨터 앞에 가서 앉았다. 그는 키를 몇 번 누르고 나서 메이저리그가 모든 후보 선수에게 실시하는 심리테스트 결과를 찾아내어 그것을 큰 소리로 읽었다. "좋지 않아요. 성취욕은 10점 만점에 1점, 리더십도 10점 만점에 1점, 성실성 10점 만점에 1점." 그는 계속해서 결과표를 읽어나갔지만 모든 항목의 점수가 다 마찬가지였다.

마침내 보기가 입을 열었다. "제기랄, 도대체 저놈은 2점을 받은 항목이 하나도 없다는 건가?" 보기는 이 자리에 모인 스카우터들 가운데 가장 고참이었다. 그리고 그는 1972년 휴스턴 애스트로스 소속의 스카우터로 딕 루스벤이라는 투수를 평가하는 과정에 처음으로 심리테스트를 도입한 주인공이었다. 당시 딕 루스벤은 테스트를 통과했다.

누군가가 이렇게 말했다. "자질 불량이군." 모든 사람이 그 말에 동의했다.

스카우터가 선수의 단점을 표현할 때 사용하는 몇 가지 문구가 있었다. '돌대가리'는 분명 좋지는 않지만 극복할 수 있는 약점이다. '약골'이라는 말도 상당히 불리하기는 하다. 그 말에는 '형편없는 몸매'와 '겁쟁이'라는 뜻이 담겨 있지만 역시 결정타는 아니었다. 그러나 '자질 불량'은 사형선고나 다름없다. 그 의미를 구체적으로 말하자면 '이 친구한테는 우리가 해결할 수 없는 심각한 문제가 있다'는 뜻이다. 전과가 있다거나 알코올 중독, 심각한 성격 결함에 이르기까지 다양한 문제가 자질 불량의 원인이 되었다. 거명되었던 선수가 '자질 불량'으로 선고받자 신참 스카우터가 종이 상자로 다가가서 예전에 애슬레틱스의 직원이었던 필 마일로의 사진이 붙은 작은 자석을 꺼내 그 투수의 이름표 위에 붙였다.

마일로는 빌리의 보좌관으로 일했던 짧은 기간에 구단 내의 모든 사람과 갈등을 겪은 직원이었다. 얼마나 성격이 나빴기에 모든 사람과 충돌을 일으킬 수 있느냐고 물어봤더니 폴은 이렇게 대답했다. "나하고 있었던 일을 이야기해볼까요? 직원으로 뽑혔을 때 마일로가 나를 찾아와 처음 한 말이 뭔지 아세요? '솔직하게 말하지. 너 같은 애송이를 채용하다니 정말 불쾌하기 짝이 없어.' 그 사람은 항상 그런 식이었죠."

드래프트 회의가 진행되는 처음 며칠 동안 후보 선수에 대한 대화 중 상당수는 선수 이름 위에 필 마일로의 사진을 붙이는 것으로 끝났다. 그 결과 마일로의 작은 사진이 색종이 조각처럼 여기저기 날아다녔다. 야구 관계자들이 선수를 평가하는 모습을 보면 그들이 선수의 어떤 면을 부정적으로 보는지 알 수 있다. 한편으론 그들이 거액의 돈을 쓰려는 대상에 관해 실제로 아는 것이 얼마나 적은지도 알게 된다. 이야기의 진행은 대략 이런 식이다.

어느 고교생 투수

빌리가 심드렁하게 물었다. "대학은 어디로 간답니까?"

그를 가장 잘 아는 스카우터가 대답했다. "안 갈 거래요. 기독교 신자인데, 원래는 장학금을 받고 UC얼바인에 다니기로 했죠. 코치가 선수 몇 명을 소개하고 함께 파티에 데려갔는데 그 파티가 술로 시작해서 술로 끝나는 모습을 보고 충격을 받았다고 하더군요. 그 녀석은 기분이 상해서 그 자리를 뜨면서 '나 대학 안 가!'라고 했답니다."

"아, 그런 친구가 프로야구에 어울리겠어요?"

에릭이 말했다. "마일로 사진을 붙이면 되겠군요."

대학생 우완투수

투수를 선호하는 편인 맷 키오가 말했다. "굉장한 녀석이죠. 그런데 자기 마음에 안 들면 성질을 부려 싫어하는 사람도 많아요. 퇴장도 여러 번 당했죠."

이 평가를 듣고 난 에릭이 물었다. "마약은 하지 않아요?"

그러자 매티가 대답했다. "마약은 안 해요." 그러고는 잠깐 생각하더니 이렇게 말했다. "그러고 보니 해시(마약 해시시의 속칭 – 옮긴이)를 한다는 소문이 있었어요."

고참 스카우터 한 명이 웃으며 말했다. "콘비프 해시(다진 고기로 만든 요리 – 옮긴이) 말인가?"

그래도 매티는 계속해서 선수를 변호했다. "그걸 입증할 만한 증거는 없어요."

다른 고참 스카우터가 말했다. "아니 땐 굴뚝에 연기 나겠어?"

그때 에릭이 뭔가를 찾아보더니 물었다. "혹시 학교에서 마리화나를 팔았던 그 녀석 아닙니까?" 매티가 화를 내며 말했다. "제기랄, 그건 벌써 3년 전 일이란 말일세!" 하지만 그를 제외한 모두가 끙 하고 앓는 소리를 냈다. 에릭은 담배를 뱉어내며 말했다. "마일로 사진이나 붙여요."

강타자 외야수

"그 친구가 계약하려고 할지 모르겠군요. 로스쿨에 가고 싶어 하더라고요."

"로스쿨?"

"아마 여자 친구가 조르는 모양이에요."

"대단한 사랑 나셨네. 사랑을 위해서라면 뭐든 할 녀석이군."

"마일로 사진이나 붙여요."

대학 출신 좌완투수

스카우터 두 명이 대화를 나눴다.

"이 친구 성적이 없는데?"

"성적이 나쁘단 말이오?"

"아니, 아예 성적이 없네요."

"치코주립대 출신이라면서요? 어떻게 성적이 없을 수가 있죠?"

"대학에 다니겠다는 욕심이 전혀 없었나 보죠. 야구 선수가 될 운명이었던가."

이때 빌리가 그들의 대화에 끼어들었다. "난 아무런 욕심도 없이 대학에 들어간 녀석 따위는 전혀 내키지 않아요. 대학이 무슨 명예훈장도 아니고 말이야."

"마일로 사진이나 붙여요."

빌리는 스카우터들이 '자질 불량'인 선수를 찾아낼 때는 별로 간섭하지 않았다. 폴은 아예 한 마디도 하지 않았다. 그들이 볼 때 드래프트 회의의 목적은 위험부담을 최소화하는 데 있었다. 그들은 준비되지 않은 선수를 감당할 여유가 없었다. 성격적으로든 법적으로든 프로야구에 적합하지 않은 선수를 굳이 데려올 이유가 없었다. 간혹 빌리는 주의를 환기시키려고 이런 질문을 던지기도 했다. "작년에 지명했다가 은행 강도질을 하는 바람에 방출한 개자식이 누구였죠?"

처음 며칠의 대부분은 최초 680명의 선수 명단을 추려내는 데 할애했다. 전과 기록이나 여자 친구에 대한 지나친 애정, 그 밖의 자질 불량 딱지를 붙이게 되는 여러 사유 말고도 오클랜드 애슬레틱스가 특정 선수를 판단하는 기준은 두 가지가 더 있었다. 첫째는 나이였다. 새로 온 스카우팅 책임자는 신참 스카우터가 애써 조사해온 고교 선수에 대한 파일을 거의 예외 없이 쓰레기통에 던져버려 신참 스카우터를 허탈하게 만들었다. 둘째는 스카우터들이 '기대치'라고 고상하게 표현하지만 결국 돈 문제였다.

에릭 쿠보타가 유망한 대학 출신의 투수에 대해 물었다. "그 선수 기대치는 얼마래요?"

그 투수를 잘 아는 스카우터가 대답했다. "그의 아버지는 420만 달러에서 시작하면 괜찮을 것 같다더군요."

그러자 에릭이 말했다. "저쪽으로 치워버려요."

그의 이름표가 쓰레기통에 던져졌지만 프런트 직원 어느 누구도 신경 쓰지 않았다.

3일째가 끝날 무렵 스카우터들은 선수 명단을 두 그룹으로 나누었다. 첫 번째 그룹은 이제 더는 고려할 가치가 없는 선수들이었다. 두 번째 그룹은 400명에 달하는데, 포지션별로 추가 분석해야 할 대상이었다. 그들은 120명의 우완투수와 37명의 포수, 94명의 외야수를 놓고 각각 1위부터 꼴찌까지 점수를 매길 것이다. 지금까지는 자질이 부족한 선수를 탈락시키는 방식이었지만 이제부터는 괜찮은 선수를 한 명씩 골라내는 것으로 작업 방향을 바꾼다. 빌리는 사전에 올해는 투수한테 크게 관심이 없다고 분명히 말해두었다. 지난 몇 년간 투수진은 충분히 강화시켜놓았기 때문이다. 지금은 타자가 필요한 시점이었다. 빌리 옆의 화이트보드, 일명 빅보드에는 60명의 선수를 위한 공간이 있었는데 그중 딱 한 칸만 채워져 있었다. 처음으로 뽑힌 선수는 닉 스위셔였다.

스위셔(현재 뉴욕 양키스 소속－옮긴이)는 오하이오주립대 출신의 중견수였다. 지난 여섯 달간 빌리는 반드시 스위셔를 뽑아야 한다고 생각했고, 다른 스카우터들도 마찬가지였다. 스위셔는 폴의 컴퓨터와 고루한 스카우터의 시각이 일치하는 아주 드문 사례였다. 그는 선천적으로 운동 능력이 뛰어나서 스카우터들이 좋아할 뿐 아니라 빌리와 폴이 가장 중요하게 여기는 통계분석 면에서도 대단히 우수했다. 뛰어난 타격 실력에 장타력을 겸비했고 볼넷을 얻어내는 능력도 훌륭했다.

역설적이지만 빌리는 단 한 번도 스위셔가 경기하는 모습을 직접 보지 못했다. 당장 비행기로 날아가 스위셔의 경기를 현장에서 보고 싶었지만 스카우터들이 그를 만류했다. 만약 빌리가 움직였다가는 메이저리그 전체에 빌리 빈이 닉 스위셔를 찍었다는 소문이 퍼질 수 있었기 때문이다. 그러면 스위셔의 몸값이 순식간에 올라가 버리는 것은 물론 애슬레틱스가 전체 드래프트의 16순위인 첫 번째 지명권을 행사하기도 전에 다른 팀에서 채갈 가능성이 컸다. 스카우터들은 빌리를 가급적 스위셔한테서 떼놓으려는 이 계획을 '차단 작전'이라고 불렀다. 이 작전에는 부작용도 있었다. 가장 큰 부작용은 애모하는 상대를 너무 오랫동안 만나지 못한 빌리가 마치 상사병에 걸린 듯이 애타게 스위셔를 찾는 것이었다. 빌리는 신부의 사진만 보고 결혼하는 남자처럼 스위셔를 상상하고 그리워했다. 그는 스카우터들을 붙들고 스위셔에 대해 묻곤 했다. "스위셔는 눈에 띄는 선수겠죠?" 그럴 때면 고참 스카우터는 농담처럼 대답했다. "아, 눈에 띄고말고요. 버스에서 내리는 순간부터 쉴 새 없이 떠들어대는 친구거든요."

그러면 빌리는 이렇게 말했다. "그 친구는 성장 배경이 아주 좋아요. 그의 아버지도 메이저리그 출신이거든요. 그건 엄청난 행운이죠. 그런 선수들은 보통 성공하거든요." (스위셔의 아버지 스티브 스위셔는 시카고 컵스, 세인트루이스 카디널스, 샌디에이고 파드리스에서 포수로 활동했던 이력이 있다.)

고참 스카우터가 동의했다. "존재감이 확실하지요."

빌리가 또다시 물었다. "차단 작전은 잘 먹히고 있습니까?"

고참 스카우터는 다시 농담을 했다. "너무 잘 먹혀서 탈입니다. 화이트삭스 스카우터 하나가 어제 나한테 전화해서 하는 말이, 당신이 아직까지 스위셔를 만나지 않은 걸 보니까 그에게 푹 빠진 게 틀림없다고 하더군요."

그러자 빌리는 웃으며 말했다. "이 방에서 나가는 순간 스위셔에 대한 이야기는 절대 비밀입니다."

그러나 닉 스위셔 이외의 선수에 대해서는 논쟁이 끊이지 않았다. 야구 관계자들은 화합을 중시하는 성격을 타고났기 때문에 대화가 지나치게 과격해지지는 않는다. 이들의 논쟁 분위기는 대기업에서 생산라인을 줄이기로 했다거나, 마케팅 부서의 인력을 R&D 부서로 전환 배치하겠다는 결정을 내리기 위한 회의와 비슷했다. 논쟁의 양 편에 선 두 집단 간에는 근본적인 차이가 있었다. 한 편에는 고참 스카우터들이, 다른 한 편에는 빌리 빈이 있었다. 고참 스카우터들은 그리스 비극 공연의 코러스처럼 야구라는 불멸의 테마를 끊임없이 노래했다. 하지만 빌리는 그 불멸의 테마를 조금도 인정하려고 하지 않았다. 그에게 중요한 것은 수익성을 높이는 일뿐이었다.

빌리는 고참 스카우터들이 좋아하는 선수들의 이름표를 하나씩 집어 들고 선수의 단점을 꼬집었다. 빌리가 이렇게 나오자 한 고참 스카우터가 항의했다.

"그 친구는 타고난 야구 선수일 뿐 아니라 괜찮은 구석이 많다고요."

"타격이 나쁘잖아요."

"그렇게까지 엉망은 아닐 걸요."

"그런데 타석에서 직구가 날아오는 것도 알아보지 못합니까?"

그러자 고참 스카우터는 방어적인 말투로 말했다. "그는 5툴 플레이어라니까요."

스카우터들은 선수 출신이라는 똘똘 뭉친 집단의 일원으로 논쟁보다는 동의하는 일에 익숙했다. 고참 스카우터는 좌우를 둘러보며 지원을 요청하는 눈빛을 보냈지만 아무도 입을 열지 않았다.

빌리가 다시 물었다. "그래서 타격을 잘하게 될 것 같습니까?"

그는 우물쭈물하며 대답했다. "그렇게 될 겁니다."

그때 폴이 그 선수의 대학 시절 타격 분석 자료를 읽었다. 그는 2루타 이상의 장타율과 볼넷 수가 현저하게 적었다.

듣고 있던 빌리가 말했다. "하나만 물어봅시다. 그가 그렇게 좋은 타자라면 기록이 왜 저것밖에 안 되는 겁니까?"

"물론 타격자세를 고칠 필요는 있어요. 하지만 그거야 고치면 되지 않습니까. 그는 분명 잘 칠 능력을 가진 선수예요."

"프로리그는 선수를 개선시키는 곳이 아닙니다."

베이서리그 스타가 되지 못한 고참 스카우터들은 젊은 선수를 통해 대신 꿈을 이루고 싶어 한다. 하지만 빌리는 그런 일에 전혀 관심이 없었다. 그 자신이 스카우터가 이루고 싶어 하던 꿈의 희생양이었기 때문이다. 빌리는 그 꿈이 가치 없다는 것을 잘 알았다. 고참 스카우터가 흔히 하는 말이 있다. "그 친구는 체격이 굉장해요." "이 친구는 드래프트에서 신체 조건이 가장 뛰어날 겁니다." 그때마다 빌리는 "우리는 청바지 모델을 찾는 게 아닙니다"라고 말한 뒤 스카우터가 요란하게 추천하는 선수를 블랙리스트에 올려놓았다.

스카우터들이 높게 평가했던 선수는 차례로 화이트보드에서 사라지고 결국 한 명도 남지 않았다. 할 말을 잃은 채 그 상황을 지켜보던 스카우터들은 한 가지 의문에 사로잡혔다. 오클랜드 애슬레틱스가 가진 일곱 장의 1라운드 지명권을 스카우터들이 좋아하는 선수에게 쓰지 않는다면 도대체 누구를 뽑는단 말인가? 빌리는 기존 선수 명단을 쓰레기통에 모두 버린 뒤 새로운 이름을 화이트보드에 써넣음으로써 그 질문에 답했다.

마크 티헨

고참 스카우터들은 손에 담배를 뱉을 깡통 하나씩을 들고 의자에 몸을 기댔다. 폴은 노트북을 들여다보며 조용히 대학 웹사이트에서 통계수치를 뽑아냈다. 스카우팅 총책임자인 에릭 쿠보타도 미국 전체 아마추어 야구 선수의 순위표를 펼쳐 들었다. 하지만 티헨(현재 시카고 화이트삭스 소속－옮긴이)이 나오기까지는 여러 장을 넘기고 수백 개의 이름을 거쳐야 했다.

빌리가 말했다. "티헨에 대해 말해보세요."

에릭이 자료를 살피며 말했다. "마크 티헨. 캘리포니아 모라가에 있는 세인트메리대학 출신의 3루수. 키 191센티미터에 95킬로그램. 좌투우타. 타격자세는 좋지만 장타자는 아님. 투수를 끈질기게 물고 늘어짐…. 우리가 찾는 종류의 선수군요."

고참 스카우터가 물었다. "왜 그전까지는 이 선수에 대해 얘기하지 않았나요?"

에릭의 대답은 간단했다. "별로 눈에 띄는 선수가 아니니까요. 홈런도 별로 없고 그저 그런 선수예요."

이때 빌리가 끼어들며 말했다. "힘은 나중에 키울 수 있습니다. 좋은 타자는 힘을 기를 수 있지만 강타자가 좋은 타자로 바뀔 수는 없지요."

다른 고참 스카우터가 증인을 심문하는 검사처럼 물었다. "그를 3루수로 봅니까, 아니면 유격수로 봅니까?"

빌리는 우회적으로 대답했다. "포지션은 생각하지 말고, 누가 최고의 타자인가 하는 것만 생각합시다."

원하는 자료를 찾은 폴은 컴퓨터에서 고개를 들었다. "티헨, 출루율 0.493, 장타율 0.624. 194타석에서 볼넷 30개에 삼진은 17개밖에 없군요." 스카우터들이 이런 통계수치를 어떻게 생각할지는 미지수였다. 다른 팀의 스카우터라면 틀림없이 이렇게 말했을 것이다. "통계수치 따위에는 신경 쓰지 말라고. 대학야구 기록 따위가 뭐가 중요하다고? 그 선수를 꿰뚫어보라고. 장차 뭐가 될지 상상해봐."

모든 사람이 30초가량 티헨의 이름을 말없이 응시했을 때 에릭이 말했다. "이렇게 말하기는 싫지만, 또 다른 제이슨 지암비를 찾고 싶다면 이 친구가 제격이겠는데요."

지암비는 뛰어난 타자지만 장타력이 부족했다. 입단할 당시 스카우터들은 그가 주루와 송구, 수비와 장타력이 모두 나쁘다고 반대했지만 빌리는 반대를 무릅쓰고 그를 드래프트 2라운드에서 지명했다. 지암비는 입단한 후에 장타력을 길렀고, 이후 2000년 아메리칸리그의 MVP로 선정되었다.

다시 침묵이 이어졌다. 스카우터들의 수십 년에 걸친 경험이 한순간에 무의미해지는 순간이었다. 그중 한 명이 마침내 입을 열었다. "찬물 끼얹기는 싫지만 난 한 번도 티헨의 이름을 들어본 적이 없소. 다른 팀이 그 선수에 대해 이야기하는 것도 못 들어봤고. 주위에서 그의 이름을 1년 내내 한 번도 못 들었단 소리요. 우리가 모두 좋아하는 55점짜리 선수는 아닌 것 같소." 스카우터들은 선수들에게 점수를 매겼는데, 그 숫자는 스카우팅이 정교해 보이도록 만드는 사소한 트릭 중 하나였다. 가령 '55점'을 받으면 언젠가 메이저리그 고정 선수로 활약할 것이라는 의미였다.

빌리가 심드렁하게 물었다. "그럼 누가 더 낫다고 봅니까?"

고참 스카우터는 의자에 몸을 기대고 팔짱을 끼더니 말했다.

"페리는 어때요? 그의 스윙 자세는 아주 인상적이지요. 물론 개선이 좀 필요하긴 하지만."

빌리는 확신에 찬 목소리로 말했다. "선수를 바꿔놓을 수는 없어요. 현재의 모습 그대로 봐야 한다고요."

고참 스카우터는 팔짱을 낀 채 말했다. "그냥 내 의견을 말해봤을 뿐입니다."

티헨을 빅보드의 상단에 올린 빌리는 또 다른 이름을 썼다.

제러미 브라운

빌리의 맞은편에 앉은 스카우터 네 명은 움찔하거나 실소를 터뜨렸다. 브라운? 브라운이라고? 빌리가 농담하고 있는 게 분명했다.

빌리가 말했다. "이제 제러미 브라운에 대해 토론해봅시다."

듣도 보도 못한 마크 티헨 다음 차례 역시 누군지도 모르는 제러미 브라운이라니, 스카우터들이 보기에 빌리는 이제 그럴싸한 느낌조차 없는 터무니없는 소리를 하고 있었다. 브라운은 명단의 맨 마지막 장에 간신히 들어 있는 선수였다. 스카우터들은 그가 마이너리그에서도 수준 낮은 선수가 될 것이라고 여겼다. 그는 앨라배마대학의 졸업반 포수였다. 고참 스카우터들 가운데 세 명이 브라운을 본 적이 있는데, 그가 메이저리그에서 뛸 가능성이 있다고 여기는 사람은 아무도 없었다. 스카우터들은 그보다 나은 선수를 각자 천 명씩 댈 수 있을 정도였다.

가장 목소리가 큰 스카우터가 입을 열었다. "제러미 브라운은 뚱보 포수라고요."

이번엔 피터가 말했다. "앨라배마 최고 기록을 보유한 뚱보지요."

폴은 컴퓨터에서 고개를 들고 말했다. "그는 SEC(Southeastern Conference, 미국 남동부 지역의 대학리그-옮긴이) 역사상 유일하게 300개의 안타와 200개의 볼넷을 기록한 선수예요."

스카우터들은 폴의 설명에 전혀 관심을 보이지 않았다. 메이저리그에 있는 누구도 대학 선수가 얼마나 많은 볼넷을 얻었는지 신경 쓰지 않는다. 그러나 폴은 다른 무엇보다도 볼넷을 중시했다. 그는 자신이 왜 볼넷을 중요하게 생각하는지 아무 설명도 하지 않았다. 어떤 아마추어 타자들이 메이저리그에 올라갔고, 또 어떤 타자들이 실패했는지를 추적해 그 요인을 분석했다는 사실도 설명하지 않았다. 선수를 평가할 때 스카우터들이 중시하는 중요한 능력들을 사실은 선수마다 모두 다르게 봐야 한다는 점도 말하지 않았다. 그가 보기에 빠른 발과 수비 능력, 타고난 힘 등은 지나치게 높이 평가되고 있었다. 스트라이크존에 대한 적응력이야말로 타자의 성공을 결정하는 데 가장 중요한 능력이었다. 볼넷 수는 그 타자가 스트라이크존에 적응하는 방식을 알고 있음을 증명하는 최고의 지표였다. 폴의 분석에 따르면 대학야구의 타석에서 날카로운 눈을 가진 선수는 프로야구에서도 날카로운 눈을 보여줄 수 있다. 타석에서 보이는 절제력은 타고난 재능에 가까우므로 제멋대로 방망이를 휘두르는 아마추어가 프로 무대에서 훈련을 거친다고 해서 바뀌기는 어렵다. 또한 폴은 타자의 팀 공헌도를 정확히 측정하기 위해 사용하는 통계를 분석하고, 그 함의를 깊이 이해했다. 예를 들어 타석당 투구 수가 어떤 의미를 지니는지, 출루율이 얼마만큼 중요한 지표인지 하는 것이다. 그는 소수의 증거가 아닌 방대한 양의 통계 데이터에서 일반화하는 것이 얼마나 중요한지 알고 있었다. 하지만 이러한 사실을 아무한테도 설명하지 않았다. 빌리가 선수 출신에게 통계와 확률 이론을 설명해봐야 혼란만 가중시킬 뿐이라고 누누이 말했기 때문이다.

또 다른 고참 스카우터가 말했다. "이 녀석은 엄청나게 두꺼운 속옷을 입고 다니는 모양이오." 회의 시작 이틀 만에 그가 처음으로 꺼낸 말이었다. 그 스카우터는 중요한 회의석상에서 침묵을 지키는 사람에게 모이는 특별한 관심을 즐기는 성격이었다. 사람들은 그가 입을 열 때면 뭔가 깜짝 놀랄 만큼 중대한 말을 할 거라고 생각하지만 실은 아니었다.

그러자 빌리가 말했다. "그래서요?"

가장 목소리가 큰 고참 스카우터는 거들먹거리며 말했다. “몸이 물렁하다고요. 살집만 있는 몸이죠.”

빌리가 냉정한 목소리로 말했다. “아, 베이브 루스(전설적인 메이저리그의 홈런왕이며 뚱뚱한 몸매로도 유명함 – 옮긴이)처럼?”

그러자 모두 웃었다. 빌리 옆에 앉은 사람들은 맞은편에 앉은 고참 스카우터들보다 훨씬 즐겁게 웃었다.

그 스카우터가 다시 말했다. “글쎄요, 잘 모르겠군요. 그런 뚱뚱한 몸은 에너지가 부족할 가능성이 커요.”

빌리가 말했다. “에너지가 부족하다는 건 좋은 의미로 해석하면 침착하다는 뜻이기도 하지요.”

스카우터도 지지 않고 말했다. “그렇죠. 하지만 이 친구의 에너지가 부족한 것은 뛸 때 허벅지 살이 자꾸 부딪쳐서 그럴 겁니다.”

그러자 빌리는 단호하게 말했다. “다시 말하지만 우리는 청바지 모델을 구하는 게 아닙니다.”

“그건 다행이군요. 만일 코듀로이 바지를 입혔다간 허벅지끼리 쓸려서 바지에 불이 날 테니까요.”

이 스카우터의 대꾸를 끝으로 빌리는 제러미 브라운의 노란 이름표를 집어들고 ‘톱 60’의 이름이 붙게 될 빅보드로 향했다. 스카우터들은 자세를 바꾸고 씹던 담배를 뱉어냈다. 권위 있는 스카우터 잡지인 〈베이스볼 아메리카Baseball America〉는 최근 2002년 드래프트 특집호를 발간했는데 그 안에는 미국 최고의 아마추어 포수 25명의 명단이 들어 있었다. 거기에 제러미 브라운의 이름은 없었다. 〈베이스볼 아메리카〉를 기준으로 본다면 제러미 브라운이 드래프트에서 선발된다는 건 대단한 행운이라고 할 수 있다. 그런데 빌리는 브라운을 드래프트의 상위 5라운드 안에 포함시키려는 것이었다.

고참 스카우터가 하소연하듯이 물었다. "빌리, 정말 그를 거기에 넣으려는 겁니까? 그는 작년에 19라운드에서 뽑혔습니다. 올해도 그 자리면 다행일 거라고요." 지난해 보스턴 레드삭스는 브라운을 19라운드에 지명했지만, 그는 그들이 제안한 쥐꼬리만 한 액수를 거절하고 앨라배마대학으로 돌아가서 졸업을 기다리고 있었다. 그 당시 브라운의 행동이 현명했다는 것이 드러나려는 순간이었다.

고참 스카우터들은 모두 브라운을 불신했다. 이들 중 살찐 스카우터가 빌리의 지시로 앨라배마대학에 다녀온 적이 있다. 그런데 그마저 빌리에게 브라운은 드래프트할 만한 선수가 아니라고 말했다. 드래프트 자격을 가진 선수는 북미에만 1,500명이 있으며, 이 형편없는 몸매의 포수 말고도 뽑을 수 있는 사람이 얼마든지 있다고 했다. 다른 스카우터들과 마찬가지로 이 살찐 스카우터도 브라운이 너무 뚱뚱하며 앞으로 더 뚱뚱해질 것이라고 생각하고 있었다. 그는 브라운의 포수 실력도 그리 좋지 않다고 말했다. "포수 자리에서 기동성이 너무 없어요. 게다가 송구하는 자세는 고무총 쏘는 것처럼 어설픕니다. 포수가 그런 자세로 2루에 송구하면, 공이 직구로 날아가는 게 아니라 1루 쪽으로 기울어진 포물선을 그리면서 힘없이 날아가죠."

그러나 빌리는 빅보드 앞으로 한 걸음 다가서더니 브라운의 이름을 두 번째 세로단의 가장 위, 즉 전체에서 17번째 칸에 붙였다. "좋아, 그럼 여기에 붙이지요." 이제 제러미 브라운은 2라운드의 상위 순서, 어쩌면 1라운드 하위 순서로 지명받게 되는 것이다. 말문이 막힌 스카우터들은 그저 깡통에 담배만 뱉어댔다. 그제야 스카우터들은 빌리가 이른바 과학적이고 객관적인 방식을 얼마나 강하게 밀어붙일 생각인지 깨달았다.

목소리가 큰 스카우터가 말했다. "제발요, 빌리."

그러자 빌리가 말했다. "타격 잘하는 포수를 찾아보자고요. 저들 중에는 타격이 되는 포수가 하나도 없잖아요. 하지만 이 선수는 타격이 된다니까요."

그때 에릭이 테이블 건너편을 보며 말했다. "이 선수가 가진 엄청난 기록을 보세요."

스카우터들은 기록의 중요성에 동의할 수 없었다. 그들은 선수들의 과거 기록이 앞으로 그 선수가 얼마나 성장할 수 있을지의 가능성을 보여주지는 못한다고 생각했던 것이다.

에릭이 다시 말했다. "다들 잘 생각해봐요. 몸매는 형편없지만 실력이 뛰어난 선수와 함께 운동해본 경험이 있잖아요."

빌리는 고개를 끄덕이며 말했다. "그래, 나도 피터랑 뛰어봤지."

그의 말에 피터를 포함해 모두 웃음을 터뜨리자 계속해서 말했다. "브라운에게는 또 다른 장점이 있습니다. 그는 필사적으로 볼넷을 얻어냅니다."

이어서 폴이 말했다. "그는 볼넷 수에서 미국 최고예요."

그러자 스카우터 한 명이 빈정거리며 말했다. "뛰질 못하니 걸어서라도 나가야겠지."

목소리가 큰 스카우터는 이제 애원하듯이 말했다. "빌리, 그의 몸매를 좀 보라고요. 정상이 아니라니까."

살찐 스카우터도 커다란 초콜릿칩 쿠키를 우걱우걱 씹으면서 말했다. "그의 허벅지랑 엉덩이는 어떡하고요. 뒤에서 보면 정말 어마어마하다고요."

또 다른 스카우터가 비꼬듯 말했다. "해가 갈수록 몸매가 점점 더 형편없어지겠지."

"그래도 타격은 좋잖아요?"

빌리의 말에 이어 폴이 앨라배마대학 웹사이트가 뜬 컴퓨터 스크린을 바라보며 말했다. “기록을 좀 들어보시죠. 지난 2년간 390안타에 98볼넷을 기록했고, 삼진은 겨우 37개예요. 이 기록은 마이너리그 어떤 선수보다도 훌륭하죠. 아참, 잭jack은 21개가 있어요.” 잭은 홈런을 뜻했다. 또 다른 말로는 동dong, 밤bomb, 빅플라이big fly라고 부르기도 한다. 야구계 사람들은 야구에 대한 애착을 표현하고자 같은 의미를 지닌 여러 단어를 사용하곤 했다.

살찐 스카우터는 초콜릿칩 쿠키를 우물거리다가 고개를 치켜들고는 통계 숫자에 대한 무시의 의미를 담아 한껏 과장된 억양으로 말했다. “흠, 내가 제러미 브라운의 타격 실력을 깎아내린 게 틀림없구먼.”

목소리 큰 스카우터도 거들었다. “글쎄, 난 그 타격 실력이라는 걸 본 적이 없어서 말이야.”

빌리가 정리하듯 말했다. “이제 그만합시다. 우리가 본 것을 서로 조합해볼 수는 있겠지만, 겉모습에 속아 엉뚱한 판단을 내려선 안 됩니다.”

사실 이런 논쟁은 제러미 브라운과는 아무런 관계가 없었다. 문제는 메이저리그 선수를 물색하는 방식에 있었다. 스카우터가 선수를 찾아내는 방법은 수만 킬로미터를 운전해 싸구려 모텔에 묵고 데니스(Denny's, 패밀리레스토랑 체인-옮긴이)에서 끼니를 때워가며 넉 달간 고등학교와 대학 선수들의 경기를 평균 200회씩 관전하는 식이었다. 그리고 그중에서 199회는 보통 아무런 성과도 얻지 못한다. 그러다 200회의 경기 중 단 한 번, 포수 바로 뒤의 네 번째 줄에 앉아서 경기를 관람하다가 우연히 아무도 알아보지 못한 뛰어난 선수를 찾아내는 것이다. 그런 선수를 알아보는 것은 첫눈에 반하는 것과 비슷하다. 에릭은 이렇게 말했다. “그런 선수를 만났을 때는 한 번 슥 보기만 해도 가슴이 뛴다고들 하죠. 스카우터들은 그런 순간이 반드시 있다고 믿어요. 거의 신앙에 가깝죠.” 이처럼 스카우터들은 한 번 보는 것만으로 드디어 자신을 유명하게 만들어줄 특별한 선수를 알아차릴 수 있다고 믿었다.

빌리는 미래의 메이저리그 선수를 찾는 방식에 관해 자기만의 신념이 있었다. 선수를 찾기 위해 방문해야 할 곳은 바로 폴의 컴퓨터였다. 그는 차라리 스카우터들을 전부 해고하고 폴의 노트북에서 곧장 선수를 지명하면 어떨까 하는 생각까지 했다. 인터넷을 활용해 미국 내 대학 선수의 세세한 기록을 찾아볼 수 있었고, 폴은 이런 모든 자료를 분석했다. 물론 대학 선수의 출루율이 0.450 이상을 기록할 때마다 컴퓨터 위에 달린 조그만 빨간 종이 빙글빙글 돌아간다면 더 좋을 테지만, 지금만으로도 충분했다. 폴은 고교 선수보다 대학 선수를 더 선호했는데, 그 이유는 그들에게는 의미 있는 통계수치가 존재하기 때문이다. 대학 선수는 고교 선수보다 훨씬 치열한 경쟁을 뚫고 훨씬 많은 경기를 치른다. 그러다 보니 관련 통계의 표본 수도 방대하고 이는 이면의 진실을 정확하게 반영해준다. 다시 말해 대학 선수의 장래 성적을 고교 선수보다 훨씬 더 정확하게 예측할 수 있다는 말이다. 통계는 자신의 눈에 모든 것을 의존하는 스카우터들의 편견에서 벗어날 수 있는 기준점이 되어준다. 예를 들어 스카우터는 키 작은 우완투수를 싫어하고, 체격이 왜소하면 아무리 출루율이 좋아도 신뢰하지 않는다. 뚱뚱한 포수도 극구 꺼린다.

바로 이것이 지금 일어나는 충돌의 근본 원인이었다. 빌리와 폴은 어린 선수의 겉모습이나 가능성이 아니라 기록과 성적에 따라 판단하고자 했다. 에릭과 피터도 어느 정도는 같은 시각을 공유했다. 그런데 프로야구 세계를 전혀 모르는 사람들한테는 아주 기초적이고 당연해 보이는 이런 시각이 야구계에서는 이단으로 여겨진다. 심지어 스카우터계에는 빌리와 폴의 방식을 가리키는 '기록 중심의 스카우팅'이라는 표현도 있었다. 스카우터들은 어린 선수를 볼 때는 마음의 눈으로 봐야 한다고 생각하므로 그 대척점에 있는 '기록 중심의 스카우팅'이라는 말을 모욕이라고 느꼈다. 따라서 선수의 성격을 포함한 대부분의 중요한 데이터를 통계 속에서 찾아낼 수 있다는 시각 자체를 부정했다.

빌리가 '겉모습에 속아서는 안 된다'는 말을 하고 나자 스카우터들은 아무도 무슨 말을 해야 할지 몰랐다. 그저 보드에 붙은 제러미 브라운이라는 이름만 바라볼 뿐이었다. 그제야 그들은 자신들이 결정을 내리기 위해 이 자리에 있는 게 아니라는 사실을 이해했다. 그들은 결정을 내리는 새로운 방식을 익히기 위해 이곳에 모인 것이다.

에릭은 이쯤에서 빌리와 고참 스카우터들을 중재할 필요성을 느끼고 입을 열었다. "이것은 올해 우리가 도입하려는 새로운 접근 방식입니다. 지금부터 5년 뒤에는 모든 스카우터가 이 방식을 받아들이고 따르게 될 겁니다."

이때 폴이 끼어들며 말했다. "난 그러지 않기를 바라지만요."

고참 스카우터들도 폴과 같은 의견이었지만, 그 안에 담긴 의미는 전혀 달랐다.

에릭은 테이블 건너편에 앉은 딕 보가드에게 시선을 돌렸다. "보기, 당신은 어떻게 생각하세요?" 보기는 고참 스카우터들에게 가장 존경받는 원로 스카우터였다. 에릭은 드러내놓고 표현하지는 않았지만 보기를 흠모했다. 야구 경험이 전혀 없는 에릭이 애슬레틱스의 마케팅 부서 대신 구단의 핵심인 스카우팅 부서에서 일하고 싶다고 했을 때 보기는 그를 비웃기는커녕 오히려 격려해줬다. 에릭은 보기를 '야구 인생의 아버지'라고 불렀다.

보기는 이 자리에 모인 스카우터들 가운데 나이가 가장 많았을 뿐 아니라 다른 여러 메이저리그 팀에서도 오랫동안 일한 경험이 있었다. 그는 스카우터계에서 걸어 다니는 나침반으로 통했다. 그는 나이가 많았지만 그동안 쌓아온 경험 덕분에 이제는 예전 방식이 통하지 않을 거라는 사실을 알고 있었다.

보기는 폴의 컴퓨터를 가리키며 말했다. "아, 물론 자네 말이 옳지. 이제는 새로운 방식으로 일해야 해. 예전에는 참고할 통계 자체가 존재하지 않았잖아. 그냥 눈으로 본 것만 가지고 일해야 했지."

에릭이 덧붙여 말했다. "게다가 예전에는 10만 달러만 있으면 어떤 선수라도 뽑을 수 있었죠."

다른 고참 스카우터들은 반응이 없었다. 에릭은 좌중을 둘러본 뒤 다시 말했다. "자, 보세요. '도대체 뭐 하고 있는 거야? 어떻게 브라운을 1라운드에 뽑을 수가 있지?'라는 말이 나오면 과연 누가 책임을 져야 할까요? 바로 나와 피터입니다."

여전히 아무도 입을 열지 않자 이번엔 빌리가 말했다. "이 일을 똑바로 해내려면 확실한 자부심이 있거나 아니면 아예 없어야 합니다. 참 어려운 일이죠. 아무도 좋아하지 않는 선수를 높게 평가하려면 감수해야 할 것이 많습니다. 하지만 선수를 뽑고 나면, 누구도 그 과정에 대해서는 신경 쓰지 않아요. 우리가 드래프트에서 아홉 번째로 지토를 뽑자 다들 우리가 멍청하다고 말했습니다. 남들에게 그런 말을 들을 줄은 이미 알고 있었죠. 하지만 겨우 한 달 뒤 우리는 멍청한 건 그 자식들이라는 걸 확실하게 보여줬죠. 지금 이 자리에서는 아무도 그때를 기억하지 않는 것 같군요. 아무튼 한 가지는 분명합니다. 선수에 대한 통찰력을 발휘하려고 하지 않을 때 오히려 더 좋은 선택을 할 수 있다는 겁니다."

스카우터 중 한 사람이 말했다. "제러미 브라운은 지토와 달라요." 하지만 정말로 다를까? 그것은 아무도 모를 일이다. 사실 이들이 한 가지 잊고 있는 게 있었다. 회의실에 모인 스카우터들은 빌리가 배리 지토를 지명하려고 했을 때 그의 직구 구속이 142킬로미터에 불과하다는 이유로 격렬히 반대한 적이 있다. 그 대신 그들은 강속구를 던지는 벤 시츠

(1999년 밀워키 브루어스에 1라운드 지명되어 2008년까지 밀워키의 주축 투수로 활동함–옮긴이)를 원했다. 잠시 뒤 보기가 이렇게 고백했다. "그때 빌리가 우리에게 지토를 뽑으라고 했지."

빌리가 질문을 던졌다. "한번 물어봅시다. 만일 제러미 브라운이 텍사스대학 외야수 마제스키처럼 그리스 조각상 같은 몸매를 가졌다면 그의 이름을 이 보드의 어디에 놓겠습니까?"

스카우터들은 이 말을 두고 고심하는 척했지만 아무도 입을 열지 않았다. 피터가 모두를 대신해 말했다. "첫 번째 세로줄에 놓았겠지요." 즉 1라운드 지명감이라는 얘기였다.

빌리는 넌더리를 내며 말했다. "여러분은 지금 청바지 모델을 찾고 있는 게 아닙니다." 그는 더는 논쟁할 필요가 없다고 판단한 뒤 브라운의 이름표를 빅보드 두 번째 세로줄 맨 위 칸에서 첫 번째 세로줄의 맨 아래, 즉 17번째 순위에서 15번째 순위로 옮겼다. 〈베이스볼 아메리카〉의 아마추어 포수 톱 25 명단에도 들지 못했고 대부분의 스카우터가 프로 선수조차 될 수 없다고 생각했던 제러미 브라운이 오클랜드 애슬레틱스의 1라운드 지명 대상이 된 것이다.

폴이 조용히 입을 열었다. "어쨌든 브라운에 대한 논의가 끝났으니 말인데요…." 사실 브라운에 대한 논의가 끝났다고 말하기는 모호했다. 스카우터들이 브라운에 대해 더는 언급하기 싫어했을 뿐이다. "추가로 논의하고 싶은 타자 명단이 여기 있습니다. 모두 여덟 명입니다. 이들 모두 프로 선수로서 확실한 자질을 갖추고 있어요. 분명히 우리가 원하는 선수이고, 이들 전부가 필요합니다." 이어서 그는 명단을 읽었다.

제러미 브라운

스티븐 스탠리

존 베이커

마크 카이거

숀 라킨

존 매커디

브랜트 콜라마리노

브라이언 스타비스키

여덟 명 모두 대학 선수였다. 대부분은 스카우터들이 딱히 좋아하지 않거나 제대로 알지 못하는 선수였다. 어느 신참 스카우터가 한 선수의 이름표를 보드에 붙이려고 일어서자, 폴은 재빨리 이름표를 붙일 위치를 정해주었다. 마치 만찬에 초대받은 손님이 식탁에 와인을 엎질렀다가 주인 몰래 얼른 닦아내려는 것처럼 보였다. 폴은 나머지 선수들의 이름표도 서둘러 원하는 위치에 붙였다.

이제 쿠데타는 끝났다. 폴의 명단에 있는 선수들은 스카우터가 자동차를 타고 일일이 돌아다니며 찾아낸 것이 아니라 폴이 인터넷을 뒤져서 찾아낸 사람들이었다. 몇몇 선수의 이름은 고참 스카우터들에게조차 생소했다.

빌리는 단호하게 말했다. "이 친구들을 합치면 출루율이 아주 높아질 겁니다." 하지만 아무도 입을 열지 않았다. 방 안에는 침묵만이 가득 차 있었다.

이윽고 피터가 입을 열었다. "보드 맨 위에 있는 세 명은 지금까지 한 번도 들어본 적이 없는 선수들이군요."

이 말에 보기가 동의한다는 듯 고개를 끄덕였다. "프로야구 역사상 그 어떤 팀도 이런 식의 빅보드를 가진 적은 없었을 거야."

그의 말은 회의실에 있는 다른 사람들에게 뭔가 특별한 분위기를 불어

넣었다. 그는 오랜 세월 셀 수 없이 많은 일을 겪었지만 자신의 경험에 별다른 애착을 보이지 않았다. 그는 야구계에서 거의 50년을 보내며 많은 것, 아마도 거의 모든 것을 보았지만 필요하다면 기꺼이 잊을 준비가 돼 있었다. 공교롭게도 그가 본 게임 중에는 1980년 샌디에이고에서 열린 고교야구 경기가 있었다. 그해 뉴욕 메츠는 드래프트 전체 1순위로 대릴 스트로베리를 데려갔다. 이외에 또 다른 고교 선수가 스트로베리와 라이벌 관계에 있었다. 그 선수는 뛰어난 능력으로 많은 스카우터의 마음에 환상을 불어넣었다. 보기는 휴스턴 애스트로스 구단의 요청으로 그를 보러간 적이 있었다. 훌륭한 체격에 빠른 발과 강속구, 타고난 감각에다 조명탑 너머로 공을 날려보내는 장타력까지 갖춘 선수였다. 심지어 그는 심리 테스트에서도 다른 어떤 유망주보다 높은 점수를 받았다. 보기는 휴스턴의 프런트에 전화해 스트로베리보다 더 훌륭한 유망주를 찾았다고 말했다. 그 선수가 바로 빌리 빈이었다.

드래프트 회의실에서 보기한테 젊은 시절의 빌리 빈과 가장 흡사한 선수가 누구냐고 묻자 그는 이렇게 대답했다. "이봐, 작가 양반. 빌리 빈 같은 선수는 없어. 그 어디에도 없다니까." 그 이유를 묻자 그는 이렇게 말했다. "빌리는 모든 스카우터가 꿈꾸던 그런 선수였어." 그러고는 단장인 빌리 빈이 '스카우터들이 꿈꾸던 선수'를 체계적으로 배제하고 있음을 암묵적으로 인정했다. 하지만 그는 아직도 잊지 못한 꿈의 대상이 지금 어떻게 되었느냐는 질문에는 대답을 망설였다. 그는 고개를 돌려 중년이 된 빌리의 얼굴을 바라보았다. 그러자 빌리가 끼어들듯 말했다. "거기까지만 합시다." 그는 안 듣는 척하면서 실은 다 듣고 있었던 것이다. 보기는 미소를 지으며 어깨를 으쓱한 뒤 아무 말도 하지 않았다.

CHAPTER 3

새로운 생각

The Enlighten-ment

MONEYBALL

대부분의 사람은 "내가 선수로 뛸 때는
그런 식으로 하지 않았어"라고 말할 상황에서
빌리는 선수 시절의 모든 편견을 떨쳐버리고
새로운 방식에 적응하는 데 성공했어요.

– 샌디 앨더슨

뉴욕 메츠 구단은 빌리에게 한껏 기대를 품고 있었다. 메츠는 다저 스타디움에서 성대한 입단 기자회견을 열고자 했지만 빌리는 거절했다. 그는 기자회견뿐 아니라 모든 종류의 행사에 일종의 폐쇄공포증을 느꼈다. 게다가 프로야구 선수가 되기로 한 결정에 큰 의미를 부여하고 싶지도 않았다. 그에겐 프로팀 입단이 축하할 일이라기보다는 마음을 다잡아야 하는 불안한 현실이었다. 하지만 메츠 구단은 빌리가 침묵하는 이유나 의미를 진지하게 받아들이지 않았다. 그들은 빌리가 대릴 스트로베리보다 프로 무대에 잘 적응할 것이라고 믿었다. 그래서 스트로베리는 다른 고교 선수들과 함께 하위 레벨의 루키 팀으로, 빌리는 다른 대학 선수들과 함께 뉴욕 주 리틀폴스에 있는 상위 레벨의 루키 팀으로 보냈다. 리틀폴스는 빌리의 고향인 샌디에이고와 너무나 멀리 떨어진 곳이었다. 게다가 그곳에서 만난 팀 동료들은 고교 시절 빌리와 같이 뛰던 선수들과는 완전히 다른 부류였다. 그들의 등은 무성한 털로 뒤덮인데다가 배는 지방질이 잔뜩 쌓여 불룩했다. 경기가 시작되기 전에는 담배를 피웠고 끝나면 술을 마셨다. 몇몇은 아내도 있었다. 그리고 그들이 던지는 공은 전부 슬라이더였다.

메츠는 빌리가 나이 많은 선수들과 생활하면서 겪게 될 스트레스와 좌절을 스트로베리보다 잘 견뎌내리라고 확신했다. 메츠의 스카우팅 책임자인 로저 존게워드는 빌리가 스트로베리보다 훨씬 앞서 메이저리그로 승격하리라는 기대에 차 있었다. 그러나 메츠의 스카우팅 부서는 빌리의 성격을 잘못 판단했으며, 이런 착오는 빌리를 실패하도록 이끈 것이나 다름없었다. 빌리는 실패를 받아들일 준비가 전혀 되어 있지 않았다. 그는 상위 레벨의 루키리그에서 첫 시즌을 마친 뒤 받아든 2할 1푼이라는 초라한 타율 성적 앞에서 당황했다. 성공의 대명사와도 같았던 자신이 실패했다는 사실을 어떻게 받아들여야 할지 몰랐던 것이다. 시즌이 끝나고 고향에 돌아온 빌리는 캘리포니아대학 샌디에이고 캠퍼스 강좌에 등록한 뒤 자신이 프로야구 선수라는 사실조차 잊고 지냈다. 그는 다음 해 3월 스프링 트레이닝이 시작될 때까지 방망이나 글러브를 한 번도 손에 쥐지 않았다. 그것만으로도 불길한 징조였지만, 아무도 그 사실을 눈여겨보지 않았다.

그다음 해는 그럭저럭 성공적이었다. 어쨌든 빌리 빈이었으니 말이다. 1982년 여름 그는 미시시피 주 잭슨에 있는 메츠의 더블A 팀으로 승격했다. 빌리와 스트로베리는 각각 좌익수와 우익수를 맡았다. 팀 내의 선수들 대부분은 틈이 날 때마다 수많은 여자와 즐겼다. 그들은 화려한 립스틱과 헤어스타일, 게다가 나긋나긋한 성격까지 페미니즘과는 동떨어진 매혹적인 남부 여인을 처음 만나본 것이다! 그들에게는 여자를 쫓아다니는 것도 게임 중 하나였는데, 빌리 빈은 일부러 노력하지 않아도 여자가 달라붙었다. 빌리는 언변이 화려했다. 그의 팀 동료였던 J.P. 리치아디에 따르면 빌리는 '생선가게에서 고양이도 말로 꼬여낼 수 있는' 남자였다. 빌리는 팀 동료인 스티브 스프링어에게 여자를 만날 때 프로야구 선수라는 사실을 밝히지 말아 달라고 부탁했다. 공정한 게임을 하려면 여자에게 거절할 기회를 주어야 한다고 생각했기 때문이다. 그래서 빌리는 자기 직업이 고속도로에서 차에 치여 죽은 동물을 수거하는 일이라고 말하곤 했다. 하지만 스프링어한테는 빌리처럼 여자를 유혹하는 타고난 매력이 없었다. 그는 메츠 구단 소속이라는 사실을 밝혀 하찮은 마이너리그 생활을 견뎌낼 위안거리를 얻어야 했다. 한 번은 그들이 햄버거 가게를 나서는데 예쁜 여자 둘이 쫓아와 매력적인 남부 억양으로 이렇게 말했다. "당신들, 양키스예요?" 이 질문에 스프링어는 돌아서서 말했다. "아니요, 우린 메츠 선수입니다."

야구장 밖에서 빌리는 예전 그대로였지만, 야구장 안에서는 점점 무너지고 있었다. 슬럼프에 빠진 것도 문제였지만, 더욱 큰 문제는 그가 매일같이 스트로베리와 자신을 비교하면서 실패의 두려움에 시달린다는 것이었다. 같은 팀의 에이스 투수였던 제프 비티거는 이렇게 회상했다. "사람들은 빌리와 대릴을 보면서 언젠가 그들이 엄청난 잠재력을 발휘할 거라고 생각했어요. 그들은 평범한 메이저리거가 아닌 메이저리그 올스타가 되리라는 기대를 받고 있었지요." 그해 스트로베리는 텍사스리그(미국 중남부의 더블A리그－옮긴이)의 MVP로 선정되었다. 반면 빌리의 타율은 2할 2푼에 그치고 말았다. 그들은 종종 라인업에서 3번과 4번 타자를 맡았으며, 빌리는 외야 수비를 하는 수많은 시간을 스트로베리의 활약과 자신의 실패를 곱씹으며 보내야 했다. 당시 자신의 심정이 어땠는지에 대해 빌리는 이렇게 말했다. "그때가 프로야구 입단이 과연 올바른 결정이었는지 진지하게 자문해본 첫해였어요."

빌리에게는 스트로베리도 큰 문젯거리였지만 레니 다익스트라라는 또 다른, 어쩌면 더 심각한 문제가 있었다. 빌리와 레니는 룸메이트였고 1984년부터 2년 가까이 마이너리그 외야에 나란히 서서 경기를 펼쳤다.

1984년 봄, 그들은 메츠의 메이저리그 스프링캠프에 함께 올라갔다. 스트로베리는 이미 메이저리그의 붙박이 우익수가 돼 있었고, 마이너 선수 간에는 빌리가 조지 포스터를 대신해 좌익수를, 레니는 무키 윌슨을 대신해 중견수를 맡게 되리라는 얘기가 오갔다. 레니는 빌리를 같은 트랙을 달리는 단짝이라고 생각했지만, 빌리는 레니와 자신이 근본적으로 다르다고 생각했다. 신체적으로도 레니는 그와 비교 대상이 되지 않았다. 레니의 체격은 빌리의 절반 정도밖에 되지 않았고, 드래프트 13라운드에서야 간신히 메츠의 지명을 받았을 만큼 별다른 관심을 받지 못했다. 하지만 정신력의 관점에서 봤을 때 레니는 빌리보다 뛰어났다. 레니가 전혀 주목의 대상이 아니었음을 감안한다면 신기한 일이었다.

빌리는 메츠 더그아웃에 레니와 나란히 앉아 상대팀 투수가 몸을 푸는 광경을 바라보던 때를 회상하며 이렇게 말했다. "레니가 내게 '근데 마운드 위에 있는 저 무식한 덩치는 누구야?'라고 물었어요. 난 이렇게 대답했죠. '레니, 지금 농담하는 거지? 스티브 칼턴이잖아. 역사상 가장 위대한 좌완투수라고.' 그러자 레니는 이러더군요. '아 맞다! 알고 있었어!' 그러다 잠시 뒤 다시 물었어요. '그래서 구질이 어떤데?' 내가 말했죠. '레니, 정신 차려. 스티브 칼턴이라고. 그는 불같은 직구에 끝내주는 슬라이더를 던진다고.' 레니는 무슨 말인지 곱씹는 표정으로 한동안 가만히 있더니 마침내 이렇게 말하더군요. '젠장, 내가 한 방 날려주지.' 마운드 위에 스포츠 잡지 표지에 등장하는 위대한 선수가 서 있는데, 레니가 생각하는 거라곤 한 방 날리겠다는 것뿐이었죠."

당시 빌리가 레니에게 느꼈던 장점은 분명했다. 레니는 정신적으로 무너지는 일이 없을 거라는 것이었다. 프로야구에서 신체적 능력은 어찌 보면 정신력보다 대단하지 않다고 할 수 있다. 특별한 정신력을 지니지 않고서야 어떻게 160킬로미터짜리 직구가 자신의 머리 부근을 겨냥해 날아오는데 아무렇지도 않게 공에 맞설 수 있겠는가. 빌리는 팀 동료였던 레니에 대해 이렇게 말했다. "레니는 정신적으로 야구에 완벽하게 맞춰진 선수였어요. 그는 실패를 빨리 잊고 하찮은 성공일지라도 용기를 얻었죠. 그에겐 실패라는 개념 자체가 없었어요. 자신이 어떤 위치에 있더라도 전혀 개의치 않았으니까요. 나는 그와 정반대였죠."

레니와 함께 지내면서 빌리는 자신이 메츠 구단에서 기대하는 스타가 될 수 있을 것이라는 확신을 잃어갔다. 다른 한편으론 현실에서 도피하고 싶다는 마음이 들기 시작했다. 그는 팀 동료들한테 야구를 그만두고 대학에 돌아가 원래 했던 풋볼을 할 거라고 말하기도 했다. 또 정치에 입문하고 싶다고도 했는데, 모두 그가 잘해낼 것이라고 대답했다. 언젠가부터 그는 정규 교육과정을 밟지 못한 아쉬움을 달래려고 밤마다 책을 읽기 시작했다. 마이너리그 야구 선수로서는 실로 위험한 결정이었다. 레니는 숙소로 돌아오면 몸을 웅크린 채 독서에 열중하는 빌리의 모습을 보곤 했다.

빌리는 당시를 이렇게 회상했다. "그는 나를 보고 말했어요. '이봐, 그런 짓을 하면 안 돼. 그러다가 눈이라도 나빠지면 큰일 난다고.' 레니의 태도는 메이저리그에 올라가는 데 방해가 되는 일이라면 공부는 물론이고 그 어떤 것도 하지 않겠다는 식이었죠. 아니, 정확하게 말하자면 13라운드에야 겨우 지명된 레니는 자신이 메이저리그에 올라가서 크게 성공하리라는 것을 추호도 의심하지 않았어요. 그때 나는 진정한 야구 선수의 모습이 어떠해야 하는지 깨닫게 되었지요. 그런데 내게서는 그런 모습을 찾아볼 수 없었죠. 그건 바로 레니의 모습이었어요."

이런 생각은 꼬리를 물고 이어졌다. '과연 난 이대로 좋은 걸까?' 빌리는 1984년 메이저리그 스프링캠프에서 1차 감축 대상에 올라 마이너리그로 돌아가기 전, 메츠의 메이저리그 단장 데이비 존슨과 면담을 가졌다. 존슨은 빌리에게 정말로 야구를 하겠다는 의지가 없어 보인다며 우려를 나타냈다. 빌리는 당시 상황에 대해 이렇게 말했다. "난 그 말을 비판으로 받아들이지 않았어요. 그의 말이 옳다고 생각했죠. 그때는 대학에 가고 싶다는 생각이 마음속을 가득 채우고 있었어요. 마음이 이미 절반은 떠난 셈이나 마찬가지였죠."

그러나 나머지 절반의 마음은 여전히 그 안에 머물러 있었다. 빌리는 야구를 그만두지 않았다. 그는 자신의 두려움과 다른 사람들의 기대에 내몰려 마이너리그에서 간신히 하루하루를 버텨나갔다. 하지만 실제 빌리의 모습과 다른 사람들이 바라는 모습 사이의 괴리는 갈수록 커져만 갔다. 빌리 빈을 아는 사람들은 여전히 그에게 뉴욕 메츠의 미래가 달려 있다고 생각했다.

빌리가 리틀폴스에서 첫해를 어떻게 보냈는지 지켜본 리치아디는 이렇게 말했다. "그는 뛰어난 신체적 재능을 타고난 선수였기에 모든 것을 극복해내리라고 믿었어요. 나는 첫 시즌이 끝나고 고향에 돌아왔을 때 친구들에게 이렇게 말했죠. '눈으로 보기 전엔 절대 믿지 못할 녀석의 경기를 봤어. 다른 선수들과는 차원부터 달랐지' 라고 말이에요." 이는 동료 선수들 역시 마찬가지였다. 스카우터들은 여전히 과거에 보았던 빌리의 모습만을 떠올렸다. 강한 팔과 빠른 발 그리고 훌륭한 체격과 '좋은 얼굴'까지.

영리한 빌리는 이들의 기대에 부응해 유망주답게 자신의 이미지를 관리했다. 그와 계약했던 스카우터 로저 존게워드는 이렇게 회상했다. "빌리는 고군분투하고 있을 때조차 결코 나빠 보이지 않았어요." 디트로이트 타이거스에서 메이저리그로 올라갔고, 미네소타 트윈스에서 월드시리즈 우승을 맛보았던 크리스 피타로도 이렇게 말했다. "빌리는 나와 함께 뛴 선수들 가운데 가장 뛰어난 재능을 갖췄어요. 메이저리그 선수의

95퍼센트가 신체적 한계 때문에 연습에서조차 할 수 없었던 것을 경기에서 보여주었지요. 15년 전 경기 장면은 거의 기억나지 않지만 빌리의 경기 모습만은 뚜렷하게 머릿속에 남아 있어요. 1987년 트리플A리그에서 뛸 때 앨버커키에서 열린 경기였죠. 그때 빌리는 우익수였는데, 그에게 파울라인을 벗어난 뜬공이 날아왔어요. 그는 파울라인 옆의 불펜 마운드를 뛰어넘어 그 공을 잡았어요. 그러고는 홈으로 뛰어드는 주자를 아웃시키려고 곧바로 홈플레이트로 송구했지요. 나는 그 모습을 보고 정말 깜짝 놀랐어요. 무엇보다 공을 잡아냈다는 사실 자체가 놀라웠죠. 그는 전속력으로 달려가 순간의 머뭇거림도 없이 불펜 마운드를 뛰어넘어 공을 잡았어요. 게다가 그 공을 재빨리 홈으로 송구하기까지 했죠. 그런 플레이는 속도와 균형 감각, 침착성을 모두 갖추지 않고서는 도저히 할 수 없는 것입니다. 아마도 가장 놀란 사람은 홈으로 들어오던 주자였을 거예요. 그사이에 홈까지 송구가 이뤄졌으리라고는 꿈에도 생각하지 못했을 테니까요."

빌리는 경기장에서 주루와 송구, 수비에 모두 능했으며 심지어 침착하기까지 했다. 두뇌회전이 빨랐고 외모도 매력적이었으며, 자신에게는 아니더라도 다른 사람에 대한 통찰력도 있었다. 그는 무너져가는 자신을 감추려고 점점 더 허세를 부렸다. 하지만 주변 사람들 어느 누구도 그 사실을 알아차리지 못했다. 그는 젊은 선수들 사이에서 타고난 리더로 실제 슈퍼스타보다 더 슈퍼스타처럼 보였다. 빌리의 약점은 단지 안타를 치지 못한다는 것뿐이었다.

더 정확히 말하자면 그는 안타를 칠 때도 있고 못 칠 때도 있었다. 그리고 자신이 안타를 못 치는 상황을 견뎌내지 못했다. 피타로는 그때를 이렇게 말했다. "빌리는 자신은 절대로 아웃을 당해서는 안 되는 선수라고 말하곤 했어요. 그래서 빌리가 타석에 설 때면 불펜에서 연습하던 투수들도 그를 보러 내려오곤 했지요. 삼진을 당했을 때 어떻게 하는지 보려고 말이에요."

빌리는 삼진을 당할 때마다 벽에다 방망이를 내리쳐 부러뜨렸는데, 나중에는 동료들도 그 숫자를 세다가 포기했을 정도였다. 한 번은 더그아웃 옆에 설치된 변기를 부수기도 했고, 또 한 번은 타코마에서 벌어진 트리플A 경기 도중 스탠드에서 야유를 보낸 관중을 쫓아가 모두 예상했던 대로 혼쭐을 내주기도 했다. 그 사람은 아무리 관중석이라 해도 선수의 비위를 건드리기에는 안전한 장소가 아니라는 교훈을 얻었을 것이다.

타석에 들어서는 순간부터 빌리는 밑바닥을 드러낼 때까지 자신을 완전히 갉아먹었다. 그런 다음에는 분노를 표출할 또 다른 대상을 찾아다녔다. 제프 비티거는 당시 빌리의 모습을 이렇게 말했다. "그의 사고방식은 야구 선수답지 않았어요. 차라리 농구나 풋볼 선수에 더 가까웠죠. 그는 무엇을 하든 감정에 크게 좌우되는 모습을 보였어요. 첫 번째나 두 번째 타석에서 잘 안 풀리면 세 번째나 네 번째 타석에서도 형편없는 모습을 보였지요."

타석에 들어서면 몇 초 만에 분노를 터뜨리는 빌리였지만, 간혹 깜짝 놀랄 만한 성적을 거둔 적도 있었다. 1983년 우완투수에 대한 타율이 들쑥날쑥하자 빌리는 양손을 모두 사용하는 스위치 타자가 되기로 결심했다. 더블A리그에 들어와서 처음으로 반대편 타석에 설 생각을 한 타자는 아마도 빌리가 유일할 것이다. 빌리는 더블A리그 시즌 중반까지 메이저리그급 투수를 상대로 왼쪽 타석에서만 3할의 타율을 기록했다. 그 뒤 그는 다시 슬럼프에 빠졌고 자신감을 잃었다. 결국 우타자로 완전히 전향했다.

1984년 말, 빌리와 레니는 시즌 막바지의 몇 주간 메이저리그에서 뛰게 되었다. 빌리는 제리 쿠스먼을 상대로 메이저리그 첫 안타를 날렸지만 1루에서 곧바로 견제구에 걸려 아웃당하고 말았다. 황당하면서도 안타까운 일이었다. 이제야 타고난 재능에 걸맞는 기회가 왔는데 급제동이 걸리면서 그 기대가 물거품처럼 사라지고 만 것이다. 1985년 말, 레니는 메이저리그로 확실히 올라가게 되었다. 당시 대릴 스트로베리는 이미 메이저리그에서 70개 이상의 홈런을 기록하고 있었다. 레니는 중견수를, 스트로베리는 우익수를 맡았지만, 빌리는 결국 메이저리그 좌익수가 되지 못했다. 다음 해 레니는 내셔널리그 챔피언십시리즈NLCS와 월드시리즈에서 결정적인 홈런을 날렸고, 그때의 경험을 책으로 쓰기도 했다. 그 책에서 그는 진정한 메이저리그 스타 재목은 자신이 아니라 빌리 빈이라고 언급했다(그는 책을 읽지 않고 쓰기만 했다).

메츠 구단은 결국 빌리에 대한 기대를 접고 미네소타 트윈스로 그를 트레이드하고 말았다. 1986년 트윈스의 신임 감독이 된 레이 밀러는 빌리 빈을 좌익수로 기용하겠다고 했는데, 스프링캠프에 참가한 직후 부상을 당하고 말았다. 하지만 회복되고 나서 프로 데뷔 후 처음으로 메이저리그에서 교체선수가 아닌 붙박이 좌익수를 맡았다. 첫 출전에서 트윈스는 양키 스타디움에서 론 기드리를 상대했다. 빌리는 기드리를 상대로 홈런을 포함해 5타수 5안타를 쳤다. 그다음 이틀은 안타를 치지 못했고 다시 그다음 경기에서 자신이 트윈스의 선발 라인업에서 제외되었다는 것을 알았다. 결과적으로는 영원히 말이다. 빌리는 감독의 결정을 받아들였다. 신임 감독인 레이 밀러는 팀이 연패 중인데다 베테랑 감독들을 상대하느라 심한 압박감에 시달리고 있었기 때문이다.

다음 3년 반의 시즌 동안 빌리는 트윈스와 디트로이트 타이거스, 결국에는 오클랜드 애슬레틱스에 이르기까지 팀을 바꿔가며 트리플A와 메이저리그를 오갔다. 그는 나름 타석에 적응하려고 노력했지만, 그것은 점점 성공하겠다는 의욕보다는 곤욕을 피하려는 소극적인 마음가짐으로 변해갔다. 삼진을 줄이려고 스윙 자세를 짧게 바꾸고, 홈런보다 단타를 쳐서 진루하는 데만 급급했다. 그는 단신 선수처럼 타격하기 위해 몸을 한껏 웅크리기까지 했다. 결과적으로는 예전보다 삼진은 적게 당했는지 몰라도 타고난 파워를 사장시키고 말았다. 프로야구에서 8년을 보낸 그는 어찌 보면 17세 때보다 더 약한 타자가 되고 말았다.

그러나 그런 모습은 실전에서 볼카운트를 셀 때뿐이었다. 볼카운트를 세는 상황이 아니라면, 즉 삼진당할 걱정이 없을 때는 무엇이든 할 수 있을 것처럼 보였다. 빌리가 디트로이트 타이거스에서 한 달째를 맞던 어느 날 오후, 빌 라조이 단장은 그에게 쉬는 날 타이거 스타디움에 나오라고 했다. 월트 테럴이라는 투수의 재활을 돕기 위해 마이너리그 선수 몇 명을 부른 것이었다. 부상을 당했던 테럴은 타이거스의 선발 로테이션에 다시 합류하려던 참이었다. 그전에 투수코치는 테럴이 연습경기에서 공을 던져보기를 원했다. 빌리는 투수의 기운을 북돋아주는 일종의 허수아비로 타석에 서게 된 것이다.

경기장에 나갔을 때 모두의 머릿속에는 한 가지 생각만 들어 있었다. 테럴이 예전 모습 그대로일까? 빌리는 앉아서 몇몇 타자에게 공을 던지는 테럴의 모습을 지켜보았다. 그는 정말 예전 모습 그대로였다. 빌리의 차례가 되었지만 아무도 그에게 관심을 두지 않았다. 모두의 시선은 테럴을 향해 있었다. 아무도 빌리가 삼진을 당하든 말든 신경 쓰지 않았다. 빌리는 실패를 두려워할 필요가 없었다. 그는 공놀이를 하던 어린 시절로 돌아간 기분이었다. 코치와 단장이 귀중한 투수를 세심하게 살피는 동안, 빌리는 자신이 좋아하는 초구를 그대로 받아쳐 타이거 스타디움의 상단에 쏘아 올렸다.

그때 모두의 머릿속에 똑같은 생각이 들었다. '도대체 어떤 자식이 저런 거야?' 모든 사람의 시선이 빌리에게 쏠렸다. 라조이 단장이 그에게

다가와 말했다. "빌리, 오늘 자네는 마치 딴 사람이 된 것 같군. 그런데 왜 실전에선 그렇게 하지 못하는 건가?" 그제야 사람들은 빌리가 결코 성공하지 못했지만 한때는 모두의 기대를 한몸에 받던 선수였음을 떠올렸다. 라조이가 그때를 회상하며 말했다. "나는 그가 아직 선수로서 발전할 가능성이 남아 있다고 생각했지요." 하지만 라조이 단장을 포함해 어느 누구도 빌리를 제대로 이해하지 못했다. 경기 도중 타석에서 빌리는 더 이상 자기 자신일 수 없었다. 그는 항상 움직여야 하는 성격을 타고 났지만, 타석에 서면 꼼짝 않고 가만히 서 있기만 해야 했다. 그는 일종의 폐쇄공포증에 시달렸다. 그에게 타석은 그의 영혼을 가두기 위해 만들어진 새장이나 다름없었다.

프로 생활의 마지막 3년 반 동안 빌리는 경기에 나서기보다는 벤치에 앉아 구경하는 일이 더 잦았다. 그리고 다른 사람들이 멋진 활약을 펼칠 때 그 옆을 지키다가 함께 주목받는 묘한 재능을 선보이기도 했다. 그는 훗날 자신을 '야구계의 포레스트 검프'라고 부르기도 했다. 그는 1987년 미네소타 트윈스가 월드시리즈에서 우승하던 순간과 애슬레틱스가 1989년 월드시리즈에서 우승하던 순간 벤치에서 그 장면을 지켜보았다. 또 주위 사람이 스타로 발돋움하는 장면을 언제나 바로 옆에서 지켜보곤 했다. 그는 레니 다익스트라, 대릴 스트로베리와 함께 외야 수비를 하기도 했고, 마크 맥과이어(오클랜드 애슬레틱스에 입단해 1987년 신인왕을 받았으며 홈런왕으로 유명함. 이후 세인트루이스 카디널스로 이적함-옮긴이)나 호세 칸세코(맥과이어와 함께 오클랜드의 쌍포를 이루었던 선수로 1986년 신인왕을 받음-옮긴이)의 교체선수이기도 했다. 또 리키 헨더슨(오클랜드 애슬레틱스에서 데뷔했으며 빠른 발과 뛰어난 선구안으로 메이저리그 역대 최고의 1번 타자로 손꼽힘-옮긴이)의 옆 사물함을 쓰기도 했다. 그는 메이저리그에서 띄엄띄엄 보낸 5년 동안 스파키 앤더슨, 톰 켈리, 데이비 존슨, 토니 라루사 같은 유명한 감독 밑에 있었다. 그러나 1989년 말에 이르러 그의 통산 기록(301타수에 평균타율 0.219, 출루율 0.246, 장타율 0.296, 볼넷 11개와 삼진 80개)은 그간의 악전고투를 보여줄 따름이었다.

빌리 빈이 누군지 모른 채 그의 통산 기록만 본다면 여러 가지 사실을 알 수 있다. 그는 절제력과 평정심이 부족해 매번 나쁜 공에 방망이를 휘둘렀으며 당연히 다음 타자에게 기회를 만들어주지 못했다. 또한 투수가 던지는 볼에 너무나 쉽게 속아서 번번이 삼진을 당하곤 했다. 게다가 삼진의 공포 속에서 더욱 공격적으로 타격하다 보니 타석에 들어서자마자 물러나는 일이 잦았다. 메이저리그에서 보낸 어느 시즌에는 79차례의 타석 중 단 한 번도 볼넷을 얻어내지 못하기도 했다. 이 정도라면 결코 평범한 선수가 낼 만한 기록이 아니었다고 할 수 있다.

그런데 빌리의 실패 자체보다 실패에 대한 주위 사람들의 해석이 더 흥미롭다. 그의 팀 동료였으며 친구인 크리스 피타로는 이렇게 말했다. "빌리는 내가 함께 경기를 뛴 어느 누구보다 경쟁심이 강하고 열정적이었어요. 그는 절대로 재능만 믿는 선수가 아니었기에 자신을 지나치게 몰아세웠죠."

빌리의 고등학교 시절 코치인 샘 블레이락은 이렇게 말했다. "그에게 무형의 자산, 즉 긍정적인 사고만 있었다면 프로 무대에서 분명 성공했을 겁니다. 메이저리그 역대 최고의 스타가 되었을 거예요. 아니, 틀림없이 그렇게 됐을 거라는 사실을 나는 잘 압니다. 그는 엄청난 재능을 갖췄어요. 만약 투수가 되었더라도 최고의 선수로 성공했을 거예요."

열일곱 살의 빌리에게 흠뻑 빠졌던 스카우터들은 스물다섯이 된 빌리에 대해서도 여전히 똑같은 평가를 내렸다. 즉 빌리는 그들이 기대하던 모습 그대로 성장했지만 마술에 걸려 실력을 증명해줄 성적을 내지 못한 것뿐이라고 했다. 폴 위버는 이렇게 말했다. "빌리는 모든 것을 갖춘 선수였어요. 하지만 어떤 선수는 알 수 없는 이유로 성공에서 멀어지기도 합니다. 그에겐 하루하루 경기를 하면서 적응해가는 능력이 부족했어요. 원래 세상일이란 게 마음먹은 대로 되지 않죠." 로저 존게워드도 이렇게 말했다. "그에겐 슈퍼스타다운 재능이 있었습니다. 제2의 마이크 슈미트(1970년대를 풍미한 필라델피아 필리스의 전설적인 3루수 – 옮긴이)가 될 만한 선수였죠. 다만 성격이 문제였어요. 처음에는 그의 성격이 오히려 성공에 도움이 될 거라고 생각했죠. 하지만 그는 침착하게 기다릴 줄 모르고 자신을 지나치게 밀어붙였어요."

경험 많은 야구인들은 공통적으로 빌리 빈의 실패 원인이 신체가 아니라 정신적인 것에 있다고 보았다. 빌리의 마음이 자신의 재능을 한쪽으로만 몰아붙였다는 것이다. 그는 일이 자연스럽게 풀리도록 가만히 두지 않았다. 야구인들이 빌리에게 정신분석이 필요하다고 생각할 만도 했다. 사실 빌리는 정신분석을 받기도 했다. 1980년대 초반 오클랜드 애슬레틱스는 선수에 대한 심리치료를 새롭게 도입했다.•

오클랜드 애슬레틱스에 초빙된 심리상담사 하비 도프먼은 심리학을 전공한 전직 고등학교 교사로 카리스마가 넘치는 인물이었다. 애슬레틱스의 마이너리그 책임자였던 칼 쿠엘은 하비 도프먼과 함께 스포츠심리학계의 필독서 《야구에서 배우는 승부의 법칙》을 내기도 했다. 쿠엘은

• 1940년대 후반, 선수에 대한 심리치료가 잠시 도입된 적이 있었다. 볼티모어 오리올스의 전신인 세인트루이스 브라운스 구단은 최면요법 전문가인 데이비드 트레이시라는 심리학자를 고용했다. 트레이시는 자신의 경험을 토대로 《타석에 선 심리학자Psychologist At Bat》라는 책을 쓰기도 했는데, 이 책을 보면 왜 야구계가 정신분석을 적극적으로 도입하지 않았는지 이해가 간다. 트레이시가 소개한 최면요법은 이런 식이다. "브라운스의 투수를 소파에 눕히고 그의 뒤에 섰다. 나는 그의 눈높이에 맞춰 손가락을 들고는 그에게 내가 말하는 동안 손가락을 계속 바라보도록 했다. "다리가 점점 무거워집니다. 아주 많이 무거워집니다. 팔도 점점 무거워집니다. 이제 잠이 듭니다. 깊은 잠에 빠져듭니다…."

도프먼에게 실제로 유니폼을 입혀 더그아웃에서 경기를 지켜보며 경기 중 매 순간 변화하는 선수들의 심리 상태를 관리하도록 했다. 하지만 쿠엘은 시합 도중 평정심을 잃어버리는 문제까지 돌볼 여유가 없었다. 그래도 경기 중에 방망이나 그 밖의 물건을 집어던지는 선수는 본인 의사와 관계없이 도프먼과 면담을 하도록 조치했다. 걸핏하면 방망이를 집어던지기로 소문난 빌리가 포함된 것은 당연한 일이었다. 도프먼은 빌리의 마음속에 악마가 숨어 있어 숨바꼭질을 벌이다가 경기 도중에 갑자기 나타나 그를 망가뜨린다고 했다.

그 당시 도프먼은 빌리에 대해 이렇게 판단했다. "야구팀이라는 조직은 재능이 뛰어난 선수가 부진을 겪을 때 그 상황을 받아들이고 이겨내도록 도와줘야 한다는 점을 이해하지 못한다. 부진한 선수를 지나치게 몰아세워서는 안 된다. 성적 부진은 결코 굴욕이나 수치스러운 일이 아니므로 여유를 갖고 신중하게 대처하도록 해야 한다. 또한 야구가 중요하긴 하지만 그렇다고 인생의 전부가 아니라는 사실도 깨닫게 해야 한다. 정말 중요한 것은 삼진을 당했는지가 아니라 후회 없이 경기를 펼쳤는가 하는 것이다. 빌리는 자신의 재능은 믿었지만, 자신에 대한 믿음이 없었다. 그는 자신을 야구 성적에 따라서만 평가했다. 그렇다 보니 성적이 나쁘면 자신감 역시 사라졌다. 또한 그는 무슨 일이든 제대로 대처한 경험이 없었으므로 대응기제도 발달하지 못했다."

그러나 빌리의 생각은 달랐다. 그는 자신의 성격이 야구에 부적합한 것이 아니라 야구가 성격을 따라주지 않는다고 생각했다. 이런 생각을 하다 보니 자신의 성격, 더 정확히는 감정적 성향을 야구에 맞춰 바꿔야 한다는 조언을 헛소리로 받아들이고 심리치료 역시 허튼짓이라고 여겼다. 빌리는 이렇게 말했다. "현재 일어나지 않은 일은 원래부터 일어나지 않도록 정해져 있다는 것이죠. 한 번도 하지 못한 일은 애당초 할 수 없었던 일이기 때문입니다. 스포츠심리학은 다쳤을 때 의지하는 목발과 같아요. 부진한 이유를 설명해줄 뿐 해결책은 제시하지 못합니다. 심리학이 필요한 사람은 자기 내면에 성공을 가로막는 약점이 있기 때문이에요. 하지만 내 경우에는 성격 자체에 결함이 있는 게 아니라 야구와 맞지 않아서 문제가 됐을 뿐이죠." 빌리의 말에 따르면 그는 그이고 야구는 야구일 뿐이었다. 문제는 그와 야구가 어울리지 않는다는 것이었다. 그는 이 사실에 대해 이렇게 말했다. "그건 누구의 잘못도 아니었어요. 나 자신이 야구와 맞지 않았을 뿐이죠."

1990년 스프링 트레이닝을 거치며 그는 결국 이러한 깨달음 앞에 항복 선언을 하고 말았다. 그는 더는 소년이 아니라 어엿한 성인이었다. 고등학교 시절 만난 여자친구와 결혼도 했고, 아내는 그 당시 임신 7개월이었다. 그는 가족을 책임져야 했지만 미래가 불확실했다. 한때는 모두의 관심을 한몸에 받았던 기대주였지만, 어쩌다 그렇게 되었는지도 모르는 채 어느 날 별 볼 일 없는 선수로 전락해 있었다. 하지만 눈뜬장님은 아니었다. 주변을 돌아본 그는 상황이 변했다는 사실을 깨달았다. "참신한 신인들이 쏟아져 들어오면서 나는 더 이상 조명을 받지 못했어요. 그때가 스물일곱 살이었고 더는 성장할 가능성도 남아 있지 않았죠." 그는 스카우터들이 꿈꾸던 대로 완벽한 신체조건을 갖췄지만 야구는 그를 인생의 패배자로 만들어버렸다.

그러나 빌리는 야구 외에는 할 수 있는 일이 아무것도 없었다. 1990년 오클랜드 메이저리그 팀 관계자들은 빌리가 스프링 트레이닝을 끝낸 뒤 메이저리그 벤치와 트리플A를 오갈 것으로 생각했다. 그런데 빌리는 다른 결정을 내렸다. 그는 더그아웃을 벗어나 오클랜드 애슬레틱스의 구단 프런트를 찾아가 전력분석원advance scout으로 일하고 싶다고 했다. 전력분석원이란 앞으로 상대할 팀을 미리 살펴보고 상대팀의 강점과 약점을 분석하는 사람을 말한다. 빌리는 야구 선수로서 전성기에 들어선 나이에 선수를 그만두고 관전만 하겠다고 나선 것이다. 당시 그는 이렇게 말했다. "나는 언제나 경기를 즐긴다고 말했지만 정말 그랬는지는 모르겠어요. 경기 도중 한 번도 편안했던 적이 없었거든요."

제5의 외야수가 프런트 일을 맡겠다고 나서자 애슬레틱스의 구단 프런트는 어떻게 해야 할지 막막했다. 마치 출세한 정치인이 선거운동을 그만두고 선거사무소 직원이 되겠다고 하거나, 영화배우가 세트장 밖으로 걸어나와 카메라맨이 되겠다고 하는 것만큼이나 비현실적인 상황이었다. 프런트 직원 중 메이저리그 출신은 하나도 없었으며, 그들은 모두 메이저리그 선수를 동경했다. 1년간 메이저리그 유니폼을 입고 뛸 수 있다면 손목이라도, 그게 아니더라도 손가락 몇 개쯤은 기꺼이 포기할 사람들이었다. 누구보다도 당황했던 사람은 애슬레틱스의 단장 샌디 앨더슨(현재 뉴욕 메츠 단장–옮긴이)이었을 것이다. 어쨌든 그는 빌리를 프런트 직원으로 받아들였다. 그는 그때의 황당함을 이렇게 회상했다. "선수를 그만두고 전력분석원이 되고 싶다고 하는 사람은 세상에 아무도 없을 겁니다. 하지만 그를 고용한다고 해도 부담스러울 일은 없을 거라고 생각했어요. 사실 전력분석원이 하는 일은 별 게 아니었으니까요."

빌리보다 앞서서 크리스 피타로도 부상으로 선수생활을 그만둔 뒤 스카우터로 일하고 있었다. 빌리는 피타로에게 전화해 자신의 결정을 알렸는데, 그는 쉽사리 믿지 않았다. "시합에 나가면 뭔가에 쫓기는 듯한 기분이 들곤 하죠. 하지만 그렇다고 해서 선수생활을 포기하는 사람은 아무도 없어요. 나도 마찬가지였죠. 난 부상 때문에 어쩔 수 없이 은퇴한 겁니다. 그런데 빌리는 스스로 은퇴를 선택했어요. 나로서는 상상도 할 수 없는 일이었죠." 결국 빌리 빈은 열일곱 살 이후로 줄곧 하고 싶었던 말을 마침내 꺼냈다. 그는 야구를 하고 싶지 않았다.

그렇게 해서 빌리는 부질없이 매달렸던 재능에 대한 미련을 마침내 던져버렸다. 그는 자신의 재능이 아무런 의미도 없다는 결론을 내렸다. 열매를 맺지 못하는 재능이 무슨 소용이 있단 말인가? 야구는 기술일 수도 있고 요령일 수도 있다. 뭐가 됐든 그는 야구를 제대로 해내지 못했다. 그는 수많은 사람의 근거 없는 기대와 꿈에 짓눌리고 성공에 대한 강박관념에 시달렸던 과거에서 이제 벗어나기로 결심한 것이다. 빌리가 신비주의에 둘러싸인 야구를 혐오하게 된 것도 당연했다. 그는 곧 야구의 신비주의를 무너뜨릴 무기를 쥐게 될 것이다.

샌디 앨더슨은 1990년 봄에 타격 연습을 하던 빌리의 모습을 똑똑히 기억하고 있었다. 그는 빌리에 대해 잘 몰랐기 때문에 어떤 선수인지 궁금했다. 앨더슨은 그때를 회상하며 이렇게 말했다. "타석에 선 빌리는 절제력이 없고 파워도 부족했어요. 그를 보고 난 뒤 이렇게 말했던 기억이 납니다. '왜 이런 선수가 아직까지 우리 팀에 남아 있는 거지?' 라고 말이죠." 하지만 그의 생각은 중요하지 않았다. 당시 애슬레틱스의 감독이었던 토니 라루사는 거물급 감독이 으레 그러했듯 단장의 말에는 손톱만큼도 귀를 기울이지 않았다.

앨더슨은 팀에 여러 변화를 꾀했으며 감독의 그런 태도도 개혁 대상이 되었다. 빌리가 1993년 애슬레틱스의 프런트 직원으로 고용되었을 때 앨더슨은 과학적 방식을 적용해 팀을 개혁하는 초기 단계에 있었다. 앨더슨이 10년 전 애슬레틱스 단장으로 부임할 때만 해도 그는 야구에 전혀 문외한이었다. 이는 매우 이례적인 일이었다. 대부분의 단장은 스카우터로 출발해 구단 내에서 차근차근 단계를 밟아 올라갔다. 앨더슨은 학생 시절에 잠깐 선수로 뛰었던 일을 제외하면 야구를 해본 적도 없었다. 그는 다트머스대학과 하버드 로스쿨을 졸업한 샌프란시스코의 변호사 출신이었다. 또한 해병대 장교 출신으로서 '나약한 변호사' 보다는 '전직 해병대 장교'의 이미지를 부각시키길 원했다. 앨더슨은 야구에 심리학을 도입한 주인공이기도 했다. 하비 도프먼은 그에 대해 이렇게 말했다. "앨더슨은 야구라고는 전혀 모르는 초보였어요. 하지만 그는 진보적인 생각을 하고 있었죠. 그는 경기가 어떻게 이루어지는지 알고 싶어 했어요. 게다가 다른 사람이 자신을 두려워하게 만드는 카리스마도 갖고 있었지요."

현장에 뛰어든 앨더슨은 야구를 이해하려 애썼고 실제로 그렇게 했다. 그는 경기 중에 펼치는 작전부터 선수 평가에 이르기까지 모든 것은 야구인의 연륜과 경험을 토대로 하기보다 과학적 조사 방식, 즉 통계에 기반을 둔 데이터 분석에 따라 이루어져야 한다고 생각했다. 통계를 분석하면 야구에 관한 갖가지 터무니없는 통념을 꿰뚫어볼 수 있었기 때문이다. 예를 들어 감독은 득점에 관해 얘기할 때 팀의 평균 타율에 초점을 맞추곤 한다. 하지만 실제로 분석해보면 팀이 얻은 점수는 팀 평균 타율과는 거의 관계가 없으며, 오히려 팀의 출루율이나 장타율과 밀접한 관련이 있다. 번트나 도루, 히트앤드런 등 감독에게 유명세를 안겨주는 공격적인 작전도 실은 아무런 의미가 없거나 오히려 팀에 피해를 주는 경우가 대부분이다. 앨더슨은 자신감에 차서 이렇게 말했다. "작전이 실패해도 선수 탓으로 돌릴 뿐 감독은 거의 비난을 받지 않으므로 이런 일이 되풀이됐던 것입니다." 앨더슨은 딱히 숫자를 다루는 능력이 뛰어난 사람은 아니었지만 그 결과물을 적절하게 이용할 줄 알았다. "나는 회귀분석을 할 줄 모르지만 그게 뭔지는 알았습니다. 그리고 회귀분석으로 얻은 결론을 충분히 이해했지요."

처음부터 의도한 것은 아니었지만 앨더슨은 결국 프로야구의 근본적인 영역을 파헤치게 된 셈이었다. 장기간에 걸쳐 계속된 그의 조사는 상당 부분 학구적인 내용이었다. 그는 이렇게 말했다. "염두에 두어야 할 점은 기존의 통계수치가 실제로 팀에 도움이 되었다는 증거가 없다는 것입니다. 게다가 나는 원래 무언가를 잘 안 믿는 편인데다 야구인 출신도 아니었죠." 토니 라루사 감독이 이끄는 오클랜드 팀은 높은 연봉을 유지하며 1980년대 후반과 1990년대 초반까지 뛰어난 성적을 올렸고, 앨더슨도 성공을 최우선으로 삼아야 한다고 생각했다. 그는 구단주의 재력 덕분에 10년 이상 팀의 높은 연봉 수준을 유지할 수 있었다. 1970년대 후반 이래로 애슬레틱스의 구단주였던 월터 하스 주니어는 본질적으로 사업가라기보다는 자선가에 가까웠다. 하스는 자신이 소유한 구단을 일종의 공익재단으로 여겼으며 사회 환원의 차원에서 구단에 아낌없이 돈을 썼다. 1991년 오클랜드 애슬레틱스는 실제로 메이저리그에서 가장 높은 연봉을 주는 구단이었다. 하스는 오클랜드가 남들에게 자랑할 만한 강력한 팀이 될 수만 있다면 기꺼이 수백만 달러를 쓸 용의가 있었으며, 실제로도 그렇게 했다. 그 결과 1988년부터 1990년까지 오클랜드 애슬레틱스는 3년 연속으로 월드 시리즈에 진출했다.

그러나 1995년 하스가 사망하자 성공을 최우선으로 두었던 전략을 더는 유지할 수 없었다. 그의 상속인은 샌프란시스코 베이에리어 부동산개발업자인 스티브 쇼트와 켄 호프만에게 구단을 팔았다. 그들은 본질적으로 자선가가 아닌 사업가였다. 쇼트와 호프만은 앨더슨에게 팀을 계속 운영하도록 했지만 예산은 큰 폭으로 줄였다. 앨더슨은 당시 상황을 이렇게 말했다. "새로운 구단주는 전혀 돈을 쓰려 하지 않았어요. 그들은 구단 운영도 사업이라는 점을 강조했죠. 그 뒤로 우리는 5툴 플레이어가 아닌 1툴 플레이어만 데려와야 하는 형편이 됐어요. 문제는 그 한 가지가 어떤 툴인가 하는 거였죠." 다시 말해 야구 선수의 어떤 면에 돈을 쓰는 게 가장 효율적인 방법인가 하는 것이다. 앨더슨은 소책자를 참조해 답을 구했는데, 바로 타자에게 돈을 쓰라는 것이었다. 그 소책자는 미 항공우주국의 엔지니어에서 야구 작가로 변신한 에릭 워커가 쓴 것이었다. 워커에 따르면 수비는 야구에서 기껏해야 5퍼센트밖에 차지하지 않으며, 나머지는 피칭과 공격에 달려 있다. 문제는 훌륭한 투수는 제대로 된 평가를 받지만 훌륭한 타자는 그렇지 못하다는 것이다. 워커는 다음과 같이 설명했다.

> 야구를 분석해보면 흥미롭고도 중요한 여러 숫자가 등장한다. 하지만 가장 중요한 숫자는 3이다. 아웃이 세 번이면 한 이닝이 끝난다. 세 번째 아웃을 당하기 전까지는 어떤 플레이도 가능하지만 그 이후로는 모든 게 끝이다. 따라서 공격 팀의 경우 아웃 확률을 높이는 모든 시도는 해가 되고, 반대로 아웃 확률을 낮추는 모든 시도는 이롭다. 그렇다면 출루율은 무엇인가? 간단하고 정확히 말하면 타자가 아웃당하지 않을 확률이다. 이렇게 놓고 보면 출루율은 공격 부문의 통계 가운데서 가장 중요한 수치라는 게 분명해진다. 출루율은 타자가 아웃되지 않고 공격할 기회를 늘리겠다는 의지를 보여주는 수치다.

앨더슨은 해병대에서 장교로 일한 경험을 바탕으로 구단을 운영했다. 우선 애슬레틱스의 마이너리그 팀에 해병대의 신병훈련 방식을 도입했다. 그는 선수 개개인보다 조직 전체가 더 중요하며, 조직은 엄격한 규율에 따라 관리될 때 제 기능을 발휘할 수 있다고 생각했다. 그는 워커의 책에 근거해 타격이 무엇보다 중요하며 그 밖의 다른 능력은 부차적이라는 결론을 내렸다. 그래서 구단 전체를 대상으로 해병대처럼 엄격하게 타격에 대한 일률적인 조치를 취했다. 이 조치는 다음과 같은 세 가지 규칙을 담고 있었다.

1. 모든 타자는 선두타자처럼 행동해야 하며, 출루를 주목적으로 삼아야 한다.
2. 모든 타자는 홈런을 칠 수 있는 파워를 길러야 한다. 그러면 상대팀 투수는 장타력이 있는 타자를 상대로 조심스럽게 투구하게 돼 결과적으로 볼넷과 출루율을 높일 수 있기 때문이다.
3. 프로야구 선수가 될 자질을 갖췄다면 그다음에 타격은 신체적인 능력이 아니라 정신력에 따라 좌우된다. 모든 선수는 정신력을 강화함으로써 타격 능력을 키울 수 있다.

1995년까지 앨더슨은 출루율이라는 단 하나의 통계를 중심으로 구단의 새로운 문화를 만들어냈다. 이러한 새로운 관점에 따라 득점은 기술이나 재능이 아닌 공정에 따라 이루어졌다. 공정이 예정대로 잘 진행되면, 즉 모든 선수가 득점 과정에서 각자 맡은 임무를 제대로 수행하기만 하면 다른 팀보다 훨씬 쉽게 점수를 낼 수 있다는 것이다. 그리고 이런 규칙을 어기는 선수한테는 해병대식으로 엄격하게 제재를 가했다. 앨더슨의 규칙을 시행할 총책임을 맡았던 칼 쿠엘은 이렇게 회상했다. "앨더슨은 선별적인 타격의 장점과 단점에 관해 논문이라도 쓸 수 있을 정도였죠. 그는 자신의 규칙을 바탕으로 선수들이 마이너리그에서 벗어날 수 있도록 강력하게 몰아붙였어요. 사실 선수들은 출루율이 뭔지도 몰랐지만, 출루율이 높으면 메이저리그에 갈 수 있다는 말을 들으면 누구든 관심을 보이게 되죠."

앨더슨은 자신이 시행한 제도의 핵심에 관해 이렇게 말했다. "이 제도는 선풍적인 호응을 얻었어요. 제도가 정착될 수 있었던 건 모두가 신뢰를 보냈기 때문입니다. 사람들이 싫어하면 그 제도에 문제가 있다는 뜻이지요." 앨더슨의 철학에 따르면 마이너리그 선수에게 있어 가장 용납

될 수 없는 잘못은 나쁜 공에 방망이를 휘두르는 것이며, 칭찬받아 마땅한 미덕은 볼넷을 얻어 출루하는 것이다. 따라서 10차례의 타석에서 최소한 한 번 이상의 볼넷을 얻지 못하면 어떠한 보상도 받을 수 없고 상위리그로 올라갈 수도 없었다.

앨더슨의 새로운 규칙은 볼넷의 주된 책임이 타자가 아니라 투수한테 있다고 믿던 모든 사람에게 흥미로운 결과를 보여주었다. 하룻밤 새 애슬레틱스의 모든 마이너리그 팀은 각 팀이 속한 리그에서 볼넷 부문 선두를 달리기 시작했다. 앨더슨은 각 팀이 선두를 놓치는 일이 없도록 정기적으로 팀의 타격 통계를 점검했으며 볼넷 수가 적으면 감독을 윽박지르기도 했다. 예를 들어 그는 오클랜드 더블A 소속팀이 다른 마이너리그 소속팀에 비해 볼넷 수가 현저히 적다는 사실을 알아챘다. 그는 그때의 상황을 이렇게 말했다. "팀의 성적표를 보고 선수들이 볼넷에 소극적이라는 사실을 알았죠. 나는 감독을 불러 거의 협박조로 말했어요. '볼넷 수를 늘리지 않으면 당신은 해고야.' 그러고 나자 순식간에 볼넷 수가 올라가더군요."

오클랜드 애슬레틱스가 해병대식으로 재편된 뒤에도 메이저리그 팀만은 여전히 시스템의 약점으로 남아 있었다. 1990년 빌리 빈처럼 방망이를 아무렇게나 휘두르는 타자가 있었다는 사실만 봐도 앨더슨이 메이저리그 팀을 통제할 수 없었음을 알 수 있다. 메이저리그의 클럽하우스에 들어갈 때는 단장도 마이너리그에서보다 훨씬 조심스럽게 발을 디뎌야 했다. 앨더슨은 라루사 감독의 사무실로 당당하게 걸어 들어가 "볼넷 수를 늘리지 않으면 당신은 해고야"라고 말하지 못했다. 구단 내의 어느 누구도 그런 말을 할 수 없었는데, 딱히 이유가 있는 것은 아니었다. 구단 프런트의 운영자들은 보통 메이저리그에서 뛰어본 경험이 없었기에 메이저리그 팀은 알아서 굴러가도록 내버려두었다.

메이저리그 팀이 그들만의 신성불가침 영역을 고집하고 있다는 사실은 어느 팀에서나 질서와 규율이 막힘없이 적용되기를 바라는 앨더슨에게는 커다란 충격이었다. 그는 당시의 답답한 심정을 이런 식으로 토해냈다. "도대체 어떤 사업체에서 조직의 운명을 중간관리자에게 맡겨둡니까?" 하지만 다른 모든 메이저리그 팀과 마찬가지로 오클랜드 애슬레틱스도 그렇게 운영되고 있었다. 라루사 감독은 중간관리자였다. 하지만 그는 자기만의 득점 방식을 갖추고 있었으며, 타자들은 감독의 방식에 따라 타격을 했다. 애슬레틱스의 팜시스템(Farm System, 미 프로야구 메이저리그 팀들의 선수 육성 체계로, 마이너리그의 소속팀에 선수를 배치해 우수한 선수로 양성하는 제도－옮긴이)에서 훈련받는 선수는 타석에서 인내심을 가지고 볼넷을 얻어내라는 지시를 받다가, 막상 메이저리그에 올라가면 타고난 공격성을 마음껏 발휘하라는 말을 듣게 되었다. 앨더슨의 마이너리그 시스템에 익숙해진 선수들조차 공격적으로 치라는 감독의 말에 너무 쉽게 넘어갔다. 대부분의 선수는 메이저리그에 올라가자마자 과거로 퇴보해 방망이를 마구 휘두르기 시작했다. 앨더슨은 이렇게 말했다. "아마도 선수들이 훈련받은 환경이 전반적으로 그랬기 때문일 겁니다. 타석에서 인내심과 절제력이 강조된 적은 한 번도 없었어요. 이들은 고작 볼넷을 얻어내자고 선수가 된 것은 아니라고 생각했죠. 그러니 억지로 강요하지 않는 한 볼을 기다리지 않았어요."

그러나 감독과 단장의 충돌은 제대로 논쟁이 붙기도 전에 예산 위기로 자연스럽게 해결되었다. 새로운 구단주가 그간 선수를 보강하기 위해 수백만 달러를 지원하던 관행에 퇴짜를 놓자 라루사가 곧바로 감독직을 그만둔 것이다. 앨더슨은 신임 감독으로 보스처럼 굴지 않을 사람을 원했다. 그는 최근 휴스턴 애스트로스 감독에서 경질된 아트 하우를 데려오기로 했다. 앨더슨은 감독 선정에 대해 이렇게 말했다. "아트 하우를 고용한 이유는 감독이 아닌 프런트의 생각에 따라 팀을 꾸리기 위해서였습니다. 메이저리그에서는 예전에 없던 새로운 방식이었지요."

훗날 빌리는 아내가 그를 떠난 이유에 대해 자신의 불같은 성질을 견디지 못했기 때문이라고 말했다. 그녀는 자동차를 운전하는 빌리의 손만 보고도 그의 기분을 알아차릴 정도였다. 어쨌든 그는 야구 유니폼을 벗는 것과 동시에 아내마저 잃게 되었다. 야구 선수의 결혼생활은 대개 그런 식이었다. 결혼의 최대 위기는 선수생활을 은퇴한 직후 찾아오는데, 남편과 아내가 함께 보내는 시간이 많아지면서 실은 서로 짝이 아니라는 사실을 깨닫게 되는 것이다. 빌리는 당시의 생활이 어땠는지 말해주었다. "야구를 그만두면 결혼도 끝장이 납니다. 선수 시절에는 얼마든지 서로 견디며 살 수 있어요. 다음 날 날이 밝으면 돼 시합을 하러 떠나면 그만이니까요." 그의 아내는 젖먹이 딸 케이시를 데리고 샌디에이고로 돌아갔다. 빌리는 주중에는 전력분석원으로 일하고 주말에는 딸을 만나기 위해 고속도로를 운전해 샌디에이고에 갔다가 다시 오클랜드로 돌아왔다. 당시 그는 비행기 티켓을 살 경제적 여유가 없었다.

야구를 떠난 뒤에도 빌리는 여전히 희망보다는 근심을 삶의 원동력으로 삼았다. 당시 그가 품고 있는 걱정거리는 두 가지였다. 하나는 딸이 자신을 알아보지 못할 수도 있다는 것이고, 다른 하나는 구단 프런트에서 쫓겨날 수도 있다는 것이었다. 그는 그때의 절박한 상황에 대해 이렇게 말했다. "내가 할 수 있는 일이 오직 야구밖에 없다는 사실을 깨닫게 되면 필사적인 노력 속에서 창의성이 나오게 됩니다." 그는 샌디에이고에 가지 않을 때는 전국을 돌아다니며 경기를 지켜보고 다른 스카우터들이 선수에 관해 하는 말을 들었다. 그는 스카우터들의 대화를 들으며 그들이 알지도 못하는 소리를 떠들고 있다는 의심이 들긴 했지만 말로 그들을 이길 순 없었다.

그러나 빌리는 누구보다도 승리에 대한 열정을 품고 있었다. 이제 그의 열정은 경기장이 아닌 선수에 관한 결정을 내리는 쪽으로 옮겨갔다. 게다가 이번에는 하나도 아닌 2개나 되는 아이비리그 학위를 지닌 안내자가 있었는데, 빌리는 기꺼이 그를 따를 준비가 되어 있었다. 앨더슨은 말했다. "언제부턴가 빌리는 호세 칸세코 같은 훌륭한 선수가 되기보다는 나와 같은 사람이 되고 싶다는 생각을 품었어요." 1993년 앨더슨은 모든 일에 창조적 열정을 가지고 덤벼드는 빌리의 모습에 감명받아 그를 자신의 보좌관으로 삼았다. 그리고 그에게 저평가된 마이너리그 선수를 찾아오는 임무를 맡기면서 에릭 워커의 소책자를 건네주었다.

빌리는 워커의 소책자를 읽고 머리를 얻어맞은 듯한 충격을 받았다. 그는 그때의 흥분을 말로 다 표현하지 못할 정도였다고 했다. "나는 이제껏 야구에 대해 객관적인 관점을 보여주는 글을 한 번도 읽어본 적이 없었어요. 그런데 이 책은 달랐어요. 나 역시 주관적인 사고에 매몰돼 있었지만, 이 책의 내용만큼은 이해할 수 있었어요." 워커의 책은 빌리가 품고 있었던 의문을 해소시켜주었다. 외부인의 관점에서 야구를 새롭게 해석한 이 책은 야구인들이 만들어낸 환상을 적나라하게 드러내 보여주었다. 빌리 빈 역시 그러한 환상 속에 머물러 지냈던 사람이다.

빌리 빈은 자신이 성공을 원하는지 아니면 진실을 찾고 싶은지 구태여 오랜 시간을 들여 고민하지 않았다. 그런 질문은 탁상공론에 불과하며 그에겐 진실의 추구가 곧 성공의 열쇠이기도 했기 때문이다. 그런 면에서 그는 똑똑한 사람이었다. 그는 야구의 전통적인 통념에 대해 타고난 회의를 지니고 있었기에 에릭 워커의 소책자가 야구에 관한 급진적이고 합리적인 접근 방식의 시작에 불과하다는 사실을 알았다. 그러한 접근 방식은 단장에게 전례 없이 권력을 집중시키는 결과로 나타났다. 빌리는 에릭 워커가 어디서 나타난 인물인지, 또 그가 쓴 책에 어떤 내용이 더 숨어 있는지 궁금해했다.

앨더슨은 이런 빌리의 모습을 보고 어떤 생각이 들었는지 말해주었다. "대부분의 사람은 '내가 선수로 뛸 때는 그런 방식으로 하지 않았어'라고 말할 상황에 빌리는 선수 시절의 모든 편견을 떨쳐버리고 새로운 방식에 적응하는 데 성공했어요." 그는 빌리에게 자신의 손때가 묻은 책 몇 권을 건네주었다. 빌 제임스가 지은 그 책들은 앨더슨에게 야구를 보는 새로운 시각을 열어주었다. 그는 제임스의 책을 모두 갖고 있었는데, 그 중에는 1977년부터 1980년까지 제임스가 싸구려 등사판으로 자비 출판한 네 권의 책도 포함되어 있었다. 앨더슨은 제임스와 만난 적도, 얘기를 나눈 적도 없었다. 그는 전형적인 야구인 출신 단장은 아니었지만 자기처럼 실제로 야구에 관한 결정을 내리는 사람과 제임스처럼 글만 쓰는 사람이 다르다는 것은 알고 있었다. 하지만 야구에 대한 제임스의 접근방식이 설득력 있다고 생각했기에 구단을 재편하는 데 그의 이론을 도입했다. 그리고 '빌 제임스식의 요소를 팀에 도입'하고자 에릭 워커도 고용했다.

빌리는 자신의 변화를 이렇게 말했다. "빌 제임스에 관해 한 번도 들어본 적이 없었지만 앨더슨이 말했던 내용 대부분이 제임스의 이론에서 나왔다는 걸 알았죠. 그 순간이 바로 전환점이 되었습니다." 그의 정신세계가 드디어 탈출구를 찾아낸 것이다. 그 탈출구는 빌리가 선수생활을 그만두었음에도 여전히 야구라는 테두리 안에 머물도록 해주었다.

CHAPTER 4

무지의 필드

Field Of Ignorance

MONEYBALL

나는 다른 분야의 통계에는 신경 쓰지 않는다. 주식시장과 날씨, 범죄율, 국민총생산, 잡지 판매부수, 풋볼 팬의 문맹률 변화와 2050년까지의 아사자 수 따위의 통계에는 관심이 없다. 야구가 아니라면 한 달에 3.69달러를 내고 통계를 차용하는 일도 없었을 것이다. 왜냐하면 야구 통계는 다른 영역과는 달리 강력한 언어의 힘을 갖고 있기 때문이다.

– 빌 제임스, 《1985년 야구 개요》

작가 중에는 집필 동기를 끝내 알 수 없는 사람도 있다. 개중에는 작가 집안 출신인 사람도 있고, 개인적인 트라우마를 치유하기 위해 글을 쓰는 사람도 있다. 네 살 때부터 방 안에 들어앉아 이야기를 구상했다는 작가도 있다. 하지만 그렇게 나온 창작물들은 하나같이 틀에 박힌 관점의 것으로, 작가의 글 솜씨는 괜찮을지 몰라도 집필 동기가 별로 궁금하지 않다. 하지만 빌 제임스는 예외적으로 흥미로운 사례라고 할 수 있다. 그는 주민 수가 209명에 불과한 캔자스 주 마예타의 평범한 가정에서 자라났다. 그 후 주간 고속도로를 따라 인근의 로렌스로 이사를 갔다. 그곳에서 캔자스대학에 진학해 경제학과 문학을 전공했는데, 문예 사조에 관심이 없고 뚜렷한 롤모델도 없었으며 자신의 생각을 글로 옮기고 싶다는 진지한 욕구도 없었다.

틀에 박힌 군대 생활을 거쳐(그는 베트남전 참가를 위해 캔자스에서 징병된 마지막 군인이었지만 베트남에 가지는 않았다) 아무런 성과 없이 대학원을 중도 하차한 그는 결국 스토클리밴캠프 식품공장의 야간 경비원으로 일했다. 그러던 어느 날 그는 자신의 생각을 진지하게 글로 옮기기 시작했다. 다른 사람들에게 어떻게든 말해주고 싶은 것이 생기면서 글을 쓰지 않고는 전할 도리가 없었기 때문이다. 언젠가 그는 이렇게 썼다. "모든 강점은 동시에 약점이기도 하다. 예쁜 여자는 성격이 나빠지기 쉬운데, 예쁘다는 이유로 잘못을 너무 쉽게 용서받기 때문이다. 소유는 인간을 얽어매고, 부는 인간을 무능하게 만든다. 내가 글쓰기를 시작한 이유는 웃음이나 제스처 같은 일반적인 의사소통 방식에 익숙하지 않기 때문이다. 나는 다른 사람들은 굳이 표현해야 할 필요를 못 느끼는 것들을 전달하기 위해 글을 써야 했다."

흥미롭게도 제임스가 전하고 싶었던 이야기는 모두 야구나 야구와 관련된 맥락에서만 논의될 수 있는 내용이었다. 그는 자신의 책에서 이렇게 말했다. "야구가 없었더라도 나는 작가가 되었을지 모른다. 그러나 야구가 존재하는 이상 나는 야구가 아닌 다른 주제의 글을 쓴다는 것은 생각조차 할 수 없다." 그도 때로는 인생을 박스스코어를 분석하는 일에만 바치는 것이 어리석다는 생각을 했다. 하지만 그는 야구에 파고드는 자신의 본능을 억제하려고 하지 않았다. 나중에 작가로 성공한 뒤에 그는 이런 말을 했다. "내 부모님은 모두 암으로 세상을 떠났으며, 나 또한 언젠가 암으로 죽으리라고 생각한다. 그러니 내 상황에서는 암에 대한 연구가 야구보다 훨씬 중요한 일일 것이다. 그렇다고 해도 내가 야구를 포기하는 일은 절대 없을 것이다. 나는 암에 대해서는 한 달에 고작 몇 번 생각할 뿐이지만, 야구에 대한 생각은 잠자는 시간 빼고 거의 온종일 하기 때문이다."

제임스는 총 112달러 73센트를 들여 자비로 첫 번째 책을 출판했다. 직접 매 페이지를 복사하고 가운데를 스테이플러로 찍어 제본한 그 책의 분량은 68쪽에 불과했다. 제목은 《1977년 야구 개요: 18개 항목의 야구 통계 독점 제공》이었다. 제임스는 책을 판매하기 위해 스포츠 전문 주간

지 〈스포팅 뉴스The Sporting News〉에 1단짜리 광고를 실었다. 이 광고를 보고 책을 구입한 사람은 총 75명이었다. 이 책의 푸른색 표지를 펼치면 이해하기 쉽지 않은 짤막한 서문이 나오고, 그 뒤로 16쪽에 걸쳐 야구 통계가 이어진다. 통계수치가 담긴 매 페이지에는 어이없을 만큼 짧고 퉁명스러운 설명이 담겨 있는데, 말하고 싶은 바를 단도직입적으로 전달하려는 제임스 특유의 엉뚱한 서술 방식이었다. 만약 "이 책의 다음 장에서는…"과 같은 표현이 없었다면 제임스의 첫 번째 작품이 책이라는 사실도 알지 못했을 것이다.

제임스는 이 책에서 급진적이고 독창적인 자신의 주장을 독자에게 이해시킬 만한 작가적 역량을 보여주지 못했다. 마치 무대공포증에 걸린 배우의 연기를 보는 듯한 느낌이 들었다. 이 책에서 그가 제기한 질문들, 예를 들어 '투수에 따라 관중 수의 차이가 존재하는가?', '심판진은 경기 시간에 얼마나 영향을 미치는가?' 따위는 지독한 야구광이나 관심을 둘 만한 내용이었으며, 어차피 한 시즌의 데이터만 갖고 대답할 수 있는 질문도 아니었다.

제임스는 이 책의 말미에 이르러서야 독자들에게 자신의 가능성을 슬쩍 내비쳤다. 마지막에 그가 몇 페이지에 걸쳐 열성을 다해 작성한 주제는 바로 수비 부문의 통계였다. 그는 그동안 선수들의 수비 실력을 평가해오던 방식, 가령 실책 수를 합산해 그 숫자가 가장 적은 선수를 칭찬하는 방식에 분노마저 느꼈다. 그는 이렇게 썼다. "야구의 실책이란 무엇을 의미하는가? 그것은 스포츠의 주요 통계 중 유일무이하게 관찰자의 관점에서 '마땅히 했어야 하는 수비'라고 생각하는 바를 기록한 것이다. 즉 야구장이란 특수한 공간에서 이루어지는 도덕적 판단에 가깝다. (중략) 농구의 기록에서도 실책을 따지지만, 그것은 객관적인 사실을 바탕으로 한다. 즉 A팀이 공을 가졌다가 B팀에 빼앗겼다는 식이다. (중략)

그러나 야구의 실책은 아무런 플레이도 진행되지 않은 상태에서 이렇게 했으면 어땠을까 하는 식으로 진행된다. 즉 그것은 객관적인 사실의 기록이 아닌 '의견'에 따른 기록이다."

제임스는 실책이 야구의 다른 개념과 마찬가지로 초창기 야구에 맞춰 만들어진 것이라고 설명했다. 실책이란 개념이 생겨난 1850년대 후반에는 야수들이 글러브를 끼지 않았고 외야의 잔디밭은 풀이 무성했으며 내야 그라운드도 손질돼 있지 않았다. 그래서 공은 여기저기 구르기 일쑤였고 경사면까지 있을 경우에는 어디로 튈지 몰랐다. 그러다 보니 단순히 뜬공을 처리할 때도 위험을 무릅써야 했고, 공이 야수의 위치에서 1미터만 떨어져 날아와도 잡아내기가 어려웠다. 제임스는 그런 상황일 경우 자신의 정면으로 날아온 공에 대처하는 능력에 따라 야수를 평가하는 방식이 일리가 있다고 인정했다. 하지만 한 세기가 지난 지금, 메이저리그에서 날아오는 공을 처리하는 것은 전체 경기 중 사소한 부분에 지나지 않는다는 것을 모두가 아는 상황인데도 실책 통계는 그대로 사용된다. 메이저리그 선수라면 누구나 명백한 실책을 피하는 방법을 알고 있다. 실책을 내지 않는 가장 쉬운 방법은 공이 날아가는 쪽으로 최대한 느리게 움직이는 것이다. 제임스는 이렇게 썼다. "결국 실책을 기록하려면 '정확하게' 수비해야 한다. 공이 선수 정면으로 날아오는 이유도 애초에 정확한 위치에서 수비했기 때문이다."

이처럼 수비 부문의 통계는 부적절할 뿐 아니라 심지어 거짓도 섞여 있었다. 그리고 메이저리그 구단의 관계자들은 이러한 거짓 통계에 의거해 선수와 경기에 대한 판단을 그르쳤다. 제임스는 이런 불만을 한 문장으로 요약했다. "수비 통계는 언어가 아닌 숫자로서만 의미를 지녔다." 하지만 그는 숫자가 아닌 언어에 흥미를 느꼈다. 언어를 통해서만 전달하려는 의미를 제대로 담아낼 수 있다고 생각한 것이다. 그는 또 이렇게 썼다. "숫자가 언어의 의미를 얻은 순간부터 그것은 언어를 대체하기 시작했다. 다시 말해 소설과 드라마, 시가 될 수 있는 힘을 얻었다. (중략) 이러한 숫자들이 굴절된 거울을 통해 보여주는 것은 단지 야구만이 아니다. 그 속에는 인간이 있고 심리학과 역사가 있으며 권력이 있다. 품위와 영광, 일관성과 희생 그리고 용기가 있다. 성공과 실패가 있으며 좌절과 불운, 야망과 과욕 그리고 절제가 있다. 무엇보다 승리와 패배가 있다. 이는 모두 인간의 어리석은 잠재의식에 숨어들어 세상사를 판단하는 근거가 되었다."

대부분의 사람에게는 깊은 의미나 영원한 가치와는 상관없다고 생각되는 일회성 경기의 따분한 기록이 제임스에게는 인생의 비밀을 담고 있는 금고였던 것이다.

야구는 한 편의 연극과도 같다. 하지만 이 연극은 관객이 배우, 즉 선수의 플레이를 제대로 이해할 때만 예술성을 보여줄 수 있다. 또한 선수의 플레이를 이해하려면 이를 측정하는 명확한 통계가 있어야 한다. 만일 수비 부문의 통계가 엉터리라면 그것은 무대를 가리는 안개와 다르지 않을 것이다. 여기서 당연한 의문이 드는데, 왜 야구 관계자들은 프로야구가 그렇게 왜곡되는 것을 내버려둔 것일까? 그 대답 역시 명확하다. 그들은 선수의 플레이를 눈으로 보는 것만으로 판단할 수 있다고 믿었기 때문이다. 제임스의 주장에 따르면 이런 생각은 대단한 착각에 지나지 않는다. 육안에만 의지해서는 야구 선수와 경기를 평가하는 데 필요한 요소를 전부 파악할 수 없다. 제임스는 책에서 다음과 같이 설명했다.

> 이렇게 얘기해보자. 우리는 눈으로만 봐선 3할 타자와 2할 7푼 5리 타자의 차이를 절대 알아낼 수 없다. 그들의 차이는 2주마다 안타 하나를 더 치느냐 못 치느냐에 있다. 만일 기록이 없다면 1년 내내 경

기와 선수들의 플레이를 지켜보는 기자나 겨우 그 차이를 알아챌 수 있다. 하지만 그마저도 확실하지 않다. 당연히 10경기 중 고작 한두 경기를 보는 일반인이라면 두 선수의 차이를 절대로 구별해낼 수 없다. 실제로 한 관중이 1년에 15경기를 본다고 할 때, 2할 7푼 5리 타자가 3할 타자보다 안타를 더 많이 치는 것을 구경할 확률은 40퍼센트가 되지 않는다. 즉 좋은 타자와 평범한 타자의 차이는 눈에 보이는 것이 아니며 기록으로만 판단할 수 있다.

그래도 타자는 주목의 대상이 되기도 한다. 우리는 타자의 플레이를 눈여겨보고, 득점표를 보며 점수를 낸 타자를 떠올린다. 그러다 타자가 3루 선상으로 강습 타구를 날렸는데 3루수가 다이빙캐치를 해서 주자를 아웃시키면 그때부터 우리는 수비수에 관심을 갖고 그에게 갈채를 보낸다. 그러나 3루로 공이 날아가지 않는다면 누가 3루수를 관심 있게 지켜보겠는가? 만약 3루수가 공이 날아올 방향을 미리 예측하고 수비 위치를 두 걸음만 조정했다면 똑같은 강습 타구라도 평범하게 백핸드로 받아 처리했을 것이다. 하지만 그 경우엔 아무도 그에게 박수를 보내지 않는다.

이렇게 해서 제임스는 수많은 야구의 통념에 대한 첫 번째 공격의 포문을 열었다. 그는 다음과 같은 질문으로 결론을 맺었다.

만약 통계 기록을 갖고도 정확하게 판단할 수 없고, 육안으로도 알아볼 수 없다면 우리는 어떻게 훌륭한 수비수를 구분해야 할까?

그는 '수비 숫자를 합산함으로써' 가능하다고 대답했다. 그리고 '레인지 팩터(range factor, 이하 RF)'라고 부르는 새로운 지표를 대안으로 제시했다. RF는 한 경기에서 수비수가 잡아내는 아웃의 수를 가리킨다. 물론 여기에도 문제점은 있다. 예를 들어 뜬공을 유도하는 투수가 많은 팀의 외야수는 싱커볼을 구사하는 투수가 많은 팀의 외야수보다 아웃을 잡을 기회를 더 많이 얻는다. 하지만 이런 세부적인 사항은 제임스에게 그리 중요하지 않았다. 정말 중요한 것은 어두운 방 안에 횃불을 밝혀서 케케묵은 문제에 새로운 서광을 비출 수 있느냐 하는 것이었다. 그가 진정 추구하고 싶었던 것은 수비 통계 같은 사소한 것이 아니라 새로운 야구 지식을 체계적으로 탐구하는 일이었다.

그런 뜻을 가진 사람은 제임스만이 아니었다. 제임스 이전에도 야구에 관해 알아내야 할 것이 더 많으며, 통계 분석을 통해 야구 이면의 합리성을 밝힐 수 있다고 생각한 사람이 있었다. 1845년 핸리 채드윅이라는 영국 출신의 기자는 처음으로 박스스코어라는 개념을 고안하고 1859년에 이를 다시 개선했다. 그 밖에도 수많은 분석가가 다른 스포츠와 달리 야구에서는 의미 있는 내용을 집계할 수 있으며, 이를 통해 선수의 가치를 결정할 수 있다고 생각하기도 했다. 그러나 실제로 얻어진 결과물은 집계하기 쉬운 것으로만 한정되거나 야구의 모태였던 크리켓을 기준으로 삼았던 채드윅이 이미 제시한 것들이었다.

어쩌면 채드윅은 야구 역사에서 가장 중요한 인물 중 한 사람이라고 할 수 있다. '어쩌다가 야구 통계가 이렇게 엉망이 되었는가?'를 따진다면 채드윅이야말로 그 질문의 처음이자 어쩌면 마지막 대답을 할 수 있는 사람이기 때문이다. 채드윅은 야구를 개혁하겠다는 목적으로 야구 경기에 대한 집계를 시작했다. 그는 길거리에서 마주치는 음주와 도박 문제만큼이나 야구장에서 목격되는 부도덕한 행위에 화를 내고 끊임없이 불평을 늘어놓곤 했다. 그래서 승리와 패배에 대한 정확한 공헌도에 따라 선수를 판단하고자 했다. 그는 선수의 플레이에 칭찬과 비난의 딱지를 붙이고 싶다는 생각에 문제를 극도로 단순화했는데, 그의 도덕적 잣대가 잘 드러난 예가 바로 수비 실책과 같은 기록이다. 또 다른 예로 볼넷에 대한 해석을 들 수 있다. 크리켓에서는 볼넷과 같은 규칙이 없었으므로 채드윅은 볼넷을 새롭게 이해할 필요가 있었다. 하지만 그는 통계의 의미를 파고드는 일보다 통계의 대중화에만 매달렸기 때문에 볼넷의 의미를 잘못 고안하고 말았다. 그는 볼넷이 전적으로 투수의 잘못이며 타자와는 아무런 상관이 없다고 결정해버린 것이다. 초기에 그가 만든 박스스코어에서 볼넷은 투수의 실책으로 기록되었는데, 이후 사람들이 이의를 제기하자 아예 기록표에서 볼넷 자체를 삭제해버렸다. 그는 자신의 글에서 이렇게 썼다. "타석에서 타자의 능력을 평가하는 진정한 기준은 깨끗한 안타로 만들어진 출루 숫자가 유일하다." 이때부터 타율은 선수의 공격력을 평가하는 핵심 지표가 되었다.•

이처럼 낡아빠진 지표를 들여다보고 있으면 현대 야구에는 적합하지 않은 점이 드러난다. 채드윅은 다른 선수의 도움을 받아 주목받는 선수에게만 득이 되는 잘못된 보상 체계를 만들어내기도 했다. 그 좋은 예가 바로 타점 제도다. 야구인들은 타점을 선수 개인의 성취로만 다루고 있다. 자유계약 선수는 사실 여부와 상관없이 '타점기계'라는 명성만으로도 비싼 값이 매겨진다. 메이저리그 선수들은 타점을 높이려고 손대지 말아야 할 공에도 습관적으로 방망이를 휘두르곤 한다. 왜 타점이 높은 선수가 높은 평가를 받을까? 보통 타점을 내려면 타자가 타석에 섰을 때 이미 주자가 출루해 있어야 한다. 즉 타점 기회가 생기는 것만으로도 행운이며, 이것을 행운이 아니라고 한다면 그 성과는 이미 출루한 다른 선

● 박스스코어의 역사에 대해 더 상세하게 알고 싶으면 2000년 출간된 줄스 타이젤의 《지나간 시간: 역사로서의 야구Past Time: Baseball As History》를 보라.

수의 공으로 돌려야 한다. 제임스는 이렇게 말했다. "문제는 야구의 통계가 우리가 흔히 생각하듯 선수 대 선수의 순수한 성적이 아니라 주변 상황과 결합된 성적을 다룬다는 데 있다."

후대의 야구인들이 이러한 통계의 문제점을 인식하지 못한 결과 아이러니하게도 채드윅이 야구의 개혁을 통해 없애고자 했던 도덕적 해이를 가져오게 되었다. 경기 기록에 숨겨진 자잘한 오류와 착오가 비효율성을 가져왔으며 야구의 전술도 엉뚱한 방향으로 흐르게 되었고, 선수들은 체계적으로 잘못된 평가를 받았다. 채드윅은 야구에서 통계를 핵심적인 위치로 올리는 데는 성공했지만, 그 과정에서 프로 스포츠 역사상 최대의 추문을 일으키고 말았다.

채드윅 이후 제임스가 나타나기 전에도 낡은 편견을 깨고자 하는 단편적인 노력은 있었다. 전설적인 메이저리그 단장 브랜치 리키(1940년대 세인트루이스 카디널스와 브루클린 다저스의 단장으로 팜시스템을 처음 도입하는 한편, 최초로 흑인 선수와 계약해 메이저리그의 인종차별을 무너뜨린 인물로 유명함-옮긴이)는 앨런 로스라는 전문 통계학자를 고용했다. 리키는 로스의 도움을 받아 자신의 이름으로 1954년 〈라이프〉에 출루율과 장타율이 타율보다 중요하다는 요지의 글을 기고하기도 했다. 또 존스홉킨스대학의 기계공학과 교수인 언쇼 쿡은 두 권의 현학적인 책을 펴냈는데, 여기서 채드윅의 추종자들을 비난하며 야구의 통계적 분석에 대한 적절성을 논했지만 너무 어렵게 쓰는 바람에 대중의 호응을 얻지 못했다. 1960년대 초반에는 IBM 직원인 두 형제가 회사 컴퓨터를 이용해 야구의 전략과 선수에 대한 분석을 시도하기도 했다. 이처럼 통계를 효율적으로 이용하려는 욕구, 다시 말해 야구장에서 벌어지는 상황을 정확하게 측정하고 평가하며 통계수치에 언어의 새로운 힘을 부여하려는 욕구가 점점 커지기는 했지만 현실화되지는 못했다.

빌 제임스가 《1977년 야구 개요》를 발간할 당시는 두 가지 중요한 변화가 일어나고 있던 상황이었다. 그 같은 변화는 제임스가 제기한 질문에 해답을 제시할 뿐 아니라 새로운 가치를 더해주었다. 하나는 컴퓨터 기술의 놀라운 발전이었다. 그 덕분에 방대한 야구 데이터를 축적하고 분석하는 비용이 극적으로 줄어들었다. 다른 하나는 야구 선수들의 연봉이 급등한 것이었다. 이에 따라 선수들의 가치를 정확하게 측정하는 것이 시급한 문제로 떠올랐다. 제임스는 수비력에 관한 글에서 이렇게 말했다. "우리가 어떤 선수에게 15만 달러의 연봉을 지급한다면, 적어도 그가 얼마나 뛰어난지 알고 있어야 한다. 즉 선수들이 타석에서 얼마나 많은 점수를 내느냐와 마찬가지로 수비에서 얼마나 점수를 적게 허용하는지도 알아야 한다는 뜻이다." 만약 야구 선수에게 15만 달러의 연봉을 지급할 때도 그 주장이 설득력이 있다면 요즘처럼 1,500만 달러를 지급할 때는 그보다 100배는 더 설득력이 있어야 할 것이다.

책의 말미에 실린 비평은 문필가로서 제임스의 놀라운 실력을 보여주는 예고편에 불과했다. 이 책에서 그는 글의 행간에서도 예리한 질문을 암시해놓았다. 이를테면 '경기장 내 3만 명의 관중이 지켜보는 앞에서도 특정한 선수의 가치를 총체적으로 오판하는 일이 벌어진다면, 그 밖의 영역에서는 어떻겠는가?'라는 식의 질문을 하고 있다. 또한 '만일 프로야구 선수가 과대평가 또는 과소평가를 받는다면 그 누가 제대로 평가를 받을 수 있겠는가?'라고도 묻는다. 하지만 아무리 엉터리고 미흡한 점이 있다고 해도 야구 통계는 다른 사람들의 가치를 측정하는 데 쓰이는 그 어떤 수단보다 정확하기는 할 것이다.

어쨌든 제임스가 1977년 이후 글쓰기를 중단했다면 그는 박스스코어에 대해 할 말 못할 말을 다 떠들어댄 괴짜 정도로만 치부되었을 것이다. 하지만 그는 글쓰기를 계속했다. 첫 번째 책이 75권밖에 안 팔렸다고 실망하기는커녕 오히려 용기를 얻었다. 아마도 그렇게 적은 책을 팔고도 활력을 얻은 작가는 그가 유일할 것이다. 제임스의 아내 수잔 매카시는 이렇게 말했다. "그는 몇 년 동안 혼자 연구하고 작성한 글들을 스토클리 밴캠프 사의 마분지 박스들로 만든 지하 감옥 안에 쌓아두기만 했어요. 하지만 이제 오랜 시간에 걸쳐 고민해온 주제에 관한 다양한 생각과 의문점을 바깥 세상에 선보여 발전과 숙성을 시킬 기회를 맞이한 거죠."•

1978년 제임스는 두 번째 책을 출판했다. 제목은《1978년 야구 개요: 가장 유익하고도 창의적인 야구 리뷰 제2호》였다. 그는 이번 책에서는 논의를 시작하기에 앞서 초반부터 자신만만한 태도를 드러냈다. 그는 서두에서 이렇게 쓰고 있다. "나는 이 책에서 야구에 관해 어디서도 볼 수 없는 가장 완전하고 상세하며 종합적인 설명을 시도했다. 또한 과거에 논의된 적이 있는 어떤 내용도 반복해서 다루지 않을 것이다."

이번에는 소문이 퍼졌는지 250명이 책을 구입했다. 75권을 팔고도 용기를 얻은 작가에게 250권이라는 판매부수는 횡재나 다름없었다. 이제 책에 대한 제임스의 집념을 막을 사람은 아무도 없었다. 그 후 9년에 걸쳐 겨울마다 책을 냈고 독자 수도 점점 늘어났다. 그 덕분에 자신감을 얻은 그는 통계수치보다는 자신의 주장에 더 많은 지면을 할애했다. 때론 통계수치와 아무런 상관 없는 개인적인 주장을 몇 쪽에 걸쳐 싣기도 했다. 가령 캔자스시티 로열스의 연말 통계수치를 다루는 페이지에다 자신이 야구에 애착을 갖게 된 이야기를 삽입하는 식이었다. 또한 구단을 사들이고 선수에게 엄청난 돈을 써대는 부자에 대한 혐오감을 참기 힘들 때

● 야구광 뒤에는 남모르게 고통받는 배우자가 있다. 빌 제임스의 아내는 이렇게 말했다. "빌은 처음 데이트를 시작할 때 야구에 대한 관심을 숨겼어요. 이 정도로 심하다는 것을 미리 알았다면 그와 헤어졌을지도 몰라요."

는 애틀랜타 브레이브스에 대한 글을 쓰다가 그 팀의 새 구단주를 욕하는 등 엉뚱한 길로 새기도 했다. 그는 이렇게 썼다. "테드 터너(CNN을 창립한 언론 재벌이자 자선사업가로 1976년 애틀랜타 브레이브스를 매입하고 구단주를 맡았음 – 옮긴이)는 겸손이나 위엄, 절제라고는 전혀 찾아볼 수 없는 인물처럼 보인다. 그는 야구라는 신사적 경기에서 패배하면 상대방이 신사가 아니었다며 징징대는 사람이다. 아무리 도망치려 해도 그는 지독한 속물근성에서 벗어날 수 없으며, 그가 승자가 된 이유도 바로 그 속물근성 덕분이다."●

《야구 개요》는 제임스가 많은 시간을 공들여 집필한 잡문 모음집이었다. 그 안에는 이상하고도 새로운 온갖 질문이 담겨 있었다. '마이크 슈미트가 시카고 컵스를 상대로만 타격한다면 얼마나 많은 안타를 쳐낼 수 있을까?' '과연 흑인 선수들이 전속력으로 달리면 후반부에서는 백인 선수들보다 속도가 줄어들까?' '고인이 된 타자들 가운데 최고의 선수는 누구인가?' 그는 가장 모호한 야구 역사에 관해 묻고 있을 때도 실질적인 함의를 담고자 했다. 가령 마이크 슈미트가 시카고 컵스만 상대로 타격할 경우 얼마나 칠 수 있는지 계산하려면 먼저 시카고 컵스의 홈구장인 리글리 필드와 다른 경기장의 차이를 이해할 필요가 있다. 또한 흑인 선수와 백인 선수의 주력을 비교하려면 베이스라인과 필드에서의 속도를 측정하는 방법부터 찾아내야 한다. 그런 뒤에야 발의 속도에 관한 의문을 제기할 수 있다. 고인이 된 타자들 가운데 최고 선수를 가려내려면 먼저 그들의 실력을 측정할 수 있는 도구를 고안해야 하는데, 그 도구는 살아 있는 타자들한테도 똑같이 적용할 수 있어야 한다.

● 양키스 팬은 그가 이보다 더한 경멸의 말도 할 수 있다는 사실을 곧 알게 되었다. 제임스는 양키스 구단주를 두고 "스타인브레너는 터너처럼 되는 게 꿈인 작자다"라고 평했기 때문이다.

이 중에 마지막 문제가 유독 제임스의 뇌리를 떠나지 않았다. 두 번째 책을 펴낸 시점부터 그는 야구의 수비 문제에는 거의 관심을 끊고 공격에만 집중했다. 그는 두 번째《야구 개요》의 독자들에게 자신의 책이 대략 4만 개의 야구 통계를 담고 있다고 밝혔다. 그중 일부는 쉽게 확보할 수 있었지만, 상당수는 매 경기의 박스스코어에서 일일이 모으고 그 자료들을 대략 30개 그룹으로 힘들게 분류한 것이었다. 그 그룹에는 '니노 에스피노사(1970년대 뉴욕 메츠의 도미니카공화국 출신 우완투수 – 옮긴이)가 선발로 나온 경기의 더블플레이 수'나 '7월 한 달 동안 래리 패리시(1970년대 몬트리올 엑스포스의 3루수 – 옮긴이)가 친 3루타 수' 등이 포함되었다. 그는 야구에 미치지 않은 이상 야구 통계를 수집하는 일이 시간 낭비처럼 보인다는 점을 인정했는데, 세 번째《야구 개요》에서는 자신의 일을 이렇게 설명하기도 했다.

> 나는 야구의 공격 체계가 어떻게 움직이는지 알기 위해 경기 기록을 들여다보는 숫자 전문 기술자다. 기술자의 멍키 스패너와 마찬가지로 내 일의 기본 도구는 숫자다. 나는 경기에서 직접 본 것과 사람들이 말하는 것을 가지고 일을 시작한다. 그리고 이렇게 질문한다. 그것이 사실인가? 입증할 수 있는가? 측정할 수 있는가? 다른 통계수치와 맞아떨어지는가? 여기에 대한 답을 얻기 위해 기록표를 들여다본다. (중략) 내게 남들과 다른 점이 있다면 바로 동료가 없다는 것이다. 야구에는 방대한 기록이 존재하며, 사람들은 그 기록에 대해 끊임없이 이야기하고 논쟁하고 생각한다. 그런데 왜 아무도 기록을 이용하지 않는 걸까? 왜 아무도 이런저런 논쟁의 와중에 "증명해봐"라고 말하지 않는 걸까?

지금은 당연한 일처럼 여겨지지만 그 당시 제임스는 커다란 잠재력을 지닌 수비와 피칭 부문보다는 공격 부문에 더 흥미를 느꼈다. 타격의 통계는 풍부했으며 제임스가 볼 때는 언어적 힘도 지니고 있었다. 제임스는 이 언어적 힘을 '이미지 숫자imagenumber'라는 신조어로 불렀다. 이미지 숫자에는 문학적인 내용이 담겨 있어 이 숫자를 읽으면 마음속에 하나의 장면이 연상된다. 그는 다음과 같이 설명했다.

> 타격 통계란의 191이라는 숫자로 시작해보자. 괴짜 선수라면 한 시즌에 191개의 안타를 치는 것이 불가능하다. 잡종이나 멧돼지 같은 선수라면 가능할 것이다. 또는 내 여동생의 신랑감으로 원치 않는 선수라면 가능할지도 모른다. 그럼에도 한 시즌에 191개의 안타를 친다는 것은 한결같은 열정과 자기절제 그리고 고통을 견뎌내는 의지가 있어야 한다. 또한 괴짜 선수라면 전혀 신경 쓰지 않을 팀플레이도 어느 정도 할 수 있어야 한다. 그 반면 괴짜 선수는 한 시즌에 48개의 홈런을 칠 수 있다. 홈런 48개는 보통 거구에 발이 느린 선수가 치는 것으로서….

제임스는 탐미주의자인 동시에 실용주의자였다. 그는 뭔가 부서진 것을 보면 수리해야 직성이 풀리는 사람이었다. 그러나 부서진 물건을 수리하려면 수리에 필요한 도구가 있어야 한다. 통계분석의 힘은 표본의 크기에 달려 있다. 분석가가 다뤄야 할 자료 분량이 많을수록 그와 관련된 특정한 결론을 더 확실하게 이끌어낼 수 있다. 좌완투수를 상대로 해서 10타수 2안타를 기록한 우타자를 놓고 1,000타수 200안타를 기록한 타자와 마찬가지로 좌완투수를 상대로 꾸준히 2할을 기록할 것이라는 식의 예측은 불가능하다. 1978년 제임스가 확보한 공격 부문의 통계는 분명하고 의미 있는 결론에 도달할 수 있을 만큼 광범위한 자료가 포함되었다. 즉 공격 부문이라면 제임스는 수리가 가능했다. 하지만 수비 부문은 그렇지 못했는데, 그 이유는 그가 첫 번째 《야구 개요》에서도 설명했듯 수비에는 의미 있는 평가를 내릴 만큼 충분한 자료가 없었기 때문이다. 그리고 피칭 부분은 전혀 수리할 필요가 없었다. 적어도 제임스의 생각에는 그랬다.

1979년 이제는 연간물이 된 세 번째 《야구 개요》에서 제임스는 이렇게 썼다. "타자는 자신이 달성하고자 하는 목표의 성공 여부에 따라 평가되어야 하며, 타자의 목표는 바로 출루에 있다. 그러나 이 점에서 야구계가 얼마나 착각에 빠져 있는지를 알면 경악하지 않을 수 없다. 공격 부문의 팀별 순위를 정할 때 메이저리그는 1순위, 즉 최고의 공격 팀으로 가장 많은 득점을 한 팀이 아니라 평균 타율이 가장 높은 팀을 꼽는다. 공격의 목적은 높은 타율을 만들기 위해서가 아니라는 점을 명확히 해야 한다." 제임스는 야구 관계자들이 이를 명확하게 인지하지 못하는 현실이 자신한테는 커다란 기회가 될 수도 있다고 생각했다. 그는 이렇게 말했다. "득점은 어떻게 기록되는가? 우리는 각 선수가 얼마나 많은 득점을 했는지 곧바로 알 수 없지만, 각 팀이 얼마나 많은 득점을 올렸는지는 알 수 있다."

그는 볼넷과 안타, 도루 등의 숫자를 고려해 한 팀이 얼마나 득점할 수 있는지를 예측하는 모형을 만들기 시작했다. 이를 위해 다양한 수치를 분석했는데, 예를 들어 1975년 보스턴 레드삭스의 각종 기록을 찾아냈다(헨리 채드윅의 영향으로 1975년에도 선수별 볼넷 기록은 찾기 어려웠지만 다행히 팀 전체의 볼넷 기록은 찾을 수 있었다). 또한 1975년 레드삭스가 기록한 총득점 수도 찾아냈다. 이제 남은 일은 레드삭스 선수들이 타석과 베이스라인에서 했던 플레이들, 즉 아웃과 볼넷, 도루, 단타, 2루타 등에 각각 가

중치를 할당해서 팀의 득점에 미치는 상대적인 중요도를 판단하는 것이었다. 그렇다고 이 일에 정교한 학술적 원리나 기술이 필요한 것은 아니었다. 그는 등호 표시를 한 다음 왼쪽에는 팀의 총득점을 놓고, 오른쪽에는 다양한 수식을 늘어놓았다. 제임스가 '득점생산력(Runs Created, 이하 RC)' 이라고 이름 붙인 첫 번째 공식은 다음과 같았다.

RC=(안타+볼넷)×총루타 수÷(타수+볼넷)

조악하게 만들어지긴 했지만 이 공식은 한 팀이 볼넷과 도루, 단타와 2루타 등의 플레이를 통해 얻게 될 점수를 예상할 수 있는 모형이었으며, 충분히 과학적인 가정을 포함한 것이라고 볼 수 있었다. 과거에 각 팀이 얼마나 많은 득점을 했는지 알려면 공식의 오른편에 각 팀이 그 시즌에 획득한 각 공격 부문의 숫자를 대입하면 된다. 만일 1975년 보스턴 레드삭스의 실제 총득점이 공식으로 계산한 숫자와 크게 다르다면 그의 모형은 분명 잘못된 것이다. 그렇지 않다면 그는 대단한 발견을 해냈다고 할 수 있다. 확인해본 결과 제임스는 굉장한 성과를 만들어냈다. 그의 모형은 해를 거듭할수록 메이저리그 구단들이 제시한 그 어떤 통계보다 훨씬 더 정확하게 각 팀의 총득점을 산출해냈다.

이런 결과는 프로야구 관계자들이 공격에 관해 잘못된 시각을 갖고 있었다는 사실을 의미했다. 좀 더 구체적으로는 이들이 RC 모형에서 현저하게 강조되는 볼넷과 장타의 가치는 폄하하고, 평균 타율과 도루의 가치는 과대평가해왔음을 뜻했다. 심지어 제임스는 평균 타율과 도루는 공식에 포함시키지도 않았다. 희생타 역시 마찬가지인데, 어떤 종류든 그 이름처럼 희생만 할 뿐 경기에는 아무런 공헌도 하지 못했다. 즉 아웃카운트 한 개가 야구 관계자들이 생각하는 것보다 훨씬 소중하다는 것이다.

물론 모든 야구 관계자가 잘못된 시각을 갖고 있지는 않았다. 제임스의 분석은 과거 볼티모어 오리올스의 감독이었던 얼 위버(1968년부터 볼티모어의 전성기를 이끈 명감독으로 1986년 은퇴함 – 옮긴이)가 강력하게 주장했던 공격 방식의 연장선상에 있었다. 위버는 3점 홈런의 가능성을 최대화하는 방향으로 공격을 구성했다. 그래서 번트를 지시하지 않았으며, 출루율이 높거나 홈런을 잘 치는 타자를 좋아했다. 즉 번트나 도루 등으로 주자를 진루시키는 스몰 볼과는 대조되는 빅 볼 야구를 추구했다.

그러나 한편으론 제임스가 만든 공식의 각 항목이 아주 중요한 가치를 지닌 것은 아니었다. 그의 활동은 새로운 과학을 창조해냈다기보다는 과학자들에게 더 많은 기회를 제공해주었다는 데 의의가 있다. 다시 말해 전문 과학자들이 현실에 좀 더 근접한 과학적 공식을 만들어내는 데 토대를 마련해준 것이다. 여기서 중요한 점은 첫 번째로 그의 공식이 합리적이고 검증 가능한 가설이었다는 것이며, 두 번째로 이 공식이 매우 명백하고 흥미로워서 수많은 지식인이 그와의 논의에 참여하게 되었다는 것이다. 제임스는 이렇게 쓰고 있다. "이 공식이 정확하게 적용될 수 있다는 사실은 타율, 홈런, 볼넷 등 공격 요소와 득점 사이에 근본적으로 밀접한 연관성이 있다는 말이나 다름없다."

물리학자와 생물학자, 경제학자를 비롯해 불안정한 세상에서 안정적인 관계를 발견하는 일에 일생을 바친 사람들한테 이런 논의는 무엇보다 관심을 끈다. 랜드RAND 연구소의 젊은 통계학자이자 훗날 하버드 통계학과의 학과장이 된 칼 모리스는 이렇게 말했다. "나는 야구의 분석 연구에서 진보적인 생각을 하고 있었어요. 그런데 나와 같은 생각을 품은 누군가가 아주 흥미로운 방식으로 써낸 글을 보고 깊은 인상을 받았지요." 모리스는 다음번 《야구 개요》가 나올 시기를 손꼽아 기다렸다. 제임스 덕분에 그는 야구에 커다란 호기심을 품게 되었는데, 제임스보다는 좀 더 과학적인 방식으로 접근했다.

또한 미 예산관리국OMB에서 일하는 젊고 유망한 경제학자 에디 엡스타인도 있었다. 그는 우연한 기회에 《야구 개요》를 읽고 자신이 해온 일에 회의를 느꼈다고 했다. 그는 이렇게 말했다. "《야구 개요》를 읽고서 정신이 번쩍 들었어요. 나도 이 일을 할 수 있겠다는 생각이 들었죠. 제임스가 제시한 내용은 산더미처럼 쌓여 있는 자료를 일일이 긁어모아 만든 게 틀림없었어요. 이 책을 보기 전까지는 그처럼 방대한 정보를 절대 알아낼 수 없다고 생각했거든요." 그 이후 엡스타인은 볼티모어 오리올스의 구단주였던 에드워드 베넷 윌리엄스를 끈질기게 찾아가 마침내 프런트 일자리를 얻었다.

한편 제임스가 《야구 개요》를 쓰기 전부터 몇몇 야구 애호가가 활동하고 있었다. 그중 딕 크레이머는 스미스클라인(현 글락소스미스클라인)이라는 제약회사에서 일하는 연구원이었다. 그는 회사 컴퓨터를 이용해 낮에는 신약을 개발하고 밤에는 야구에 관한 새로운 이론을 검증했다. 예를 들어 크레이머는 클러치히터(득점 기회가 왔을 때 안타를 치는 타자 – 옮긴이)에 관한 가설을 만들었는데, 그에 따르면 클러치히터는 애당초 존재하지 않는다고 한다. 야구 해설가가 뭐라고 떠들든, 코치가 어떻게 믿든 간에 메이저리그 선수는 중요한 기회가 왔다고 해서 평소보다 더 잘 치거나 못 치는 일은 없다는 것이다. 어떻게 보면 클러치히터라는 개념 자체가 우스운 것이라고 말했다. 긴장된 순간이라고 해서 평소와 다르게 행동하는 선수라면 애초에 메이저리그에서 성공할 수 없었을 것이다. 그러나 한편으로 그의 주장은 야구 관계자들 사이에서 신성하게 여겨온 통념과는 반대되는 것이었다. 크레이머는 그들의 직관을 정면에서 반박하는 가설을 만들어냈다는 사실에 즐거워했다. 그는 이렇게 말했다. "이 가설은 사람들이 받는 스트레스와 그 대처법에 대한 일반적인 통념과는 전혀 맞지 않았어요." 그럼에도 그의 가설은 사실로 드러났는데, 적어도 반증이 불가능했다. 크레이머는 실제로 검증을 거쳐 두 가지 예외적인 경우를 제외하고는 선수가 특정한 상황에서 평소와 다르게 타격한다는 증거를 찾을 수 없음을 밝혀냈다. 두 가지 경우란 일부 좌타자는 우완투수보다 좌완투수에게, 우타자는 좌완투수보다 우완투수에게 약한 모습을 보인다는 것이다.

크레이머의 가설은 여러 차례에 걸쳐 검증된 결론이었지만, 제임스가 등장하기 전까지 아무도 관심을 보이지 않았다. 크레이머는 이렇게 말했다. "제임스가 나타나기 전까지는 비슷한 생각을 하는 서너 명끼리 편지로 의견을 교환하는 게 전부였어요. 심지어 가족들도 쓸데없는 일에 시간을 낭비한다고 말하곤 했죠."

크레이머는 제임스와 마찬가지로 기초 통계자료의 부족으로 연구에 한계를 느끼고 있었다. 그는 메이저리그 사무국의 자체 통계보다 더 우수한 통계를 수집하기 위해 독립된 회사를 설립하는 문제를 진지하게 고민하기 시작했다. 그와 편지를 교환하던 사람 중에 군수업체 레이시온의 엔지니어인 피트 팔머가 있었다. 팔머는 러시아의 미사일 시험 발사를 관측하기 위해 알류샨 열도에 세워진 레이더국을 지원하는 소프트웨어 전문가로 일했다. 하지만 생계를 위한 직업과는 별개로 그가 정말로 좋아하는 일은 도표와 계산자(slide rule, 간단한 계산을 기계적으로 할 수 있도록 움직이며, 눈금이 새겨진 자-옮긴이)를 놓고 야구의 작전을 분석하는 것이었다. 팔머와 크레이머는 각각 야구 공격 부문의 공식을 만들어내기도 했는데, 그 공식은 제임스가 만든 것과 거의 흡사했다(그들은 나중에 힘을 합쳐 OPS[on base plus slugging, 출루율+장타율]라는 지표를 개발해 공격 부문에서 출루율과 장타율의 중요성을 강조했는데, 이 지표는 오늘날 널리 이용되고 있다). 팔머는 통계에 탁월한 재능을 발휘하며, 전통적인 야구 공격 방식의 어리석음을 재미삼아 입증해 보이곤 했다. 그는 대체로 번트와 도루, 히트앤드런 등의 공격은 오히려 팀에 손해를 끼칠 때가 많으며, 다른 사람들에게 비난받을 것을 두려워하는 감독의 속내가 숨어 있다고 주장했다. "감독은 가장 효율적인 작전보다는 가장 실패할 가능성이 낮은 작전을 선택하는 경향이 있습니다. 최선의 결정을 내렸을 때의 이득보다는 남들에게 멍청하게 보일 때의 고통이 더 크다고 생각하기 때문이죠."

팔머는 1960년대에 이러한 주장을 담은 원고를 계속해서 썼지만, 빌 제임스가 등장해 새로운 독자층을 개척할 때까지 그의 원고는 여전히 책상에서 먼지만 뒤집어쓰고 있었다. 그러다가 제임스의 성공에 힘입어 1984년 그도 마침내 책을 출판할 수 있었다. 제목은《야구의 이면The Hidden Game of Baseball》이었다. 팔머는 이렇게 말했다. "제임스는 이런 종류의 책에도 독자가 있다는 사실을 증명해 보였어요. 그가 아니었다면 내 책은 세상의 빛을 볼 수 없었을 겁니다."

제임스의 문학적 능력은 그에게 오는 편지에 일일이 답장을 보내는 열의와 맞물려 새로운 진전을 만들어냈다. 일련의 대기업 연구원, 물리학·경제학·생명과학 등을 전공한 대학 교수, 전문 통계학자와 금융분석가, 변호사와 수학자들은 따분한 자신의 일에서 잠시 탈출해 제임스에게 자신들의 생각이나 비평, 질문 또는 스스로 개발한 모형을 소개하는 편지를 보내기 시작했다. 제임스의 독자층은 단일한 목적으로 모인 가장 다양하고 희한한 집단임이 틀림없었다. 그중에는 네 명의 유명인사가 포함되어 있었다.

- 노먼 메일러(1968년 퓰리처상을 받은 소설가로 2007년 사망함 – 옮긴이)
- 야구 기자 댄 오크렌트
- 시나리오 작가 윌리엄 골드먼(대표작으로 〈내일을 향해 쏴라〉가 있음)

• TV 시트콤 〈래번과 셜리Laverne & Shirley〉에서 스퀴기 역을 맡은 배우 데이비드 랜더

이 독자층은 제임스만큼이나 일정한 유형으로 분류하기가 어려웠다. 우수한 두뇌집단이 야구의 새로운 지식을 탐구하는 일에 자발적이면서도 돈키호테처럼 무모하게 뛰어든 것이다. 이는 야구를 어떤 관점에서 보느냐에 따라 짜릿한 일이기도 했고 실망스러운 일이기도 했다. 이들의 뛰어난 지성은 감기 치료법을 개발하거나 인간을 명왕성에 보내는 데 쓰일 수도 있었다. 하지만 이들은 야구 경기 이면에 숨겨진 논리를 밝혀내거나 감독의 판단을 분석해서 새로운 사고로 나아가도록 하는 데 자신들의 재능을 바쳤다.

4년이 지나도록 제임스는 여전히 《야구 개요》를 자비로 출판하고 있었는데, 독자들의 편지가 산더미처럼 쌓였다. 내면의 독백처럼 시작했던 일이 처음에는 수십 명의 지식인이 주고받는 토론으로 발전하더니, 마침내 바보들은 끼어들 수 없는 일련의 주장으로 거대한 흐름을 형성했다. 이러한 흐름에 편승한 바보들도 있기는 했다. 제임스 스키퍼라는 기자가 '야구에서 투수가 정말 75퍼센트의 비중을 차지하는가?'라는 질문에 대한 답을 1980년 〈베이스볼 리서치 저널Baseball Research Journal〉에 기고했다. 그는 만나는 사람마다 야구에서 투수가 차지하는 비중을 물어보고 그들의 대답을 종합해 총응답자의 숫자로 나누는 기발한 방법을 사용했다. 1981년 스포츠 전문 기자인 토머스 보즈웰이 야구 공격 부문의 새로운 모형을 만들었는데, 이 모형에 관한 의견을 듣고 싶다는 수많은 편지가 제임스에게 도착했다. 그러자 그는 이런 답변을 보냈다. '세상에 야구의 또 다른 공격 부문의 평가 체계가 필요하다는 생각은 커스터(인디언 학살로 유명한 장군 – 옮긴이)에게 인디언이 더 많이 필요하다거나 인디언에게

또 다른 커스터가 필요하다는 생각처럼 터무니없는 발상입니다. (중략) 우리에게 정말 필요한 생각은 아마추어들한테는 마루 청소나 시켜야 한다는 것입니다.'

이처럼 예외적인 경우도 있긴 했지만 철저한 지성으로 무장한 야구 분석가들이 본격적으로 등장하기 시작했다. 제임스는 이들의 연구 분야에 '세이버메트릭스sabermetrics'•라는 명칭을 붙였다.

편지를 주고받는 사람들이 갈수록 늘어나면서 제임스의 활동은 여러 방면에서 강력한 추진력을 얻었다. 그중 하나는 야구에 대한 분석이 상호 검토의 형태를 띠게 되었다는 것이다. 1980년대 초반에 이르러 제임스와 달리 통계이론에 깊은 관심과 이해력을 갖춘 사람들이 통계 작업을 수행했다. 과거에는 야구 연구가 별난 취미에 그쳤다면, 이제는 학문적 원칙에 입각해 일정한 형식을 갖추게 된 것이다. 어떤 면에서는 좀 더 효율적인 도구를 사용해 그만큼 진전을 보였다고 말할 수 있다. 또한 여기에 참여한 고도의 교육을 받은 과학자와 수학자들은 돈 때문이 아니라 단지 야구가 좋아서 뛰어든 것이었다. 대부분 스포츠를 좋아하는 남성으로, 분석적인 성격을 지닌 이들한테 야구의 새로운 진실을 추구하는 일보다 더 큰 즐거움은 없었다. 딕 크레이머는 이러한 즐거움을 "야구는 확률론적 사고와 어울리는 연속극이다"라는 말로 표현했다.

한편 갈수록 늘어나는 야구 분석가들은 새로운 데이터를 만들어낼 의지와 능력을 갖추고 있었다. 제임스는 메이저리그 구단들이 보유한 자료의 부족에 대해 오랫동안 불평해왔다. 초기 《야구 개요》를 보면 그는 독자들에게 이렇게 말하고 있다. "내가 도출해낸 해답과 그 해답을 찾기 위

• 미국야구연구협회(Soceity for American Baseball Research)의 약칭인 SABR에서 파생된 단어로, 2002년 기준으로 협회의 회원 수는 약 7,000명에 달한다.

해 선택한 방법은 한 번도 완벽하게 만족스러운 적이 없었지만, 실망스러운 적도 없었다. 그것은 한결같이 자료 부족 때문이었는데, 내가 가진 것은 박스스코어가 전부였다." 제임스가 박스스코어 이상의 정보를 얻을 수 없었던 이유는 메이저리그 공식 기록업체인 엘리아스스포츠뷰로Elias Sports Bureau 측이 자료를 제공해달라는 그의 요청을 완전히 무시했기 때문이다. 그는 이 점에 대해 불평을 늘어놓았다. "엘리아스의 문제는 돈을 받지 않고서는 자료를 절대 내놓지 않는다는 것이다. 그들은 사람들에게 한 푼이라도 더 뜯어내는 동시에 그 대가는 최대한 주지 않으려고 한다. 이런 점에서 보면 다른 기업들과 비슷한데, 그들이 훨씬 더 노골적으로 욕심을 부린다는 점이 다를 뿐이다."

제임스는 야구 관계자들이 열성적인 팬을 아랑곳하지 않는 현실에 충격을 받았다. 메이저리그 관계자들은 팬이 곧 고객이라는 생각을 하지 못했기에 고객이 원하는 게 무엇인지 전혀 알지 못했다. 팬들은 통계를 얻고 싶어 했지만 그들은 주지 않으려고 갖은 애를 썼다. 메이저리그 관계자들은 경기를 분석하는 외부인한테 언제나 적대적인 태도를 보였다. 이런 야구계에서 홀로 제 목소리를 내던 제임스에게 그들의 행태는 얼빠진 짓처럼 보였다. 그는 강한 어조로 이들의 행동을 비판했다. "프로 스포츠의 존재 기반은 대중의 관심에 있다. 그럼에도 자신들이 가진 정보에 대중이 접근하지 못하도록 가로막는 것은 경기장 문을 닫아걸고 자기들끼리만 경기를 치른 뒤 무슨 일이 벌어졌는지 아무도 모르게 하는 것과 다름없다."

1984년 제임스는 이제는 그 수가 급격히 늘어난 야구광들에게 급진적인 제안을 했다. 바로 야구 통계자료를 야구 관계자들의 손에서 빼앗아오자는 것이었다. 그리고 이를 위해 야구의 과학적 분석을 수행하기 위한 자료 수집을 도와줄 수백 명의 자발적인 득점기록원을 모아 조직을 만들자고 했다. “내가 제안하려는 바는 아마도 금세기 최초의 시도겠지만, 모든 것을 새롭게 시작하자는 것이다. (중략) 나는 예전 방식에서 벗어나 박스스코어를 구성하는 수단, 즉 득점기록표를 중심으로 새로운 박스스코어를 만들 것을 제안한다.” 그는 뒤이어 프로 구단들이 수집한 상당수의 자료, 예를 들어 좌완투수를 상대할 때 우타자의 타율이 어떻게 달라지는지 등과 같은 자료가 대중에게 공개되지 않는다는 점을 지적했다. 더욱 큰 문제는 구단들이 어떤 자료를 수집해야 하는지 몰라서 엄청나게 많은 중요한 자료가 기록되지 않은 채로 사장된다는 것이었다. 여기에는 타자들이 경기 중 볼카운트에 따라 어떤 타율을 기록하는지, 도루 성공 뒤 투수가 어떤 공을 던지는지, 우익스와 좌익수, 중견수를 맡은 서로 다른 선수들이 각 베이스 주자의 대담한 주루플레이에 어떤 영향을 미치는지, 안타는 주로 어떤 곳에 떨어지고 그것과 타격 강도는 어떤 관계가 있는지, 한 경기에서 투수가 던지는 투구 수는 몇 개인지 하는 것들이 있었다. 이런 중요한 자료들의 부재는 분석가들이 야구에 대해 연구하는 데 필요한 기본 정보가 원천적으로 차단되어 있음을 뜻했다.

제임스는 야구 관계자들의 손에서 자료를 빼앗아오자는 이 운동에 ‘득점기록표 프로젝트’라는 이름을 붙였다. 이 프로젝트는 곧 딕 크레이머가 똑같은 목적으로 설립한 스태츠STATS라는 소규모 회사와 결합되었다. 크레이머에 따르면 스태츠의 목표는 ‘야구 경기에서 벌어진 주요 사건을 최대한 완벽하게 기록하는 것’이었다. 1980년 당시 스태츠는 이렇게 수집한 정보를 각 구단에 판매하려고 했지만 원하는 곳이 아무 데도 없었다. 하지만 크레이머는 절대 포기하지 않았다. 1981년 봄, 시카고 컵스와 오클랜드 애슬레틱스의 시범경기(훗날 애슬레틱스의 스카우터가 된 맷 키오가 승리투수가 되었다)부터 시작해 스태츠는 메이저리그 주요 경기에 자체 득점기록원을 파견했다. 기록원들은 일반적인 자료와 함께 과거에 한 번도 체계적으로 수집된 적이 없던 경기 실황 정보를 일일이 기록했다. 그들이 기록한 정보에는 한 타석이 끝날 때까지의 볼카운트, 투구의 구질과 코스, 타구의 방향과 비거리 등이 포함되었다. 그들은 홈플레이트부터 시작해 경기장을 방사형의 26개 영역으로 구분했다. 그리고 뜬공이 경기장 어디에 떨어졌는지, 땅볼이 어디에서 야수 글러브에 들어갔는지 등을 기준으로 비거리를 추정했다. 만약 타자가 1루타를 쳤는데 우익수 실책으로 2루까지 진루했다면 그 상황은 공격과 수비의 독립된 2개 사건으로 기록되었다. 이런 기록은 모두 새로운 정보이자 경기의 핵심을 파고들고자 하는 사람들에게 반드시 필요한 자료였다.

그러나 야구 관계자들은 여전히 상황을 파악하지 못했다. 그들은 경기의 과학적 분석에 필요한 정보를 전혀 받아들이지 않았으며, 스태츠에서 무료로 제공하는 새로운 정보 역시 마찬가지였다. 스태츠의 사장인 존 드완은 이렇게 말했다. "메이저리그 단장과 감독들은 대개 선수 출신입니다. 그들은 컴퓨터밖에 모르는 사람이 대체 뭘 알겠느냐고 생각합니다. 한 번은 화이트삭스에 전화해서 순전히 호의로 이렇게 말해줬습니다. '있잖아요, 프랭크 토머스는 지명타자로 나설 때보다 1루수를 맡을 때 타율이 7푼이나 높습니다.' 하지만 아무도 신경 쓰지 않더군요." 결국 드완은 회사를 구단 쪽에 매각하기 위해서 사방으로 뛰어다녔다. 하지만 매번 환멸을 느낀 끝에 포기하고 말았다. 당시 제임스는 이렇게 말했다. "구단 운영진은 자칭 조언가라고 나서는 사람들에게 둘러싸여 있다. 즉 외부인은 결코 들여보내지 않는 견고하면서도 아주 효과적인 장벽을 치고 있는 셈이다."

이러한 상황은 멍청한 야구 관계자들 때문에 팬이 불만을 느끼는 식의 단순한 문제가 아니었다. 사실 메이저리그는 클럽하우스라든가 총재 사무실 또는 단장의 특별관람석 주위를 얼씬대는 지식인을 기꺼이 환영했다. 만약 환영할 마음이 없더라도 꺼리지는 않았다. 단, 이들이 누가 경기를 어떻게 운영하느냐 하는 문제에 실질적인 영향을 주지만 않는다면 말이다. 또한 세상을 떠난 작가의 말을 인용하거나 선수의 동작을 빗대 시구 따위를 읊는 수다꾼들에게는 기꺼이 상석을 내주었다. 이들은 마치 나비넥타이처럼 야구의 품격을 높여주는 존재로, 아무런 해를 끼치지 않았다. 위협적인 존재는 바로 엄격하고 냉철한 지성이었다.

스태츠의 설립자인 딕 크레이머는 심각한 문제를 암시하는 이야기를 들려주었다. 회사 설립 초창기에 그는 우연한 기회에 휴스턴 애스트로스 구단에 자신들이 수집하고 분석한 자료를 팔게 되었다. 애스트로스의 단장인 앨 로젠은 홈구장인 애스트로돔의 담장을 앞으로 끌어당길 경우 팀에 어떤 영향이 미치는지 알고 싶어 했다. 즉 기존의 구장을 타자에게 유리하도록 구조를 바꾸면 더 좋은 성적을 낼 수 있을지 물어왔던 것이다. 크레이머는 각종 자료를 놓고 애스트로스가 홈런을 칠 확률과 상대팀이 칠 확률을 분석한 끝에 로젠에게 말했다. "죄송합니다만, 구장을 좁혔다가는 애스트로스 팀의 패배가 더 늘어날 겁니다." 이 말을 들은 로젠은 담장을 옮기겠다는 결정은 그대로 유지한 채 외부에 절대 정보를 발설하지 말라고 요구했다.

크레이머는 그때의 상황을 이렇게 말했다. "갑자기 우리가 제공한 자료는 기밀이 되어버렸죠. 그들의 반응은 이런 식이었어요. '아무한테도 말해서는 안 돼요! 세상에, 이 정보를 절대 새나가게 해서는 안 됩니다! 우리 투수들에게 미칠 영향을 생각해봐요!" 결국 그들은 결정을 내리는 데 필요한 정보를 원한 게 아니었다. 담장을 옮겨서 홈런이 많이 나오면 입장권이 더 잘 팔릴 거라는 생각에 이미 결정을 내린 뒤였다. 어떻게 보면 그들은 정보가 가져올 파장에 대처하기 위해 정보를 원했던 것이다.

1985년부터 스태츠는 자신들이 만든 고급 정보를 구단에 파는 것을 포기하고, 그 대신 야구팬에게 팔기 시작했다. 시기적으로도 적절한 선택이었다. 야구 통계에 실질적인 관심을 둔 새로운 팬 층이 형성된 것이다. 그리고 이들은 자연스럽게 스태츠의 고객이 되어주었다. 이러한 변화의 바람은 1980년 〈SI〉의 기자인 댄 오크렌트가 이끄는 일련의 작가들이 맨해튼에 있는 프랑스 식당 '라 로티세리 프랑세즈'에 모여 '로티세리 베이스볼'이라는 명칭의 가상 게임을 만들어낸 것이 계기가 되었다.

오크렌트는 제임스를 '발굴해낸' 사람이라고 불러도 될 만한 인물이었다. 그는 1977년 〈스포팅 뉴스〉에 실린 1단짜리 광고를 보고 제임스의 책을 구입한 75명 중 한 명이었다. 그런데 책값을 캔자스 로렌스로 보낸 뒤 그에게 도착한 것은 미덥지 못한 등사판 인쇄물이었다. 하지만 그는 책을 읽고 난 소감을 이렇게 말했다. "한동안 말문이 막힐 정도였어요. 이런 사람이 실제로 존재하며, 아직까지 세상에 알려지지 않았다는 사실이 믿어지지 않더군요."

오크렌트는 당장 제임스가 있는 로렌스로 날아가 그를 만났으며, 그에 관한 기사를 써서 〈SI〉에 보냈다. 하지만 기사는 실리지 않았다. 제임스의 이름이 스포츠 현장에 등장하기까지는 1년을 더 기다려야 했다. 오크렌트는 그때를 회상하며 이런 말을 했다. "그녀(〈SI〉의 편집 담당자)는 내 글을 한 줄 한 줄 검토하면서 이렇게 말했어요. '사람들은 이 내용이 사실이 아니라고 생각할 거예요. 그들은 모두 놀란 라이언(1966~1993년까지 메이저리그에서 활동했던 투수로 역대 최다 탈삼진, 최다 노히트노런 등의 기록을 보유함 – 옮긴이)이 투수로 나올 때 관중이 더 많이 모인다고 생각하며, 또 진 테나스(1969~1983년까지 오클랜드 애슬레틱스를 비롯한 여러 팀에서 포수와 1루수를 맡았던 타자로 타율은 낮으나 볼넷을 많이 얻은 것으로 유명함 – 옮긴이)가 형편없는 타자라고 생각할 겁니다. 그리고…."

결국 〈SI〉는 야구에 관한 전통적인 생각을 부정하는 증거를 세상에 내놓지 못한 것이다. 하지만 오크렌트의 기사에 대한 미련을 버리지 못한 편집자는 1년 뒤 다시 한 번 기사를 써달라고 요청했다. 마침내 기사가 실리면서 제임스는 대중에게 이름을 알리게 되었다. 그 이듬해인 1982년에는 뉴욕의 출판사 밸런타인북스가 《야구 개요》를 출판했으며, 그 책은 전국적으로 베스트셀러가 되었다.

베스트셀러 작가가 된 이후 제임스의 새로운 독자층에는 로티세리 베이스볼의 팬이 많았다. 야구 경기를 본뜬 이 게임은 참가자가 구단의 실제 단장 중 한 사람을 골라 실제 야구 선수로 구성된 팀을 운영하는 방식으로 이루어졌다. 게임의 참가자들은 매일 아침 눈을 뜨자마자 신문의 박스스코어 난을 뒤져 자기 팀의 성적을 계산했다. 그 후 수십 년에 걸쳐 수백만 명에 이르는 사람이 게임에 참가했는데, 그중 몇몇은 중독 증세까지 보였다. 그들이 제임스에게 특별히 관심을 두게 된 것은 어떤 면에서는 희한한 일이었다. 이 게임은 제임스 이전의 야구 지식을 근간으로 하는 전통적인 집계 방식을 따랐기 때문이다. 게임에 참가하는 단장들은 타율과 타점, 도루를 합산한 것을 성공의 기준으로 삼았다. 따라서 로티세리 게임에서 승리를 거두려면 현실에서처럼 멍청한 단장이라는 소리를 듣는 행동을 해야 했다. 즉 타점과 타율과 도루가 높은 선수에게 필요 이상의 돈을 지급했으며, 출루율과 장타율은 무용지물로 전락하고 말았다. 방대한 규모를 자랑하는 새로운 야구 지식도 전혀 필요하지 않았다. 오히려 로티세리 베이스볼의 팬은 야구에 대한 전통적인 시각을 강화하는 세력에 속했다.

그럼에도 이들은 실제 메이저리그 단장들보다 더 나은 의사결정을 내리고 싶어 했으며, 필요하다면 어떤 정보라도 수집하겠다는 의지를 보였다. 물론 그렇게 한다고 해서 현실적으로 돌아오는 이익은 없을 테지만 그들은 승리를 위해서는 정보가 필요하다는 점을 인식했다. 제임스의 말대로 이런 종류의 게임에서 발휘되는 승부욕은 새롭고 독창적인 사고방식을 만들어내는 원동력이 된다. 제임스는 로티세리처럼 정교한 판타지 베이스볼 게임이 생기기 훨씬 이전부터 야구 보드게임을 즐겼다. 그로부터 10년이 지나 그는 이런 고백을 했다. "나는 10년이나 12년 전에 보드게임리그에 참가한 적이 있다. (중략) 그 시절 나는 리그에서 승리하기 위해 어떤 공격이 효과적이고, 또 어떤 공격이 그렇지 못한지 등에 온통 정신을 빼앗겼다. (중략) 보다 정확하게 실제 경기를 모방하려면 어떤 정보를 알아야 하는지 끊임없이 생각해야 했다. 물론 게임을 하기 전에도 이런 생각을 하긴 했지만 반드시 알아야 한다고 다짐했던 이유는 그 빌어먹을 보드게임에서 이기기 위해서였다."

제임스는 그 누구보다도 이 판타지 게임을 제대로 이해하고 있었다. 얼마나 많은 사람이 이 게임을 즐기고 있는지와 대부분의 사람이 메이저리그 팀의 단장을 맡아 경기를 운영하고 싶어 한다는 것, 그 때문에 통계에 대한 관심이 얼마나 많은지 알게 되었다. 그는 새로운 동력을 얻은 스태츠에 지분을 투자하는 동시에 회사의 임원직을 맡기도 했다. 스태츠는 급속하게 성장했다. 초기 고객으로는 ESPN이 있었으며, 〈USA투데이〉도 곧 고객으로 합류했다. 그 후 1999년 폭스의 모회사인 뉴스코퍼레이션에 4,500만 달러에 인수될 때까지 야구팬 사이에서 대표적인 정보원으로 자리 잡았다.

회사는 성공을 거두었지만 이들의 성공에는 특별한 점이 있었다. 정작 일어나야 할 일이 일어나지 않았던 것이다. 다시 말해 판타지 게임이 아닌 실제 구단의 단장들은 여전히 새로운 지식에 관심을 보이지 않았다. 하지만 제임스가 주축이 된 움직임은 컴퓨터 괴짜들이 등장해 야구의 전반적인 운영에 관여할 수 있는 환경을 조성해주었다. 또한 경쟁시장 어디에서나 첨단기술을 이해하는 사람들이 두각을 드러내고 있었다. 자본

주의 현장에서 벌어지는 일은 야구계에서도 벌어져야 했다. 즉 분석 능력을 갖춘 기술 전문가들은 월스트리트에서와 마찬가지로 야구 경영에서도 핵심적인 위치에 올라서야 했다.

그러나 야구 관계자들은 기껏해야 컴퓨터를 켤 줄 아는 사람을 이따금 고용하는 게 전부였다. 물론 이마저도 순수한 호기심의 발로는 아니었다. 그보다는 호객행위의 틈바구니에서 벗어나려고 여행 가이드를 고용하는 모로코 관광객에 가까웠다. 한 명에게 돈을 주고 나면 다른 75명의 가이드는 포기하고 물러나는 것과 같은 이치였다. 그 상황에서 누구한테 돈을 주느냐는 그리 중요하지 않았다. 아마도 어떤 통계 담당자는 수치 계산 능력이 뛰어나다는 이유만으로 단장에게 눈도장을 찍고 사무실 뒤편에 있는 조그만 독방이라도 얻었겠지만 그게 전부였다.

사람을 볼 줄 모르는 일부 단장이 제임스의 발끝에도 못 미치는 자들을 뽑은 결과, 이른바 '엘리펀트맨(19세기 런던에 실존했던 기형 인간 조지프 메릭의 별명으로, 서커스단에서 그를 전시해 돈을 벌었다고 함 – 옮긴이) 모먼트'가 나타나게 되었다. 엘리펀트맨 모먼트는 구단의 담당기자가 취재를 위해 구단 사무실의 커튼을 걷으면, 괴상한 사람이 등장해 컴퓨터에 숫자를 입력하고 있는 순간을 의미했다. 이런 사람이 구단 경영의 브레인이라니! 사람들은 흠칫 놀라거나 비명을 질렀다.

아마도 가장 극적인 엘리펀트맨 모먼트는 보스턴 레드삭스가 고용한 마이크 김벨이라는 괴짜가 등장한 순간이었을 것이다. 김벨은 일반인에게 노출될 시간을 얌전히 기다리지 않고 보스턴의 모든 스포츠 신문 지면에 등장했다. 그러고는 그 원인을 레드삭스의 단장인 댄 듀켓의 발 빠른 움직임 탓으로 둘러댔다.

〈보스턴 글러브Boston Globe〉는 레드삭스 팬에게 구단 뒤에서 일하게 된 이 새로운 지략가를 다음과 같이 소개했다. "김벨은 퀸스커뮤니티칼리지를 중퇴하고 독학으로 컴퓨터 프로그래머가 되었으며 로티세리 판타지 게임의 팬이기도 하다. 그는 3년 전 브루클린에 있는 아파트의 실내 연못에서 여섯 마리의 애완용 악어를 키우다가 주민의 신고로 출동한 경찰에게 주거 침입을 당한 적이 있다." 〈뉴잉글랜드 스포츠 서비스New England Sports Service〉도 '괴짜 통계 전문가가 듀켓의 귀를 사로잡다'라는 제목으로 김벨의 기사를 실었다. 그 기사는 레드삭스의 열성 팬이라면 누구나 격분할 단어와 이미지를 일부러 집어넣은 것처럼 보였다. "김벨은 낮에는 브루클린에 거주하며 뉴욕 수도국에서 일한다(보스턴 레드삭스와 뉴욕 양키스는 전통적인 앙숙관계임–옮긴이). 컴퓨터계의 에드워드 노튼(뉴욕을 기반으로 활동하는 성격파 배우–옮긴이)이 레드삭스의 비밀병기가 된 셈이다. 김벨은 여러 면에서 특이한 인물이다. 플로리다의 어제 날씨는 27도로 화창했지만 그는 시베리아로 여행 가는 사람처럼 긴 바지와 긴 소매셔츠에 재킷까지 걸치고 나타났다. 그가 야구를 평가하는 방식도 정상인의 범주를 넘어섰다. 심지어 그는 경기를 너무 많이 봐서는 안 된다고 경고하기도 했다…."

듀켓은 시즌이 끝나자마자 곧바로 김벨에게 해고를 통보했다. 그 사건은 그가 보스턴 레드삭스에 얼마나 무가치한 존재였는지를 세상에 드러낸 셈이었다.

1990년대 초반까지 '세이버메트릭스', 즉 새로운 야구 지식에 대한 탐구 활동은 주로 야구계 바깥에서만 이루어졌다. 야구계 내부에서 활동하는 '세이버메트리션'(세이버메트릭스를 이용해 자료를 분석하는 사람–옮긴이)의 수는 한 손으로 꼽을 정도였으며, 구단에 별다른 영향력을 미치지도 못했다. 그들은 단장의 의사결정에 영향을 미치는 조언자라기보다는 단장을 뒤늦게 비판하는 팬에 더 가까웠다. 그들은 자신들의 충고를 무시한 단장의 결정이 얼마나 멍청했는지를 보여주는 인쇄물만 한없이 흔들고 있어야 했다. 텍사스 레인저스의 세이버메트리션으로 수년간 일한 크레이그 라이트도 이런 좌절의 나날을 보낸 사람이었다. 그 이후로 여러 메이저리그 팀의 컨설팅을 맡았지만 실망스럽기는 매한가지였다. 결국 그는 아예 직장을 그만두었는데, 나중에 이렇게 말했다. "내가 만든 자료를 한 번이라도 활용하려면 그 팀의 단장이 되는 수밖에 없습니다. 하지만 그런 제의는 들어오지 않더군요."

제임스의 책을 보고 감명받아 야구 분석에 뛰어든 미 행정부 소속의 경제학자 출신 에디 엡스타인도 볼티모어 오리올스와 샌디에이고 파드리스에 일자리를 얻었다. 하지만 그 역시 분노를 참지 못하고 일을 그만두고 말았다. 엡스타인을 고용했던 파드리스의 경영진 래리 루치노는 야구계에서 새로운 지식을 탐색하는 소규모 집단을 두고 거리낌 없이 이렇게 말했다. "일시적인 유행이라고 생각했어요. 다시 말해 그들은 언제든지 쉽게 버려질 수 있는 존재였지요. 새로운 지식은 여기저기 넘쳐났고 아무도 신경 쓰지 않았어요."

1990년대 후반까지도 메이저리그 관계자들은 새로운 생각에 여전히 큰 거부반응을 보였다. 마치 외부의 목소리에 이미 면역이라도 된 듯했다. 예를 들어 1999년 1월, 존 헨리라는 이름의 부자가 플로리다 말린스를 사들였다. 대부분의 구단주는 유산 상속자거나 대기업 회장, 아니면 둘 다였다. 하지만 헨리는 새로운 유형의 부자로, 금융시장에서 지능적인 방법으로 돈을 번 인물이었다. 그는 통계 분석을 통해 세상사의 비효율성을 파헤칠 수 있음을 직감적으로 깨달았고, 금융시장에서의 비효율성을 이용해 억만장자가 되었다. 그는 야구 선수시장에서도 그와 유사한 비효율성이 존재한다는 것을 파악했다. 훗날 헨리는 ESPN의 기자에게 다음과 같은 편지를 썼다.

> 금융계와 야구계는 모두 확신과 편견에 따라 움직인다는 공통점이 있습니다. 확신과 편견을 모두 없애고 데이터로 대체한다면 확실한 이득을 얻을 수 있습니다. 주식시장에서 많은 사람은 자신이 남보다 똑똑하다고 생각합니다. 하지만 시장 그 자체는 생각이 없는, 즉 타성에 따라 움직이는 존재지요. 사람들은 야구에서도 자신이 남보다 똑똑하며, 구장에서 벌어지는 경기 역시 자신의 믿음이나 이미지에 따라 그대로 될 거라고 생각합니다. 하지만 중요한 것은 시장을 통해 얻어진 실제 데이터이며, 이는 개인의 지각이나 믿음보다 훨씬 가치가 있습니다. 야구에서도 마찬가지지요.

예상대로 헨리는 빌 제임스의 오랜 독자 중 하나였다. 그는 실제 메이저리그 구단주가 된 뒤에도 제임스식의 도구를 활용해 정교한 판타지 게임을 즐겼으며, 그의 표현대로라면 "모든 경기를 싹쓸이했고 매년 승리를 거두었다"고 한다. 하지만 그가 소유한 실제 야구팀은 여전히 제임스의 방식과는 상관없이 움직였으며, 싹쓸이는커녕 98번이나 되는 패배를 기록하면서 그의 자부심도 산산조각이 나고 말았다.

헨리가 당면한 문제는 사회적인 측면과 정치적인 측면을 다 포함하고 있었다. 아무리 별 볼 일 없는 메이저리그 팀이라 할지라도 프로야구에 대한 경험이 전혀 없는 사람이 구단주가 되어 전적으로 새로운 방식을 도입하겠다는 것은 감독과 스카우터, 선수를 포함해 팀의 모든 관계자를 소외시키는 것이나 다름없다. 그랬다간 결국 그 자신도 조직으로부터 외면당하고 만다. 만일 야구계 안으로 스며들 수 없다면 그 안에 있다고 말한들 무슨 의미가 있겠는가?

처음부터 빌 제임스는 일반 대중이 아니라 야구에 깊은 관심을 가진 소수 집단을 위해 글을 써왔다. 결과적으로 그는 대중의 인정을 받았지만 누구보다 야구에 관심을 가진 집단, 즉 구단의 경영진에게는 외면을 당했다. 1980년대와 1990년대에 걸쳐 야구 관계자가 제임스의 편지에 답장을 보낸 경우는 단 두 차례뿐이었다. 한 번은 어느 기회주의자 에이전트가 연봉을 협상할 때 자신에게 소속된 선수가 낮은 연봉을 받고 있다는 사실을 구단에 증명해주기를 바랐다. 또 한 번은 메이저리그의 기록을 관리하는 전문기관에서 적대감에 가득 찬 비난의 글을 보냈다.

제임스가 본격적으로 활동할 무렵, 메이저리그의 공식 기록을 관리하는 회사는 내부적으로 그들이 보유한 기록에 대해 소유욕과 무관심이 뒤섞인 묘한 태도를 고수했다. 1970년대 후반 야구 기자 댄 오크렌트는 출판계에서 일하는 동료 두 사람과 함께 엘리아스스포츠뷰로의 CEO 시모어 시워프를 찾아가서 자신들의 아이디어를 제안했다. 오크렌트는 그 당시의 일을 이렇게 회상했다. "우리는 그에게 야구 통계에 관해 아무도 모르는 아주 세세한 자료까지 공들여 담은 책을 함께 만들어보자고 제안했어요. 하지만 그때의 장면은 지금도 잊을 수가 없어요. 그때 우리 앞에는 늙어빠진 족제비 같은 얼굴에 셔츠 소매 밖으로 허옇고 비쩍 마른 팔이 삐쭉 튀어나온 남자가 앉아 있었어요. 그는 경멸 어린 표정으로 손을 내저으며 우리를 내쫓았는데 '이봐, 통계 따위에 신경 쓰는 사람은 아무도 없으니 어서 꺼져'라고 말하는 듯했죠."

1985년에 들어서자 엘리아스뷰로도 정신을 차리고 한 권의 책을 출판했다. 그 책의 제목은 《1985년 엘리아스 야구 분석》으로, 겉만 봐서는 제임스의 《1985년 야구 개요》와 쌍둥이처럼 똑같았다(앞의 늙어빠진 족제비도 이 책의 공동 저자였다). 그들은 오랫동안 제임스와 다른 분석가들한테 공개하지 않은 통계 일부를 세상에 내놓았지만, 그 결과물은 별 볼 일 없었다. 제임스의 산문체를 흉내 내기는 했지만 흥미로운 내용은 전혀 없고 공허한 소리만 늘어놓았을 뿐이다. 제임스는 엘리아스뷰로가 마치

모차르트를 모방하는 살리에리와 같다는 독자들의 반응을 즐거운 마음으로 받아들였다. 얼마 후 그는 자신의 마지막 《야구 개요》에 재미있는 가정을 실었다.

> 《야구 개요》가 베스트셀러 목록에 올랐을 때 엘리아스 역시 경쟁작을 내놓았다. 그들의 출판 목적은 다음과 같다.
>
> 첫째, 돈을 벌기 위해서였다.
>
> 둘째, 내 아이디어를 다시 훔치기 위해서였다.
>
> 셋째, 나에 대한 욕을 최대한 많이 담기 위해서였다.
>
> 그 덕분에 나는 정말 재미있게 그 책을 읽었다.

제임스는 자신의 책으로 가장 이득을 볼 수 있는 사람들이 그를 무시하자, 아예 그들과 거리를 두기로 결심했다. 그는 집필 초기만 해도 야구 관계자들의 관심을 끌기 위해 자신이 하는 작업을 설명하고자 애썼다. 처음에는 실제로 구단 관계자들의 행동이 다소 어리석게 느껴지더라도 그들 나름대로 타당한 이유가 있을 거라고 생각했다. 그러나 몇 년 지나지 않아 야구 관계자들은 무슨 말을 해도 듣지 않는 멍청이라는 결론을 내렸다. 예를 들어 그는 그해 클리블랜드 인디언스 팀을 두고 이렇게 논평했다. "이번 겨울에 나는 인디언스의 구단 프런트에 관한 정말 충격적인 소식을 들었다. 그것은 그들이 실제로 멍청이라는 사실이었다. 다시 말해 머리가 나쁘고 아둔하다는 말이다." 계속해서 그는 인디언스의 무기력한 패배가 경영진의 우둔함 때문이라는 사실을 인정하지 않으려 한 이유에 대해 이렇게 설명했다. "수많은 사람이 구단에 희망을 걸고 있기 때문이다. 인디언스 같은 구단에도 팀을 응원하는 수많은 팬이 있으며, 그들은 이 사실을 알게 되면 진심으로 상처받을 것이다. 구단의 미래가 구단을 운영할 능력이 없는 사람에게 달려 있다는 것은 상상할 수도 없는 일이기 때문이다. 누가 아이에게 집안의 보석을 가지고 공놀이를 하도록 내버려두겠는가? (중략) 내가 서신을 교환하는 사람 중에 인디언스의 열성 팬이자 대학의 수학교수가 있다. 그는 지금 인디언스에 무엇이 필요한지 잘 알고 있다. 그런데 왜 그에게 구단을 맡기지 않는 걸까?"

집필을 시작한 지 7년째가 되던 해 《1984년 야구 개요》에서 제임스는 야구 관계자들이 합리적인 판단을 하리라는 희망을 공식적으로 완전히 버렸다. 그는 이렇게 말했다. "내가 처음 집필을 시작할 때만 해도 X는 멍청한 짓이라고 입증하면 사람들이 X를 그만둘 거라고 생각했다. 하지만 내 생각이 틀렸다." 그는 책의 머리말에서 독자를 '경기 속으로' 인도한다고 떠들어대는 스포츠 저널리즘의 유행 역시 가차 없이 비판했다. 언론은 팬에게 모든 스포츠 현장의 심장부를 들여다볼 수 있다는 식의 피상적인 인상을 심어주는 데만 혈안이 되어 있었기 때문이다. 마치 TV 쇼나 잡지의 제목만 흘깃 봐도 스포츠 내부의 모든 것이 다 파헤쳐졌다는 느낌이 들 정도였다.

그러나 이는 모두 거짓말이었다. 제임스는 이렇게 썼다. "실제로는 대중과 스포츠 관계자 사이의 벽이 갈수록 높아지고 두꺼워지며 짙어지고 있다. 그리고 언론은 이 모든 상황에 대한 절망감을 더욱 키우고 있다." 야구계에서 벌어지고 있는 일은 미국 일반 대중의 삶에서도 마찬가지였다. 그리고 제임스가 보기에 유일하게 합리적인 접근 방식은 겉치레를 벗어버리고 외부인이라는 현실을 받아들이는 것이었다. 그는 이런 상황에 대한 자신의 생각을 밝혔다. "이 책은 야구의 바깥에 있다. 즉 한 발짝 물러서서 거리를 두고 야구를 집중적이고 상세하게 분석했을 때 그것이 어떻게 보이는지 밝히고자 한 책이다." 물론 외부인이 더 좋다는 뜻은 아니었다. 다만 사실을 인정할 필요가 있다는 의미였다. 그는 이렇게 표현했다. "우리는 외부인이다. 야구 관계자들이 우리를 가로막기 위해 벽을 쌓고 있으므로 우리는 자신의 지위를 이용해 이익을 얻을 수 있는 길을 찾아야 한다."

그때부터 4년 뒤 더는 《야구 개요》를 쓰지 않을 때까지 제임스는 마음껏 야구 내부인들을 비판했다. 그는 야구 관계자들의 주장에 일리가 있을 수도 있다는 생각마저 버리게 되었다. 그의 태도는 다음과 같은 문장에 잘 요약돼 있다. "나는 이런 상황이야말로 수많은 현명한 사람이 (성인이 되면) 야구를 떠나게 되는 원인이라고 생각한다. 야구에 관심이 있더라도 성인이 되어 독립적인 생각을 할 수 있는 순간부터 야구에 대한 전통적인 지식이 하나같이 우스꽝스러운 엉터리에 불과하다는 사실을 깨닫게 되기 때문이다."

제임스는 선도적인 야구 분석가임이 틀림없었지만 야구계 안팎에서 이리저리 방황하는 시간을 보냈다. 야구 관계자들은 그를 괴짜 저널리스트라고 생각했으며, 자신들과는 별로 상관이 없는 존재로 여겼다. 또한 일반인들은 그를 야구에 관해 기술적인 사항들을 잘 아는 통계학자나 수치 전문가로 생각했다. 제임스가 책으로 이름을 알린 뒤에도(그는 책을 통해 야구뿐 아니라 다른 분야에서도 수많은 독자의 사고방식을 바꾸어놓았다) 그는 결코 '작가'로는 인식되지 않았다.• 참으로 유감스러운 일이었다.

제임스는 결코 통계 전문가가 아니었다. 그는 확실한 데이터와 직접 대치되는 다수의 가설을 시험하기도 했고 가끔은 통계법칙을 정면으로

• 라이브러리오브아메리카(Library of America, 미국을 대표하는 작가들의 작품을 엄선해 출판하는 비영리 출판사-옮긴이)는 2001년 미국의 위대한 야구문학선집을 출판했다. 선집에는 로버트 프로스트와 존 업다이크를 비롯해 화려한 문학가들의 작품이 들어 있지만, 그들 중 누구도 야구에 관해 빌 제임스만큼 흥미로운 이야기를 쓰지 못했다. 그럼에도 제임스의 작품이 선집에 포함되지 않은 것은 이해할 수 없는 일이다.

거스르기도 했다. 하지만 동시에 그 자신은 의도하지 않았을지라도 문학에 관한 가설, 즉 야구 통계처럼 사소해 보이는 주제라고 할지라도 하나의 주제에 깊이 파고든다면 그것만으로도 훌륭한 작가가 될 수 있다는 것을 보여주었다.

문제는 독자들이 제임스의 말을 받아들일 준비가 되어 있지 않았다는 것이다. 제임스의 책을 높이 평가해주는 사람한테도 그는 어리석은 사람처럼 비치곤 했다. 그는 세상과 거리를 두는 회의적인 시각 덕분에 작가가 될 수 있었지만, 그러한 시각은 베스트셀러 작가에게는 어울리지 않았다. 제임스는 마지막으로 발간한 《1988년 야구 개요》에 보면 이런 글이 나온다. "내 책의 피상적인 내용에 집착하고 그 속에 담긴 메시지를 잘못 이해하는 멍청이 같은 독자가 갈수록 늘어나고 있다. 이런 말을 하게 돼서 유감스럽지만, 여러분은 이들과 다르기를 바란다. (중략) 예전에는 '멍청이에게'로 시작하는 편지를 1년에 한 번만 썼다면, 지금은 거의 30통을 쓰고 있다."

제임스는 자신과 독자들 사이에 오해가 점점 커지는 상황이 세상의 즐거움이나 흥미에 전혀 보탬이 되지 않는다고 느꼈다. 그는 이 상황을 이렇게 설명했다. "이런 유형의 연구 결과가 평범한 야구팬에게 최선의 이익이 될 수 있을지 더는 확신이 들지 않는다. 모든 야구 경기의 중계방송에서 통계라는 괴물이 무작위로 설쳐대는 상황이 나와는 무관하다고 주장하고 싶다. (중략) 그러나 사실은 나도 알고 있다. 내가 이런 난장판을 만든 것은 아니지만 분명히 일조했다는 사실을 말이다."

대중의 머릿속에서 야구에 대한 지적 능력은 곧 불가해한 야구 통계를 인용하는 능력과 다르지 않았다. 제임스의 광범위한 독자층은 통계가 핵심이 아니라는 사실을 이해하지 못했다. 제임스가 주장한 핵심은 야구에 대한 올바른 이해였는데도 말이다. 또한 이 세상의 삶을 좀 더 이해할 수 있게 만드는 데 있었다. 그런데 어찌 된 일인지 그러한 핵심은 갈 길을 잃고 말았다. 그는 이렇게 썼다. "우리는 모든 숫자에 너무나 무감각해져 숫자를 통해 만들어진 그 어떤 지식도 진정으로 받아들일 수 없게 되어버렸다."

제임스는 마지막 《야구 개요》의 마무리 글에 '마술 지팡이를 부러뜨리며'라는 제목을 붙였다. "대부분의 사람은 내가 통계학에 관한 글을 써왔다고 생각하겠지만 사실은 그렇지 않다. 이 책을 발간하면서 몇 년간 내가 쓴 것이라고는 야구의 통계 기록에 관한 글밖에 없었다. 이 책이 성공을 거둘 수 있었던 비결은 논의 도중에 내 존재가 사장되어버렸기 때문이다. 나는 모두가 이야기하는 것과 똑같은 문제에 관해 글을 써왔다. 다만 그 방식이 조금 달랐을 뿐이다."

그렇게 해서 그는 《야구 개요》의 집필을 중단했다. 또한 세이버메트리션 활동도 그만두겠다고 했다. 그는 이렇게 결론을 맺었다. "내가 옳고 세상 사람들이 모두 틀렸다는 걸 안다는 것은 정말 신나는 일이다. 내가 죽기 전 하느님께서 다시 한 번 그런 느낌을 갖게 해주시기를 바랄 뿐이다." 하지만 그는 그때나 그 이후로나 세상 사람들이 모두 틀린 것만은 아니라는 사실을 깨닫지 못했다. 아무도 제임스에게 그 사실을 말해주지 않았기 때문이다. 실제로 메이저리그 안에서도 그의 책을 열심히 읽고 그가 전달하고자 하는 뜻을 이해하려고 노력한 사람들이 있었다. 그리고 그들은 빌 제임스가 누구인지도 모르는 바보들을 혼내줄 생각으로 새로운 야구 지식을 찾고자 끊임없이 노력했다.

CHAPTER 5

제러미 브라운

The Jeremy Brown Blue Plate Special

MONEYBALL

내가 이 일을 통해 이루고자 했던 바는
야구를 더 재미있게 만드는 것이었다.
– 〈빌 제임스 뉴스레터〉(1985년)

우리는 인류 역사의 흐름에 영향을 끼쳤던 지식인을 생각할 때면 보통 윤리학이나 정치학 또는 경제학 분야를 떠올리곤 한다. 그러다 문득 자신의 생각에 따라 움직인다고 믿는 실용주의자도 실은 어느 죽은 경제학자의 노예일 뿐이라고 잘난 척했던 존 케인스를 떠올리기도 한다. 하지만 야구 분야를 떠올리는 사람은 없는데, 야구에는 지적인 토대가 존재하지 않는다는 생각 때문이다. 그러나 이는 사실이 아니다. 지금까지 사람들이 흥미를 보일 만큼 설득력 있는 글로 야구에 대해 진지한 관찰이나 면밀한 질의가 이뤄지지 않았을 뿐이다. 그런 일이 이루어지기만 한다면, 누군가가 경쟁우위를 차지할 만한 새로운 진실을 밝혀주는 것도 시간문제일 것이다. 설령 그 시간이 오래 걸린다고 해도 말이다.

빌리 빈은 1997년 오클랜드 애슬레틱스의 단장으로 취임할 때까지 빌 제임스의 《야구 개요》 열두 권을 모두 읽었다. 제임스의 글은 마치 빌리를 향해 성공적인 야구 선수에 대한 잘못된 통념의 희생자라고 말하는 듯했다. 또한 그는 빌리를 비롯해 용기가 있거나 변화를 원하는 구단주나 단장에게 기존의 통념에 도전한다면 현재보다 훨씬 더 나은 길을 찾을 수 있다고 말하고 있었다. 제임스가 《야구 개요》의 집필을 중단한 지 10년이 흘렀지만, 그때까지도 이러한 새로운 기회를 포착한 구단은 존재하지 않았다. 구단이 잡을 수 있는 새로운 기회는 두 가지였다. 하나는 야구계 외부에서 제임스와 다른 분석가들이 개발한 지식을 있는 그대로 받아들이는 것이고, 다른 하나는 그 지식을 발전시키고 확장하는 것이었다. 오클랜드 애슬레틱스는 이 두 가지를 모두 선택했다.

애슬레틱스가 제임스의 생각을 차용했다고 해서 그를 흉내 낸 것이라고 말할 수는 없다. 엘리아스스포츠뷰로가 《야구 개요》를 표절하려고 했을 때 드러난 것처럼 제임스를 모방하는 일은 불가능하기 때문이다. 제임스가 주장하는 요지도 바로 모방자가 되지 말고 스스로 합리적인 방식을 찾자는 것이었다. 즉 기존의 대답이나 쉬운 해결책에 만족하지 말고 가설을 세우고 증거를 찾아 실험해보자는 것이다. 또한 유명한 야구 선수가 진실이라고 말했다는 이유만으로 그것을 쉽게 받아들여서는 안 된다고 강조했다. 제임스는 이렇게 말했다. "누구든 나를 모방하고 있다고 생각하는 사람은 실은 그렇지 않다는 것을 알아야 한다."

2002년 6월 4일, 그해의 아마추어 선수 드래프트가 열리는 날이 다가왔지만 야구계는 여전히 중대한 의문에 대한 대답을 갈구했다. 그것은 바로 야구장이 정말로 무지無知의 필드인가 하는 것이었다. 예를 들어 아직까지 구원투수를 가장 효과적으로 활용하는 방법을 밝혀내지 못했다. 또한 야구에서 야수의 수비가 얼마나 중요한지도 밝혀내지 못했다. 수비 부문에서 투수와 야수가 차지하는 몫에 대해 아무도 만족스러운 대답을 내놓지 못했다. 결국 수비 부문의 통계 문제도 해결하지 못한 게 당연했다. 그리고 그동안 많은 논란을 겪어온 아마추어 드래프트 문제를 해결할 수 있는 방법도 아직 찾지 못했다.

제임스는 아마추어 드래프트에 별로 신경을 쓰지 않았는데, 지금과 달리 인터넷이 널리 퍼지지 않아서 아마추어 선수의 기록을 수집하기 어려웠기 때문이다. 그러나 1980년대 중반 소수의 구독자를 대상으로 18개월간 발행한 뉴스레터에서 그는 선수의 스카우팅이 남부 지역에서는 너무 많이, 동부의 5대호 지역에서는 너무 적게 이루어지는 경향이 있다고 주장했다. 또한 드래프트 역사를 돌이켜보면 '대학 선수가 고교 선수보다 훨씬 더, 정말 터무니없을 만큼 엄청난 차이로 이익'이라는 사실을 밝혀냈다. 고교 선수가 대학 선수보다 슈퍼스타가 될 확률이 더 높다는 야구계의 통념을 뒤엎은 것이었다. 제임스는 왜 구단들이 그 사실을 인정하지 않는지 이해할 수가 없었다. 그는 이런 통념을 꼬집었다. "지성에 대한 반발 심리는 미국인의 생활 곳곳에 만연해 있으며 다양한 형태로 표출된다. 대학 선수에 대한 드래프트 거부 역시 그중 하나다."

그러나 제임스는 고교 선수나 대학 선수의 기록이 프로에서의 미래를 판단하는 데 어떻게 사용되는지 제시하지 않았다. 그 이후로 누구도 대학 시절의 성적이 프로팀에서도 유지될 수 있는지 여부에 대해 확실한 대답을 내놓지 못했다. 그런데 오클랜드 애슬레틱스의 연구개발 책임자인 폴 디포디스타는 남몰래 이 문제를 연구해왔다. 그의 연구 결과에 따라 오클랜드 애슬레틱스 구단의 프런트는 고참 스카우터들의 반발을 무릅쓰고라도 신인선수 선발뿐 아니라 야구 전반에 걸친 문제를 새롭고 급진적으로 혁신해나갈 생각이었다. 이런 혁신은 앞으로 어린 선수들의 삶을 바꾸게 되겠지만, 아직까지 그들은 아무것도 몰랐다. 오클랜드 구단의 스카우터들이 드래프트 회의실에 몰려들어 담배를 씹어대는 동안 포수 한 명이 앨라배마의 투스칼루사에서 대기 중이었다. 그의 이름은 제러미 브라운이며, 사람들은 모두 그의 체구가 야구에는 어울리지 않는다고 생각했다. 그는 이제부터 자신에게 무슨 일이 벌어질지 까맣게 모르고 있었다.

2002년의 드래프트 날 아침, 빌리 빈은 평소보다 일찍 콜리세움 구장의 사무실에 도착해 자리에 앉았다. 새벽녘의 어스름한 실내는 평소보다 훨씬 차갑고 딱딱한 분위기가 풍겼으며, 하얀색 콘크리트 벽은 정신병원의 입원실을 연상케 했다. 벽면에 걸린 과거 애슬레틱스의 스타 선수였던 리키 헨더슨, 마크 맥과이어, 데니스 에커슬리, 월트 와이스의 사진만이 이곳이 구단 사무실임을 알려주었다.

드래프트가 시작되려면 아직 한 시간이 남았지만, 젊은 스카우터들이 하나둘 협상 결과를 보고하러 들어왔다. 사실 드래프트 전에 선수들과 협상하는 것은 메이저리그 규칙에 위반되는 행위였지만, 그 규칙을 지키는 구단은 한 곳도 없었고 애슬레틱스 역시 그러했다. 가장 먼저 들어온 스카우터는 5대호 지역을 담당하는 리치 스파크스(약칭 스파키)였다. 스파키는 최근 스티브 스탠리와 원만하게 협상을 끝마쳤다. 노트르담대학의 중견수였던 스탠리 역시 협상 결과에 만족스러워했다. 그는 외모나 무의미한 수치로 속단하지 않고 의미 있는 기록 위주로 선수를 평가했을 때 높은 점수를 받게 되는 대표적 사례였다. 메이저리그 스카우팅국 명단에 따르면 스탠리는 키 170센티미터에 몸무게 70킬로그램의 신체조건이었지만, 그마저도 호의적으로 평가한 것이었다. 하지만 스탠리는 뛰어난 출루 능력으로 작은 몸집이라는 단점을 극복해냈다. 오로지 실력으로만 보자면 그는 애슬레틱스의 메이저리그 중견수인 테렌스 롱보다 더 뛰어난 수비 능력을 보여주었다. 하지만 고참 스카우터들은 이미 오래전부터 스탠리가 프로 선수가 되기에 몸집이 너무 작다고 단정해버렸다.

스탠리는 스파키에게 자신이 드래프트 순위 15라운드에 지명되기만 해도 만족한다고 말했다. 어떤 팀이든 메이저리그 승격 가능성보다는 그저 마이너리그 선수 명단을 채우기 위해 자신을 데려갈 거라고 생각한 것이다. 하지만 스파키는 20만 달러에 계약한다는 조건에 동의하면 드래프트 2라운드에서 그를 지명하겠다고 제안했다. 사실 2라운드에 지명되는 선수는 실질적인 메이저리그 유망주를 의미하며, 스파키가 제시한 금액보다 보통 50만 달러를 더 받을 수 있었다. 다른 구단들은 빌리 빈이 멀쩡한 선수를 살 돈이 없어서 이런 괴짜들한테만 관심을 보인다고 생각했는데, 빌리는 오히려 그런 오해가 반가웠다. 사실 다른 선수를 사들일 돈이 없기도 했다.

빌리 앞에 놓인 긴 테이블 위에는 가상의 현금인출기가 놓여 있고, 그 안에는 대략 35명의 선수와 계약하기로 하고 구단주한테 받은 940만 달러가 들어 있었다. 하지만 지난해 1라운드 지명 선수들이 받았던 금액을 감안하면, 애슬레틱스의 1라운드 지명권 일곱 장만으로도 1,100만 달러가 넘는 돈이 필요했다. 따라서 빌리는 어차피 사들일 수 없는 근육질 선수에게 관심을 두느니 일찌감치 이런 괴짜를 선택하는 것이 더 이익이라고 생각했다. 그는 스탠리가 2라운드에서 지명받을 만한 자격이 충분하다고 보았다. 그런데 아무도 그렇게 생각하지 않은 덕분에 계약금을 아낄 수 있었다.

빌리가 스카우터에게 물었다. "스파키, 일은 잘된 거지?"

"네, 물론이죠. 계약 조건을 말하자 막 기뻐서 날뛰는 게 전화기 너머로 들리더군요."

그러자 빌리가 웃으며 말했다. "우리가 돈을 너무 많이 준 건가?"

"그 친구는 공짜로라도 뛸 기세던데요."

스파키 다음에 들어온 젊은 스카우터는 최남부 지역을 담당하는 빌리 오웬스(약칭 빌리 오)였다. 그는 앨라배마대학의 포수인 제러미 브라운과 막 연락을 마친 상태였다. 느릿느릿 안으로 들어오는 빌리 오를 보며 빌리는 농담을 건넸다. "빌리 오, 꼭 자메이카에서 돌아온 마약 황제처럼 보이는군." 하지만 빌리 오는 상기된 표정으로 빨리 본론으로 들어가고 싶은 듯 억지 웃음을 지어 보였다.

웃음기를 거둔 후 빌리가 물었다. "일은 다 잘된 거지?"

"네, 다 잘됐어요."

"우리가 하는 말을 잘 이해하던가?"

"네, 잘 이해하더군요."

빌리 오는 NBA의 공룡센터 샤킬 오닐을 188센티미터로 줄어들 때까지 망치로 위에서 찍어 누른 듯한 외모였다. 그의 몸집은 거대하고 뚱뚱했으며, 꼭 필요한 순간이 아니면 절대 움직이려고 들지 않았다. 하지만 상황 판단이 매우 빨랐으며, 말하지 않아도 상대방의 생각을 꿰뚫어보는 능력을 지녔다. 지난 며칠간 빌리 오가 맡은 새로운 일은 제러미 브라운에게 자신의 가치를 깨닫게 하는 것이었다. 그는 어린 선수에게 한꺼번에 충격을 주고 싶지 않았기에 몇 단계에 걸쳐 조금씩 임무를 수행했다. 빌리 오가 말했다. "그 녀석은 자기가 19라운드에만 들어가도 기쁠 거라고 하더군요. 그래서 말했죠. '10라운드 안에 든다고 생각해봐.' 그랬더니 정말 좋아했어요. 다음 날 다시 전화해서 말했죠. '5라운드로 다시 줄여봐.' 그러자 내 말을 믿으려고 하지 않더군요. 그다음 날, 그러니까 어제 마지막으로 이렇게 말했죠. '계약금으로 여섯 자리 숫자의 돈을 받게 될 텐데, 첫 번째 숫자는 1이 아니야.' 그 말을 듣고 기뻐 날뛰는 녀석을 진정시키느라 한참 애를 먹었어요."

그러나 브라운에게 정말 놀라운 일은 빌리 오가 단장과 만나기 전날 밤에 벌어졌다. 빌리 오는 브라운에게 전화해 애슬레틱스가 일곱 장의 1라운드 지명권 가운데 다섯 번째, 즉 전체 드래프트의 35순위로 그를 지명할 생각이라고 말했다. 그 말에 브라운은 별다른 반응을 보이지 않았다. 그저 "정말 고맙습니다만 나중에 다시 전화드릴게요"라고 말했을 뿐이다. 잠시 뒤 브라운한테서 전화가 왔는데, 별다른 반응을 보이지 않은 이유가 밝혀졌다. 브라운은 방금 자신과 통화한 사람이 애슬레틱스의 스카우터 빌리 오웬스가 아니라 그를 가장한 대학팀 동료라고 생각했던 것이다. 빌리 오는 빌리한테 이렇게 설명했다. "그는 동료가 장난전화를 한 줄 알았대요. 그래서 전화한 사람이 정말 내가 맞는지 확인하고 싶어 다시 전화를 걸었다고 하더군요."

브라운은 포수로서 앨라배마대학의 공격 부문에서 거의 모든 기록을 보유했지만 기존 스카우터들이 좋아하는 선수의 조건에는 맞지 않았다. 그래서 그는 어떤 메이저리그 구단도 자신을 높이 평가하리라고 생각하지 않았다. 마침내 브라운이 자신에 대한 새로운 평가를 받아들이자, 빌리 오는 그에게 두 가지 조건을 제시했다. 하나는 애슬레틱스가 제시한 35만 달러에 계약하는 것이었다. 이는 드래프트의 전체 35순위 지명선수가 일반적으로 받는 금액보다 100만 달러나 적은 액수였다. 또 하나는 살을 빼는 것이었다. 신인 선수와 스카우터 사이의 대화치고는 다소 괴상한 통화를 마치고 온 빌리 오는 단장한테 이렇게 말했다. "그에게 내 말은 곧 오클랜드 애슬레틱스의 말이고, 애슬레틱스는 보통 구단과는 다른 방식으로 일한다는 점을 강조했어요. 또한 그 금액이 어떤 수준인지 말한 뒤 그것이 그가 받을 수 있는 전부이고, 더 이상의 협상은 없을 거라고 덧붙였어요. 그러면서 오클랜드 구단이 그에게 최대의 성의를 보인 만큼 그도 살을 빼서 성의를 보여야 한다고 했죠."

통화가 끝날 무렵 브라운은 무슨 일이든 해내겠다고 다짐했지만, 여전히 빌리 오의 말이 믿어지지 않는다고 말했다. 그리고 그 점이 빌리 빈을 불안하게 만들었다.

그는 빌리 오에게 물었다. "자네, 오늘 집에 들어갈 건가?" 빌리가 정말 하고 싶었던 말은 브라운을 온전하게 지키려면 직접 가서 만나야 하지 않겠느냐는 것이었다. 즉 애슬레틱스가 그의 시장가치를 엄청나게 올려놓았음을 계속 상기시켜 고마움을 느끼고 계약서에 서명할 때까지 딴 생각을 품지 않도록 옆에서 지켜야 한다는 뜻이었다. 일단 브라운이 1라운드 지명 대상이 된 이상, 이제까지 그의 존재를 알지 못했던 에이전트들이 한꺼번에 달라붙어 애슬레틱스와 구두로 맺은 합의를 깨라고 설득할 것이 뻔했기 때문이다.

빌리 오는 자리에 앉으면서 걱정하지 않아도 된다고 말했다. "아니요, 그렇잖아도 그에게 에이전트들이 전화해서 온갖 헛소리를 늘어놓을 거라고 말해두었어요. 그 친구는 괜찮을 겁니다."

그러자 스파키가 빌리 오에게 흥미롭다는 듯 말했다. "이봐, 내가 데려온 선수는 자네 선수의 한입 거리도 안 되겠는걸?" 빌리 오는 "아마 그렇겠지"라고 대답한 뒤 입을 닫고는 의자에 파묻혀 꼼짝도 하지 않았다.

갑자기 빌리 빈의 전화기가 울렸다.

"어이, 케니." 시카고 화이트삭스의 단장인 케니 윌리엄스의 전화였다. 최근 그는 애슬레틱스의 선발투수인 코리 라이들을 데려가고 싶어서 부쩍 전화를 걸어대곤 했다. 하지만 오늘 아침의 용건은 라이들 때문이 아니었다. 화이트삭스의 첫 번째 드래프트 순위는 애슬레틱스보다 두 번째 뒤인 18번이었는데, 애슬레틱스가 누구를 지명할지 알고 싶었던 것이다. 그는 대놓고 용건을 말하지 않고 선수에 관해 이것저것 물어보면서 슬쩍 빌리의 속내를 캐내려고 했다. 빌리는 그의 의도를 알아채고 선수를 쳤다. "어쨌든 우리가 자네 팀보다 순번이 앞이니까 그렇게 비밀요원처럼 굴지 말게나. 안심해, 블랜턴은 자네 차지야." 조 블랜턴(현재 필라델피아 필리스 소속 – 옮긴이)은 켄터키대학의 투수로, 빌리도 그를 마음에 두고는 있었다.

빌리는 전화를 끊고 이렇게 말했다. "케니는 블랜턴을 데려갈 거야." 이것은 유용한 정보였다. 애슬레틱스의 첫 번째 지명권인 1라운드 16번과 두 번째 지명권인 24번 사이의 빈칸 하나가 메워진 셈이었다.

사실 어느 누구도 24번째 지명권까지는 염두에 두지 않았다. 마치 몇 년 뒤의 일처럼 아무래도 좋다는 식이었다. 애슬레틱스 역시 24번 이후의 지명권들로는 세상에 진가가 알려지지 않은 선수들을 뽑을 생각이었다. 사실 브라운은 특별한 경우였지만, 나머지 선수들은 그다지 뛰어나지 않았다.

그러나 닉 스위셔는 달랐다. 스위셔는 여러 팀에서 원하는 선수였다. 그의 이름을 입 밖으로 내지는 않았지만 빌리 역시 그 친구에게 홀딱 빠져 있다는 사실을 모두 눈치 챘다. 드래프트실의 분위기는 이미 스위셔를 떼놓은 당상으로 여기고 있었다. 스카우터들 사이에는 스위셔에 관한 재미있는 일화가 돌아다녔다. 클리블랜드 인디언스의 단장인 마크 샤피로가 스위셔의 경기를 보러 갔을 때의 일이다. 스위셔는 거물급 메이저리그 관계자의 방문에 겁먹은 어린 선수처럼 굴기는커녕 단장 앞으로 당당하게 걸어와 이렇게 물었다. "도대체 핀리의 마누라한테 무슨 일이 벌어진 거죠?" (척 핀리는 당시 인디언스의 투수로, 아내를 폭행한 죄로 경찰에 고발당했다.) 굉장한 이야기가 아닐 수 없었다! 이 녀석은 성깔마저 있었던 것이다.

빌리는 이 이야기를 듣고 스위셔의 태도가 어찌나 마음에 들었던지 힘들게 표정을 감춰야 했다. 물론 성깔이 있다는 것은 주관적인 판단이었다. 빌리가 천명한 목표는 객관적인 태도를 유지하는 것이었다. 하지만 스위셔에 관해서만큼은 그의 입에서 지독히도 주관적인 말이 쉴 새 없이 터져 나왔다. "스위셔는 성깔이 있어." "스위셔는 두려움을 모른다니까." "스위셔는 메이저리그 행에 방해가 된다면 그 어떤 것도 가만두지 않을 녀석이야." "스위셔는 존재감이 확실하지." 빌리가 스위셔에 관해 하는 얘기를 들으면 들을수록 사실은 그것이 스위셔의 이야기가 아님을 누구나 알 수 있었다. 그는 자신의 과거 선수 시절 동료였던 레니 다익스트라의 얘기를 하고 있었다. 레니는 모든 사람이 성공을 장담했을 때 빌리의 약점을 알려줌으로써 그가 결코 성공할 수 없다는 사실을 깨닫게 한 선수였다. 또한 무언가를 이루기 위해서는 혼자 힘으로 헤쳐나가야 한다는 것을 분명히 보여주었다. 스위셔는 레니와 똑같은 성격을 가진 선수였다. 닉 스위셔에 관한 한 빌리가 '객관적'이지 못하는 것은 당연했다. 그는 아직도 과거의 망령을 좇고 있었던 것이다.

처음에는 아무런 문제가 없는 것 같았다. 스카우터들은 여기저기에 전화를 걸면서 다른 팀들이 처음 15순위까지 누구를 지명할 것인지 파악하느라 정신이 없었다. 애슬레틱스가 드래프트 16순위로 닉 스위셔를 지명하는 것은 순조로워 보였다. 그런데 야구계에서 빌리의 가장 절친한 친구이자 블루제이스의 단장인 J.P. 리치아디가 드래프트 시작 20분 전에 빌리에게 전화해 상황이 좋지 않다고 말했다. 처음 리치아디의 전화를 받은 빌리의 목소리는 밝았지만, 다음 순간 "제기랄, 이런 빌어먹을 일이!"라는 욕설이 튀어나왔다. 그는 통화를 마치고는 전화기를 탁자 위에 내던졌다.

빌리는 화를 참기 어렵다는 듯 말했다. "스팬이란 녀석이 우릴 엿 먹였어. 그 녀석 에이전트에서 260만 달러를 요구하는 바람에 빌어먹을 콜로라도가 계약을 포기했다는 거야." 데나드 스팬은 고교생 중견수로 콜로라도 로키스에서 드래프트 9순위로 지명할 예정이었다. 그런데 이제 와서 일이 틀어져 버린 것이다.

17세의 데나드 스팬이 260만 달러에서 한 푼도 더 깎을 수 없다고 말하는 순간 그의 주가는 곤두박질쳤다. 합리적인 선에서 계약하자고 그를 설득할 사람이 아무도 없었던 것이다. 스팬의 이름이 순식간에 1라운드의 밑바닥으로 떨어지자, 드래프트 상위권 선수들 사이에 어지러운 연쇄

반응이 일어나기 시작했다. 애슬레틱스 바로 앞 순위, 즉 15번 지명권을 쥔 뉴욕 메츠는 네 명의 투수 가운데 하나를 데려갈 계획이었다. 그 넷은 빌리의 구매 목록에도 들어 있는 제프 프랜시스 외에 세 명의 고교 투수인 클린턴 에버츠, 크리스 그룰러 그리고 잭 그레인키였다. 이 셋은 몬트리올 엑스포스(워싱턴 내셔널스의 전신-옮긴이), 신시내티 레즈, 캔자스시티 로열스와 각각 협상을 끝낸 상태였다. 그렇게 되면 프랜시스는 의심의 여지 없이 15순위로 메츠에 가게 될 예정이었다. 그러나 콜로라도가 1순위 지명 대상과 어설픈 협상으로 일을 망치면서 모든 것이 엉망이 되어버렸다. 이제는 콜로라도가 프랜시스를 데려가려고 할 것이다. 방금 리치아디가 빌리에게 했던 말이 그것이었다. 리치아디가 이 사실을 알고 있었던 이유는 메츠가 노리는 네 명의 투수 바로 다음 후보가 블루제이스가 14순위로 지명하려고 하는 루스 애덤스였기 때문이다. 애덤스 다음으로 메츠가 찍어둔 선수가 바로 닉 스위셔였다. 그렇다면 스위셔마저 레니처럼 메츠로 가게 되는 것인가!

빌리는 당장 메츠의 단장인 스티브 필립스에게 전화를 걸었다. 그를 설득해 스위셔를 단념시킬 수 있으리라는 막연한 기대를 품었던 것이다. 케니 윌리엄스가 빌리의 속내를 들여다보지 못한 것처럼 빌리 역시 성공하리라는 보장은 없었다. 끊임없이 상대를 이용하려고 애쓰는 가운데도 친밀한 관계를 유지해야만 하는 것이 단장의 속성이었다. 실제로 빌리는 지난 6년간 단장을 맡으면서 타고난 재능을 발휘해 누가 봐도 괜찮은 거래를 성사시키곤 했다. 그는 다른 사람이 원하는 것, 설령 그들이 정말로 원하는 게 아닐지라도 미리 알아채서 제공하는 대가로 훨씬 좋은 것을 얻어냈다. 따라서 이번에도 해낼 수 있을 거라고 생각했지만 지금은 상황이 달랐다. 이번에는 거래할 대상이 남아 있지 않았던 것이다. 게다가 드래프트 순서를 맞바꾸는 것은 규정 위반이었다. 드래프트실에 모인 서른 명 가까운 사람들은 빌리가 필립스와 나누는 불편한 대화 내용을 조용히 듣고 있었다.

빌리가 지분거리듯 물었다. "에버츠는 누가 데려간대? 그리고 뭐 좀 들은 거 있나?"

잠시 침묵이 흘렀다. 필립스가 몬트리올 엑스포스에서 에버츠를 데려갈 거라고 대답한 것이다.

"그레인키나 그룰러는?"

다시 침묵이 이어졌다. 그러다가 필립스가 로열스와 레즈에서 각각 데려갈 거라고 대답한 모양이었다.

"그래, 나도 자네만큼 울화통이 터져."

빌리는 전화를 끊은 뒤 세상의 고통을 혼자 짊어진 듯한 표정으로 소리를 질렀다. "이런 빌어먹을!"

그 순간 누군가 사무실 안으로 들어섰다면 틀림없이 혼란에 빠졌을 것이다. 서른 명이나 되는 사람이 모두 끔찍한 침묵 속에서 씩씩대는 한 남자만 바라보고 있었던 것이다. 마침내 빌리가 이를 악물고 말했다. "메츠가 스위셔를 데려가려는 것 같아." 그러고는 자리에서 벌떡 일어나 의자를 걷어차 방 저편으로 날려버렸다. 그곳에 모인 사람들은 한 시간 넘게 스위셔에 대해 생각하고 있었지만 혹시라도 일이 잘못될까 봐 아예 언급조차 하지 않았기에 그의 이름이 언급된 건 이번이 처음이었다.

누군가가 조심스럽게 입을 열었다. "설마 그렇게 되겠어요?"

그러자 빌리는 여전히 성난 목소리로 대꾸했다. "설마가 아니야. 그레인키, 그룰러 그리고 에버츠까지 전부 메츠로는 가지 않는다고. 빌어먹을 콜로라도가 프랜시스를 데려가고 리치아디는 애덤스를 뽑겠지. 일단 애덤스까지 가버리면 우리는 끝장이야."

닉 스위셔는 기껏해야 메츠의 여섯 번째 후보였다. 심지어 메츠는 자신들이 뽑을 선수에 고마워하는 기색도 없었다. 한마디로 마지못해 그를 데려가는 것이다. 만약 빌리가 전체 드래프트 1순위를 가졌다면 당연히 스위셔를 뽑았을 것이다. 그는 세상 누구보다도 스위셔를 높이 평가하고 있었다. 스위셔는 … 마땅히 … 그의 것이 … 되어야 했다! 하지만 스위셔가 메츠의 차지가 되리라는 것은 거의 기정사실이었다.

생각할수록 화가 치미는지 빌리가 다시 소리쳤다. "빌어먹을!" 그러고는 담배에 손을 뻗었다. 그는 지난 이틀간 거의 잠을 자지 못했다. 특히 드래프트 전날에 잠을 자지 않는 것은 그의 습관이었다. 잠을 자기엔 너무나 흥분해 있었기 때문이다. 빌리에게 드래프트 당일은 야구 시즌 중 가장 순수한 기쁨을 가져다주는 날이었다.

그러나 일이 잘 풀리지 않을 때는 예외였다. 그는 담배 한 움큼을 집어 입안에 쑤셔 넣었다. 동시에 그의 얼굴도 붉어졌다. 드래프트실의 분위기는 살얼음판 그 자체였다. 오클랜드 애슬레틱스가 닉 스위셔를 얻는다면 최고로 행복한 날이 되겠지만, 그게 아니라면 그 뒤에 벌어질 일은 차라리 죽는 게 낫다는 생각이 들지도 몰랐다.

엄청난 거구의 사내가 화까지 났다면 설령 다른 거구의 사내들과 함께 있다 해도 얼마든지 험악한 분위기를 만들어낼 수 있다. 게다가 빌리는 다른 사람들과 달랐다. 필립스와 대화를 마치고 5분이 지나도록 그는 여전히 화가 난 상태였고, 그의 성질이 폭발할까 봐 모두 숨죽인 채 눈치만 보고 있었다. 빌리는 누구 하나 말 한마디라도 잘못 꺼냈다간 온 방을 날려버릴 기세였다. 왜 빌리 빈이 타석에 서면 불펜에 있던 투수들이 그의 모습을 보려고 내려왔는지 이해가 되었다. 단순히 화가 났다는 말로 그의 감정을 표현하기에는 뭔가 상당히 부족했다. 그가 느끼는 감정은 고립된 상태에 맞닥뜨린 인간이 낼 수 있는 격렬한 분노였다. 그는 자신에게 닥친 문제에 홀로 맞설 수밖에 없고, 아무도 자신을 도와줄 수 없으며,

누구의 도움도 받아서는 안 된다고 믿었다.

성난 빌리의 주변은 완벽하게 고요했다. 폴 디포디스타는 조용히 컴퓨터 화면만 바라보았다. 빌리의 이런 모습을 자주 봐왔기 때문에 중간에 끼어들면 안 된다는 것을 잘 알고 있었다. 폴은 그런 모습이 오히려 빌리답다고 느낄 정도였다. 하지만 어쩔 수 없이 입을 열어야 했다. "스위셔는 결국 우리에게 올 겁니다. 다만 지금 당장 그것을 확신할 수 없을 뿐이지요."

그때 스카우터 총책임자인 에릭 쿠보타의 휴대전화기가 울리면서 마침내 끔찍한 침묵도 끝이 났다. 에릭은 재빨리 테이블에 있던 휴대전화를 낚아챘다. 그는 "아, 그렇게 되는 건가?"라고 짧게 대답한 뒤 얼른 전화를 끊었다. 다시 실내는 상징주의 연극과도 같은 분위기에 휩싸였다.

이번에는 빌리의 전화기가 울렸다. 아까 통화했던 케니 윌리엄스였다. 지금 빌리에게 윌리엄스는 관심의 대상이 아니었다. 화이트삭스의 순번은 애슬레틱스 뒤에 있었기 때문에 스위셔를 데려오는 문제에 아무런 도움도 되지 못했다.

빌리가 심드렁하게 물었다. "무슨 일이야, 케니."

케니는 빌리가 스위셔를 데려가지 못할 수도 있다는 소식을 듣고 그가 자신들의 첫 번째 지명선수를 빼앗아갈까 봐 걱정이 되었던 것이다. 하지만 빌리는 지금 다른 사람의 걱정까지 해줄 여유가 없었다. 차라리 자신이 불행해진다면 다른 사람들도 그렇게 돼야 한다고 생각했다. 그는 이렇게 말했다. "조금 전까지라면 자네가 블랜턴을 데려갈 수 있었겠지. 하지만 지금은 모든 게 엉망이라 그렇게 되지 않을지도 모르겠네."

빌리는 전화를 끊고 스티브 필립스에게 다시 전화했다. 그게 그의 업무 스타일이었다. 한 번에 원하는 답을 얻지 못하면, 대답을 얻을 때까지 몇 번이고 전화를 걸었다.

필립스가 전화를 받자 빌리가 물었다. “새로운 소식이라도 들었나?”

잠시 침묵이 흐르고 필립스가 아무런 소식도 듣지 못했다고 대답했는지 빌리가 다시 침울하게 대꾸했다. “그렇군.” 그는 억지로 스위셔를 떠안아야 하는 필립스에게 동정의 뜻을 표하기까지 했다. 그런데 필립스가 뭔가 새로운 얘기라도 했는지 빌리의 표정이 한순간에 바뀌었다.

“아, 정말인가?”

필립스가 뭔가 말하는 동안 다시 침묵이 흘렀다.

“그래, 그나마 빌어먹을 터널 끝에 한 줄기 빛이라도 보이는 소리군.”

그는 전화를 끊고 폴에게 몸을 돌렸다. “필립스 말이 캐즈미어만 얻을 수 있다면 그를 선택하겠다는군.” 스콧 캐즈미어는 애슬레틱스로서는 전혀 관심 밖에 있는 고교생 투수였다. 빌리는 너무나 흥분한 나머지 고교생 투수를 1라운드에서 지명하는 것이 얼마나 어리석은지 언급조차 하지 않았다. 빌리의 말이 끝나자 모든 사람이 화이트보드를 올려다보면서 메츠가 새롭게 여섯 번째 후보로 내세운 캐즈미어가 메츠로 갈 가능성이 얼마나 되는지 계산하기 시작했다. 그럴 공산이 컸다. 어떤 팀도 분명히 그를 데려가겠다고 말한 적이 없었기 때문이다. 하지만 7순위와 8순위 지명권을 가진 디트로이트 타이거즈와 밀워키 브루어스가 어떤 선수를 뽑을지 아직 모르는 상황이었다. 게다가 이들의 선례를 보면 낙관할 수만은 없었다. 그게 바로 두 구단의 문제이기도 했다. 캐즈미어 같은 고교생 투수를 뽑는 어리석은 결정을 내리는 일이 허다했던 것이다.

마침내 크리스 피타로가 입을 열었다. “여기서 프린스 필더가 우리를 도와줄 수 있겠군요.”

프린스 필더는 1990년 디트로이트 타이거즈에서 51개의 홈런을 친 세실 필더의 아들이었다. 세실은 선수생활을 마감할 즈음엔 몸이 너무 불어 커다란 홈런을 날린 뒤 뒤뚱거리며 베이스를 돌아야 할 정도였다. 그렇다 보니 수비할 때면 땅볼을 처리하는 일이 고역이었다. 빌 제임스는 그에 대해 이런 우스갯소리를 쓰기도 했다. “세실 필더는 자신의 체중이 120킬로그램이라고 말하지만, 나머지 한쪽 발을 체중계에 올리면 얼마가 되느냐는 질문에는 묵묵부답이었다.” 세실은 제러미 브라운 정도는 한입에 삼키고도 남을 정도로 거대한 몸집을 가졌는데, 그의 아들 역시 아버지보다 더한 체중 문제를 겪고 있었다. 여기서 놀라운 사실은 애슬레틱스마저 프린스가 너무 뚱뚱하다고 생각했다는 것이다. 북미 지역을 통틀어 애슬레틱스가 체중을 문제 삼은 선수는 그가 유일했다. 피타로는 체중이야 어찌 됐든 과거 영웅의 아들이라는 감상적인 이유로 디트로이트 타이거즈가 프린스를 데려가리라고 생각한 것이다. 만약 타이거즈가 프린스를 선택한다면 또 다른 연쇄반응이 일어나 메츠가 원래 생각했던 여섯 명의 후보 중 하나를 얻을 수 있게 된다.

캐즈미어가 메츠로 갈 가능성이 있는지 미처 파악하기도 전에 드래프트가 시작되었다. 그와 동시에 오클랜드 애슬레틱스의 구단주인 스티브 쇼트가 방에 들어왔고, 뒤이어 감독인 아트 하우가 나타났다. 하우는 방 뒤쪽에 서서 경기 중 더그아웃에서 늘 그랬듯이 턱을 내민 채 달관한 표정을 짓고 있었다. 다른 모든 인사 결정과 마찬가지로, 드래프트가 시작되는 순간부터 끝날 때까지 하우는 완전히 소외되었다. 감독이 중요한 인사 결정을 모두 책임진다고 생각하는 외부인들이 보기에는 야구계의 미스터리 중 하나였다.

애슬레틱스의 스카우터 총책임자인 에릭 쿠보타는 스피커폰 앞에 자리를 잡고 다른 사람들에게 조용히 해줄 것을 요청했다. 드래프트실에 모인 모든 사람은 이제 오클랜드 애슬레틱스의 과학적인 아마추어 선수 선발 방식이 얼마나 새롭고 색다른지 알게 될 것이다. 드디어 에릭은 그 전까지 공식적으로 밝혀진 적이 없으며 모든 조건이 완벽하게 따라줄 때 선발하기를 원하는 20명의 선수 명단을 발표했다. 여기서 완벽한 조건이란 돈이 걸림돌로 작용하지 않고, 29개의 다른 구단이 애슬레틱스와 선수 선발을 놓고 경쟁하지 않는다는 것을 전제로 한 조건이었다. 이 명단은 아마추어 선수에 대한 애슬레틱스만의 새로운 관점을 그대로 보여주었다. 거기에는 8명의 투수와 12명의 타자 이름이 적혀 있었다.

투수	야수
제러미 거스리	닉 스위셔
조 블랜턴	루스 애덤스
제프 프랜시스	칼릴 그린
루크 해거티	존 매커디
벤저민 프리츠	마크 티헨
로버트 브라운리	제러미 브라운
스티븐 오벤체인	스티브 스탠리
빌 머피	존 베이커
	마크 카이거
	브라이언 스타비스키
	숀 라킨
	브랜트 콜라마리노

이 명단의 야수 중에서 칼릴 그린과 루스 애덤스 두 명은 애슬레틱스의 차례가 돌아오기 전에 다른 구단으로 갈 것이 확실했기에 빌리는 회의 시간에 굳이 그들을 언급하지 않았다. 빌리의 절친한 친구인 리치아디가 애덤스를, 또 다른 친구인 샌디에이고 파드리스의 단장 케빈 타워스 (1995~2009년 파드레스의 단장을 맡았으며, 현재는 애리조나 다이아몬드백스의 단

장-옮긴이)가 그린을 데려갈 것이다. 또한 투수 중에서 로버트 브라운리와 제러미 거스리 두 명은 스콧 보라스 에이전트 소속이었다. 보라스는 다른 어떤 에이전트보다 아마추어 선수의 몸값을 많이 우려내는 것으로 악명 높은 사람이었다. 만약 구단에서 자신이 요구한 금액을 내놓지 않으면 고객인 선수에게 1년간 야구를 쉬었다가 다시 드래프트에 참가해 그 돈을 줄 수 있는 구단에 들어가라고 요구할 정도였다. 부자 구단들에 그가 미친 영향은 실로 엄청났다. 2001년 보라스는 텍사스 레인저스의 구단주 톰 힉스한테서 대학 출신의 3루수 마크 테세이라를 건네주는 조건으로 다년 계약에 950만 달러라는 거액을 뜯어냈다. 테세이라 바로 앞에 지명된 선수가 420만 달러, 바로 뒤에 지명된 선수는 265만 달러에 계약했다는 점을 감안하면 950만 달러라는 금액은 어마어마한 액수였다. 보라스는 드래프트에 앞서 선수에 대한 최고 입찰자를 찾아내고 다른 구단은 전부 겁을 주어 쫓아버리는 식으로 드래프트를 경매시장으로 바꿔놓았다.

빌리는 이런 경매시장에 나설 돈이 없었다. 그에 손에 쥐어진 총예산은 950만 달러에 불과했고, 보라스는 제러미 거스리를 지명하는 구단은 다년 계약에 2,000만 달러를 내놓아야 한다고 공언한 상태였다. 그렇지 않으면 거스리는 스탠퍼드의 졸업반으로 되돌아갈 것이라고 덧붙였다. 이에 클리블랜드 인디언스가 그 금액을 지급하기로 합의했으니, 이들이 22순위로 거스리를 데려갈 것이다.

빌리는 예산 범위 안에 있고, 데려올 가능성이 있는 16명의 선수 중 최소한 여섯 명까지는 확보할 수 있을 거라고 생각했다. 하지만 실제로 그렇게 될지 아무도 알 수 없었다. 재수가 없으면 한 명밖에 얻지 못할 수도 있었다. 애슬레틱스가 드래프트의 24순위인 두 번째 지명권을 행사할 때쯤엔 원하는 선수들이 모두 다른 팀에 지명된 다음일 수도 있기 때문이다. 폴의 말에 따르면 애슬레틱스가 희망자 명단의 여섯 명만 확보하더라도 대성공일 것이다. 지금까지 어떤 구단도 희망자 명단 20명 중 여섯 명이나 확보한 사례는 없었다.

방 안에는 여전히 침묵이 흐르고 있었다. 드래프트의 모든 과정은 일반 팬과는 멀리 떨어진 사무실 구석의 스피커폰을 통해 이루어진다. 빌 제임스가 차라리 경기장 문을 닫아걸고 남몰래 경기를 벌이라고 비난했듯이 실제로 메이저리그의 드래프트 과정은 이렇듯 폐쇄적으로 진행된다. 최근에 인터넷으로도 중계되기는 하지만 자기들끼리 하는 비밀 전화 회의에 가깝다.• 이는 드래프트 과정을 대중과 함께하는 이벤트로 꾸미는 프로풋볼이나 프로농구와 비교가 된다. 그들은 아예 TV 스튜디오에 자리를 마련하고 각 팀의 유명한 감독과 선수들에게 숫자가 적힌 커다란 보드판을 흔들도록 한다. 이 과정을 통해 일반 팬은 자신들이 응원하는 팀의 미래를 눈앞에서 그려볼 수 있다.

이번 드래프트에서는 2001년 정규 시즌 꼴찌를 기록한 피츠버그 파이어리츠가 전체 1순위 지명권을 갖고 있었다. 피츠버그가 스피커폰으로 선수를 지명했다.

"재드래프트 90번(재드래프트란 예전에 드래프트에 참가한 적이 있다는 뜻이다). 브라이언 불링턴. 우완투수. 볼스테이트대학. 인디애나 주 피셔스 출신."

그렇게 해서 처음으로 400만 달러라는 금액이 발생했다. 하지만 적어도 그 돈은 대학 선수에게 쓰일 것이다. 그다음 다섯 팀은 모두 고교 선수

• 메이저리그는 2007년부터 드래프트 과정을 생방송으로 중계하기 시작했으며, NFL이나 NBA처럼 드래프트의 이벤트화를 시도했다. 그러나 야구에서는 풋볼이나 농구와 달리 드래프트로 지명된 선수가 팀 전력에 곧바로 영향을 주는 것이 아니라 몇 년간의 마이너리그 생활을 거치기 때문에 대중의 관심이 상대적으로 적은 편이다-옮긴이

를 선택했다. 탬파베이 데블레이스는 멜빈 업턴이라는 고교생 유격수를 데려갔고, 뒤이어 신시내티는 고교생 투수 크리스 그룰러를 선택했다. 볼티모어와 몬트리올 역시 고교생 투수인 애덤 로웬과 클린턴 에버츠를 각각 지명했다. 애슬레틱스로서는 다행스럽기는 해도, 빌리가 볼 때 이러한 선택은 정말 미친 짓이었다. 처음 9개 팀 중 8개 팀이나 고교 선수를 선택한 것이다. 프로야구에서 최악의 성적을 거둔 팀들이, 다시 말해 절대 드래프트에서 실패해서는 안 되는 팀들이 카지노에 들어가 승산은 따져보지도 않고 주사위 도박에 매달리는 것이나 다름없었다.

빌리와 폴은 드래프트를 불확실한 주사위 도박이라고 보지 않았다. 굳이 도박에 비유하자면 그들은 블랙잭 테이블의 카드 도박사라고 할 수 있었다. 그들은 카지노 소유주에 맞서 승률을 높일 수 있는 방법을 알고 있었으며, 재수가 좋으면 카지노까지 인수할 수 있을지도 모를 일이었다. 다른 구단들이 고교 선수에게 주사위를 굴릴 때마다 빌리는 기쁨에 넘쳐 주먹을 불끈 쥐었다. 그가 원치 않던 선수들이 하나씩 지명될 때마다 원하는 선수를 얻을 확률이 그만큼 높아지고 있었다. 마침내 밀워키 브루어스가 8순위로 프린스 필더를 지명하자 애슬레틱스의 드래프트실에서는 환호가 터져 나왔다. 이는 곧 메츠가 스콧 캐즈미어를 데려갈 수 있다는 뜻이었다. 실제로 메츠는 그를 지명했다(그리고 그에게 계약금으로 215만 달러를 지급했다). 드래프트가 시작된 지 16분 만에 에릭은 스피커폰에 몸을 기울이고 침착하게 말하려고 애썼다.

"오클랜드는 니콜라스 스위셔를 지명합니다. 1루수 겸 중견수입니다. 웨스트버지니아 주 파커스 출신으로 오하이오주립대학을 나왔습니다. 전 메이저리거 스티브 스위셔의 아들입니다."

고참 스카우터 한 명이 입을 열었다. "프린스 필더가 우릴 살렸군." 애슬레틱스 소속도 아닌 뚱보 선수가 애슬레틱스에 큰 도움을 준 것이다.

마침내 빌리가 자리에서 일어섰다. 스위셔를 품에 넣었는데 더 이상 무엇을 바라겠는가. 어느새 그는 활력이 넘쳐났고, 만족스러운 웃음까지 지어 보였다. 그는 마치 오전에 한밑천 크게 벌고 두려움 없이 오후를 맞이한 주식거래인 같았다. 그런 그에게 새로운 욕망이 생겼다. 시장의 불확실성을 이용하면 더 많은 기회를 잡을 수 있다고 확신했기 때문이다. 어차피 이제부터는 손해 볼 것도 없지 않은가? 얼마나 많은 선수를 더 얻을 수 있을까? 조금 전의 분노도 말끔히 사라져 다른 사람들의 마음에 여운으로만 남아 있을 뿐이다. 그는 이제 타석에 있지 않았다. 경기장 한가운데로 나가 아무도 기대하지 않는 멋진 수비를 해낼 태세를 갖췄다. 리치아디는 빌리와 다른 단장의 차이를 이렇게 설명했다. "빌리는 상어와 같아요. 이 말은 그가 다른 단장보다 똑똑하다는 뜻만은 아닙니다. 그는 정말 끈질겨요. 내가 아는 그 어떤 사람보다도 끈질깁니다."

빌은 희망자 명단을 보면서 폴과 에릭 사이를 오갔다. 폴에게는 자신의 판단이 옳은지를 확인하도록 했고, 에릭에게는 원하는 선수를 지명하도록 했다. 뛰어난 주식거래인처럼 그는 결정 내리기를 즐겼다. 결정은 빠를수록 좋았다. 그는 화이트보드의 상황판에 적힌 선수 명단을 올려다보며 스피커폰에서 나오는 소리를 들었다. 희망자 명단에 있던 투수 세 명(프랜시스, 브라운리와 거스리)은 재빨리 다른 팀에서 채갔다. 하지만 그가 간절히 원하는 16명의 선수가 남아 있었다. 애슬레틱스에 남은 1라운드 지명권 가운데 두 번째는 전체 순위 24번이었다(양키스에 제이슨 지암비를 내주는 조건으로 받은 지명권이었다). 그 뒤로는 26번, 30번, 35번, 37번, 39번 지명권이 남았다. 빌리는 폴, 에릭과 합의해 24번 지명권을 존 매커디에게 쓰기로 했다. 매커디는 메릴랜드대학 출신의 중견수로 희망자 명단의 2순위 타자였다. 그는 험상궂은 얼굴의 야수로 미국 최고의 장타율을 갖췄다. 애슬레틱스는 그에게 수비 비중이 적은 2루수를 맡길 생각이었다. 빌리는 매커디가 제프 켄트(2009년 은퇴한 메이저리그 선수로, 2루수 부문 역대 최다 홈런 기록 보유자 – 옮긴이)의 뒤를 이어 최고의 공격형 2루수가 되리라고 믿었다.

화이트삭스의 지명 차례가 되자 빌리가 말했다. "드디어 블랜턴이 떠날 차례인가."

케니 윌리엄스가 한 시간 전에 빌리에게 전화해 화이트삭스는 블랜턴을 선택하기로 했다고 전했을 때 빌리는 그들이 훌륭한 결정을 내렸다는 것을 인정하지 않을 수 없었다. 빌리가 보기에도 블랜턴은 스탠퍼드대학 출신 투수인 제러미 거스리에 이어 드래프트에서 두 번째로 좋은 투수였기 때문이다.

화이트삭스의 음성이 스피커폰으로 흘러나왔다. "화이트삭스는 재드래프트 103번 로저 링을 선택합니다. 좌완투수. 샌디에이고주립대학. 캘리포니아 주 라메사 출신입니다."

그 순간 빌리는 기쁨에 겨워 비명을 질렀다. "이런 세상에! 설마 농담은 아니겠지!" 그는 윌리엄스가 왜 블랜턴을 데려가겠다는 거짓말을 했는지 이해가 되지 않았지만 굳이 불평을 늘어놓지 않았다. '그는 내가 링을 데려갈까 봐 겁이 났던 걸까? 하지만 블랜턴 대신 링을 선택한다고? 선발투수 대신에 구원투수를?' 어쨌든 한 가지만은 확실했다. 블랜턴은 이제 애슬레틱스의 차지가 될 수도 있다는 것이다. 이 말은 곧 드래프트에서 두 번째로 훌륭한 우완투수를 그들이 차지하게 된다는 뜻이었다. 하지만 확신할 수는 없었다. 빌리는 상황판을 지켜보면서 다음 다섯 차례의 지명권을 가진 단장들이 누구를 선택할지 계산해보았다. 그러고는 확신을 얻은 듯이 이렇게 말했다. "자, 블랜턴은 24순위로 우리한테 올 거야."

에릭은 신이 나서 말했다. "스위셔와 블랜턴이라니, 이거 완전히 홈런

감이군요."

그때 잠시 신중해진 빌리가 말했다. "자이언츠가 매커디를 데려가지는 않겠지?" 샌프란시스코 자이언츠의 25번 지명권은 애슬레틱스가 가진 두 장의 지명권 사이에 있었다. "블랜턴을 24번에, 매커디를 26번에 데려오자."

에릭이 감격해하며 말했다. "스위셔와 블랜턴 그리고 매커디라니, 이게 있을 수 있는 일입니까!"

에릭은 스피커폰의 버튼을 눌렀다. 그는 로토에 당첨된 사람처럼 떨리는 목소리로 24번에 블랜턴을 지명한다고 말했다. 그다음 자이언츠가 지명권을 행사하길 기다렸다가 26번에 매커디를 지명한다고 말했다.

그 순간 방 안의 모든 사람, 애슬레틱스의 구단주와 감독을 포함해 지금 무슨 일이 벌어진 건지 잘 모르는 사람들까지 손뼉을 치며 환호했다. 그들은 이제 빌리가 원하는 걸 모두 얻어냈으니 팀의 미래가 밝을 거라고 굳게 믿었다. 지금까지도 모두 빌리가 선보인 쇼였지만, 그의 쇼는 아직 끝나지 않았다.

빌리는 상황판을 바라보며 이렇게 말했다. "프리츠가 남았군. 우리가 프리츠까지 얻는다면 정말 꿈같은 일이겠지." 벤저민 프리츠는 프레즈노 주립대학 출신의 우완투수였다. 폴 디포디스타의 컴퓨터 분석에 따르면 드래프트에서 세 번째로 훌륭한 우완투수였다.

이때 폴이 급하게 말했다. "티헨이 39순위 이전에 뽑힐 일은 없겠지요?" 그는 빌리의 생각을 알고 있었다. 빌리는 이제 최고의 타자들뿐 아니라 최고의 투수들한테도 눈독을 들이고 있었다. 폴의 '객관적인' 견해에 따르면, 타자는 투수보다 훨씬 나은 투자대상이었다. 그는 드래프트에서 투수를 확보하는 가장 좋은 방법은 한꺼번에 묶어 값을 후려치는 것이라고 생각했다. 그는 투수 때문에 타자를 잃을 위험을 감수하고 싶지 않았다.

빌리가 흥분된 목소리로 말했다. "티헨은 39번으로 데려오자고."

방 안의 누구도 그의 생각에 반대할 이유가 없었다.

빌리가 다시 한 번 말했다. "아니, 프리츠를 30번, 브라운은 35번, 티헨은 37번으로 하지." 에릭은 스피커폰에 몸을 숙이고 다른 팀이 지명하는 소리를 들었다. 애리조나 다이아몬드백스는 27순위로 또 다른 고교 선수를 데려갔고, 시애틀 매리너스는 28순위로 역시 고교 선수를 뽑았다. 휴스턴 애스트로스는 29순위로 프리츠가 아닌 다른 대학 선수를 뽑았다. 그리고 애슬레틱스는 30순위로 프리츠를 지명했다.

신이 난 폴이 말했다. "우리는 방금 미국에서 가장 훌륭한 우완투수 셋 중 둘을 얻었어요. 게다가 최고의 야수 넷 중 둘을 얻었고요."

긴장한 빌리가 입술을 깨물며 말했다. "있을 수 없는 일이지. 이게 정상적이라고 생각하진 말자고."

35번째 지명이 다가오면서 에릭은 다시 한 번 스피커폰에 몸을 숙였다. 그가 좀 더 몸을 숙였다면 다른 구단에서 웃음소리를 감추느라 찰칵거리며 전화기를 끄는 소리를 들었을 것이다. 실제로 그들은 웃고 있었다. 그리고 앞으로도 애슬레틱스가 하려는 일들을 비웃을 것이다. 하지만 그런 상황에서도 한 가지 교훈은 얻을 수 있을 것이다. 과거에 한 번도 비슷한 사례를 본 적이 없다는 이유로 누군가의 행동을 비웃는 태도는 단순한 악덕이 아니라 오히려 사치에 가깝다는 사실을 말이다. 결국 상상력의 부재는 경쟁시장에서의 비효율성으로 이어지게 마련이다. 단지 외모만으로 평가해 선수들에게 기회조차 주지 않는다면 그것이 어떤 결과를 초래할지 그들도 깨닫게 될 것이다.

제러미 브라운에 대해 폴한테 역대 메이저리그 선수 가운데 그와 닮은 선수가 있느냐고 묻자 이틀 동안 대답을 묵히더니 이렇게 대답했다. "비슷한 선수가 하나도 없네요." 한편 투스칼루사에 머물던 브라운은 그 순간 인터넷으로 드래프트 현황을 지켜보면서 손톱을 깨물고 있었을 것이다. 그는 애슬레틱스가 자신을 1라운드에 지명한다는 사실을 완전히 믿지 못한 상태였다. 그래서 자신의 부모와 여자 친구를 제외하고는 아무에게도 그 사실을 말하지 않았으며, 혹시라도 현실이 되지 않을 때를 대비해 절대 소문내지 말라고 신신당부까지 했다. 그는 자신이 웃음거리가 될지도 모른다고 의심했지만, 한편으론 자신의 이름이 불리는 순간만을 고대하고 있었다.

"오클랜드는 재드래프트 1,172번을 지명합니다. 제러미 브라운. 포수. 앨라배마대학. 앨라배마 휴이타운 출신."

에릭이 그를 지명한 지 몇 분 지나지 않아 브라운의 집 전화는 정신없이 울려대기 시작했다. 처음에는 가족과 친구들이었고, 그다음엔 에이전트들이었다. 에이전트들 대부분은 한 번도 통화해본 적조차 없는 사람이었지만 그들은 하나같이 브라운의 에이전트가 되겠다고 나섰다. 스콧 보라스도 그중 한 명으로 그의 대리인이 되고 싶다고 했다. 그들은 애슬레틱스가 약속한 금액보다 최소 50만 달러는 더 받게 해주겠다고 제시할 것이다. 하지만 브라운은 그들에게 이미 애슬레틱스와 직접 계약하기로 했으며, 그 약속을 지킬 것이라고 말할 작정이었다. 그리고 그는 실제로 그렇게 했다.

다음 두 시간 동안 벌어진 일은 빌리 빈에게 그야말로 기적과도 같았다. 처음 7라운드가 막을 내린 순간, 애슬레틱스는 빌리와 폴의 희망자 명단에 들어 있던 타자들 가운데 티헨과 카이거, 스타비스키 그리고 콜라마리노까지 다섯 명을 확보했다. 7라운드에서 에릭이 마지막으로 피츠버그대학 출신의 양손잡이 1루수인 브랜트 콜라마리노를 지명하자, 폴의 표정은 황홀해 보이기까지 했다. 폴은 큰 소리로 이렇게 말했다.

"아마 프로야구계의 누구도 동의하지 않겠지만 브랜트는 미국 최고의 타자일 겁니다." 그의 말은 애슬레틱스의 평가 방식이 얼마나 색다른지를 보여주었다. 그들은 자칭 미국 최고의 타자를 드래프트에서 218순위로 지명한 것이다. 그는 흥분된 목소리로 말했다. "내가 정말 신나는 이유가 뭔지 아세요? 사람들은 그 선수가 치명적인 단점이 있어 고려할 가치도 없다고 생각하지만, 사실 그것이 아무것도 아니라는 겁니다." 브랜트 콜라마리노가 애슬레틱스의 마이너리그 탈의실에서 처음으로 옷을 벗었을 때, 그 장면을 본 코치들은 빌리에게 달려가 "브랜트는 가슴에 젖이 달렸던데요"라고 입을 모아 말했다. 브랜트는 제러미 브라운과 마찬가지로 젊은 야구 선수로서 합당한 체격을 갖추지 못했던 것이다. 하지만 야구 선수에게 그것은 그리 중요한 문제가 아니었다. 빌리가 코치들에게 대꾸한 말은 "남성용 브래지어를 뭐라고 부르지?"라는 한 마디였다.

다른 메이저리그 구단들은 서로 비슷한 생각으로 선수 선발 시장에 나섰다. 그들은 20명의 희망자 명단이 있다면 그중 세 명만 건져도 다행이라고 여겼다. 하지만 오클랜드는 일곱 장의 1라운드 지명권과 선수에 대한 독특한 시각, 그리고 그것을 스카우터들에게 밀어붙일 수 있는 단장이라는 요소가 결합돼 독창적인 방식을 창조해냈다. 그들은 20명의 희망자 명단에서 네 명의 투수와 아홉 명의 타자를 얻어 총 13명이라는 놀라운 성과를 이루어냈다. 선발한 선수들 가운데는 내부 스카우터조차 너무 작거나 마르거나 뚱뚱하거나 느리다는 이유로 무시했던 이들도 있었다. 그중 몇몇은 강속구를 던지지 못한다거나 장타력이 부족하다는 평가를 받기도 했다. 심지어 15라운드가 끝날 때까지 아무도 데려가지 않을 거라는 평가를 받은 선수도 있고, 드래프트에 오른 것만도 다행이라고 여기는 선수도 있었다. 하지만 빌리한테는 그들에 대한 평가가 그리 중요하지 않았다. 그는 야구만 하는 선수를 원했던 것이다.

이 모든 일은 어느 날 갑자기 월스트리트에 큰손이 등장해 채식 전문 식당이나 전기자동차 업체의 주식만 사들이는 것과 다름없었다. 하지만 큰 차이도 있다. 주식에 대한 재평가는 회사와 자금관리자에게 영향을 미친다. 하지만 증권 자체는 남들이 그 내재가치를 어떻게 평가하느냐와는 무관한 사물일 뿐이다. 그런데 야구 선수 시장에서의 재평가는 젊은 선수들의 인생에 커다란 반향을 불러일으켰다. 마치 오클랜드 애슬레틱스의 드래프트실에서 레이저 빔을 발사해 선수 경력에 꼬리표가 붙은 선수들만 찾아낸 것 같았다. 그 꼬리표에는 "그는 프로야구 선수처럼 보이지 않아서 어느 팀에도 가지 못할 것이다"라고 적혀 있었다.

빌리 빈은 프로야구계의 전통적인 관습과 절차를 공격하기 위한 무기고 같은 존재였다. 그는 자신의 주관적인 판단에 맞서 싸운다고 생각했지만, 한편으론 다른 일도 벌어지고 있었다. 언젠가 크리스 피타로는 빌리와 다른 야구인들의 차이는 자신과는 전혀 다른 선수를 찾으려는 욕구에 있다고 했다. 빌리 빈은 자신의 안티테제를 찾으러 여행을 떠났고 마침내 그것을 발견했다. 그가 찾아낸 것은 유니폼을 입은 모습이 그럴듯해 보여야 한다는 첫 번째 관문에서 탈락한 선수들이었다. 바로 야구 외에는 아무것도 할 수 없고, 대학을 나온 젊은이들이었다.

뚱뚱한 몸집의 스카우터 하나가 어슬렁거리며 사무실로 들어섰다. 그는 고참 스카우터 중 한 명으로, 다른 대부분의 스카우터와 마찬가지로 시즌이 끝나면 오클랜드 애슬레틱스를 떠나 자신이 이제껏 해왔던 방식을 인정해주는 구단으로 가게 될 것이다. 그러나 지금 이 순간만큼은 고참 스카우터들도 모두 즐거워하고 있었다. 뚱뚱한 스카우터가 빌에게 간결하게 말했다. "방금 마크와 얘기를 끝냈어요." 마크 카이거는 플로리다대학 출신의 유격수였다. 그는 상대팀 투수를 녹초로 만든 뒤 출루하는 데 일가견이 있지만, 프로야구 선수가 되기에는 체격이 너무 작다는 게 단점이었다. 하지만 그는 이제 오클랜드 애슬레틱스의 5라운드 지명 선수가 될 것이다.

빌리가 물었다. "그가 뭐라고 하던가?"

뚱뚱한 스카우터가 웃으며 대답했다. "드래프트에 들어가는 것만으로도 만족스럽다면서 고맙다는 말을 수없이 반복하더군요."

이날은 아마 빌리 빈의 인생에서 가장 기쁜 날로 기록될 것이다. 그것은 젊은 선수에 대한 잘못된 평가를 바로잡는 새로운 방법을 찾아냈기 때문일 수도 있고, 자신의 인생에서 헛된 기대치를 제거할 수 있었기 때문일 수도 있다. 하루가 끝나갈 무렵, 빌리는 밝은 미소를 지으며 말했다. "오늘은 아마도 내 야구 인생에서 가장 흥미로운 날일 겁니다." 그는 사무실 뒷문을 통해 콜리세움 구장으로 들어갔다. 그는 메이저리그의 오랜 통념을 향해 거대한 미사일을 쏘아 올렸다. 그 미사일의 이름은 바로 오클랜드 애슬레틱스였다.

CHAPTER 6

불공정한 게임에서 이기는 방법

The Science Of Winning An Unfair Game

MONEYBALL

양키스의 방식을 따라서는 안 된다는 것만은 분명하다.
그렇게 하다간 매번 질 수밖에 없다. 그들은 우리보다
세 배나 더 많은 돈을 가지고 구단을 운영하기 때문이다.
– 빌리 빈

빌리 빈에게 닥친 수많은 문제 중 쉽게 해결할 수 있는 것은 하나도 없었다. 그것은 마치 가산점이 붙어 있는 난해한 수학 문제 같았다. 만약 25명의 야구 선수에게 지급할 수 있는 연봉이 4,000만 달러밖에 없는 팀이 있다고 하자. 상대팀은 25명의 선수에게 지급할 1억 2,600만 달러를 준비해놓고, 추가로 1억 달러를 더 비축해두기까지 했다. 이런 팀을 상대로 치욕적인 패배를 면하려면 4,000만 달러를 어떻게 써야 할까?

빌리 빈은 이렇게 말했다. "양키스의 방식을 따라 해선 안 된다는 것만은 분명하다. 그렇게 하다간 매번 질 수밖에 없다. 그들은 우리보다 세 배나 더 많은 돈을 가지고 구단을 운영하기 때문이다."

애슬레틱스처럼 가난한 구단은 최전성기를 누리는 메이저리그 스타급 선수를 사들일 돈은커녕 평균적인 선수조차 살 형편이 못 된다. 메이저리그의 평균 연봉은 230만 달러였지만, 시즌 개막일 기준 애슬레틱스의 평균 연봉은 150만 달러도 채 못 되는 금액이었다. 따라서 다듬어지지 않은 어린 선수나 시장에서 과소평가된 기존 선수를 찾아 나설 수밖에 없다. 하지만 지난 25년간 프로야구계의 연봉 상승세를 감안한다면 메이저리그 선수들 가운데 저평가된 선수가 남아 있을 가능성은 거의 없다. 게다가 선수시장이 합리적으로 운영된다고 해도 재능 있는 선수는 이미 부자 구단에서 모조리 쓸어갔을 테니 가난한 구단이 잡을 수 있는 기회가 남아 있을 리 없다. 그럼에도 애슬레틱스에게는 여전히 기회가 남아 있었다. 과연 어찌 된 일일까? 묘한 일이지만 메이저리그에서도 한심하고 엉터리 같은 방식으로 이와 똑같은 질문을 제기한 적이 있다. 1999년 시즌이 끝난 뒤 메이저리그 사무국은 프로야구의 경제 문제에 관한 블루리본패널(Blue Ribbon Panel, 최고자문위원회)을 구성해 보고서를 작성하도록 했다. 블루리본패널의 목적은 '현재 프로야구 구단의 경제 구도가 실제 경기에서 경쟁력의 불균형을 가져오는가'를 검토하는 것이었다.

이를 위해 메이저리그 사무국 총재인 버드 셀리그는 믿을 만한 전문가 네 명(전 상원의원 조지 미첼, 예일대학교 학장 리처드 레빈, 칼럼니스트 조지 윌, 전 연방준비제도이사회 의장 폴 볼커)을 자문위원으로 초빙했다. 셀리그는 메이저리그에서 가장 무기력하고 가난한 팀인 밀워키 브루어스의 구단주였다. 그는 이번 기회에 브루어스의 문제가 구단의 잘못된 운영 방식이 아니라 가난 때문이라는 사실을 증명해 보이고 싶었던 것이다. 그렇게 해서 위원회 측이 선수의 연봉에 제한을 두어야 하며, 부자 구단이 가난한 구단에 보조금을 지원해야 한다는 결론을 도출해내기를 내심 바랐다. 이런 뻔한 속셈으로 그는 다른 가난한 팀의 구단주들을 끌어들여 위원회에 참여시키려고 했다. 하지만 네 명의 자문위원은 권위가 훼손된다는 이유를 들어 셀리그의 간섭에 제동을 걸었고, 그를 포함한 구단주들은 연구 결과가 나올 때까지 지켜보기로 합의했다.

처음엔 그가 바라는 대로 되어가는 듯했다. 2000년 7월, 위원회는 셀리그의 의도대로 가난한 팀은 이길 기회를 잡기 어렵고, 이러한 절망적인 상황은 전체 야구계의 발전에도 해가 되므로 부자 구단과 가난한 구단의 격차를 최소화하기 위한 방안을 강구해야 한다는 결론을 내놓았다. 그중에서도 야구에 사회주의를 도입해야 한다고 가장 강력하게 주장한 사람은 희한하게도 보수파 칼럼니스트인 조지 윌이었다. 이때 윌이 사람들의 주의를 끌기 위해 인용한 것은 야구에서 상위 7개 부자 구단과 하위 7개 가난한 구단의 연봉 총액 비율이 4대 1이라는 통계자료였다. 이에 비해 프로농구와 프로풋볼에서의 비율은 각각 1.75대 1과 1.5대 1에 불과했다. 그는 야구가 돈으로 성공을 살 수 있는 대표적인 스포츠이며, 이는 스포츠에 대한 죄악이라고 주장했다. 심지어 밀워키 브루어스나 캔자스시티 로열스, 탬파베이 데블레이스의 팬들이 자기 팀의 존재 이유가 그저 뉴욕 양키스에 주기적으로 패배하기 위해서임을 알게 된다면, 그들은 아예 야구를 등지고 말 거라고까지 힘주어 말했다. 한마디로 프로야구의 미래가 이 문제에 달려 있다는 것이었다.

한편으론 이러한 주장에 반대하는 사람도 있었다. 바로 자문위원 중 한 명이었던 폴 볼커였는데, 그는 위원회에서 유일한 경제 분야 전문가이기도 했다. 그는 다음 두 가지의 도발적인 질문을 던져 논쟁을 이끌어냈다.

첫째, 가난한 구단이 그렇게 끔찍한 재정 상태에 놓여 있다면 왜 부자들은 여전히 거액을 지급하고 구단을 인수하려 하는가?

둘째, 가난한 구단에 희망이 없다면 전 야구 팀에서 두 번째로 낮은 연봉 총액을 지급하는 오클랜드가 그렇게 많은 승리를 거둔 이유는 무엇인가?

구단주들은 첫 번째 질문에는 답을 내놓지 못했지만, 두 번째 질문은 빌리 빈을 불러와 직접 답을 듣기로 했다. 묘하게도 바로 전 시즌이었던 1999년 애슬레틱스는 87승 75패를 기록하면서 플레이오프 진출에 실패했다. 하지만 빌리 빈이 처음 단장을 맡은 1998년에 기록한 74승 88패와 비교하면 극적으로 향상된 성적이었다. 그리고 2000년에는 더욱 강한 팀이 될 것으로 전망됐다. 볼커는 확실히 뭔가 이상하다는 생각이 들었다. 만약 프로야구의 성적이 오직 재력으로만 결정된다면 한 팀이라도 예외가 있어선 안 되기 때문이다. 가난한 팀의 성적이 어떻게 그처럼 극적으로 향상될 수 있단 말인가?

마침 뉴욕에 있던 폴 디포디스타가 이러한 내용을 담은 편지를 보내자 빌리는 볼커에게 자신의 팀이 운이 좋은 이유를 설명하기 위해 뉴욕으로 향했다. 그로서는 이런 기회를 얻게 된 것이 반가웠다. 그리고 자신의 구단이 불공평한 처우를 받았다는 결론을 내린 위원회에 조금도 반대할 마음이 없었다. 그래서 만약 선수들의 연봉에 상한선이 생긴다면 기뻐할 일이었고, 양키스와 같은 부자 구단이 자신의 구단에 돈을 일부 떼어준다면 더욱 기뻐할 일이었다. 빌리는 뉴욕에 도착해 위원들 앞에서 빔 프로젝터를 켜고 화면을 띄웠다. 화면에는 다음과 같은 내용이 담겨 있었다.

〈메이저리그〉

불운한 클리블랜드 인디언스에 관한 영화

줄거리: 만년 하위 팀을 소유한 구단주는 팀을 아예 팔아버릴 속셈으로 새로운 선수들을 스프링캠프에 부르기로 한다. 팀 운영진은 그들 대부분이 이미 전성기를 지났다고 불평한다. 팬들은 신문에 실린 선수 명단을 보고 이렇게 말한다. "한 번도 들어본 적이 없는 선수가 절반을 넘는군."

우리의 상황도 이 영화와 아주 비슷합니다.

빌리는 위원회의 동정심을 유발하기 위해 오클랜드 애슬레틱스의 상황과 비슷한 영화를 예로 든 것이다. 그가 강조하고 싶었던 것은 애슬레틱스가 유명한 스타 선수를 데려올 수 없다면, 팀 성적이 아무리 좋아도 팬들이 떠나갈 수밖에 없다는 것이었다. 하지만 그것은 사실이 아니었다. 애슬레틱스가 조사한 결과에 따르면 팬들은 오직 승리에만 관심이 있었다. 보잘것없는 선수들이 승리를 거두면 그때부터 팬이 형성되고, 그들은 스타가 된다. 거꾸로 스타 선수들이 계속 패배한다면 팬들은 경기장을 찾지 않게 되고, 스타 선수는 보잘것없는 선수로 전락하고 만다. 이런 보잘것없는 선수들을 모아 집중적인 훈련을 거쳐 승리하기 위한 완벽한 야구 기계로 만들고, 이들이 스타로 떠오르는 모습을 지켜보는 것은 가난한 구단을 운영하는 사람이 누릴 수 있는 즐거움 중 하나였다.

또한 빌리는 위원회에서 선수들에게 시세대로 연봉을 지급할 수 없다면 애슬레틱스의 성공도 일시적인 현상으로 끝날 거라고 말했다. 이는 위원회에서 기대했던 대답이었지만, 빌리의 속마음은 이와 달랐다. 앞서 폴 볼커가 의문을 제기했듯이, 빌리는 현재 선수시장이 매우 비효율적이며 제대로 된 전략에 대한 이해도가 떨어지기 때문에 뛰어난 운영진을 보유한 구단이라면 부자 구단을 뛰어넘을 수 있다고 믿었다. 그리고 그는 경기를 통해 자신의 믿음을 입증했다. 1999년 87승을 기록했던 애슬레틱스는 2000년에 91승을 거뒀고, 2001년에는 102승을 거두면서 2년 연속으로 플레이오프 진출에 성공한 것이다.

일반적인 예상과 달리, 애슬레틱스는 갈수록 나빠지는 게 아니라 오히려 더 나아졌다. 다른 구단과의 연봉 격차가 빠르게 벌어졌지만 애슬레틱스의 경기 결과에는 별다른 영향을 주지 않았다. 매년 오클랜드 구단의 재정 형편은 점점 악화되고 있는 상황이었음에도 승률은 더 높아졌다. 어쩌면 그들은 그저 운이 좋았을 수도 있다. 그게 아니라면 그들 스스로 믿고 있듯이 갈수록 더욱 효율적인 팀으로 발전하는 것일 수도 있다. 2001년 애슬레틱스는 2년 연속으로 플레이오프 최종전에서 양키스에 패하고 말았다. 하지만 오클랜드 구단 프런트는 자신들이 양키스보다 더 훌륭한 팀이며, 양키스는 운이 좋았을 뿐이라고 생각했다. 그것은 양키스 구단에서도 어느 정도 인정한 사실이었다. 2001년 플레이오프가 끝나자마자 양키스에서 애슬레틱스의 제이슨 지암비를 영입하며 총 1억 2,000만 달러의 금액 중 일부를 먼저 지급한 것도 그가 다시는 애슬레틱스의 선수로 뛰지 못하게 하기 위한 것이었다.

어쨌든 2002년 시즌이 시작되자 애슬레틱스는 적은 돈으로 수많은 경기에서 승리를 거두면서 메이저리그 총재인 버드 셀리그를 비롯해 사무국 사람들을 당황하게 만들었다. 이들은 그동안 애슬레틱스의 성공을 가리켜 '일탈'이라 불렀고, 그 의미에 대해선 '운이 좋을 뿐'이라는 식으로 얼버무리며 언젠가 그 행운도 다하는 날이 올 거라고 말했다. 그런데 2002년이야말로 애슬레틱스의 운이 다한 것처럼 보였다. 애슬레틱스와 다른 구단들의 연봉 총액의 상대적 격차가 더욱 커진 것이다. 시즌 개막일 기준 양키스와 애슬레틱스의 총연봉 차이는 1999년 6,200만 달러에서 2002년 9,000만 달러까지 벌어졌다. 게다가 그들이 보유한 스타 선수 세 명인 제이슨 이스링하우젠과 자니 데이먼, 제이슨 지암비까지 자유계약선수로 풀려 다른 부자 구단으로 떠나보냈다. 최고자문위원회에서 가난한 구단에 닥칠 수 있는 최악의 상황이라고 예측했던 바로 그 시나리오가 2002년 오클랜드 애슬레틱스에서 현실화된 것이다.

버드 셀리그와 같은 경제결정론자들이 놀란 것은 이 같은 상황에서도 애슬레틱스가 결코 포기하지 않았다는 것이다. 물론 프로 스포츠에서 포기란 있을 수 없는 일이다. 하지만 선수들로서는 승리에 대한 희망을 버린 채 그저 매일 경기장에 모습만 보이고 봉급을 받아갈 수도 있다. 프로

스포츠계에는 '리빌딩rebuilding'이라는 용어가 있다. 리빌딩은 메이저리그계에서 자주 겪는 과정으로, 이번 시즌 성적에 연연해하지 않고 다음 시즌을 준비하는 것이다. 캔자스시티 로열스 같은 구단은 4, 5년째 리빌딩 중이었고, 셀리그가 구단주인 밀워키 브루어스도 벌써 10년째 리빌딩 중이었다. 하지만 애슬레틱스가 그렇게 하지 않았던 이유는 자신들이 계속 승리를 거둘 수 있다는 것을 믿었기 때문이다. 그들은 2001년만큼 많은 승리를 거둘 수는 없을지 몰라도 플레이오프에는 진출할 수 있을 거라고 믿었다.

2002년 시즌이 시작되기 전, 폴 디포디스타는 앞으로 6개월간 팀을 어떻게 꾸려나갈 것인지를 두고 수학 문제를 풀듯 한 단계씩 풀어나가기로 했다. 먼저 플레이오프에 진출하는 데 필요한 총승수를 계산해봤더니 95승이었다. 그다음에는 95승을 거두려면 다른 팀에 내주는 점수보다 최소한 몇 점을 더 얻어야 하는지를 계산했다. 답은 135점이었다(시즌의 총득점과 승수 사이에 일정한 관계가 있다는 것은 제임스가 발견한 이론이다). 그다음에는 소속 선수들의 과거 성적을 자료로 삼아 그들이 실제로 몇 점을 얻고 몇 점을 내줄 것인지 합리적으로 산출해보았다. 그 결과 선수들의 부상과 같은 변수만 없으면 800~820점을 얻고, 650~670점을 허용할 것이다.• 이를 근거로 폴은 애슬레틱스가 93~97승을 거둬 플레이오프에 나갈 수 있을 거라는 결론을 내렸다. 그는 자료를 근거로 담담하게 말했다. "95승을 거두고도 플레이오프에 나가지 못하는 팀은 거의 없을 겁니다. 그런데도 플레이오프에 나가지 못한다면 그것은 어쩔 수 없는 일이라고 생각합니다."

• 애슬레틱스는 실제로 800점을 얻고 653점을 허용했다.

2001년 오클랜드 애슬레틱스는 정규 시즌에서 102승을 거두었다. 하지만 2002년에는 자신들의 핵심 전력으로 평가되던 세 명의 선수를 선수시장에 내보내고 시즌을 시작해야 한다. 그럼에도 전년보다 고작 7승만 줄어들 거라고 예상한 것이다. 어떻게 그럴 수 있을까? 이들의 계산법을 이해하려면 다른 부자 구단이 세 명의 스타 선수를 스카우트해갔을 때 이들이 실제로 잃는 것이 무엇인지 살펴보는 수밖에 없다.

그중 가장 쉽게 생각해볼 수 있는 선수는 강속구를 던지는 마무리 투수인 제이슨 이스링하우젠이다. 빌리 빈이 1999년 시즌 중반에 이스링하우젠을 트레이드로 데려올 때만 해도 그는 뉴욕 메츠의 마이너리그 투수에 불과했다. 빌리가 그와 함께 좀 더 비싼 투수인 그레그 맥마이클 그리고 맥마이클의 연봉으로 지급할 현금까지 받아오면서 메츠에 내준 것이라고는 마무리 투수로 정평이 나 있던 빌리 테일러 한 명뿐이었다. 테일러는 몇 년 전 빌리가 마이너리그에서 불과 수천 달러만 주고 데려온 선수인데, 메츠로 이적한 지 얼마 되지 않아 쓸모없는 투수로 전락하고 말았다.

빌리는 마이너리그의 별 볼 일 없는 투수를 어엿한 메이저리그 마무리 투수로 변모시킨 뒤, 이들이 자유계약 선수가 되고 나서 수백만 달러의 연봉을 요구하면 거절하고 다른 팀으로 보냈다. 마무리 투수는 사오는 것보다 키우는 것이 더 효과적이라는 게 빌리의 생각이었기 때문이다. 실력을 인정받는 마무리 투수는 '세이브'라는 기록 덕분에 선수시장에서 실제 가치보다 과도하게 책정되는 경향이 있다. 물론 '위기에서 구해낸다'는 뜻을 지닌 세이브라는 용어만 놓고 보면, 세이브를 달성한 선수는 매우 중요한 존재라는 느낌이 든다. 하지만 세이브로 묘사되는 전형적인 경우, 예를 들어 팀이 이기는 가운데 9회에 상대팀 주자가 없는 상황은 투수가 직면하는 수많은 다른 상황과 비교할 때 특별히 더 위태롭지는 않다.

제임스식으로 말하자면 마무리 투수의 기록은 그저 숫자일 뿐 언어의 힘을 가지고 있지 않다. 따라서 평균보다 조금 나은 투수를 데려와 마무리 보직을 맡겨 화려한 세이브 숫자를 쌓게 한 뒤 팔아버리면 그만이다. 주식을 사서 거짓 정보를 퍼뜨려 주가를 부풀린 뒤 원래보다 훨씬 비싼 값에 되파는 것과 본질적으로 다르지 않다. 빌리는 이미 두 차례 그렇게 했고, 앞으로도 얼마든지 그렇게 할 수 있다고 생각했다.

따라서 제이슨 이스링하우젠의 방출은 애슬레틱스에 손실이 아니라 '마무리 투수 판매'로 수익성을 확보한 것이나 다름없었다. 세인트루이스 카디널스에 이스링하우젠을 보낸 대가로 애슬레틱스는 두 가지 자산을 얻었다. 바로 카디널스의 1라운드 지명권과 보상지명권이었다. 애슬레틱스는 이 1라운드 지명권으로 앞 장에서 밝혔듯이 이스링하우젠보다 훨씬 싸면서도 장래가 유망한 투수로 판단되는 벤저민 프리츠를 얻었고, 보상지명권으로는 제러미 브라운을 얻었다.

최고자문위원회의 질문은 애초부터 잘못된 것이었다. 그들은 구단 소속의 스타 선수가 6년간의 의무 계약 기간을 마치고 자유계약 선수가 된 뒤에도 구단이 계속 그 선수를 보유할 수 있는지 묻지 않았다. 그들은 '처음에 어떻게 스타 선수를 찾아내는가?' '기존에 보유한 스타 선수를 잃는다면 어떻게 새로운 선수로 대체할 것인가?' '선수들의 대체 가능성은 얼마나 되는가?' 등을 물어야 했다. 가령 마지막 질문의 대답은 '구단 운영자들의 생각보다는 훨씬 쉽게 대체할 수 있다'는 것이다.

애슬레틱스는 훌륭한 마무리 투수가 될 만한 선수를 찾는 데 별다른 어려움을 느끼지 않았다. 우선 마무리 투수의 공백을 메우고자 토론토 블루제이스에 마이너리그 3루수인 에릭 힌스케를 보내는 대신에 아직 다듬어지지 않았지만 강속구 투수인 빌리 코치를 데려왔다. 힌스케는 2002년 아메리칸리그에서 '올해의 신인'으로 뽑히기도 했다. 애슬레틱스도 그가 매우 훌륭한 선수라고 생각했지만 자신들한테는 이미 더 훌륭한 3루수인 에릭 차베스(2011년 뉴욕 양키스로 이적-옮긴이)가 있었다. 빌리 빈은 예상치 못한 불상사만 발생하지 않는다면 코치 역시 팀의 귀중한 자산으로 성장하리라고 믿었다. 그리고 팀의 구원투수로서 세이브 기록을 쌓아나가 실제 가치 이상으로 팀의 승리에 중추적인 역할을 한다는 인식을 심어줄 것이다. 그때가 되면 애슬레틱스는 더 싸고 젊으며 더 큰 잠재력을 가진 선수와 교환하는 조건으로 그를 트레이드할 수도 있을 것이다.

한편 애슬레틱스의 중견수였던 자니 데이먼을 잃은 것은 성격이 크게 달랐다. 데이먼을 보스턴에 보낸 대가로 애슬레틱스는 레드삭스의 1라운드 지명권을 받아 닉 스위셔를 데려오고, 추가로 보상지명권을 받았다. 하지만 데이먼이 떠나면서 애슬레틱스에는 눈에 띄는 공백이 두 가지나 생겼다. 수비의 중견수와 공격의 선두타자 자리가 모두 비어버린 것이다. 이 중 선두타자의 기능은 데이먼의 기여도가 쉽게 파악되는 만큼 미련도 빨리 떨칠 수 있었다.

빌리 빈은 1999년 시즌을 앞두고 폴 디포디스타를 고용했지만, 폴은 그보다 훨씬 전부터 팀의 승리 요인을 분석해왔다. 그는 1990년대 중반 하버드대학을 졸업한 뒤 얼마 후부터 20세기 이래 활동한 모든 프로야구팀의 통계를 하나의 방정식에 대입해 그중 어떤 기록이 승률과 가장 밀접하게 연관되는지 분석했다. 그 결과 두 가지 공격 부문의 통계를 알아냈는데, 바로 출루율과 장타율이었다. 그 밖의 통계는 이 두 가지에 비하면 중요도가 훨씬 떨어졌다.

폴은 오클랜드 구단에 입사한 뒤부터는 출루율과 장타율의 상관관계를 밝히는 데 매달렸다. 그는 일정한 조건을 가정해 이론적으로 답을 찾아보기 시작했다. 만약 한 팀이 10할의 출루율(1,000번의 출루)을 기록한다면, 즉 타자들이 모두 출루한다면 몇 점이나 낼 수 있을까?• 단 한 명의 타자도 아웃되지 않았기 때문에 정답은 무한대일 것이다. 그러면 한 팀의 장타율이 10할을 기록한다면, 즉 타자들이 모두 타수만큼 출루한다면 이 팀은 몇 점을 낼 수 있을까? 물론 장타를 기록한 방법에 따라 다르기는 하겠지만 무한대의 점수보다는 훨씬 적은 점수를 얻을 것이다. 가령 한 팀이 한 이닝에 네 명의 타자를 타석에 내보냈는데, 첫 번째 타자가 홈런을 치고 나머지 셋은 아웃되었다고 하자. 결과적으로 4타수에 4개의 베이스를 점유했으니 장타율은 10할이지만, 거기서 얻은 점수는 1점에 불과하다.

그 당시는 야구팬과 해설자들이 출루율과 장타율에 집착했던 제임스의 견해에 동조하기 시작하던 참이었다. 그리고 서서히 OPS라는 새로운 지표에 눈길을 주고 있었다. OPS는 출루율과 장타율을 단순하게 합산한 수치였다. 단순하기는 해도 OPS는 팀의 득점을 예측하는 데 다른 어떤 공격 부문의 통계보다 훨씬 정확한 지표였다. 그러나 두 가지 기록을 단순히 합산하는 방식은 이 둘이 동등한 중요성을 지녔다는 식으로 해석될 소지가 있었다. 만일 어느 팀이 오직 OPS를 올리는 것만 목표로 삼는다면, 일정 포인트의 출루율 증가와 장타율 증가를 똑같은 것으로 취급하는 문제가 발생한다.

폴은 출루율과 장타율을 똑같이 취급한다는 가정에 문제점을 느꼈고,

• 이러한 '비율'을 두 번 생각했다간 머리가 터지고 말지도 모른다. 110퍼센트와 10할의 출루율은 전혀 다른 얘기다. 출루율은 실제로 '1,000타수'당 출루한 횟수다. 10번당 네 번 출루한 타자의 출루율은 4할이 된다. 장타율은 좀 더 복잡한데, '4,000타수'당 장타를 친 횟수를 뜻한다. 완벽한 장타율은 4,000홈런/4,000타수가 되며, 타석에 나갈 때마다 매번 4개의 베이스를 돈다는 말이다. 그러나 편의상 출루율과 장타율은 같은 기준에 따라 측정된다. 어쨌든 대부분의 메이저리그 선수는 3할에서 4할 사이의 출루율과 3할 5푼에서 5할 5푼 사이의 장타율을 기록한다.

그것이 부조리하다는 결론을 내렸다. 출루율 증가가 똑같은 비율의 장타율 증가보다 가치가 크다는 것은 분명했다. 문제는 가치가 얼마나 더 큰가 하는 것이었다. 그는 제임스의 RC 공식을 자기 방식대로 손보기 시작했으며, 마침내 과거에 나왔던 그 어떤 공식보다 더 정확한 득점 예측 모형을 만들어냈다. 그의 공식에 따르면 출루율 증가는 동일한 비율의 장타율 증가보다 세 배나 큰 가치가 있었다.

폴의 주장은 세이버메트리션들의 기준으로 보더라도 급진적인 면이 있었다. 제임스와 다른 분석가들은 출루율의 중요성을 강조하기는 했지만, 출루율이 장타율보다 세 배나 큰 가치가 있다고 생각하지는 않았다. 공격 부문에 관한 대부분의 모형은 출루율 증가가 장타율의 증가보다 기껏해야 1.5배 정도만 더 가치 있다고 가정했다. 더욱이 메이저리그는 세이버메트리션들처럼 출루율을 높게 평가하지 않았기 때문에 폴의 주장은 사실상 이단이나 다름없었다.

폴은 빌리 빈을 찾아가 자신의 주장을 펼쳐 보였으며, 빌리는 그의 주장이 이제껏 자신이 들어본 얘기 중에서 가장 훌륭하다고 생각했다. 빌리에게 이단은 곧 훌륭한 기회를 뜻했다. 선수의 출루 능력은, 특히 평범한 방식으로 출루한 경우라면 다른 능력과 비교해 대단히 낮게 평가되는 경향이 있었다. 출루, 다시 말해 아웃을 피하는 능력은 수비 능력이나 빠른 발과는 비교도 되지 못했으며 장타력에 비해서도 하찮게 여겨졌다. 그 덕분에 팀의 승리에서 가장 핵심적인 역할을 하는 출루율 좋은 선수를 헐값에 사들이는 것이 가능해졌다. 오클랜드 애슬레틱스의 프런트는 원래 선수의 출루 능력에 보통 이상의 관심을 보였지만, 이때부터는 거의 집착하다시피 했다.

야구 관계자들이 보기에 자니 데이먼은 뛰어난 도루 능력까지 갖춘 출중한 선두타자였다. 하지만 빌리와 폴이 보기에는 쾌활한 성격으로 함께 어울리기엔 즐거운 사람이었지만, 공격력 측면에서는 쉽게 대체할 수 있는 선수였다. 2001년 그의 출루율은 3할 2푼 4리였는데, 이는 메이저리그 평균보다 1푼 정도 낮은 기록이었다. 그는 실제로 도루 능력이 뛰어나긴 했지만, 오클랜드 프런트는 위험을 무릅써야 하는 도루를 별로 좋아하지 않았다. 그들의 계산법으로는 상황에 따라 다르긴 하지만 일반적으로 도루 성공률이 70퍼센트를 넘어야 팀의 득점에 이바지할 수 있었다.

따라서 2001년 오클랜드 애슬레틱스로서는 공격 부문의 데이먼은 꼭 필요한 존재가 아니었다. 하지만 수비에서는 그렇지 않았다. 결론이 이렇게 나자 그들은 데이먼을 테렌스 롱이라는 중견수로 대체했을 때 애슬레틱스의 손실이 얼마나 큰지를 측정해보고자 했다. 물론 정확하게 측정한다는 것은 불가능했지만, 최대한 근사치의 답을 끌어낼 수 있었다. 그것은 빌 제임스 덕분이기도 했는데, 제임스가 최초로 수비 부문의 통계가 무의미하다고 불평하던 순간부터 일부 진전이 있었다. 이처럼 해묵은 문제에 새로운 정보와 사고방식을 적용함으로써 이루어진 진전의 계기는 묘하게도 월스트리트에서 나온 것이었다.

1980년대 초반 미국의 금융시장은 엄청난 변화를 겪었다. 컴퓨터 기술과 지적 진보가 결합하면서 금융선물과 금융옵션이라는 전례 없이 새로운 시장이 열렸다. 옵션과 선물은 주식과 채권의 파생물에 불과했지만, 얼마 지나지 않아 그 성격이 너무 복잡하고 난해해지는 바람에 월스트리트에서는 별도로 '파생상품'이라는 용어까지 만들어졌다. 새로운 파생상품은 기존의 주식이나 채권과는 그 성격이 판이하게 달랐다. 선물과 옵션은 정확히 정량화할 수 있는 일정한 가치를 지닌다. 반면에 주식이나 채권은 그 가치가 정확하게 얼마가 되어야 하는지 누구도 말할 수 없으며, 금융시장의 변동에 따라 가치가 매겨진다. 그러나 주식이나 채권의 파생물을 다시 원래대로 붙여놓으면 원래의 주식이나 채권, 즉 기초자산과 정확하게 같은 가치를 지녀야 한다. 만약 파생물이 원래의 주식이나 채권보다 가치가 적거나 많다면 증권시장은 '비효율적'이라는 판단을 내리게 되고, 중개인들은 파생물만 거래함으로써 큰 이익을 남기게 된다.

그 뒤로 거의 10여 년간에 걸쳐 이 점을 빨리 간파한 사람일수록 사실상 위험부담이 최소화된 상태에서 막대한 수익을 거두었다. 이러한 계산법을 남들보다 앞서 알아챈 이들은 일반 증권업자들이 아니었다. 그들은 금융가에서 떼돈을 벌기 위해 하버드나 스탠퍼드, MIT에서 하던 일을 그만두고 나온 숙련된 수학자와 통계학자 그리고 과학자들이었다. 이처럼 새로운 지식으로 무장한 투자자들이 엄청난 거액을 벌어들이면서 월스트리트의 투자 행태는 이전과 완전히 달라졌다. 즉 직감에 의존하는 대신 정량적 분석을 통해 투자하게 되었다. 파생상품의 탄생이 낳은 경제적 의의는 오랜 기간 리스크에 집착해오던 금융인들한테 좀 더 정확하게 위험을 측정하고 그에 따라 효율적으로 분배하는 길을 열어놓았다는 점이다. 또한 사회적 의의로는 큰 야심을 가진 사람들에게 '비효율성'은 곧 '기회'로 연결된다는 새로운 인식을 심어준 동시에 똑똑한 '두뇌'가 '돈'을 벌 수 있다는 오랜 진리를 더욱 확고하게 만들어주었다는 점을 들 수 있다.

이들 야심가 중에 켄 모리엘로와 잭 암브루스터라는 인물이 있었다. 이들은 높은 수익률을 내는 시카고 증권사 소속이었는데, 모리엘로는 파생상품의 가치를 분석하고 암브루스터는 상품 판매를 담당했다. 이들의 회사는 유례없이 정교하게 금융 리스크를 평가하는 것으로 정평이 나 있었다. 얼마 뒤 이들은 야구에도 같은 방식을 적용할 수 있다는 사실을 깨달았다. 암브루스터는 이렇게 말했다. "1980년대 후반부터 모리엘로는 메이저리그 선수에게도 파생상품과 같은 접근방식을 취하기 시작했어요. 메이저리그에서는 통계가 있는 그대로의 사실을 반영하지 않았으며, 심지어 거짓된 상황을 꾸며내고 있었으니까요."

모리엘로와 암브루스터의 목표는 경기 도중에 일어나는 각종 상황들의 가치를 과거의 그 어떤 방식보다 더 정확하게 평가하는 것이었다. 1994년 이들은 파생상품 분석 업무를 그만두고, AVM 시스템이라는 이름의 야구 선수 전문 분석회사를 설립했다.

모리엘로는 복잡한 금융시장과 야구 사이에 '엉터리 자료로 발생한 비효율성'이라는 공통점이 있다는 점에 주목했다. 빌 제임스가 증명했듯이 기존의 야구 자료는 행운과 요령의 결합에 지나지 않았으며, 야구 경기 도중 벌어지는 수많은 상황은 그저 무시당하기 일쑤였다. 가령 투아웃에 주자가 2루에 있는 상황이라면 투수는 자신이 구사할 수 있는 최고의 공을 던질 것이다. 이때 타자가 좌익수 방향으로 뜬공을 날린다면 그 공은 좌익수에게 잡히고 그 회를 무사히 마칠 수 있다. 그런데 그날의 좌익수가 앨버트 벨(1990년대 클리블랜드 외야수로 메이저리그 최고의 강타자로 이름을 날렸으나 수비 능력은 좋지 못했음 – 옮긴이)이라면 상황은 완전히 달라진다. 2루에 있던 주자가 타구의 방향을 보고 벨이 잡기에 거리가 있을 뿐 아니라 그의 송구 능력이 떨어지는 것도 알고 있었다면 3루는 물론이고 그대로 홈까지 전력 질주할 것이다. 그러나 경기 기록에는 타자의 성공과 투수의 실패만 나타나고, 좌익수와 주자의 역할은 남지 않는다. 이러한 기록은 터무니없는 것이다. 실제로는 투수와 주자의 공로를 인정하고 타자와 좌익수는 질책받아야 마땅할 것이다. 타자는 뜬공을 쳤고, 좌익수는 '실책'을 기록하진 않았지만 잘못된 수비로 상대팀에 점수를 내주었기 때문이다.

이런 식으로 정확하게 평가하자면 경기장의 상황이나 관련된 선수에 따라 거의 모든 경기 내용을 다시 기록해야 한다. AVM이 실제로 분석하고자 했던 것도 야구장에서 벌어지는 모든 상황에 선수가 어느 정도 책임지고 있으며, 그에 따라 선수의 공과가 어떻게 평가될 수 있는가 하는 것이었다. 그것이 가능하다면 수많은 질문을 해결할 수 있을 것이다. 가령 앨버트 벨은 뜬공을 처리하지 못해 자신이 내준 점수를 벌충하려면 얼마나 많은 2루타를 쳐야 하는가?

선수의 경기력을 어떻게 계산하는가 하는 문제는 명확하다. 그것은 바로 득점이었다. 금융시장의 돈과 마찬가지로 야구의 득점은 구장에서 벌어지는 모든 상황의 공통분모다. 하지만 구장에서 일어나는 각각의 사소한 상황이 어느 정도의 가치를 지니는지 평가하는 것은 좀 더 복잡한 문제다. AVM은 10년간 메이저리그에서 벌어졌던 모든 경기 상황에 대해 공 하나하나의 기록까지 수집함으로써 이 문제를 해결했다. 이들은 투수가 공을 던진 뒤 발생하는 모든 플레이를 과거 10년 동안 전형적으로 발생했던 상황과 체계적으로 비교해보았다. 이 일에 대해 암브루스터는 이렇게 말했다. “경기 도중에 벌어지는 모든 것은 과거에 이미 수천 번은 더 벌어졌던 상황이 반복되는 것일 뿐이다.” 또한 그와 관련된 선수의 경기력도 통계의 평균치를 기준으로 판단할 수 있다는 것이다.

이러한 방식은 빌 제임스와 딕 크레이머가 10년 전 스태츠를 설립하면서 제시했던 방식과 크게 다르지 않았다. 그러나 AVM은 자료 분석과 선수의 경기력 평가에 더욱 정확성을 기함으로써 야구에 대한 새로운 지식에 독창적으로 이바지했다. 먼저 모리엘로와 암브루스터는 메이저리그 전 구장의 각 지점을 수학적 행렬로 표시하는 일부터 시작했다. 이들은 각각의 지점을 전부 숫자로 표시했으며, 그에 따라 모든 타구를 다시 분류했다. 이들의 기록표에는 2루타나 뜬공 또는 직선 타구나 땅볼 따위의 허술한 용어는 존재하지 않았으며, 훨씬 세밀한 분류 체계를 사용했다. 모든 타구는 특정한 속도와 궤적을 지니며 필드의 특정한 지점에 떨어지게 된다. AVM의 경기 기록 방식에 따르면 직선으로 날아간 좌중간 2루타는 특정한 힘을 받고 643번 지점에 떨어진 타구로 기록되었다.

또한 AVM은 경기 도중 벌어지는 모든 플레이를 수없이 많은 작고도 의미 있는 파편, 즉 파생물로 나눴다. 암브루스터는 이렇게 설명했다. "야구 경기 중에는 기존의 방식으로는 절대로 기록할 수 없는 온갖 종류의 상황이 벌어질 수 있다." 간단한 예를 들어보겠다. 타자가 우익수 앞 1루타를 날리자 1루에 있던 주자는 우익수가 라울 몬데시(1990년대 LA 다저스에서 활동했던 외야수로, 강한 어깨와 정확한 송구로 유명함－옮긴이)인 것을 감안해 3루까지 내달리지 않고 2루에서 멈춘다. 몬데시가 우익수를 맡은 경기에서 우전 안타가 나오면 1루 주자가 3루까지 뛰는 경우는 거의 없었다. 이 파편적인 사실에는 분명히 그 가치를 인정할 만한 뭔가가 담겨 있다. 월스트리트의 그 누구도 파생물의 거래를 통해 거액의 현금이 발생하기 전까지는 주식이나 채권의 파생물이 어떤 가치를 지니는지 생각해본 적이 없었다. 마찬가지로 선수의 몸값이 엄청나게 비싸지기 전까지는 프로야구 시장의 그 누구도 선수의 경기력을 구성하는 세밀한 요소에 가치를 부여하지 않았던 것이다.

빌 제임스의 업적은 기존의 성적 통계가 가지는 의미에 의문을 제기하고 전통적인 경기의 이해 방식에 정면으로 도전했다는 데 그 의의가 있다. 여기서 더 나아가 AVM의 금융 전문가들은 기존의 통계를 무시하고 경기장에서 일어나는 모든 상황을 다시 기록했다. 타점이나 세이브처럼 상황에 따라 변화하는 기록뿐 아니라 기존의 모든 야구 기록을 무시한 것이다. 그리고 일반 팬들이 즐기는 실제 경기를 추상적인 개념들로 바꿔놓았다. AVM의 컴퓨터에서 야구 경기는 파생물들의 집합체에 불과하며, 이 추상화한 세계에서 선수들은 현실 세계보다 훨씬 정확한 평가를 받게 된다.

월스트리트 증권거래인에서 야구 분석가로 변신한 이들이 메이저리그 구단들을 돌아다니며 홍보에 나설 무렵, 폴 디포디스타는 클리블랜드 인디언스의 수습 직원으로 일하고 있었다. 이들의 프레젠테이션을 지켜본 폴의 첫 반응은 '오 하느님, 맙소사!'였다. 그는 그때의 느낌을 이렇게 회상했다. "눈이 번쩍 뜨이는 느낌이었어요. AVM의 가장 큰 업적은 야구에서 행운이라는 요소를 완전히 제거했다는 겁니다. 사람들은 경기에서 행운이 얼마나 큰 작용을 하는지 알고 있으면서도 그저 '행운은 누구에게나 공평해'라고 말하곤 하죠. 하지만 AVM의 생각은 달랐어요. '이제 공평해졌다'라고 말할 수 있는 상황이 오더라도 그것으론 만족할 수 없다고 했죠."

금융시장에서 싹을 틔운 통찰력은 한 젊은이의 정신에도 깊이 뿌리를 내렸다. 그리고 그것은 메이저리그 현장에서 발휘할 수 있는 힘으로 발전했다. 1998년 빌리 빈이 폴 디포디스타를 고용하고 나서 얼마 뒤에 폴은 빌리를 설득해 AVM의 시스템을 구단에 도입하도록 했다. 폴은 이렇게 말했다. "나는 원래부터 이 시스템에 흥미가 있었어요. 그들은 남들이 하듯 비전통적인 방식으로 전통적인 통계를 뒤따르는 데 그치지 않고 새로운 통계를 만들어냈다고요." 그 당시 AVM 시스템은 부자 구단에나 어울릴 법한 사치였지만, 경쟁력 강화를 위한 의지만은 어느 구단 못지않았던 빌리는 마침내 결단을 내렸다. 빌리와 폴은 AVM 시스템을 몇 년간 활용한 뒤 그다음부터는 비용을 아끼는 차원에서 직접 이들의 방식을 따라 해보기로 한 것이다.

폴은 모든 경기 상황을 수집한 뒤 빌리와 함께 AVM 방식을 모방해 자니 데이먼의 수비력에 관한 의문에 직접 해답을 만들어보기로 했다. 폴의 해석에 따르면 경기에서 벌어지는 모든 사건은 '기대 점수치expected run value'를 지닌다. 기대 점수치를 이해하는 데 계산 능력이 꼭 필요하지는 않다. 경기 도중에 벌어지는 모든 플레이는 아주 미묘하게 팀의 득점 기회를 변화시킨다. 다시 말해 우리가 눈치 채지 못하는 사이에 경기 상황을 바꿔놓기도 한다. 예를 들어 노아웃에 주자가 없는 상황에서 타자가 초구를 맞이할 경우 기대 점수치는 약 0.55점이다. 이와 똑같은 상황에서 야구팀의 평균 득점이 그렇게 나왔기 때문이다. 그런데 타자가 2루타를 치면 그는 노아웃에 주자가 2루로 나간 새로운 경기 '상황'을 만들어 기대 점수치는 1.1점이 된다. 그렇다면 2루타를 친 선두타자는 팀의 득점에 0.55점(1.1점에서 0.55점을 뺀 것)을 공헌했다고 할 수 있다. 만일 타자가 2루타를 치는 대신 삼진을 당하면 팀의 기대 점수치는 0.3점으로 낮아지게 된다. 그러면 타자는 팀의 득점에 0.25점(원래 상황의 기대 점수치에서 타자가 만들어놓은 상황의 기대 점수치를 뺀 것)의 손실을 입힌 셈이다.

이러한 계산이 문제의 핵심을 파고들었다고는 볼 수 없다. 행운을 완전히 배제한 채 선수의 경기력이 지닌 가치를 더 깊이 이해하려면 야구의 존재론적 문제까지 거론해야 하기 때문이다. 예를 들어 '2루타는 무엇인가?'라는 문제도 '타자가 수비수의 실책 없이 2루까지 진루할 수 있게 공을 치는 것'이라는 정의만으론 충분치 않다. 야구 경기를 본 사람이라면 누구나 느끼는 것이지만 2루타라고 해서 다 같은 2루타가 아니다. 때로는 아웃되었어야 마땅한 행운의 2루타도 있고, 2루타가 되어야 마땅한데 신출귀몰한 수비수가 공중에서 공을 낚아챈 운 나쁜 아웃도 있다. 따라서 행운을 완전히 배제하려면 2루타의 의미에 플라톤적 이데아를 적용해야 한다.

야구에 플라톤적 이데아를 적용하는 기술은 폴 디포디스타가 월스트리트 출신의 분석가들한테서 받은 선물 중 하나였다. 폴은 자신이 모방한 AVM 시스템의 정교한 분석력을 바탕으로 구장에서 벌어지는 모든 상황을 좀 더 만족스러운 방식으로 분석할 수 있었다. 구장에 떨어지는 모든 타구는 과거에 수천 번도 넘게 똑같은 방식으로 타격된 적이 있을 것이다. 이 모든 타격의 평균을 바로 플라톤적 이데아라고 할 수 있다. 예를 들어 직선타구가 X궤적을 그리며 Y속도로 날아가 968번 지점에 떨어졌다고 하는 식이다.

과거 10년간 축적된 자료를 분석해보면 2루타에는 실제로 8,642가지의 동일한 방식이 있음을 알 수 있다. 그리고 그중 2루타가 된 경우가 92퍼센트, 1루타는 4퍼센트, 아웃된 경우도 4퍼센트였다. 이러한 상황의 평균 점수치를 0.5점이라고 할 때 실제로 무슨 일이 벌어졌든 간에 폴의 시스템에 따르면 타자는 0.5점의 점수를 벌었고, 투수는 0.5점의 점수를 내준 것으로 평가할 수 있다. 만약 자니 데이먼이 자신의 트레이드마크인 점프 캐치로 2루타성 타구를 잡아냈다고 하면 그는 팀에 0.5점을 벌어준 것으로 인정받을 수 있다. 이처럼 안타(또는 캐치)의 가치는 실제 경기를 통해 부여되는 것이다. 그리고 실제 경기에서 벌어진 각각의 상황이 지닌 가치는 과거 10년간 동일한 상황의 가치를 평균 내는 것으로 알 수 있다. 폴은 이러한 방식을 통해 중견수의 수비 범위로 정의되는 구역에 날아온 모든 타구를 가지고 '기대 점수치'를 결정한다.

다시 자니 데이먼의 경우를 살펴보자. 2001년 시즌에 오클랜드 애슬레틱스의 상대팀 타구 중 수백 개가 중견수의 수비 범위로 날아왔다. 데이먼이 수비를 맡았을 때의 결과를 합산해서 평균치와 비교해본 결과 폴은 그가 얼마나 많은 실점을 막아주었는지 알 수 있었다. 또한 테렌스 롱으로 대체할 경우 팀의 실점이 얼마나 늘어날지도 예상할 수 있었다. 물론 이는 두 사람의 실제 경기를 보더라도 어느 정도까진 확인할 수 있다. 데이먼은 공이 방망이에 맞는 순간부터 움직이기 시작하지만, 롱은 공이 중간쯤 날아갈 때까지도 그 자리에 서 있거나 심지어 엉뚱한 방향으로 뛰어간다. 이 중 누가 더 훌륭한 중견수인지는 월스트리트 금융 전문가 출신에게 물어보지 않더라도 금방 알 수 있다. 그러나 폴은 이들이 만든 시스템을 활용해 두 선수의 차이를 수치로 환산할 수 있었다. 더는 추측이나 직감 또는 기존의 수비 통계에 의존할 필요가 없었다. 폴의 계산에 따르면 데이먼 대신 롱이 중견수를 맡을 때 팀의 추가 실점은 1년에 15점 또는 10경기당 1점으로 나타났다.

15점이란 점수는 절대 사소한 숫자가 아니다. 결국 폴은 데이먼의 수비력이 빌리 빈이 생각한 것(빌리가 처음 읽었던 제임스의 소책자에는 야구에서 수비 비중이 5퍼센트 이하라고 나와 있었다)보다 좀 더 중요하다는 결론에 이르렀지만, 데이먼의 에이전트가 요구한 800만 달러의 연봉을 지급할 정도는 아니라는 결정을 내렸다. 게다가 수비에 관해 완벽하게 단정을 내리는 것은 불가능했다. 폴은 이렇게 말했다. "수비에 관한 수치를 정확하게 산정하는 것은 불가능한 일입니다. 시스템은 수비수가 어디서부터 출발하는지 측정하지 못하니까요. 즉 수비수가 타구를 잡기 위해 얼마나 많이 뛰는지 알 수 없습니다." 또한 뛰어난 수비력처럼 보이는 것도 사실은 벤치에서 코치가 내린 수비 위치 선정이 탁월했기 때문인 경우도 많다.

이러한 계산법의 또 다른 결함은 바로 과거의 성적만을 평가한다는 점이다. 과거의 성적을 아무리 정확하게 평가한다고 해도 미래의 성적에 대해서는 확실한 지침이 될 수 없다. 언젠가 자니 데이먼(또는 테렌스 롱)은 슬럼프에 빠질 수 있다. 또한 음주에 빠지거나 이혼으로 방황할 수도 있다. 아니면 이제 돈은 벌 만큼 벌었다고 생각하고 대충대충 수비에 임할 수도 있다. 인간의 행동에는 언제나 불확실성과 위험이 따르게 마련이다. 오클랜드 구단 프런트의 목표는 바로 위험을 최소화하는 것이었다. 설령 그들의 대책이 완벽하지 못하다고 해도, 최소한 직감에 의존해 결정을 내리는 낡아빠진 방식보다는 훨씬 더 나을 것이다.

그래도 한 가지만은 확실했다. 바로 그들의 시스템을 통해 선수가 지닌 실력의 진정한 가치에 훨씬 더 근접할 수 있다는 것이다. 그리고 그것은 팀의 성적에 대해 선수의 타격 능력이 수비 능력보다 훨씬 큰 영향을 미친다는 애슬레틱스의 주장을 뒷받침해주기도 했다. 그들의 시스템에 따르면 앨버트 벨은 그 어떤 좌익수보다 뜬공을 많이 놓쳤지만, 2루타를 더 많이 쳐냄으로써 취약한 수비를 벌충하고도 남았다. 폴의 말대로 "경기 결과만 따진다면 최고의 야수와 최악의 야수의 차이는 최고의 타자와 최악의 타자 사이에 나타난 차이만큼 크지 않다"고 결론 내릴 수 있다. 그러나 현실적으로 야구계에서는 이러한 사실을 포착하지 못해 수비력에 필요 이상으로 높은 가치를 매겨왔다. 따라서 데이먼의 수비력에 관한 실질적인 대답은 그의 대체 선수를 구하려면 실제 가치 이상의 비용이 든다는 것이다. 즉 상대적인 비교에서 데이먼보다 공격력이 훨씬 떨어지거나 지나치게 가격이 비싸기 때문이다. 따라서 데이먼의 수비력 손실을 상쇄하는 가장 효율적인 방법은 공격력을 강화하는 수밖에 없을 것이다.

최고자문위원회 보고서에서는 가난한 구단이 검증된 스타 선수를 자유계약으로 잃게 되면 생존 자체가 불가능하리라고 보았다. 그러나 실제 상황은 그보다 더 복잡한 양상을 띠었다. 오클랜드 애슬레틱스는 검증된 스타인 자니 데이먼과 제이슨 이스링하우젠을 떠나보냈어도 별다른 타격을 받지 않았다. 이스링하우젠의 경우에는 손실이 아니라 오히려 선수를 내보내고 한몫 챙겼다고 볼 수 있다. 데이먼의 경우에는 손실이 맞긴 하지만, 그렇다고 해서 보스턴 레드삭스가 그와 맺은 4년간 3,200만 달러만큼의 가치를 지닌 선수는 아니었다. 만약 애슬레틱스가 이 두 선수만 잃었다면 폴의 컴퓨터는 2002년에도 애슬레틱스가 2001년과 똑같은 승수를 쌓을 거라는 예상 결과를 산출했을 것이다. 하지만 그들은 제이슨 지암비까지 잃었다. 지암비는 다른 두 선수와는 달랐다. 그는 메이저리그 최악의 1루수일지는 몰라도, 가장 효율적인 공격수이자 최고의 득점기계였다. 더 나쁜 일은 이제 곧 지암비가 상대팀 선수로 오클랜드 팀과 맞서게 된다는 것이었다.

CHAPTER 7

제이슨 지암비의 빈자리

Giambi's Hole

MONEYBALL

우리 구단은 상의하달식으로 운영될 것입니다.
선수 수급도 직접 통제할 것입니다. 그게 우리가 해야 할 일이니까요.
그에 대해 해명도 따로 하지 않겠습니다.
지금까지 야구팀은 감독으로부터 시작해야 한다는
믿음이 지배적이었는데, 그건 잘못된 생각입니다.
– 빌리 빈, 〈보스턴 헤럴드〉와의 인터뷰(2003년 1월 16일자)

오클랜드 애슬레틱스의 클럽하우스는 메이저리그를 통틀어 가장 싸구려에 볼품없기로 유명한데, 그중에서도 가장 초라한 곳이 비디오실이다. 샤워실에서 불과 몇 미터 떨어지지 않은 이곳은 기자의 출입이 금지되어 있어 기자들을 피하거나 경기 장면을 분석하려는 선수들이 주로 찾는다. 비디오실의 내부는 한쪽 벽에 애슬레틱스의 과거 경기 장면을 담은 테이프가 쌓여 있고, 반대쪽 벽에는 낡아빠진 비디오 장비가 놓여 있다. 그리고 양쪽 구석에는 고물 TV 모니터가 놓인 지저분한 포마이카 책상이 각각 자리 잡고 있다. 방 안의 장식물이라고는 플라스틱으로 만들어진 미국 지도와 부러진 방망이 한 자루가 전부였다. 지도는 선수들이 다음 원정 경기 때 어느 주로 날아가야 하는지 확인하는 용도였고, 방망이는 한때 외야수로 뛰었던 맷 스테어즈가 책상을 내리쳐 두 동강 낸 뒤 방치해둔 것이었다. 방 안에 들어설 수 있는 인원은 여섯 명 정도였고, 실제로 그 정도의 선수들이 교대로 드나들었다.

맷 스테어즈가 부러뜨린 방망이와 미국 지도 사이의 빈 공간은 대개 '파이니'라는 애칭으로 불리는 댄 파인스타인이라는 젊은이가 차지하고 있었다. 경기 시작 20분 전, 비디오실에 있던 선수들이 모두 자리를 뜰 때면 바닥에는 미겔 테하다(2004년 볼티모어 오리올스로 이적해 현재는 샌프란시스코 자이언츠 소속－옮긴이)가 먹다 버린 과자 봉지가 굴러다니곤 했다. 그때마다 파이니는 그것을 지적하며 고개를 가로저었다. 유명한 선수라고 해도 자기 쓰레기는 자기가 치워야 마땅하다고 여긴 파이니는 조금도 주저하지 않고 테하다에게 그것을 지적할 수 있는 유일한 사람이었다.

파이니는 대학에서 중세유럽사를 전공했지만 학위를 팽개치고 오클랜드 애슬레틱스에서 경기 장면을 녹화하고 편집하는 일을 맡았다. 그는 작고 낡아빠진 비디오실에서 일하지만 자신의 일에 자부심이 대단했다. 부자 구단들은 훨씬 넓은 공간에 고가의 장비를 갖추고 있을지 몰라도, 그러한 사치를 누리는 데는 그만한 대가가 따를 것이다. 이곳에서처럼 선수들이 좁은 공간에서 서로 체취를 맡아가며 친해지기란 불가능한 일일 테니 말이다. 파이니는 선수의 체취나 스윙 자세만 가지고도 그가 누군지를 알 수 있었고, 선수들끼리도 그렇게 지내야 한다고 생각했다.

내가 이곳에 도착한 날은 애슬레틱스 팀이 데이비드 웰스를 선발로 내세운 뉴욕 양키스 팀과 경기를 앞두고 있었다. 비디오실을 방문하자 파이니 옆에는 한 줄로 길게 늘어선 녹화 테이프들이 있었다. 그중에는 테하다와 웰스, 메네치노와 웰스, 차베스와 웰스의 경기 장면 등이 담긴 것도 있었다. 나는 그것들을 바라보다가 파이니한테로 고개를 돌렸다. 그가 한 말 때문이었다. "오늘은 별로 예감이 좋지 않아요. 양키스가 우리보다 잘하거든요."

파이니의 옆자리에는 하버드대학 유격수 출신인 25세의 데이비드 포스트가 앉아 있었다. 2년 전 포스트는 사회학과를 우등으로 졸업했으며, 보스턴 레드삭스의 스프링캠프에 초대받기도 했다. 그러나 최종 평가에서 탈락하고 메이저리그 각 구단에 이력서를 냈는데, 그것이 폴 디포디스타의 눈에 들었다. 초창기의 데드볼시대(1900년대 초반 공의 반발력이 적어 홈런이 나오지 않던 시기–옮긴이) 이래로 야구계에 하버드 출신 네트워크가 만들어지기는 이때가 처음이었을 것이다. 마침 폴도 비디오실의 다른 책상 앞에 앉아 있었다. 나는 그들에게 비싼 돈을 들여 학위까지 받았는데 사소한 야구 따위에 인생을 바치다니 억울하지 않으냐고 물었다. 그들은 별 희한한 말을 다 듣는다는 듯이 나를 바라보았고, 폴은 웃음까지 터뜨리며 이렇게 되물었다. "아, 그러니까 월스트리트에서 엄청나게 중요한 일을 해야 한다는 뜻인가요?"

빌리 빈이 폴의 어떤 면을 보고 그를 채용했는지 쉽게 짐작할 수 있는 대목이었다. 폴은 빌리에게 해독제 역할을 하고 있었던 것이다. 빌리는 절제를 모르는 잡식동물과도 같은 사람이었다. 그는 모든 것을 집어삼키고 나중에 가서 결과를 거정했다. 매일같이 1만 킬로칼로리나 되는 정크푸드를 먹어치우고 그 정도 칼로리는 충분히 소모시킬 수 있다고 믿는 식이었다. 그는 각종 아이디어도 치즈 과자를 먹어치우듯 성급하고 무분별하게 흡수했다. 마치 세상 모든 것을 집어삼키려고 태어난 사람 같았다. 반면에 폴은 칼로리 효율 부문의 신기록이라도 수립하려는 사람처럼 보였다. 음식을 대할 때도 요리사들이 자신을 독살할까 봐 의심이라도 품은 듯 극도의 조심성을 드러냈다. 심지어 사립고등학교와 대학교를 거치면서 술은 한 방울도 입에 대지 않았는데, 그것은 도덕적인 이유에서가 아니라 술이 두뇌세포를 죽인다는 연구결과 때문이었다. 폴은 경력을 쌓는 것도 놀랄 만큼 계획적이었다. 일찍이 토론토 블루제이스의 단장 제의를 거절하기도 했다. 28세라는 나이로 야구 역사상 최연소 단장이 될 수 있는 기회였지만 그는 자신에게 맞는 자리가 아닌 이상 어떤 자리든 거절할 생각이었다. 아이디어를 받아들일 때도 굉장히 까다로웠지만 한 가지에 대해서만큼은 그렇지 않았는데, 바로 새로운 야구 지식이었다.

폴은 확실히 이성으로 똘똘 뭉친 사람이었지만 이성의 밑바탕에는 또 다른 자질이 깔려 있었다. 그는 고등학교 시절 여러 운동을 했고, 성 프란체스코처럼 비쩍 마른 몸으로도 하버드 풋볼 대표팀에서 와이드 리시버를 맡았다. 코치였던 맥 싱글턴은 그를 가리켜 '야심만만한 친구'라고 평했다. 폴은 메이저리그 구단 내부에서 권력을 잡는 전형적인 부류가 아니었음에도 구단의 핵심 인물로 올라섰다. 외부인의 진입을 허용하지 않는 곳에 어떻게 해야 들어갈 수 있는지 알아냈던 것이다. 빌리 빈이 전쟁을 벌이고 있는 두 국가, 즉 '프로야구 경기'라는 봉건국가와 '프로야구 경기 방식의 연구'라는 공화국 사이에 다리를 놓은 인물이라면 폴은 그 다리를 처음으로 건넌 사람이었다. 폴은 양손에 빌 제임스의 도구와 사상을 들고 있었다. 그는 자신의 일을 이렇게 말했다. "과거의 제임스가 그랬듯이 우리가 앞으로 해야 할 일은 바로 '왜'라는 질문에 답하는 것입니다."

2002년 시즌 초 양키스와 경기를 앞둔 어느 날, 폴의 질문은 아마도 '왜 우리가 제이슨 지암비를 내보내야 했는가?'였을 것이다. 좀 더 정확히 표현하자면 '우리가 제이슨 지암비를 내보낸 게 왜 문제가 됐을까?' 하는 것이었다.

물론 애슬레틱스의 프런트는 지암비를 대체할 만한 1루수를 찾을 수 없다는 사실을 처음부터 알고 있었다. 그만한 1루수는 있지도 않을뿐더러 설령 있다고 해도 사올 여력이 없었으며, 어찌 됐든 그와 똑같은 선수를 찾아 공백을 메울 생각도 없었다. 빌리는 훗날 이렇게 말했다. "중요한 것은 특정한 개인을 재현하는 게 아니라 집합체', 즉 팀 전체의 완성도를 재현해내는 데 있습니다." 그는 제2의 지암비를 찾을 수도 없고 찾을 생각도 없었다. 하지만 지암비를 구성하는 여러 부분 중 한 부분을 갖춘 선수를 찾아서 지암비보다 훨씬 저렴한 값에 사올 수는 있었다.

애슬레틱스 프런트는 지암비의 능력을 볼넷, 1루타, 2루타, 홈런 등 뛰어난 공격 부문의 기록과 타석당 투구 수, 삼진과 볼넷의 비율 등 상대적으로 부족한 부문의 기록으로 나눠보았다. 그리고 그의 어떤 부문이 대체 가능한지 살펴보았다. 그 결과 우회적인 방법을 쓴다면 공격 부문에서 지암비의 가장 뛰어난 특징인 출루율과 그다지 뛰어나지 않은 부문이 대체 가능하다는 결론을 내렸다.

지난 시즌에 지암비의 출루율은 0.477로 2위와는 5푼이나 차이가 나는 아메리칸리그 최고 기록이었다(시애틀 매리너스의 에드거 마르티네스의 출루율은 0.423였으며, 아메리칸리그의 평균 출루율은 0.334였다). 애슬레틱스가 사들일 형편이 되는 선수 중에서 타석의 절반 가까이를 출루할 수 있는 선수는 한 명도 없었다. 게다가 애슬레틱스의 라인업에는 지암비 말고도 대체가 필요한 선수가 둘이나 더 있었다. 사니 데이먼(출루율 0.324)이 떠나면서 중견수 자리에 공백이 생겼고, 지명타자인 올메도 사엔스(출루율 0.291)는 부상 중이었다. 빌리와 폴은 이 세 명이 기록한 평균 출루율(0.364)의 공백도 메워야 했다. 그래서 그들은 1루수와 외야수, 지명타자 자리에 메이저리그 평균보다 3푼 이상 높은 출루 능력을 지닌 선수를 찾아보기 시작했다.

그런데 놀라운 사실은 오클랜드 프런트가 그렇게 강조하는 출루율의 중요성을 감안하면 출루율이 좋은 선수의 시장가격은 헐값이나 다름없었다는 점이다. 선수의 다른 능력(가령 100미터 달리기에서 핫도그 파는 사람을 앞지를 만한 빠른 주력 따위)을 희생할 각오만 하면 출루율이 좋은 선수를 충분히 구할 수 있었다. 폴은 말했다. "우리는 완벽한 선수를 찾는 게 아니에요. 만일 그런 선수가 우리한테 온다면 그 선수는 뭔가 이상한 거죠." 지암비의 빈자리를 메우기 위해 애슬레틱스는 다른 팀에서 선수를 데려오거나 구단 내에서 마이너리그 선수를 승격시켰다. 대부분의 팀에서 쓸모없는 폐물 취급을 받았지만 애슬레틱스의 선택을 받은 세 명의 선수는 바로 양키스 외야수 출신 데이비드 저스티스과 레드삭스 포수 출신 스콧 해티버그 그리고 제이슨 지암비의 동생 제러미 지암비였다. 폴의 설명에 따르면 애슬레틱스가 데려올 형편이 되는 선수는 이 셋밖에 없었는데, 이들 모두 메이저리그 관계자들 사이에서 뭔가 부족하다는 평가를 받은 덕분이었다.

경기가 시작되고 수비 차례가 된 오클랜드 애슬레틱스의 선수들이 각자의 수비 위치로 달려나가는 사이, 폴은 평소처럼 TV 화면 앞에 자리를 잡았다. TV 카메라는 좌익수 방면을 비추었고, 그곳에는 마치 불쾌한 전화를 기다리는 사람처럼 불안하게 앞뒤로 움직이는 제러미 지암비가 서 있었다. 그는 자기 자리가 관중의 조롱을 받을 수 있는 위치라는 것을 잘 알고 있는 듯했다. 폴은 제러미가 무슨 생각을 하는지 훤히 들여다볼 수 있었다. '제발 나한테 공을 보내지 마. 굳이 보내려면 잡기 좋게 정면으로 날려달라고.'

그러나 양키스의 2루스 알폰소 소리아노는 제러미의 애타는 심정을 몰라준 것이 분명했다. 애슬레틱스의 투수 에릭 힐루스가 던진 2구째 한가운데 직구를 받아쳐 좌익수 방면으로 깊숙한 타구를 날렸기 때문이다. 제러미가 좌측 담장으로 정신없이 달려가는 모양새는 마치 미친개한테 쫓기는 우편배달부처럼 보였다. 그는 메이저리그에서 가장 느린 발을 가진 선수였다. 공을 향해 달려가는 그의 모습에서는 왜 자신이 좌익수를 맡았는지 영문을 모르겠다는 당혹감마저 느껴졌다. 그가 좌익수를 맡게 된 것은 공중에서 타구를 낚아챌 만큼 뛰어난 실력을 갖춰서가 아니라 땅에 떨어진 타구를 집어올리는 일조차 제대로 해내지 못할 만큼 수비 능력이 엉망이었기 때문이다. 즉 제러미 지암비가 좌익수가 된 것은 선수 자원의 효율적인 배분 차원에서 그 자리가 가장 적당했기 때문이다.

제러미는 좌측 담장 끝까지 도달하지도 않았는데도 이미 다 왔다고 착각한 듯했다. 그는 글러브를 끼지 않은 손으로 뒤쪽의 허공을 더듬다가 하늘을 올려다보았다. 밤하늘 어딘가에 공이 떠 있겠지만, 자신의 눈에는 보이지 않았다. 그래서 그는 공을 잡으려고 뛰어올랐다. 어쨌든 뛰는 시늉을 한 것이다. 하지만 공은 그의 글러브 밑으로 빠져나가 담장을 맞히고 2루타가 되었다. 소리아노가 1루를 도는 장면을 보며 나는 TV를 향해 고함을 치고 말았다. "난 약팀이 지는 걸 보려고 여기에 온 게 아니라고!" 이어서 팬들이 실책을 저지른 선수를 고소라도 해야 한다는 말이 목구멍까지 올라오는 걸 간신히 참았다. 오클랜드 애슬레틱스의 수비수를 비난하는 것은 마치 장애인을 놀리는 것과 마찬가지로 부당하게 느껴졌기 때문이다. 오클랜드에서 이루어지는 실험 한가운데 떨어지게 된 것은 결코 이들의 잘못이 아니었다. 제러미 지암비는 한 번도 좌익수를 맡겨 달라고 한 적이 없었다.

폴은 눈 하나 깜짝하지 않았다. 원래 가난한 인생은 곤란한 선택의 상황을 수없이 맞닥뜨려야 하는 법이다. 이러한 상황을 헤쳐나가는 요령은 정확히 어떤 선택을 내려야 하는 건지 아는 데 있었다. 좌익수 위치에서 벌어지는 촌극은 제러미 지암비의 타격 능력을 얻기 위해 치러야 할 대가에 불과했다. 하지만 그 거래는 단순하지 않았다. 이제 겨우 2구째를 기록한 상황에서 그 대가가 뼈아프게 다가왔다.

이어진 데릭 지터의 내야안타로 소리아노는 3루까지 진출했고, 이제 제이슨 지암비가 타석에 들어섰다. 지금 경기장에 서 있는 양키스 선수 세 명의 연봉만 합쳐도 애슬레틱스 25명 로스터의 전체 연봉과 맞먹을 정도였다. 하지만 제이슨 지암비의 이적은 관중을 불러모으는 데 한몫했다. 오늘 야구장에 입장한 관중 수는 총 5만 4,513명으로 오클랜드 애슬레틱스 역사상 최다 관중을 기록했다. 상대팀이 뉴욕 양키스라서 모여든 것만은 아니었다. 그들은 지난 2년간 애슬레틱스가 플레이오프전에서 아웃 몇 개만 더 잡았더라도 양키스를 물리칠 수 있었던 상황을 잘 알고 있었다. 그래서 프로 스포츠에서 벌어지는 다윗 대 골리앗의 엄청난 대결을 다시 한 번 보고 싶었던 것이다. 게다가 골리앗은 압도적인 덩치 차이만으로도 모자라서 다윗의 물매마저도 빼앗아갔다. 오클랜드 팬들은 관중석에서 제이슨 지암비를 향해 '배신자' '매춘부' '탐욕꾼'이라고 쓴 종이를 흔들었으며, 더 심한 욕설도 내뱉었다. 하지만 비디오실의 분위기는 관중석과 사뭇 달랐다. 구장을 가득 메운 관중들이 광분해서 날뛰는 것과 달리 이곳에서는 한숨조차 쉬는 사람이 없었다. 그들은 도덕 따위에는 관심이 없었다. 도덕은 팬들에게나 의미 있는 것이었다.

TV 카메라는 타석에 들어선 제이슨 지암비와 좌익수 자리에 있는 그의 동생을 번갈아 비추었다. TV 해설자는 형제의 기록을 어떻게든 비교해보려고 했다. 불쌍한 제러미! 그의 숨겨진 가치는 야구 천재가 아닌 이상 아무도 몰랐지만, 그의 형이 타석에서 갖는 가치는 어떤 바보라도 알아볼 수 있었다. 지난 몇 년간 야구계를 통틀어 공격력에서 제이슨 지암비보다 뛰어난 타자는 배리 본즈가 유일했다. 그는 홈런과 타율, 타점 등 공격 부문에서 탁월한 실력을 보였으며, 팀 공격의 측면에서도 눈에 보이지 않는 공헌을 하기도 했다. 가령 그가 라인업에 있으면 상대팀 투수는 조심스럽게 공을 던지느라 평소보다 투구 수가 훨씬 늘어난다. 선발투수의 투구 수가 늘어날수록 강판되는 시점도 빨라질 수밖에 없는데, 그다음에 올라오는 구원투수는 당연히 선발투수만큼 뛰어나지 않다. 만약 같은 팀을 상대로 시리즈를 치를 때 첫 번째 경기에서 상대팀의 불펜진을 집중 공략한다면 두 번째와 세 번째 경기에서는 투수력이 고갈되어 그만큼 유리하다. 빌리 빈이 즐겨 쓰는 표현이 있다. "야구는 소모전이다. 즉 투수의 팔을 소모하는 전쟁이다."

지암비와 같은 타자는 알게 모르게 팀에 많은 공헌을 한다. 그가 에이스 투수를 지치게 할수록 다른 선수들은 2류급 투수를 상대로 안타를 칠 기회가 늘어난다. 그가 이런 능력을 발휘할 수 있었던 것은 스트라이크존을 완벽하게 꿰뚫고 있었기 때문이다. 지암비는 타자로서 완벽한 투구를 구사하는 투수에 상응하는 능력을 발휘했고, 비디오실의 젊은이들도 그의 가치를 인정하고 있었다.

연봉 1,700만 달러의 타자가 타석에 서서 연봉 23만 7,500달러의 투수를 바라보는 모습을 보며 폴이 말했다. “보세요, 지암비는 스트라이크존을 정확히 절반으로 갈라서 대처하고 있죠.” 폴이 그를 높게 평가하는 이유는 단순히 엄청난 파워 때문이 아니라 그의 자제력과 그것이 상대 투수에게 미치는 영향 때문이었다. 지암비를 상대하는 투수는 아무리 뛰어난 투수라 하더라도 다른 평범한 타자처럼 그를 상대할 수가 없었다. 즉 지암비는 상대 투수를 장악하는 힘이 있었던 것이다. 그리고 오늘 밤 마운드에 선 오클랜드 선발투수 에릭 힐루스는 그리 뛰어난 선수가 아니었다.

데이비드 포스트가 화면의 홈플레이트를 가리키며 지암비가 스윙하려면 반드시 투구가 지나가야만 하는 지점을 보여주었다. 그런데 그가 가리키는 선에는 타석의 안쪽 절반이 생략되어 있었다. 그는 이렇게 말했다. “지암비는 몸쪽 공에 약해서 투구가 이쪽으로 오면 손을 못 대고 그냥 보내버리죠.”

타자라면 누구나 약점이 있다. 폴의 말대로 ‘모든 구역을 다 커버하기에는 스트라이크존이 너무 넓기 때문’이다. 테드 윌리엄스는《타격의 과학》에서 스트라이크존을 77개의 공이 들어갈 수 있는 격자 모양으로 생각한 뒤, 각 77개 지점에 날아온 어떤 공을 칠 수 있고 어떤 공을 칠 수 없는지 마음속으로 그려본다고 했다. 77개 지점 중 타석에서 가장 낮거나 가장 멀리 떨어진 11개 지점으로 공이 날아오면 테드 윌리엄스 같은 타자도 2할 7푼 이상의 타율을 기록할 수 없었다. 유명한 배리 본즈조차 스프링캠프에서 ESPN과 진행한 인터뷰에서 "투수가 특정한 지점으로만 공을 던진다면 나도 아웃될 수밖에 없다"고 말했다. 따라서 타자에게 약점이 있느냐가 아니라 그것이 무엇인지 정확히 알고 있느냐가 중요하다. 메이저리그 투수의 대부분은 지암비의 약점이 허리 높이의 몸쪽 공이라는 사실을 알고 있다. 그 면적은 500밀리리터짜리 우유 한 곽 정도에 해당하며 가로로는 공 1개, 세로로는 공 2개가 들어갈 수 있는 크기였다.

그렇다면 당연한 의문이 든다. "왜 투수들은 정확히 그곳으로 공을 던지지 않는 거죠?" 내 질문에 파이니는 웃으며 고개를 흔들었고, 포스트가 대신해 대답했다. "물론 그렇게 던지지요. 하지만 지암비도 그 사실을 알기에 한 발짝 물러서서 공을 쳐내 관중석 상단으로 날아가는 대형 파울을 만들어냅니다. 그러면 투수는 감히 몸쪽 공을 다시 던질 생각을 하지 못하죠."

이번에는 폴이 말했다. "그의 약점이 최대 강점의 바로 옆에 붙어 있는 것도 문제예요. 공이 5센티미터만 벗어나도 바로 장타로 연결되니까요. 그를 상대하는 투수는 이렇게 생각합니다. '저기로만 던지면 그를 잡을 수 있어. 하지만 한 치라도 벗어나면 끝장이야.'"

에릭 힐루스가 이런 생각을 했는지는 확실하지 않다. 실제로 그는 몸쪽 공을 하나도 던지지 않았다. 그의 초구는 바깥쪽 코너를 살짝 벗어난 볼이었고, 2구는 한가운데로 몰린 직구였다. 지암비는 2구를 받아쳐 우익수 앞 1루타를 만들어내면서 소리아노를 홈으로 불러들였다.

이어진 애슬레틱스의 1회 말 공격은 아무런 성과 없이 끝났다. 2회 초가 되자 힐루스는 여전히 가운데로 몰리는 직구로 양키스 타자들의 먹잇

감이 되면서 4점을 더 내주었는데, 그중 3점은 데릭 지터의 홈런으로 난 점수였다. 내가 흥분해서 소리치는 와중에도 비디오실에 있던 나머지 사람들은 전부 조용했다. 그제야 내가 보는 경기 화면과 그들이 보는 경기 화면이 다르다는 사실을 깨달았다. 나는 경기 중간에 광고가 나오는 TV 방송을 보고 있었지만, 그들은 다른 화면에 시선을 고정했던 것이다. 그 화면은 필드 중앙의 카메라에서 전송되는 내부용 프로그램을 통해 스트라이크존을 중심으로 한 경기 장면만 보여주었다. 일반 팬의 관점에서 경기의 줄거리나 극적인 사건, 감정적인 반응을 만들어내는 장면에 집중했던 나와 달리 그들은 경기 자체가 아닌 파생물, 즉 경기의 단편들을 보고 있었기에 별다른 반응을 나타내지 않았던 것이다.

내가 그 이유를 물었더니 폴이 대답했다. "우린 결과가 아닌 과정을 보려는 겁니다. 세상에는 과정을 생략한 채 결과만 보고 결정을 내리는 사람이 많으니까요."

그래서 투수가 던진 공이 포수의 미트에 꽂히는 경로가 조금 미묘하기는 해도 역시 결과에 해당하는 게 아니냐고 물었더니 폴은 이렇게 대답했다. "다시 말해 이미 벌어진 일을 보지 말고 우리 선수들이 어떻게 대처하는지를 보겠다는 겁니다."

관중석이나 더그아웃, 특별관람석에 앉아 있는 방송 진행자들이 시속 145킬로미터의 공이 홈플레이트에서 1센티미터 위로 빗나갔는지, 아래로 벗어났는지 구분할 수는 없었다. 하지만 이곳 비디오실에서는 선수들을 평가하는 데 가장 기본적인 사항, 즉 스트라이크에 휘둘렀느냐 볼에 휘둘렀느냐 등을 확인할 수 있었다. 빌 제임스는 "스트라이크존은 야구의 핵심이다"라고 말했는데, 비디오실의 사람들이 그 말을 뒷받침해주었다.

힐루스가 양키스에 난타당하고 내려온 뒤 애슬레틱스의 공격 차례가 되자 포스트는 폴이 한 말의 의미를 알려주는 종이 한 장을 꺼냈다. 거기엔 다음과 같은 내용이 적혀 있었다.

미겔 테하다: 38%

에릭 차베스: 34%

테렌스 롱: 31%

라몬 에르난데스: 29%

카를로스 페냐: 27%

프랭크 메네치노: 19%

데이비드 저스티스: 18%

제러미 지암비: 17%

스콧 해티버그: 14%

애슬레틱스의 프런트는 소속 타자들이 상대한 모든 공을 구질과 코스별로 기록해두었다. 그 이유는 스트라이크존을 벗어난 투구에 방망이를 휘두르는 비율을 파악하기 위해서였다. 그들은 각 선수의 타석을 하나의 미니게임으로 간주했는데, 각 경기의 승산은 끊임없이 바뀌었다. 물론 그것은 투수와 타자가 누구인가에 달려 있었지만, 때로는 경기에서 벌어지는 세세한 상황에 따라 좌우되기도 했다. 각 타석은 블랙잭 게임의 카드 한 벌과도 같았다. 타석의 분위기는 어떤 카드를 받느냐에 따라 달라졌다. 예를 들어 초구가 스트라이크라면 타자의 평균 타율은 7푼 5리가 떨어졌고, 볼이면 그만큼 타율이 높아졌다. 그러나 대부분의 사람에게 가장 중요한 의미를 주는 공은 첫 번째나 두 번째가 아니라 세 번째 공이었다. 폴이 말했다. "볼카운트 1-2와 2-1은 예측 결과에서 엄청난 차이가 있지요. 그 어떤 볼카운트에서 예상되는 결과보다 큰 변화를 가져올 겁니다. 어떤 타자라도 볼카운트 1-2라면 올스타급 타격을 선보이겠지만, 2-1에서는 무기력한 모습을 보이게 되죠. 사람들은 흔히 초구 스트라이크를 강조하지만, 정말 중요한 것은 처음 3개의 투구 중 2개를 어떻게 던지느냐 하는 겁니다."

스트라이크존을 벗어난 공은 타자에게는 볼카운트를 유리하게 가져갈 수 있는 기회다. 이때 타자가 할 일은 그저 스윙하지 않고 기다리는 것뿐이다. 하지만 애슬레틱스의 라인업 중 하위타선 절반은 제멋대로 방망이를 휘둘러 투수에게 유리한 상황을 만들어주곤 했다. 폴은 이렇게 말했다. "나는 카지노 매니저가 부러워요. 적어도 매니저 밑에서 일하는 블랙잭 딜러는 카드의 합이 19가 되면 더는 카드를 받지 않아야 한다는 것을 알잖아요(카드의 합이 21에 가까운 쪽이 이기는 블랙잭 게임의 딜러는 합이 17을 넘으면 카드를 추가할 수 없음 – 옮긴이)."

미겔 테하다, 에릭 차베스, 라몬 에르난데스 그리고 카를로스 페냐와 테렌스 롱으로 이어지는 애슬레틱스의 하위타선은 하나같이 상위타선인 제러미 지암비, 스콧 해티버그, 데이비드 저스티스나 프랭크 메네치노와는 전혀 다른 무모한 플레이를 했다. 상위타선은 타석에서 절제력이 있고 나쁜 공에는 방망이를 휘두르지 않았지만, 하위타선은 마치 선풍기를 돌리듯 아무 때나 방망이를 휘둘렀다. 묘한 것은 상위타선은 다른 팀에서 트레이드로 데려온 선수들이었고, 하위타선은 테렌스 롱과 카를로스 페냐를 제외하면 자체적으로 키운 선수들이었다는 사실이다.

즉 타석에서 제대로 해내지 못하는 선수는 프로에 데뷔한 순간부터 애슬레틱스 타격 코치에게 주입식 교육을 받은 선수였다. 빌리 빈은 소속 선수에게 아무리 오랜 시간을 들여 절제력을 가르쳐봤자 오히려 다른 팀에서 트레이드로 데려온 선수보다 못하다는 사실을 깨닫고 절제력이란 가르쳐서 얻을 수 있는 게 아니라는 결론을 내렸다(실제로 빌리 빈은 "가르칠 수는 있어요. 그 대신 기저귀를 찰 때부터 데려와야 하지요"라고 말했다). 이는 왜 빌리가 스카우터들한테서 아마추어 드래프트의 선수결정권을 빼앗으려고 하는지 알 수 있게 해주는 부분이기도 하다. 대부분의 스카우터는 절제력은 훈련을 통해 익힐 수 있으며, 그리 중요한 자질이 아니라고 생각했다. 하지만 애슬레틱스의 경영진은 쓰라린 경험을 통해 절제력은 타고난 특성이자 성공에 필요한 가장 중요한 자질임을 배웠다.

여기서 나는 당연한 질문 또 한 가지가 떠올랐다. 미겔 테하다와 라몬 에르난데스 그리고 에릭 차베스가 몇 년에 걸쳐 그러지 말라는 주의를 듣고도 여전히 나쁜 공에 방망이를 휘두른다면, 미리 기록을 만들어두는 게 무슨 의미가 있겠는가? 파이니는 이번엔 어리석은 질문이라고 비웃지 않았다. "하긴 미기(그들은 테하다를 '미기'라고 불렀다)에게 5년 동안이나 어떤 공에 방망이를 휘두르지 말아야 하는지 가르쳤는데도 여전히 방망이가 나가더군요."

그러자 포스트가 덧붙였다. "그래도 종이에 써놓으면 증거로 활용할 수 있어요. 선수들이 우리 말을 믿지 못하겠다고 해도, 초구에 스윙했을 때 타율이 1할 4푼밖에 안 된다는 증거를 보여주면 그들도 인정하게 될 겁니다."

그때 데이비드 저스티스가 대화에 끼어들었다. 우익수를 맡고 있던 저스티스는 애슬레틱스의 공격 차례가 되어 더그아웃에 돌아오자마자 비디오실을 찾은 것이다. "파이니, 내 타석을 녹화한 것 좀 보여주겠나?" 그는 숨조차 가쁜 기색이 없었다. 개인위생의 관점에서 보더라도 야구선수의 좋은 점은 땀 흘릴 일이 별로 없다는 것이다.

저스티스는 자리에 앉아 자신의 삼진 아웃 장면을 지켜보았다. 그는 잘못된 판정이 나왔던 마지막 투구 장면에 집중했다. 그의 세 번째 스트라이크는 분명히 홈플레이트에서 5센티미터가량 벗어나 있었다. "심판이 안쪽에 서 있었군. 그러니 바깥쪽 공을 제대로 못 본 거라고."

그의 말에는 일리가 있었다. 심판은 포수의 어깨 너머로 공이 들어올 때 안쪽 아니면 바깥쪽 중 어느 한쪽 너머로 보게 되는데, 이번에는 안쪽의 어깨 너머로 봤다는 것이다. 저스티스는 테이프를 앞으로 돌려 다른 타자의 경우도 확인해보려고 했지만, 대부분 자제력이 떨어지는 선수들이어서 타석에 들어서자마자 아웃으로 물러나는 장면만 나올 뿐이었다.

투수전으로 보면 애슬레틱스의 완패가 점점 확실해지고 있었다. 에릭 힐루스는 처음 2이닝 동안 무려 54개의 투구 수를 기록한 반면, 데이비드 웰스는 1회에 12개, 2회에는 테하다와 차베스, 롱에게 각각 2개씩 총 6개만 던지고 느긋하게 더그아웃으로 돌아갔다. 저스티스는 심판에 대한 불만을 전부 터뜨리기도 전에 우익수 수비를 보러 나가야 했다.

저스티스는 제이슨 지암비가 떠난 뒤 공격력을 대체하기 위해 뽑은 세 명의 불완전한 선수 중 하나였다. 정확히 말하면 폴은 '불완전'이라는 단어 대신 '혹'이라는 표현을 썼다. 그는 이런 식으로 말했다. "혹 달린 선수라는 이유로 모두 꺼리지만 사실은 그 혹이 별 문제가 되지 않는 선수를 뽑았을 때 가장 신납니다." 폴이 말하는 '혹'의 의미를 알고 싶으면 오클랜드 애슬레틱스의 클럽하우스를 돌아다니다 샤워실에서 나오는 선수들을 보면 된다. 사실 그다지 보기 좋은 광경은 아니었다. 하지만 저스티스는 예외였다. 그는 멋진 체격의 본보기와도 같은 사람이었다. 변함없이 잘생긴 얼굴에 탄탄한 몸매를 유지하고 있었다. 나는 이렇게 생각했다. '맙소사, 데이비드 저스티스가 혹이라고?' 그는 포스트시즌에서 누구보다도 안타를 많이 친 선수였다. 그리고 할리 베리(미국의 유명 영화배우—옮긴이)의 전 남편이기도 했다. 그와 할리 베리 사이에 무슨 일이 있었는지 모르지만 그것이 그의 잘못 때문이라는 뚜렷한 증거도 없었다.

저스티스가 자리를 뜨자 나는 폴에게 슬쩍 물었다. "저 선수한테는 무슨 문제가 있는 건가요?"

폴은 당연하다는 투로 대답했다 "서른여섯 살이잖아요."

지난해부터 저스티스는 자신의 나이를 절감하기 시작했다. 그가 월드 시리즈에서 보여준 스윙은 전혀 프로답지 못했다. 그러나 지난 시즌 내내 부상에 시달렸으므로 부진의 원인이 부상 때문이었는지, 아니면 나이 때문이었는지 확실하지 않았다. 야구 선수는 보통 20대 후반이 전성기이고, 30대 중반에 들어서면 확실한 기량을 보여주지 않는 한 퇴물 취급을 받는다. 지난해 저스티스가 보여준 모습은 자신이 나이 들었다고 자백한 것과 다를 바 없었다. 하지만 바로 그 점 때문에 애슬레틱스로 데려올 수 있었다. 전성기 시절의 저스티스는 애슬레틱스처럼 가난한 구단은 꿈도 못 꿀 정도로 화려한 타자였다. 그런 타자를 데려올 수 있었던 것은 그를 원하는 팀이 하나도 없었기 때문이다. 빌리 빈은 양키스와 협상해 저스티스를 전년도에 받았던 연봉의 절반인 350만 달러를 지급하는 조건으로 데려왔다. 연봉의 나머지 절반은 양키스에서 보전해주기로 했다. 사실상 양키스는 상대팀을 위해 뛰라고 저스티스에게 돈을 지급하는 꼴이었다. 나는 폴에게 그것이 양키스를 이기는 가장 좋은 방법 같지는 않다고 말했다.

그러자 폴은 이번엔 진지하게 대답했다. "저스티스는 일종의 실험 대상이에요. 우리는 야구를 단지 체력 싸움이 아니라 기량을 겨루는 게임으로 봅니다. 우리가 확인하고 싶은 것은 나이를 먹어서도 선수가 원래의 기량을 그대로 지니고 있는지 여부예요. 설사 기량을 뒷받침해줄 체력이 없을 때도 말이죠."

실험이라니, 실로 재미있는 표현이었다. 하지만 한 사람을 대상으로 한 실험에서 과연 보편적인 진리를 알아낸다는 게 가능할까?

폴에 따르면 저스티스는 그저 한 사람이 아니었다. 그는 하나의 유형,

즉 나이를 먹어가는 특정한 부류의 장타자였다. 폴은 그와 관련해 또 다른 연구도 진행했다. 그는 홈런을 치는 능력과 달리 뛰어난 출루 능력은 선수생활이 끝날 때까지 계속될 가능성이 높다고 믿었다. 볼넷을 많이 얻어내는 선수들은 실제로 나이가 들어가면서 더 많은 볼넷을 얻는데, 저스티스도 예외는 아니었다. 몇 년 전까지만 해도 저스티스는 아무 때나 방망이를 휘두르지 않고 좋은 공을 기다리는 침착성을 바탕으로 홈런을 많이 만들어냈다. 하지만 이제 그의 파워는 상당 부분 사라지고 없었다. 오클랜드의 새로운 팀 동료들은 그의 쇠퇴를 바로 옆에서 지켜보았는데, 그는 멀리 날아가는 뜬공을 치고 더그아웃에 돌아와 "예전 같으면 넘어갔을 공인데…"라며 무미건조하게 말하곤 했다. 마치 선수 생명이 하루하루 줄어드는 사람처럼 그의 경기 모습에는 침울한 면이 있었다.

그러나 애슬레틱스 구단 프런트는 신경 쓰지 않았다. 선수 생명이 끝나기 전에 그의 뛰어난 출루율로부터 마지막 몇 방울까지 짜낼 수 있으면 그만이었다.

나는 궁금함을 참을 수 없어 물었다. "저스티스도 구단이 자신을 그렇게 생각한다는 걸 알고 있을까요?"

"아니요."

실제로 저스티스는 알지 못했다. 다른 선수들도 마찬가지였다. 하긴 실험쥐한테 구체적인 실험 내용을 알려줄 리가 없었다. 선수들은 출루율이 높으면 칭찬받고 스트라이크존을 벗어난 공에 스윙하면 비난을 받았다. 하지만 그들은 구단의 프런트가 야구의 공격을 과학실험의 한 분야로 바꿔놓았다는 얘기를 들은 적이 없다. 또한 자신들이 실험의 재료일 뿐이며, 여기에는 일반 팬이나 어머니가 좋아할 만한 배짱이나 열정, 투지 따위는 포함되지 않는다는 사실을 알지 못했다. 그들이 알고 있는 것은 상층부가 행동지침을 내린다는 점, 그리고 다른 구단과 달리 오클랜드의 상층부에는 감독이 들어가지 않는다는 점이었다.

테렌스 롱은 구단 프런트가 자신에게 도루를 허용하지 않는다며 불평을 늘어놓곤 했다. 미겔 테하다는 빌리 빈이 자신에게 자제력을 요구한다는 것을 알고 있었다. 테하다는 이렇게 말했다. "내가 볼넷 20개를 기록하지 못하면 그는 나를 멕시코로 돌려보낼 겁니다." 에릭 차베스는 〈베이스볼 아메리카〉와 가진 인터뷰에서 빌리 빈이 주도하는 애슬레틱스 시스템에서 훈련받았던 경험을 이야기했다. "선수의 출루율이 최우선이었죠. 평균 타율이나 홈런은 상관없고, 그저 볼넷만 많이 얻어도 메이저리그에 갈 수 있다는 식이었어요." 선수들은 빌리 빈을 괴짜라고 생각했다. 썩 좋은 의미의 괴짜는 아니었지만 말이다.

애슬레틱스는 3회 말에 1점을 얻었다. 골리앗 대 다윗은 이제 5대 1이었다. 그런데 어느 순간부터 빌리의 모습이 보이지 않았다. "단장은 어디 있나요?"

폴은 쳐다보지도 않고 대답했다. "체력단련실이오."

체력단련실이라고?

이번에는 포스터가 말했다. "원래 빌리는 경기 도중에 희한한 행동을 자주 하거든요."

오클랜드로 트레이드된 선수는 얼마 지나지 않아 이곳의 운영 방식이 예전 팀과 다르게 돌아간다는 사실을 깨닫는다. 이유를 알아내는 데는 좀 더 시간이 걸렸는데, 단장부터 예전 팀의 단장과 전혀 다르다는 것이다. 대부분의 경우 선수는 계약할 때나 겨우 얼굴을 보고 악수를 나눌 뿐, 팀의 단장과는 퇴출을 통보받을 때까지 마주칠 일이 없었다. 구단에 입단해서 나가는 순간까지 선수는 특별관람석에 자리한 단장과 이따금 눈을 마주칠 때가 있긴 했지만, 일반적으로 단장은 그들과 멀리 떨어져 있는 존재였다. 하지만 오클랜드의 단장은 그렇지 않았다. 지금까지 그가 특별관람석에 앉아 있는 모습을 본 사람은 아무도 없었다.

또한 새로 온 선수는 머지않아 빌리가 그 어떤 단장보다도 클럽하우스를 자주 돌아다닌다는 사실을 알게 된다. 브레이브스와 인디언스 그리고 양키스에서 14년간 뛰었던 데이비드 저스티스는 2002년 시즌 전반기에 빌리와 마주친 횟수가 이제까지 알았던 단장들과 마주친 횟수보다 더 많다고 말하기도 했다. 새로 온 선수는 빌리가 라커룸 안에서 당황한 표정의 투수를 붙잡고 왜 그 볼카운트에서 그 공을 던졌느냐고 캐묻는 모습도 볼 수 있다. 또는 클럽하우스 복도에서 빌리가 파나마 출신의 대타 전문 타자를 쫓아가 볼넷을 폄하하는 말을 한 의도가 뭔지 따지는 모습을 보기도 했다. 아니면 경기 도중 더그아웃을 벗어나 앞 타석의 녹화테이프를 보려고 복도를 달려가다가 반바지에 티셔츠 차림의 빌리가 복도 끝에서 땀 흘리며 운동하는 광경을 볼 때도 있었다. 그리고 경기가 잘 풀리지 않을 때면 클럽하우스 주위에서 물건을 던지고 부수는 빌리의 모습과 맞닥뜨리기도 했다.이 같은 빌리의 열정과 지략, 뛰어난 머리 그리고 거구의 야구 선수조차 겁먹게 하는 카리스마 가운데 어떤 자질이 팀의 성공에서 가장 중요한 요소인지는 꼬집어 말하기가 어렵다. 대부분의 단장은 선수 출신이 아니어서 메이저리그 선수 앞에서 움츠러들곤 했다. 반면 빌리는 선수 출신인데다 마치 온몸으로 '나도 여기 있어 봤으니 메이저리거라고 큰소리칠 생각 하지 마!' 라는 경고의 말을 하고 있는 듯했다. 그는 선수와 친구가 될 생각이 없었고, 클럽하우스를 벗어나면 사적으로 마주치는 경우도 거의 없었다. 게다가 선수와 마주한 순간에도 일정한 거리를 유지했다. 그럼에도 그는 어느 누구보다 확실한 존재감을 보여주었다.

새로 들어온 선수라면 선수들만 출입하도록 정해진 장소 가운데 빌리가 쳐들어오지 않은 곳이 있는지 궁금해할 것이다. 딱 한 군데가 있었는데, 바로 더그아웃이었다. 메이저리그 규정에 따르면 단장은 더그아웃에 들어올 수 없었다. 하지만 더그아웃에서조차 빌리는 결코 멀리 떨어져 있지 않았다. 아트 하우 감독의 어깨에 가상의 빌리가 걸터앉아 그의 귀에 대고 끊임없이 고함을 질러댔기 때문이다. 그러다 보니 애슬레틱스의 더그아웃에서는 마인드컨트롤의 최고봉을 볼 수 있었다. 마치 하우 감독이 머릿속으로 숟가락을 상상하면 빌리가 뇌파를 보내 숟가락을 구부릴 수 있을 정도였다. 한번은 애덤 피아트라는 교체 외야수가 원아웃 주자 1루라는 팽팽한 상황에서 타석에 들어서 희생번트를 댔다. 관중은 물론이고 야구 관계자의 관점에서도 당연해 보이는 플레이였다. 속내만큼은 고루한 야구인이었던 하우 감독도 대놓고 나무라지는 않았다. 하지만 그는 더그아웃에 앉아 있던 피아트한테 이렇게 물었다. "방금 플레이는 혼자 생각으로 한 거 맞지?"

TV를 보는 시청자에게 비친 모습은 현명한 노감독이 젊은 선수와 의견을 나누는 장면뿐이었다. 사람들은 아마도 감독이 희생번트에 대한 조언을 해주고 있다고 생각했을 것이다. 그러나 감독은 희생번트의 정치적 의미를 더 걱정하고 있었다. 그는 경기를 마친 후 단장의 질책을 들을 대상이 자신이 아니라는 점을 분명히 하고 싶었던 것이다. 당연하게도 다음 날 신문에는 피아트가 감독의 지시에 따른 것이 아니라 독단적으로 번트를 댔다는 인터뷰 기사가 실렸다. 그리고 하우는 기자들에게 희생번트의 단점에 대한 자료를 보내기도 했다(선수와 코치들은 단장에게 메시지를 보내는 방편으로 종종 신문을 이용하곤 했다).

오래지 않아 오클랜드 애슬레틱스의 새로운 멤버는 빌리 빈이 구단 전체를 좌지우지한다는 사실을 깨닫게 된다. 할리우드 영화 제작자가 각본뿐 아니라 조명과 카메라, 무대장치와 의상까지 모두 간섭하는 셈이었다. 그는 다른 단장들이 하듯이 트레이드를 단행하고 스카우터를 감독하며 신문 지면에 오르내리는 역할로 만족하지 않았다. 번트나 도루를 할지 여부와 누구를 경기에 내보내고 누구를 벤치에 앉힐지, 라인업을 어떻게 구성하고 불펜을 어떻게 운용할 것인지를 결정했으며, 심지어 감독의 미묘한 심리전까지 사전에 지시를 내려두었다. 경기를 자세히 들여다보면, 하우 감독이 언제나 턱을 내밀고 달관한 표정으로 더그아웃 계단에 서서 선수들을 내려다보는 장면을 볼 수 있었다. 하우는 멋진 턱을 갖고 있었다. 그가 일어서서 턱을 내민 모습은 마치 독립전쟁에서 영국군을 공격하려고 델라웨어 강을 건너는 조지 워싱턴 장군처럼 보였다. 그는 턱을 내미는 제스처만으로 그 어떤 감독보다도 모든 상황을 완벽하게 장악하고 있다는 느낌을 전해주었다. TV 화면은 도인다운 풍모의 하우 감독을 한 경기에 10번이 넘게 비췄고, 방송 진행자들도 젊은 선수를 진정시키는 감독의 모습에 감동받아 그에 대한 칭찬을 늘어놓았다. 그는 야구계 전반에 걸쳐 단호하게 방향키를 움켜쥔 감독으로 알려졌다. 그 이유가 무엇이었을까? 바로 그가 맡은 배역에 적역이었기 때문이다!

사실 이 모든 것은 연극의 일부였다. 빌리는 감독에게 경기 중에 어느 위치에서 어떤 표정으로 서 있어야 선수들이 그를 우러러보고 기운을 얻을 수 있는지 미리 말해놓았던 것이다. 그냥 내버려둔다면 그는 분명 전쟁 포로처럼 벤치만 지키고 있었을 것이기 때문이다.

선수들은 이런 색다른 오클랜드의 시스템을 기꺼이 받아들였지만 그렇지 않은 경우도 많았다. 39세의 만능 내야수인 랜디 벨라디는 종종 기자들에게 구단의 프런트가 팀을 마음대로 조종하며, 누구한테도 번트나 도루를 허락하지 않는다고 불평했다. 23세의 스타 투수인 배리 지토는 빌리 빈이 팀을 운영하는 한 우승만이 목표일 뿐, 어떤 선수가 얼마를 받고 뛰는지는 전혀 중요하지 않을 거라고 말했다. 익명을 요구한 선수 한 명은 만약 하우 감독이 해고된다면 팀에 어떤 영향이 있겠느냐는 질문에 "빌리가 체력단련실까지 따라다니며 팀을 관리하니 아무런 영향도 없을 걸요"라고 대답하기도 했다. 그리고 그 말은 사실이었다. 홈경기가 있는 날이면 빌리는 언제나 체력단련실로 향했다. 처음 몇 이닝 동안 그는 러닝머신 위를 달리거나 역기를 들면서 시간을 보냈는데, 그럴 때면 더그아웃에서 빠져나와 체력단련실에 들른 투수나 후보 선수들은 애슬레틱스 팀의 최고 운동선수가 다름 아닌 단장인지를 깨닫게 된다.

그러나 빌리는 직접 경기를 보는 일만큼은 하지 않았다. 경기를 실제로 보면 지나치게 흥분하는 바람에 이른바 과학적인 야구에 방해가 되기 때문이다. 그의 표현대로라면 '주관적'이 되어버리고, 화를 내다가 경솔한 행동을 하게 될 수도 있었다. 따라서 그가 친구나 가족 또는 고위인사와 함께 특별관람석에 앉는 일은 절대 없었다. 구장을 찾은 고위인사가 빌리의 전용석에서 경기를 보고 싶다고 하면 그는 이렇게 말할 것이다. "좋습니다. 하지만 제가 함께 시합을 보리라고는 기대하지 마세요." 그러면 방문객은 특별관람석에 혼자 남겨지고 나서야 빌리의 말이 농담이 아니었음을 깨닫곤 했다.

빌리는 경기를 참고 볼 수는 없었지만, 보지 않고 참을 수도 없었다. 그는 주머니에 무선호출기와 비슷한 흰색의 조그만 기기를 가지고 다녔는데, 그것은 위성으로 경기 실황을 중계해주는 기계였다. 즉 그 기기는 빌리가 팀의 실시간 정보를 전달받을 수 있는 유일한 도구였다. 그는 SUV를 타고 콜리세움 구장 주위를 돌면서 몇 분마다 중계기를 들여다보곤 했다. 아니면 중계기를 손에 쥔 채 클럽하우스 내의 한 곳에 틀어박히기도 했다. 그럴 때면 그는 신에 대항한 죄로 끔찍한 형벌을 받게 된 그리스 신화 속에 나오는 비극적인 인물처럼 보였다. 즉 도저히 참고 볼 수 없는 장면을 필사적으로 봐야만 하는 형벌 말이다.

빌리는 이따금 경기를 직접 보는 경우도 있었는데, 그럴 때면 하우 감독의 사무실 앞에 서서 생중계 중인 TV 화면을 살짝 훔쳐보곤 했다. 그러고 나면 보통 불만을 터뜨릴 상대가 필요해지는 바람에 비디오실에 있는 폴과 포스트를 찾아왔다.

오늘 밤도 그런 날 중에 하루였다. 4회 중간까지 애슬레틱스가 여전히 5대 1로 지고 있는 상황에서 빌리가 비디오실의 문 앞에 나타났다. 땀으로 젖은 반바지와 티셔츠를 입은 그의 뺨은 붉게 달아올라 있었다. 손에 흰색 중계기를 들고 있었는데, 경기를 직접 보지는 않았지만 핵심적인 상황은 파악하고 있는 듯했다.

화가 난 빌리가 말했다. "망할 힐루스 녀석, 아예 한중간에 던질 거라고 광고라도 하지 그랬대?"

사실 빌리는 경기에 관한 이야기를 하고 싶지 않았다. 그래서 다른 화젯거리를 찾다가 내 쪽으로 돌아섰다. 그는 내가 파리에서 살다가 막 귀국했다는 사실을 어디선가 들은 적이 있었는지 파리에 가본 적이 한 번도 없다는 말로 입을 열었다.

"바스티유 감옥은 아직 남아 있나요, 아니면 혁명 뒤에 완전히 쓸어버렸나요?"

나는 경기에 정신이 팔린 채 건성으로 간단하게 대답했다. "아직 그대로 있어요." 때마침 데이비드 저스티스가 두 번째로 타석에 들어서고 있었기 때문이다. 심판이 잘못 판정한 사실을 알고 있는 저스티스가 이번 타석에선 어떻게 대처할지에 관심이 집중되었다. 그런데 누가 바스티유 따위에 신경을 쓰겠는가?

그러나 빌리 빈은 정말로 궁금해하고 있었다. 그는 야구장 주위를 드라이브하면서 유럽 역사에 대한 기나긴 강연 테이프를 듣다가 온 참이라고 했다.

저스티스는 재빨리 뒤로 물러섰고 웰스는 홈플레이트의 바깥쪽에 신경 쓰고 있었다. 심판이 바깥쪽 볼을 스트라이크로 잡아준다는 사실을 저스티스가 안다는 걸 웰스도 이미 알고 있었다. 그들은 그저 야구를 하는 게 아니라 게임 이론에 따라 움직였다. 저스티스는 이번에는 바깥쪽 공을 볼이라 생각하지 않고 방망이를 휘둘러 파울로 만들었다. 마침내 웰스는 홈플레이트 바로 위를 통과하는 실투를 했고 저스티스는 그것을 받아쳐 좌익수 쪽으로 1루타를 때려냈다.

"어떻게 생겼어요?"

"뭐라고요?"

"바스티유가 어떻게 생겼느냐고요."

"그냥 돌무더기일 걸요."

"한 번도 가본 적이 없단 말인가요?"

나는 실제로 한 번도 바스티유를 본 적이 없다고 사실대로 말했다. 그 말에 빌리는 흥미를 잃어버렸다. 나는 얼떨결에 바스티유로 사기를 친 셈이었다. 달리 마음 둘 곳이 없자 빌리는 TV 화면으로 시선을 돌렸다. 노아웃 상황에서 저스티스가 1루에 나간 가운데 미겔 테하다가 타석에 들어섰다. 이제 겨우 시즌 초반인데도 빌리는 테하다를 보자마자 역정을 내며 말했다. "흥, 미스터 선풍기가 나오시는군."

나는 그의 기록을 살펴보았다. 2002년 시즌 초반인 현재 테하다에게는 미스터 선풍기라는 별명이 딱 들어맞았다. 내가 고개를 들었을 때 빌리는 이미 자리를 떠난 뒤였으며 다시는 돌아오지 않았다. 그는 경기가 끝날 때까지 TV를 보게 되는 일이 없도록 차를 몰고 유럽 역사를 들으면서 멀리 떨어진 집으로 돌아갈 것이다. 늘 지니고 다니는 중계기와 함께 말이다.

미스터 선풍기는 지금까지의 타석에서는 별명에 걸맞은 모습을 보여주었다. 테하다는 도미니카공화국의 가난한 집안 출신인데, 그곳에서는 "볼넷만 골라내서는 해외에 진출할 수 없다"는 말이 퍼져 있다고 한다.

그래서 도미니카 출신의 타자들은 아무 때나 방망이를 휘두르는 것으로 악명이 높았다. 테하다 역시 살아남으려면 그렇게 해야 한다고 귀에 못이 박히도록 들어왔기에 제멋대로 스윙하는 버릇이 몸에 배어 있었다. 애슬레틱스는 이런 테하다의 버릇을 고치려고 애쓴 덕분에 어느 정도 바꿔놓기는 했지만, 그리 만족스러운 수준은 아니었다. 하지만 테하다도 머릿속으로는 구단의 요구사항을 제대로 인지하고 있었다. 그는 눈앞에 날아오는 슬라이더에 속아 헛방망이를 돌릴 때마다 자신과 TV 카메라에 대고 "망할 놈의 공!" 이라고 욕설을 내뱉었던 것이다. 그는 앞선 두 타석에서 모두 아웃당했고, 또다시 아웃을 당할까 두려웠던지 웰스가 초구를 한복판에 던졌는데도 그냥 보고만 서 있었다. 웰스는 테하다가 멕시코로 쫓겨나기라도 할까 봐 걱정됐는지 두 번째 공도 똑같은 코스로 던졌다. 분명한 실수였다. 테하다는 이를 놓치지 않고 재빨리 방망이를 휘둘렀고 타구는 왼쪽 담장을 훌쩍 넘어갔다. 이제 양키스가 5점, 오클랜드는 3점이었다. 골리앗이 다윗과 제대로 맞붙은 셈이다.

2이닝이 더 지나고 6회 말이 되자 저스티스가 선두타자로 나왔고 이번에는 웰스한테서 볼넷을 얻어냈다. 추가 안타가 이어지면서 그는 홈플레이트를 밟았고 점수는 5대 4, 투아웃에 만루 상황이었다. 애슬레틱스의 1번 타자인 제러미 지암비가 타석에 들어섰다. 모든 팬과 감독이 1번 타자에게 기대하는 장점, 즉 빠른 발은 제러미한테는 최대 취약점이었다. 하우 감독은 이렇게 불평한 적이 있었다. "난 이 바닥에서 1번 타자 대신 대주자를 내보내야 하는 유일한 감독일 거야." 1번 타자 자리에 거구의 느림보를 집어넣은 것도 프런트의 엉뚱한 작전 중 하나였다. 제러미의 능력 가운데 정말 놀랄 만한 재능은 바로 투수를 지쳐 떨어지게 하는 것과 출루 능력이었다. 그중 첫 번째 능력에서만큼은 자기 형을 훨씬 앞설 정도였다. 그는 결국 구원투수인 마이크 스탠튼한테서 밀어내기 볼넷을 얻어냈고 점수는 5대 5 동점이 되었다.

비디오실에서 처음으로 환호성이 터져 나왔다. 5만 5,000여 명의 팬도 흥분해서 정신을 못 차린 채 들떠 있었다. 골리앗 팀을 응원하는 즐거움이 승리에 대한 기대감에 있다고 한다면, 다윗 팀을 응원하는 즐거움은 딱히 기대할 구석은 없지만 흥미를 자극하는 작은 상황만 벌어져도 벌떡 자리에서 일어날 수 있다는 것이다.

7회 초에 등판한 애슬레틱스의 구원투수 마이크 매그난테는 '구원'과는 상관없는 피칭을 했다. 그는 버니 윌리엄스에게 2루타를 맞았다. 그리고 데릭 지터가 타석에 들어섰고 그다음 타자는 제이슨 지암비였다. 하우 감독은 투수를 짐 메시어로 교체했다. 메시어는 다른 투수들처럼 불펜에서 달려나오는 게 아니라 절뚝거리며 걸어나왔다. 그는 전혀 프로 선수처럼 보이지 않았는데, 그것은 뒤집어 말하면 애슬레틱스의 선수답다는 뜻이었다. 오클랜드 애슬레틱스는 야구계에서 폐품처리장이나 다름없었다.

그 모습을 지켜보면서 내가 물었다. "저 선수는 뭐가 문제인가요?"

폴은 TV에 시선을 고정시킨 채 대답했다. "내반족(발이 안쪽으로 휘는 장애 - 옮긴이)이에요."

나는 그의 말이 농담인 줄 알았지만 그게 아니었다. 메시어는 태어날 때부터 양쪽 발이 모두 내반족이었다. 어렸을 때 교정수술을 받았지만 여전히 절뚝거리며 걸었다. 하지만 그는 자신의 기형 발을 어떻게든 강점으로 변모시켰다. 오른발로 마운드를 박찰 수 없었던 남다른 투구 동작 덕분에 스크루볼에 굉장한 회전력이 생긴 것이다. 그의 스크루볼은 특히 좌타자를 상대로 위력을 발휘했다.

메시어는 지터를 볼넷으로 내보냈고 이제 지암비의 타석이 되었다. 그는 즉시 허리 높이의 몸쪽 공으로 지암비의 약점을 공략했다. 스크루볼이 연이어 홈플레이트 안쪽에 꽂혔다. 초구는 볼이었지만 2구는 스트라이크였고 지암비는 두 번 다 스윙할 엄두조차 내지 못했다. 볼카운트는 1-1이었다. 제3구는 볼이었고, 타자에게 유리한 상황이 되었다. 하지만 메시어는 아랑곳하지 않고 몸쪽 코너에 또다시 스트라이크를 찔러넣었다. 이제 제5구는 삼진을 결정짓는 마지막 투구여야 했다. 메시어의 투구가 자신을 지나쳐 홈플레이트 안쪽 코너로 파고들자 지암비는 움찔했다. 비디오실에서는 다시 환호성이 터졌다.

그러나 심판이 볼을 선언했다. 이처럼 중요한 순간에 나온 어이없는 판정에 폴마저 침착성을 잃고 말았다. 그는 "빌어먹을 양키스 편만 드는 심판은 이제 지긋지긋해!"라고 소리를 지르고는 벽에 뭔가 집어던질 것을 찾다가 비디오실을 나가버렸다. 폴처럼 침착한 사람조차 다음에 일어날 장면을 차마 볼 수 없었던 것이다. 사실 어떤 투수라도 지암비와 같은 타자에게 스트라이크 4개를 던질 수는 없었을 것이다. 지암비는 다음 공을 파울로 만든 뒤 결국 제7구를 걷어 올려 우익수 앞 2루타를 쳐냈고 양키스는 두 점을 더 올렸다.

7회 말에 애슬레틱스는 점수를 내지 못했다. 빌리처럼 흥분한 모습을 보였던 폴은 몇 분 뒤 다시 이성을 되찾은 표정으로 팀이 지는 장면을 보러 들어왔다. 어쨌든 한 경기에 불과했다. 애슬레틱스가 95승을 거두고 플레이오프에 진출하리라는 그의 원래 예상을 깨뜨릴 만한 일은 없었던 것이다. 95승을 거둔다는 말은 67패를 기록한다는 말과도 같았다. 오늘도 그런 날 중 하나였을 뿐이다.

폴이 그렇게 말하는 와중에 스콧 해티버그가 비디오실에 나타났다. 그는 애슬레틱스의 프런트가 제이슨 지암비를 대체하려고 뽑은 세 번째이자 마지막 선수였다. 그는 자신의 타석 장면을 보고 싶어 했다.

해티버그는 프로 데뷔 후 보스턴 레드삭스에서 포수로 6년을 뛰었다.

2001년 시즌이 끝나고 자유계약 선수가 됐을 때 레드삭스는 그와 재계약할 의사가 없었다. 빌리 빈과 계약했을 시점에 그는 2류급 선수이자 포수로서는 이미 쓸모가 없어진 뒤였다. 그 덕분에 애슬레틱스는 골치 아픈 퍼즐의 마지막 조각을 끼워 맞출 수 있었다. 나는 녹화테이프를 지켜보던 그를 가까이서 바라보았지만 어떤 결함도 찾지 못했다. 그는 185센티미터의 키에 98킬로그램의 체중을 유지했는데, 체중의 대부분이 근육으로 보였다. 양팔에 열 손가락까지 모두 정상이었으며 눈에 띄게 이상한 부분은 보이지 않았다. 웃을 때면 가지런한 치아가 드러났으며 청력도 평균 이상이었다. 해티버그는 내가 폴에게 샌디 앨더슨이 만들었던 심리치료사 자리를 빌리가 왜 없앴는지 묻는 것을 듣고 이렇게 말했다. "어떤 팀에는 정신과 의사가 꼭 필요하지요. 보스턴에서는 구단 운영진 전부가 정신과 의사라니까요." 위트도 평균 이상은 되어 보였다.

해티버그가 떠난 뒤 나는 물었다. "저 선수는 또 뭐가 문제예요?"

폴은 무덤덤하게 말했다. "포수 생명이 끝났어요. 부상 때문에 송구를 못하게 됐거든요."

나중에 알게 된 바로는 해티버그는 이미 몇 년 전부터 오클랜드 애슬레틱스의 희망자 명단에 올라 있었다. 그가 눈에 띄는 활약을 보인 적은 한 번도 없었다. 남들의 이목을 끌 만한 홈런 기록도 세우지 못했고 타율도 2할 7푼 언저리를 오갔다. 데이비드 저스티스나 제러미 지암비와 마찬가지로 그한테는 타석에서의 절제력과 출루 능력이라는 눈에 띄지 않는 장점이 있었을 뿐이다. 그들처럼 해티버그도 카드의 합이 19가 되면 절대로 카드를 받지 않는 블랙잭 딜러라고 할 수 있었다. 다른 구단에서는 해티버그를 어느 정도 타격이 되는 포수로서만 바라봤지만, 애슬레틱스의 프런트는 그를 득점을 내는 효율적인 수단이자 포수 능력까지 겸비한 선수라고 생각했다. 팔꿈치 신경파열로 포수 생명이 끝나자 대부분의 야구관계자는 그의 선수 생명도 끝이라고 생각했다. 그 덕분에 애슬레틱스는 그를 헐값에 데려올 수 있었다.

출루율만 좋다면 수비력에 상관없이 헐값으로 선수를 데려올 기회를 엿보는 애슬레틱스에 해티버그의 포수 생명이 끝났다는 사실은 아무런 문제도 되지 않았다. 그들이 즐겨 쓰는 방법 중 하나가 바로 선수 생명을 위협하는 심각한 부상을 당한 직후의 선수를 덥석 물어오는 것이었다. 빌리 빈은 "좋은 투자처를 찾는 일이 가장 어렵다"는 투자의 귀재인 워런 버핏의 말을 즐겨 인용하곤 했다.

해티버그는 제러미 지암비처럼 빅리그에서 성공을 기대하는 마이너리거가 아니었다. 그렇다고 데이비드 저스티스처럼 나이를 먹어 곧 퇴물이 될 스타 선수도 아니었다. 그는 말도 안 되는 떨이상품이나 마찬가지였다. 득점을 만들어내는 비범한 능력을 갖춘 전성기의 메이저리그 선수를 1년에 100만 달러도 안 되는 헐값에 데려오다니 말이다. 빌리와 폴의 유일한 문제는 해티버그를 어느 수비 위치에 넣느냐 하는 거였다. 매일 수비를 보다가는 체력이 버티지 못하는 저스티스와 매일 수비를 보다가는 정신이 나갈지도 모르는 지암비, 이 둘만으로도 지명타자 한 사람 몫이 다 찼기 때문이다. 해티버그가 타석에 서려면 반드시 수비 위치에 들어가야 했다. 과연 어디가 되어야 할까?

CHAPTER 8

1루수 스콧 해티버그

Scott Hatteberg, Pickin' Machine

MONEYBALL

그 친구가 날 거짓말쟁이로 만들었어요.
이제 1루수로 제몫을 톡톡히 해내고 있잖아요.
이런 친구들이라면 믿고 함께 전쟁터에라도 나갈 수 있을 겁니다.
해티버그같은 사람들 말이에요.
- 론 워싱턴

크리스마스트리의 불이 꺼지고 아내와 두 딸이 잠든 사이 그는 자리에서 일어나 주위를 맴돌았다. 오른손은 여전히 다른 사람의 몸에 붙은 것처럼 낯설게 느껴졌다. 그는 팔꿈치 신경이 파열된 채로 레드삭스에서 시즌의 절반을 보냈고, 송구할 때마다 팔은 더욱 망가졌다. 더는 버틸 수 없어 결국 수술을 받고 복귀하기로 결심했다. 그런데 수술이 끝나고 나자 공을 던지기는커녕 손에 쥐고 있을 수조차 없었다. 그는 포수로 되돌아가기 위해 가장 기본적인 팔 동작부터 다시 연습해야 했다. 평생 해왔던 간단한 동작을 이제는 먹고살기 위해 처음부터 새로 익혀야 했던 것이다.

바로 전 주에 보스턴 레드삭스는 스콧 해티버그를 단념하고 그와 콜로라도 로키스의 내야수 포키 리스를 맞바꾸는 트레이드를 실시했다. 그는 메이저리그에서 6년째를 맞았기에 연봉조정 신청 자격이 있었지만, 로키스는 그에게 연봉조정을 거쳐 150만 달러를 지급할 생각이 절대 없었다. 메이저리그에서 5년을 보낸 선수의 연봉으로 150만 달러가 많은 액수라고는 할 수 없었지만, 로키스는 그 3분의 1 수준이면 충분하다고 생각했다. 그리고 송구가 안 되는 포수에게 관심을 가진 구단은 없으리라 판단하고 해티버그를 자유계약 선수로 풀어주었다. 그러고는 지난해 해티버그가 보스턴에서 받은 95만 달러에서 절반이나 깎인 50만 달러의 연봉을 제안했다. 해티버그가 그 제안을 거절하면서 2001년 12월 20일 자정을 기해 로키스의 권리는 소멸했고, 정확히 1분 뒤인 12시 1분에 오클랜드 애슬레틱스의 단장 보좌역인 폴 디포디스타가 해티버그의 에이전트에 전화를 걸어왔다.

정말 희한한 일이 아닐 수 없었다. 해티버그는 왜 오클랜드 애슬레틱스가 자기한테 관심을 보이는지 조금도 감이 오지 않았다. 그가 아는 사실이라고는 메이저리그 구단 한 곳은 자신을 창고 세일에 내놓은 중고품으로 취급했으며, 다른 구단 28곳은 그에게 아무런 관심도 없다는 것뿐이었다. 그런데 한 구단이 아침까지 기다렸다가 제안할 여유도 없을 만큼 그에게 열성을 보였던 것이다. 그들은 크리스마스 날마저도 그의 에이전트를 괴롭혔다!

로키스는 애슬레틱스가 해티버그의 에이전트한테 연락해 입찰 경쟁에 나섰다는 말을 듣자 좀 더 높은 연봉을 제시했다. 오클랜드에서 제안한 금액과 거의 비슷한 수준까지 올려 불렀지만, 그렇다고 해서 달라질 건 없었다. 로키스가 그를 원하는 이유는 그저 만일의 경우에 대비하기 위해서였기 때문이다. 만에 하나 다른 선수에게 무슨 일이 생겼을 때 교체 선수로서 말이다. 하지만 빌리 빈은 당장 타석에 나설 선수로서 그를 원했다. 해티버그는 1년 계약 후 2년째는 성적에 따라 계약을 연장한다는 조건으로 95만 달러의 기본급에 일부 인센티브 조항을 추가해 오클랜드와 계약을 맺었다. 크리스마스가 지난 며칠 후 빌리 빈이 그에게 전화해 팀의 라인업에 들어오게 되어 기쁘다고 말했다. 그러고는 갑자기 생각났다는 말투로 그가 1루수를 맡게 될 거라고 했다.

야구 선수는 항공기 조종사들과 마찬가지로 일하지 않을 때는 밀실에 틀어박혀 지내고 싶어 한다. 시즌이 끝나면 선수들은 무리를 지어 플로리다 중부나 피닉스 교외 지역에서 지내곤 했다. 해티버그와 그의 아내 빗시도 워싱턴 타코마 남쪽의 골프장 구역에다 집을 샀다. 꿈에 그리던 해변에 있는 집은 아니었는데, 그런 집을 사려면 선수생활에서 은퇴하는 날까지 기다려야 했다. 그에게 집은 스트레스를 해소해주는 공간이기도 했다. 또한 가격이 쉽게 떨어지지도 않았고, 필요하다면 별다른 어려움 없이 신속하게 팔아버릴 수도 있었다. 원정 경기에 나설 때도 집에 있는 딸들의 안전을 걱정할 필요가 없었다. 이곳에서는 개 짖는 소리마저 범죄 취급을 받았기 때문이다.

늦은 밤에는 개들도 알아서 조용해졌다. 해티버그는 고요한 집안을 돌아다니며 방금 빌리 빈이 했던 말을 받아들이려 애써봤지만 별 효과가 없었다. 문득 지금까지 거쳐온 선수생활의 흔적들이 눈에 들어왔다. 닳아 빠진 포수 미트와 그의 이름이 새겨진 방망이 그리고 그가 3년간 포수로 활약했던 워싱턴에서 찍은 사진이었다. 1990년 굿윌게임•에서 미국 대표팀 포수로 뛸 때 입었던 유니폼과 보스턴 레드삭스의 포수 시절 입었던 유니폼도 액자에 걸려 있었다. 분명히 그는 포수였다. 두 달 전에 32세가 되었으니 홈플레이트 뒤에서만 22년을 보낸 셈이었다.

그의 집 거실 창문 밖으로는 멀쩡한 워싱턴 숲을 깎아 만든 초록빛 페

• 1980년 구소련의 아프가니스탄 침공으로 미국을 위시한 자유진영 국가들이 제22회 모스크바 올림픽에 불참했고, 1984년에는 미국 LA올림픽에 사회주의 국가들이 불참함으로써 야기되었던 양 체제 간의 적대관계를 청산하고 친선을 도모하기 위한 목적으로 개최되었다. 1986년 모스크바에서 제1회 대회가 개최되었는데, 우리나라는 제2회 대회부터 참가했다. 참가 자격은 단체와 개인 그리고 최근의 주요 국제대회 성적을 토대로 해당 종목에서 베스트 8 내에 드는 팀과 개인으로 제한된다-옮긴이

어웨이가 펼쳐져 있었다. 대부분의 선수는 오프시즌에 골프를 즐겼지만 그는 플라이낚시를 더 좋아했다. 습기를 머금은 페어웨이가 조명을 받아 반짝거렸다. 이 계절에는 하루 중 거의 절반은 어두웠고, 어둡지 않을 때는 비가 왔다.

'1루수라고!'

빌리 빈은 제이슨 지암비를 대체하기 위해 스콧 해티버그를 뽑았다는 사실을 언론에 알리지 않겠다고 약속했다. 해티버그는 지암비를 대신할 수 없었다. 두 명을 뽑아도 그를 대신할 수는 없었다. 게다가 1루수라니!

스콧 해티버그는 무슨 일이든 해야겠다고 생각했다. 그대로 있다가는 미칠 것만 같았다. 그는 길 건너편에 있는 아스팔트로 된 테니스 코트에 생각이 미쳤다. 외부인의 출입이 제한된 이 동네에서 골프를 치지 않는 주민은 감옥살이 신세나 다름없었고, 테니스 코트는 그런 주민을 달래기 위한 용도였다. 크리스마스가 지난 며칠 후 그는 차에 아내와 두 딸을 태우고 배팅 티와 낡은 야구공 한 양동이 그리고 새로 장만한 1루수용 글러브를 실었다. 그는 테니스 코트 옆의 모래놀이터에 아이들을 내려놓은 뒤 아내 빗시에게 배팅 티에서 자신을 향해 땅볼을 때려달라고 했다. 그의 아내는 155센티미터의 키에 몸무게도 45킬로그램밖에 나가지 않았다. 그녀는 해티버그가 상대할 메이저리그 타자와는 상대도 되지 않았다. 1루 방향으로 땅볼을 보내는 것조차 힘겨워 보였다.

빗시는 남편에게 뭔가 변화가 있음을 알아차렸다. 그는 메이저리그에서 5년을 뛴데다 보스턴 레드삭스의 선발 포수였지만 한 번도 자신이 정말 메이저리그 선수라고 생각한 적이 없었다. 다른 선수들은 시합 전에 자진해서 팬에게 사인을 해주곤 했지만 그는 한 번도 그런 적이 없었다. 사인하기 싫어서가 아니라 팬이 자신을 알아보지 못할까 봐 겁나서였다. 남편이 대놓고 말한 적은 없지만 빗시는 그의 속마음을 알고 있었기에 안타까웠다. 팬들이 남편을 알아봐주기를 바란 게 아니라 팬들이 그를 안다는 사실을 남편이 알기를 바랐다. 그런 이유에서 12월 말부터 스프링캠프가 시작될 때까지 집에 가자고 칭얼대는 딸들을 옆에 두고 부슬비 속에서 남편에게 땅볼을 때려주었던 것이다.

론 워싱턴(현재는 텍사스 레인저스 감독 – 옮긴이)은 오클랜드 애슬레틱스의 내야 수비 코치였다. 그는 빌리가 미네소타 트윈스에 있던 시절 함께 뛰었던 선수 출신인데, 그런 이유로 내야 수비 코치가 된 것은 아니었다. 그가 이 일을 맡게 된 것은 선수들에게 지금보다 더 나은 선수가 되고 싶다는 생각을 불어넣는 재능 덕분이었다. 하지만 그 자신은 그런 허세 섞인 생각을 조금도 하지 않았다. 워싱턴의 주요 임무는 빌리가 보낸 문제투성이 선수들이 문제를 일으키지 않도록 스프링캠프 기간에 제대로 훈련시켜 시즌 개막일 전까지 다듬어놓는 것이었나. 빌리가 그에게 보낸 선수들에 관한 이야기라면 밤을 새우며 얘기해도 모자랄 정도였다. 그는 프로야구계에서 수비력에는 한 푼의 돈도 쓰지 않는 단장을 둔 유일한 수비 코치였을 것이다. 출루 능력만 있으면 장님이라도 선발 라인업으로 내세우려고 하는 팀에서 수비 코치를 하는 게 어떤지 물었더니 그는 얼굴을 찌푸리며 말했다. "할 말이야 많지요. 별 개똥같은 선수들이 다 있었다니까요." 때때로 빌리가 보낸 선수 중에는 수비에 나서서 글러브도 없이 맨손으로 공을 받는가 하면, 방망이를 들고 나가 타구를 쳐서 투수에게 돌려보내는 경우까지 있었다고 한다.

어쨌든 워싱턴은 6주 동안 스콧 해티버그를 오클랜드 애슬레틱스의 선발 1루수로 만들어놓아야 했다. 그는 해티버그를 애리조나 연습장으로 데려가 땅볼을 때려주면서 풋워크를 가르쳤다. 몇 달 뒤 워싱턴은 그때의 암울했던 기억을 떠올리며 말했다. "그가 1루수감이 아니라는 게 눈에 뻔히 보였어요. 어디로 움직이고 뭘 어떻게 해야 하는지 아무것도 몰랐죠. 마음속으로 '1루에 제발 아무 일도 생기지 않았으면' 하는 생각만 하는 것 같았어요. 관중석의 팬이 보고 '저 자식 완전 머저리잖아'라고 생각할 만한 짓은 뭐든지 했다니까요. 팬이 뭘 알겠어요? 아무것도 모르죠. 하지만 해티버그에게 한 말만큼은 옳았어요. 그 녀석은 정말 머저리 같았거든요."

물론 워싱턴은 해티버그의 1루 플레이를 바라보는 팬들이 무슨 욕설을 퍼부어댈지 선수 본인한테는 아무런 말도 하지 않았고, 어떤 식으로든 조금도 티를 내지 않았다. 해티버그에게 가장 필요한 것은 자신감이었기 때문이다. 설사 자신감을 가질 구석이 전혀 없다고 해도 말이다. 하지만 스프링캠프가 끝날 무렵 열린 전체 회의에서 애슬레틱스의 프런트와 동료 코치들이 해티버그가 메이저리그 1루를 맡을 준비가 되었는지 묻자 워싱턴은 이렇게 대답했다. "사나흘에 한 번 정도라면 내보낼 수 있겠지만 매일 세울 수 있을 거라고 기대하진 말아요."

스프링캠프 첫날부터 해티버그의 1루수 생활은 공황의 연속이었다. 그는 이렇게 말했다. "1루수한테는 한 가지 불문율이 있어요. 바로 단 한 개라도 공을 떨어뜨려선 안 된다는 겁니다." 그는 신경이 날카로워지지 않을 수 없었다. 어떻게 그렇게 할 수 있는지 도저히 짐작도 안 갔고, 실패할 경우 위험부담이 너무 컸기 때문이다. 그는 1루 수비를 제대로 해내지 못하면 방출될지도 모른다고 생각했다.

개막일이 되자 해티버그는 라인업에서 임시로 지명타자 자리에 들어갈 수 있었다. 주전 우익수인 저메인 다이가 전년도 플레이오프에서 다리를 다쳤는데 예상보다 회복이 늦어졌기 때문이다. 그래서 데이비드 저스티스가 우익수, 제러미 지암비가 좌익수를 맡으면서 해티버그가 지명타자로 뛸 수 있게 된 것이다. 1루수 공백을 메우기 위해 빌리는 카를로스 페냐(현재 시카고 컵스 소속 – 옮긴이)를 트레이드로 데려왔다. 그는 메이저리그에서 큰 활약을 하리라는 기대를 한몸에 받던 화제의 젊은 마이너리거였다. 해티버그는 당시의 상황이 어땠는지 말해주었다. “모두 카를로스가 제2의 알렉스 로드리게스(뉴욕 양키스 소속으로 메이저리그 최고 연봉 선수-옮긴이)가 될 거라고 말했죠. 그가 들어오면 나는 1루수를 맡지 못할 거라고 생각했어요.” 해티버그도 다이까지 부상에서 회복해 돌아오면 자신은 벤치 신세가 되리라고 생각했다.

그러나 그런 일은 일어나지 않았다. 시즌 시작 후 좋은 출발을 보였던 팀의 성적이 급격히 떨어졌던 것이다. 4월 말 양키스가 원정 경기를 왔을 당시 애슬레틱스의 전적은 11승 8패였다. 그런데 3주 후에는 5할 승률에 네 경기가 모자란 상황이었고 성적은 갈수록 떨어졌다. 5월 중순 오클랜드는 토론토 블루제이스와의 원정 경기에서 3연전 전패를 당했다. 해티버그는 레드삭스 시절에도 이런 일을 다 겪었다고 생각했지만, 블루제이스에 3연패한 직후 팀에서 벌어진 일은 메이저리그 최초의 경험이었다.

다른 선수들처럼 스콧 해티버그도 메이저리그의 일반적인 기준으로 볼 때 애슬레틱스의 운영 방식이 독특하다는 사실은 알고 있었다. 심지어 경기 도중에도 감독이 아닌 프런트가 팀을 운영했다. 팀의 연패에 프런트는 단단히 화가 난 상태였다. 빌리는 분위기 쇄신을 위한 숙청을 단행했다. 그는 주전 1루수인 카를로스 페냐와 주전 2루수 프랭크 메네치노, 선발투수 에릭 힐루스, 우완 중간계투인 제프 톰을 마이너리그로 내려보냈다. 또한 주전 좌익수인 제러미 지암비를 필라델피아 필리스의 벤치 멤버인 존 메이브리와 트레이드해버렸다. 단 몇 시간 만에 애슬레틱스의 프런트는 올해의 신인상감이라던 페냐와 구단의 총애를 받는다고 여겼던 제러미를 포함해 주전선수 여덟 명 중 세 명을 내친 것이다. 그제야 해티버그는 처음으로 빌리의 진면목을 깨달았다. 그에게 처음

든 생각은 '세상에, 이 사람에겐 못할 일이 없겠군'이었다. 이제 팀에는 주전 1루수가 없어진 상태였다. 자연스럽게 1루수는 해티버그의 차지가 되었다.

처음 1루수를 맡은 그는 서툴기 짝이 없었다. 다른 내야수들이 던지는 공을 받기 위해 위치를 잡는 가장 기본적인 동작도 겨우겨우 해낼 정도였다. 그는 당시 얼마나 힘겨웠는지 말해주었다. "다른 선수들이 하는 걸 보면 쉬워 보이지만 절대 그렇지 않아요. 정말이라니까요." 1루수를 맡을 때의 경기는 포수 시절보다 훨씬 빨리 흘러가는 느낌이었다. 타구는 갑작스럽게 튀어 유격수나 3루수 앞으로 향했고 미처 준비도 안 된 그에게 다시 날아왔다. 한쪽 발은 어디다 뒀지? 베이스는 어디로 간 거야? 사람들이 아직도 비웃고 있나? 평범한 뜬공도 그의 눈앞에서 벗어나 10미터 떨어진 파울 지역까지 날아가곤 했다. "뜬공을 수없이 놓쳤지만 실책으로 보이지도 않았어요. 공 근처에도 가지 못했으니까요."

그러던 해티버그한테도 변화가 찾아왔다. 1루수로 보내는 시간이 늘어나면서 점점 수비에 익숙해지기 시작한 것이다. 6월 말이 되자 그는 웃으면서 이렇게 말할 수 있었다. "스프링캠프 때와 지금의 차이라면 이제는 땅볼이 와도 피 마르는 일이 없다는 거죠." 변화의 상당 부분은 워싱턴의 덕택이었다. 워싱턴은 자신이 맡은 선수의 생각을 속속들이 알고 있었고 선수도 그에게 마음을 터놓았다. 해티버그는 다른 내야수에게 하는 송구를 포함해 자신의 모든 플레이에 관해 더그아웃에 돌아와 워싱턴과 상의했다. 그는 해티버그가 자신의 실력을 판단할 수 있도록 별도의 기준을 만들어주었다. 절대적인 기준에서는 D에 불과했지만 워싱턴의 기준에서는 B로 보였으며 게다가 상승곡선을 그리고 있었다.

해티버그는 감정을 담아 이렇게 말했다. "그는 평범한 플레이도 나한테는 전혀 쉽지 않다는 걸 알고 있었어요." 워싱턴은 해티버그가 실제 모습보다 자신이 더 훌륭하다고 착각하도록 도운 것이다. 해티버그가 실제로 원래의 모습보다 훌륭해질 때까지 말이다. 콜리세움 구장에서는 1루와 애슬레틱스 더그아웃까지의 거리가 꽤 멀었다. 하지만 해티버그가 땅볼을 잡을 때마다 대부분의 1루수라면 눈감고도 하는 플레이였음에도 워싱턴은 더그아웃에서 큰 소리로 이렇게 외쳤다. "수비 도사 파이팅!"

그때 해티버그가 더그아웃을 바라보면 워싱턴은 기운을 북돋아주는 표정으로 다시 외쳤다. "수비 도사 파이팅!"

해티버그는 구단 경영진이 1루수감으로 찍어둔 그 어떤 선수보다 자신이 더 잘할 수 있을 거라고 자연스럽게 믿기 시작했다. 그리고 그 생각은 옳았다. 그는 긴장을 털어냈고, 오히려 공이 자신 쪽으로 날아오길 바라게 되었다. 점점 1루수 자리가 편안하게 느껴지고 자신감이 충만해졌다. 그가 포수 시절에 누렸던 즐거움 중 하나는 다른 팀 선수와 얘기를 나눌 기회가 있다는 것이었다. 그런데 1루수 자리는 포수와 비교했을 때 선수들과 얘기를 나눌 기회가 훨씬 많았다. 이에 비한다면 포수 자리는 불편한 만찬 자리에 가까웠다. 어깨 위로는 심판이 있는데다 모든 팬과 카메라가 자신을 쳐다보고 있었기 때문이다. 하지만 1루에서는 선수들과 마음 편하게 대화를 나눌 수 있었다. 오클랜드 애슬레틱스의 클럽하우스 게시판에는 메이저리그의 밥 왓슨이 서명한 다음과 같은 메모가 붙어 있었다.

> 유니폼을 입고 있을 때는 언제든지 상대팀 선수와 친밀감을 표해서는 안 된다.— 공식 야구 규칙 3장 9절

2002년 여름 무렵 이 메모는 스콧 해티버그를 직접 겨냥한 것이라고 봐도 무방했다. 그가 맡고 있는 1루는 사교 장소나 다름없었기 때문이다. 그는 이렇게 말했다. "선수들이 1루에 오는 순간부터 내 조그만 사무

실에 발을 들인 셈이었어요. 나는 대화 나누는 걸 정말 좋아하거든요." 한번은 라파엘 팔메이로가 볼넷으로 출루하자 해티버그는 그에게 애슬레틱스의 좌완투수 마크 멀더와 배리 지토 중 누가 더 치기 까다로운지 물어봤다(그의 대답은 멀더였다). 또한 제프 시릴로가 단타를 치고 1루에 왔을 때는 해티버그가 슬쩍 운만 띄웠는데도 시애틀 매리너스의 라인업에서 9번 타자를 맡은 불만까지 털어놓았다. 제프 배그웰은 수비수 실책으로 출루했는데, 해티버그가 그의 팬이라고 고백하자 자신이 실제로는 얼마나 별 볼 일 없는 타자인지 길게 신세한탄을 늘어놓기도 했다. 해티버그는 배그웰의 이야기를 계속해서 들려주었다. "그는 끊임없이 '난 내 스윙이 싫어, 내 스윙이 싫어'라고 중얼거리더군요. 그래서 내가 '이봐요, 당신은 정말 최고라고요'라고 말해주었죠." 이런 친밀한 대화가 가능했던 것은 모두 해티버그 덕분이었다. "중요한 건 예의를 갖추는 거죠. 선수가 1루에 오면 나는 예의바른 말로 분위기를 살려요. 만약 안타를 치고 나오면 '멋진 안타였어'라고 하는 거죠. 그러고 나면 자기가 먼저 나서서 얘기를 풀어놓는다니까요."

해티버그는 1루수 생활을 즐기고 있었다. 그러는 사이에 사람들이 예상하지 못한 플레이를 하고, 워싱턴마저 기대하지 못했던 플레이를 해내기 시작했다. 그는 여전히 오클랜드의 실험 전체가 아주 독특하다고 생각했다. "내가 보기엔 선수에게 수비를 맡기는 방식 하나하나가 전부 괴상했어요." 그러나 여름 중반이 되자 사람들은 해티버그가 '평균 이상'의 1루수라고 말하기 시작했다. 7월 말이 되어 워싱턴에게 스콧 해티버그를 '평균 이상의 1루수'로 탈바꿈시킨 일에 관해 얘기를 꺼내자, 그는 고개를 젓고는 웃으며 말했다. "그 친구가 날 거짓말쟁이로 만들었어요. 이제 1루수로 제몫을 톡톡히 해내고 있잖아요." 워싱턴은 잠시 생각하다가 이렇게 덧붙였다. "이런 친구들이라면 믿고 함께 전쟁터에라도 나갈 수 있을 겁니다. 해티버그 같은 사람들 말이에요."

사실 1루수로서 해티버그의 수비 능력은 오클랜드 애슬레틱스의 프런트에게는 전혀 관심 밖의 일이었다. 해티버그는 본인의 노력으로 훌륭한 수비수로 변모했지만 그것은 일종의 보너스였을 뿐이다. 설령 수비 능력이 엉망이었다고 해도 쫓겨날 염려는 없었다. 폴 디포디스타와 빌리 빈이 장타율보다 출루율이 세 배나 중요하며, 다른 구단에서는 모두 간과하는 이 부차적인 재능이 팀의 승리에 가장 중요하다고 결론을 내린 순간부터 해티버그는 오클랜드와 마주칠 운명이었던 것이다. 해티버그는 어느 정도 장타력도 있지만 그의 진정한 장점은 팀의 득점에 보탬이 되는 것을 최우선으로 삼아 타격에 임한다는 것이었다. 레드삭스 시절 그의 출루율은 리그 평균보다 2푼 5리가 더 높았는데, 심지어 이 성적은 타석에 정기적으로 서지 않고 포수 역할로 녹초가 된 상태에서 나온 것이었다. 충분히 휴식을 취하고 정기적으로 타석에 선다면 출루 횟수가 더욱 늘어날 게 분명했다.•

또한 그는 상대팀 투수를 지치게 만드는 재주도 가졌다. 스콧 해티버그의 타석은 언제 끝날지 알 수가 없었다. 이런 점에서는 제이슨 지암비와 거의 맞먹었는데, 투수들이 지암비와는 달리 해티버그를 전혀 두려워하지 않았다는 점을 감안하면 오히려 더 훌륭하다고 할 수 있었다.••

해티버그는 미묘하고 눈에 잘 띄지 않는 장점도 있었다. 그는 삼진을

● 애슬레틱스 홈구장이 투수에게 더 유리한 조건인데도 해티버그는 아메리칸리그에서 애슬레틱스의 팀 동료 레이 더럼과 출루율 공동 13위로 2002년 시즌을 마쳤다. 그의 뒤로는 나머지 팀 동료들 외에 데릭 지터, 자니 데이먼, 노마 가르시아파라 등 수백만 달러의 연봉을 받는 선수들이 즐비했다.

●● 해티버그는 2002년 시즌에 타석당 투구 수에서 아메리칸리그 3위를 기록했는데, 프랭크 토머스와 제이슨 지암비가 각각 1, 2위였다.

두려워하지 않았고, 그 덕분에 투 스트라이크 이후에도 곧잘 안타를 때려냈다. 그가 삼진을 두려워하지 않았던 이유는 실제로 삼진당한 적이 별로 없었기 때문이다. 그는 언제나 풀카운트까지 승부를 끌고 갔으며, 보통 투 스트라이크 이후에 타격을 하면서도 아웃당한 적이 거의 없었다. 그의 볼넷과 삼진 비율은 메이저리그 최고 수준이었다.•

오클랜드의 계산법에 따르면 삼진을 피하는 능력은 부차적인 재능이기는 해도 해티버그에게 미묘한 가치를 더해주었다. 삼진 아웃은 타자가 일상적으로 저지르는 잘못치고는 그 대가가 가장 컸다. 애슬레틱스의 마이너리그 타자 훈련 시스템에서는 삼진을 당해도 괜찮다는 거짓말이 핵심적인 위치를 차지했다. 애슬래틱스의 타격 코치들은 젊은 선수가 끈기를 가지고 볼카운트를 조절하며, 투수의 실수를 기다렸다가 안타를 쳐내도록 하기 위해 이들의 머릿속에 삼진 아웃이 딱히 더 나쁠 것은 없다는 생각을 주입시켜야 했다. 이에 대해 폴은 다음과 같이 말했다. "오랫동안 사람들은 삼진 아웃이 다른 아웃과 차이가 없다고 생각했지만, 사실은 그렇지 않아요."

이상적으로 말해서 타자는 삼진당해서도 안 되고, 동시에 삼진을 피해야겠다는 생각으로만 타격에 임해서도 안 된다. 하지만 이상적으로만 플레이하기란 쉽지 않은 일이다. 대부분의 타자는 약점이 있고, 본인도 그 점을 알고 있다. 대부분의 타자는 투 스트라이크 이후 타격을 꺼린다. 투 스트라이크 이후에는 약점이 쉽게 노출되기 때문이다.

폴은 메이저리그의 다른 구단에 대한 사전 분석을 거쳐 대부분의 타자는 매우 뛰어난 타자라 할지라도 눈에 띄는 약점이 있음을 알아냈다. 대

• 2002년 시즌에 해티버그의 볼넷과 삼진 비율은 아메리칸리그 4위로, 그의 앞에는 존 올러루드, 마이크 스위니, 스콧 스페지오가 있었다.

개의 경우 폴은 어떤 메이저리그 타자를 보더라도 투수가 어떤 공으로 그의 약점을 공략할 수 있는지 쉽게 파악했다. 그러나 해티버그만큼은 약점을 알아낼 수 없었다. 해티버그는 투 스트라이크가 될 때까지도 타격하지 않을 때가 많았다. 투 스트라이크 상황에서 공을 치는 것을 두려워하지 않고 심지어 그 상황을 즐기는 것처럼 보이기도 했다. 왜냐하면 해티버그에게는 약점이 없었기 때문이다. 하지만 정말 그럴 리는 없었다. 모든 타자한테는 약점이 있게 마련이다. 그런데 수없이 해티버그를 지켜보았어도 폴은 여전히 그 약점을 찾아낼 수 없었다.

이처럼 타자로서의 부차적인 재능은, 특히 해티버그처럼 극단적인 형태로 발휘될 경우 팀의 공격에서 대단한 가치를 지닌다. 그럼에도 시장에서는 아무런 가치가 없는 것처럼 평가되었다.

오클랜드 애슬레틱스의 프런트는 이러한 재능이 어디서 생겨나는지가 몹시 궁금했다. 학습된 기량일까, 아니면 선수 성격의 일부분일까? 타고난 천성일까, 아니면 길러진 것일까? 프런트의 생각대로 타고난 천성이라면 신체적 재능일까, 정신적 기질일까? 해티버그는 이런 문제를 풀어줄 수 있는 선수였다.

해티버그가 기억하는 가장 어린 시절의 추억, 즉 어린이리그에서 뛰었을 때의 경험에 따르면 그는 이미 그때 타자로서 두 가지 특징을 갖고 있었다. 하나는 방망이에 공을 맞히는 신기한 능력이었다. 장타를 날리는 것과는 별개로 공을 방망이에 갖다 대는 콘택트 능력이 뛰어났다. 그의 표현에 따르면 혹시라도 헛스윙을 하게 되면 "세상에, 이게 무슨 일이지?"라는 말이 나올 정도였다. 다른 하나는 제대로 칠 수 없는 공을 건드려 느린 뜬공이나 힘없는 땅볼을 칠 때가 삼진을 당할 때보다 훨씬 화가 났다는 것이다. 딱히 볼넷을 얻는 걸 좋아하진 않았지만, 별 볼 일 없이 아웃당하는 것보다는 나았다. 그는 이 점에 대해 이렇게 말했다. "나는 초구에 스윙해서 땅볼로 아웃되는 게 가장 싫었어요. 쓸모없는 플레이처럼 느껴졌거든요."

또한 해티버그는 소년 시절 자신의 타고난 기질을 북돋아줄 수 있는 훌륭한 롤모델을 찾아냈다. 그중 첫 번째이자 가장 중요한 롤모델은 바로 돈 매팅리(1990년대 중반까지 뉴욕 양키스 1루수였으며 현재 LA 다저스 감독-옮긴이)였다. 그는 매팅리의 포스터를 침대 벽에 붙여놓았으며, 매팅리에 관한 옛날 기사를 수집하기도 했다. 플로리다로 여행을 갔을 때는 양키스 훈련장의 안전망 밑에 몰래 숨어들어가 위대한 매팅리를 훔쳐보기도 했다. 안전요원들이 그를 발견해 훈련장 밖으로 내쫓았을 때는 이미 타격 연습장에 있던 자신의 영웅을 실컷 구경한 뒤였다. 양키스가 매리너스와 경기를 하러 올 때마다 그는 오로지 매팅리를 보기 위해 어린 시절의 대부분을 보낸 야키마에서 시애틀까지 두 시간 반을 운전했다.

해티버그는 당시를 이렇게 회상했다. "그는 체격이 작았어요. 나도 어릴 때부터 아주 왜소했기 때문에 그에게 더욱 끌렸죠. 그리고 난 매팅리의 스윙이 정말 좋았어요. 그의 스윙은 시처럼 아름답기까지 했거든요. 내가 스윙하는 방식, 아니 스윙하고 싶은 방식이 바로 그런 거였어요. 우린 둘 다 약간 웅크린 자세로 스윙을 했어요." 매팅리도 해티버그와 마찬가지로 까다로운 타자였는데, 어떤 공에 스윙해야 하는지 세심하게 신경을 썼다.

이처럼 해티버그와 매팅리의 특별한 자질은 그것을 하나의 단어로 규정하기 어렵다는 점에서도 비슷했다. 야구인들은 보통 '참을성'이라고 부르겠지만, 그보다는 '사려 깊음'에 더 가까웠다. 해티버그와 매팅리는 다른 수많은 선수와 달리 타격을 순수한 신체적 반응으로만 취급하지 않았다. 타격은 생각하면서 할 때 훨씬 나아질 수 있었다. 해티버그는 매팅리가 타격에 관해 강의한 〈3할 타율을 치는 비결〉이라는 제목의 녹음

테이프를 갖고 있었는데, 그것을 수십 번이나 반복해 들었다. 해티버그는 이렇게 회상했다. "매팅리는 한 선수의 삼진과 볼넷 장면을 보면 그 선수가 어떤 한 해를 보냈는지 알 수 있다는 말을 했어요. 내게는 그 말이 꽤 충격적이었어요." (하지만 정작 매팅리 본인은 볼넷을 그리 많이 얻어내지 못했다.)

선수 시절에 빌리의 문제는 타석에서 완전히 몰입할 방법을 찾지 못했다는 것이다. 반면 해티버그는 성격 면면이 타석과 너무나 잘 들어맞아서 타석에 몰입하는 일 외에는 아무것도 신경 쓰지 않았다. 이 점을 제대로 이해하지 못한 외부 세상은 종종 그를 어울리지 않는 모습으로 바꿔놓으려고 했다. 예를 들어 필리스는 고교 선수였던 그를 8라운드에서 드래프트로 선발했지만, 그때 그는 자신이 아직 준비되지 않았다고 생각했다. 스카우터들은 이게 다 그를 위해서라며 계약하라고 압력을 가했다. 해티버그는 줄곧 몸집이 작았는데, 특히 포수로서는 더욱 그랬다. 고등학교를 졸업했을 때도 키 178센티미터에 몸무게는 72킬로그램에 불과했다. 그는 자신의 그런 모습이 마치 폐렴 환자처럼 보였다고 말했다. 필리스는 해티버그의 거절에도 아랑곳하지 않았고, 필리스에서 돈을 받은 그의 고등학교 코치는 필리스의 8만 5,000달러짜리 계약을 거절하고 대학에 간다면 일생일대의 실수를 하는 거라고 제자를 설득했다. 하지만 그는 돈을 거부한 채 대학에 갔고, 당시의 심정에 대해 "만약 내가 대학에서 성공하지 못한다면, 어디서도 성공할 수 없을 거라고 생각했어요"라고 말했다.

해티버그는 대학에서 성공적인 선수생활을 마친 끝에 1991년 드래프트에서 레드삭스에 1라운드로 선발됐다. 일단 마이너리그에 들어간 그는 아직 다듬어지지 않은 실력으로 더블A에 가게 되었다. 그곳에서 흔히 타자의 프로생활을 접게 하는 두 가지 장해물과 맞닥뜨렸다. 하나는 구속이 빠를 뿐 아니라 컨트롤도 좋은 투수였고, 다른 하나는 투수와의 심리전이었다. 더블A에서 타자는 메이저리그처럼 같은 투수를 한 번 이상 마주치게 된다. 좀 더 정확히 말해 투수는 타자를 한 번 이상 만나게 되며, 타자의 성향을 파악해 다음 번 타석 때 그 정보를 이용하려고 노력한다.

해티버그는 자신이 타석에서 어떤 투수를 상대하고 어떻게 반응했는지를 보여주는 각종 기록을 모으기 시작했다. 문서화된 기록을 수집하는 일은 매 타석에서 수많은 공을 보는 것과 마찬가지로 정보를 모으는 하나의 수단이었다. 투수에 관한 정보를 더 많이 알수록 해티버그는 해당 투수를 상대로 더욱 많은 안타를 치게 되었다. 그는 타고난 재능만 믿고 대충 해도 성공할 수 있다고 믿는 선수가 아니었다. 그런 선수는 거의 없었다. 물론 메이저리그에 올라가 처음 한두 달은 굉장한 활약을 펼치는 선수도 있다. 그러나 그 선수에게 치명적인 결함이 있다면 머지않아 모두 알아차리고 만다. 예를 들어 케빈 마스라는 선수가 있었다. 마스는 1990년 양키스에서 데뷔해 첫 77타석 동안 10개의 홈런을 쳤다. 만약 시즌 내내 그 속도로 홈런을 쳐냈다면 그는 신인으로서 로저 매리스의 시즌 최다 홈런 기록(1961년 홈런 61개로 베이브 루스의 기록을 37년 만에 경신했으나 현재는 2001년 배리 본즈의 73개가 최다 기록임-옮긴이)을 경신했을지도 모른다. 하지만 그는 그러지 못했다. 홈런뿐 아니라 안타도 더는 쳐내지 못했다. 케빈 마스는 좌절 속에 몇 시즌을 더 보내고 나서 야구를 완전히 접고 말았다.

왜 그런 일이 벌어졌을까? 해티버그는 그 이유를 잘 알았다. 바로 메이저리그가 무자비할 정도로 효율적인 생태계를 이루고 있기 때문이다. 어떤 타자든 반드시 약점이 있다. 타자가 메이저리그에 진입하면 각 팀은 여러 번에 걸쳐 그를 상대하면서 약점을 알아내어 집중 공략한다. 해티버그는 이런 상황에 어떻게 대처했는지 알려주었다. "일단 약점이 노출되면 그에 맞게 타격을 조절해야 합니다. 그렇지 않으면 리그 전체가 날 쫓아내려고 들 테니까요. 타자의 약점을 노리지 못하는 투수는 메이저리그에 한 명도 없거든요." 만일 적응에 실패하면 그대로 끝장인 것이다. 마찬가지로 스트라이크존을 벗어난 공에 약점이 있을 경우 그것을 보완할 만한 특별한 재능이 없으면 끝장이다.

해티버그는 이 같은 논리를 누구보다 잘 알았다. 그는 설령 스트라이크라도 제대로 칠 수 없는 아무 공에나 방망이를 휘두른다면, 자신은 끝장날 것이라고 생각했다. 그는 이렇게 말했다. "내가 타석에 나가 아무렇게나 방망이를 휘둘렀다면 메이저리그에 오르기도 전에 일찌감치 쫓겨났을 겁니다." 그는 각각의 투수가 던지는 특정한 공을 기다리는, 또 그 공이 왔을 때 제대로 볼 수 있는 능력을 키우기 위해 끊임없이 훈련했다. 그는 자신이 할 수 있는 것뿐 아니라 할 수 없는 게 뭔지, 즉 어떤 공을 칠 수 없는지도 알고 있었다.

빌리는 메이저리그에서 탈출할 궁리를 했지만, 스콧 해티버그는 메이저리그에 들어갈 궁리만 했다. 그는 1995년 시즌 막바지에 처음 메이저리그로 올라갔다. 지구 우승이 결정된 상태에서 보스턴 레드삭스는 양키스와 의미 없는 게임(레드삭스 대 양키스의 경기가 의미 없을 수 있겠느냐만)을 치르기 위해 양키 스타디움으로 향했다. 해티버그는 불펜에서 중계투수의 공을 받아주라는 임무를 받아서 경기에 투입되리라고는 기대하지도 않았다. 어쨌든 그는 양키 스타디움에 일찍 도착했는데, 양키스의 1루수인 돈 매팅리가 타격 연습을 하는 장면을 놓치고 싶지 않아서였다. 경기 자체는 엉망이었다. 레드삭스는 초반부터 끌려갔다. 8회 초 양키스 투수인 데이비드 콘은 피안타 2개로 완봉승을 앞두고 있었다. 레드삭스가 9대 0으로 지고 있을 때, 감독은 불펜에 연락해 해티버그를 대타로 세웠다. 해티버그는 불펜에서 달려나와 타석에 들어서서 1루 베이스라인을 쳐다보았다. 돈 매팅리가 그를 바라보고 있었다.

해티버그는 언제나 그렇듯이 편안하게 초구를 보냈다. 볼이었다. 2구째도 볼이 들어왔다. 콘은 그날 최고의 피칭을 하고 있었다. 해티버그는 3구가 들어올 때 스트라이크존으로 향하는 공을 보고 방망이를 휘둘렀다. 힘차게 휘두르다가 신발까지 벗겨질 뻔했지만 결과는 파울이었다. 콘의 4구 역시 홈플레이트를 벗어나 볼이 되었다. 볼카운트는 이제 1-3으로 타자에게 유리한 상황이었다. 해티버그는 '안타를 치면 공을 받게 되겠군'이라고 생각했다. 메이저리그에서 첫 안타를 치면 기념으로 그 공을 선수에게 선물하는 관례가 있었다. 그다음 또 다른 생각이 들었다. '볼 하나만 더 얻으면 돈 매팅리를 만날 수 있어.' 스콧 해티버그는 메이저리그 첫 타석에 서서 볼넷을 기다렸다.

데이비드 콘은 볼넷을 내줄 생각이 없었다. 콘의 다음 투구는 아예 치라고 던져준 공에 가까웠다. 해티버그가 가장 좋아하는 몸쪽 빠른 공이었다. 그는 우익 선상으로 공을 날려보냈고, 타구는 우측 담장의 상단을 맞히고 경기장 안으로 빠르게 튀어 굴러갔다. 양키스의 우익수인 폴 오닐은 2루타가 확실하다고 보고 공을 따라가다가 포기했다. 해티버그는 흥분해서 1루를 돌아 오닐이 공을 향해 움직이는 걸 보다가 마침내 돈 매팅리를 보았다. 매팅리가 그의 눈앞에 서 있었던 것이다. 25세에 메이저리그에 처음으로 데뷔한 선수라면 머릿속에서 '메이저리그 첫 안타야! 메이저리그 첫 안타야!'라는 소리가 울려 퍼지는 게 당연했다. 그때 또 다른 목소리가 들려왔다. '내가 어디 가고 있지?' 그는 2루로 가던 중간에 멈춰 서고는 다시 자신의 어린 시절 우상에게로 되돌아가서 말했다. "돈, 안녕하세요?"

그 순간 TV 진행자인 밥 코스타스와 밥 유커는 눈앞에서 벌어진 일에 어리둥절했다. 이 신인 선수는 2루타를 치고도 1루에 그냥 남겠다고 결정한 것이다. 그들은 모든 신인 선수는 메이저리그에서 뛰려면 한두 가지 배워야 할 것이 있다는 말로 상황을 마무리했다. 매팅리는 그런 해티버그를 이상하다는 듯 쳐다보며 말했다. "이봐 신참, 아무도 2루가 어디 있는지 알려주지 않았어?" 그때부터 해티버그가 베이스를 돌아 그날 레드삭스의 유일한 득점을 기록할 때까지의 몇몇 장면은 그의 기억 속에 반에이크(섬세한 디테일로 유명한 르네상스 시대 화가 – 옮긴이)의 그림처럼 세밀하게 아로새겨졌다. 첫 장면에서 매팅리는 그의 뒤에 서 있었다. 또 다른 장면에서 매팅리는 그가 도루라도 할까 봐 신경 쓰이는 척 슬금슬금 움직이고 있었다. 어떤 장면에서는 매팅리가 그를 놀려대고 있었다. "이봐, 신참. 자네 나만큼이나 빠른데. 브레이크가 고장 난 건 아닌지 확인해보라고." 몇 주 뒤에 매팅리는 은퇴했고, 해티버그는 그를 다시는 볼 수 없었다.

새롭고 긴장되는 상황에서도 스콧 해티버그의 핵심 자질, 즉 경기에 편안하게 임하고 속도를 조절해 자신이 주도하는 경기로 만들어가겠다는 고집은 변하지 않고 오히려 뚜렷해져 갔다. 그는 성격과 경기력이 떼려야 뗄 수 없는 관계에 있는 선수였다. 하지만 우습게도 야구계는 그의 단면만을 보고 그런 성격은 뜯어고쳐야 한다고 결론지었다.

1996년 말부터 그는 확실하게 메이저리그의 주전 자리를 꿰찼다. 그러나 일단 메이저리그에 자리를 잡자 또 다른 골칫거리가 생겼다. 바로 보스턴 레드삭스의 어리석음이었다. 레드삭스는 그가 애써서 다져놓은 타격 방식, 즉 깊이 생각하고 인내심을 발휘하며 무모하게 방망이를 휘두르기보다는 신중한 판단에 따라 타격에 임하는 자세를 그저 단점으로만 생각했다. 그들은 선수에게 육감에 따를 것을 주문했다. 선수에게 공격성을 발휘하는 법을 가르치려고 클럽하우스에 심리치료사와 동기부여

연설가를 불러오기도 했다. 사내가 되라는 게 요지였다. 해티버그의 회상에 따르면, 그중에는 모든 남자는 가슴에 흉선이라는 특별한 분비기관이 있다고 말한 사람도 있었다. 해티버그는 이렇게 말했다. "선수들은 타석에 서기 전에 숨겨진 에너지와 공격성을 풀어놓기 위해 가슴을 탕탕 내리쳐야 했지요." (레드삭스에서 뛰었던 빌 셀비는 클리블랜드로 팀을 옮긴 뒤에도 여전히 그 짓을 했다.)

해티버그는 레드삭스의 프런트가 웨이드 보그스를 어떻게 취급하는지 보면서 자신도 곤경에 처할 수 있다는 걸 알아차렸다. 그는 스프링캠프 기간 중 타격 연습장에서 보그스와 오랜 시간을 보냈고, 그때마다 이 타격의 대가한테서 하나라도 더 배우고자 애썼다. 영원한 올스타 보그스는 초구에는 절대 스윙하지 않는 것으로 유명했으며, 마음에 들지 않는 공은 모조리 그냥 보냈다. 보그스는 상대 투수에 대한 정보를 알아내는 데도 어느 선수들보다 뛰어났다. 보그스가 첫 타석을 마치고 나면, 그의 팀은 상대 투수의 모든 것을 알아낼 수 있었다.

그러나 레드삭스는 보그스가 공격성을 충분히 발휘하지 않는다는 이유로 그를 외면했다. 해티버그는 이렇게 회상했다. "그들은 주자가 2루에 있는데 볼넷을 얻었다는 이유로 그를 이기적이라며 비난했어요."

해티버그의 생각에 레드삭스가 보그스의 참을성을 받아들이지 않는다면 자신 역시 용납되지 않을 게 분명했다. 해티버그가 자신이 칠 수 없는 스트라이크 공을 그냥 보내버리면 레드삭스의 감독은 더그아웃에서 그를 향해 고함을 질러댔다. 코치들은 그에게 주자가 있을 때나 볼카운트 0-2에서 더 적극적으로 스윙하지 않으면 팀에 해를 끼치는 거라고 말했다. 과거 레드삭스 출신의 장타자였던 짐 라이스 타격 코치는 해티버그에게 한참 동안 거친 잔소리를 늘어놓곤 했다. 라이스는 클럽하우스의 다른 선수들이 보는 앞에서 그를 불러내어 초구에 스윙하기만 한다면 타율이 2할 7푼에서 5할로 올라갈 거라고 놀려댔다. 해티버그는 라이스의 말에도 자신의 소신을 굽히지 않았다. "라이스는 나쁜 공에도 안타를 쳐내는 돌연변이 같은 타자였어요. 그는 다른 선수도 모두 자기처럼 치기를 바랐죠. 그는 내가 초구에 스윙해서 5할 타율을 올리려면 초구가 치지 않고는 못 배길 만큼 좋은 공이어야 한다는 걸 이해하지 못했어요." 해티버그는 자신의 능력에 맞게 경기를 끌어가는 데 천부적 재능을 가졌다. 하지만 구단은 그 재능을 완전히 무시했다. 해티버그는 라이스를 보면서 '형편없는 타자가 최고의 타격 코치가 되는 까닭은 바로 이런 이유에서다. 그들은 실패했기 때문에 선수를 자기 방식대로 뜯어고치려고 하지 않는다'라는 생각을 굳히게 되었다.

스콧 해티버그는 보스턴 레드삭스 시절 타석에 설 때마다 팀에 정말 옳은 일을 하기 위해서 사실상 팀의 정책과 반대 입장에서 지능적인 플레이를 펼쳐야 했다. 그에게 타격이란 심사숙고한 뒤에 나오는 행동이었다. 그는 생각 없이 타격하는 법을 알지 못했기에 계속 심사숙고한 뒤에 타격에 임했다. 돌이켜보면 그의 자기결정권을 보여주는 현명한 행동이었지만, 당시에는 불쾌한 경험으로만 남아 있었다. 보스턴 레드삭스에서 보낸 10년 동안 어느 누구도 그의 타격 방식, 즉 아웃을 당하지 않기 위해 볼카운트를 조절하고 스트라이크존을 좁히며 볼넷을 얻어내고 출루하는 방식이 가치 있다고 말해주지 않았다. "단 한 번도 없었어요. 코치들은 그저 타석에 나가 강타를 날리라고만 할 뿐 그 밖에는 어떤 말도 하지 않았어요. 그들의 철학은 그저 돈으로 살 수 있는 최고의 타자들을 사들여 마음대로 치라고 풀어놓는 게 전부였죠."

레드삭스는 그가 타석에서 얼마나 치열한 전투를 벌이고 있는지 조금도 신경 쓰지 않았다. 해티버그가 투수와 맞붙어 8개의 직구를 던지게 하고 마침내 중견수 앞 직선타로 아웃되었다면, 그들은 그가 아웃된 사실에만 주목했다. 그들은 오히려 그가 가치 없다고 생각하는 플레이에 칭찬을 보냈다. "경기 내내 제대로 스윙하지 못했지만 안타를 2개 치는 날이 있어요. 그러면 그들은 '아주 잘했어, 해티'라고 칭찬했죠."

레드삭스는 그의 가장 뛰어난 능력, 즉 스트라이크존을 정확하게 측정하고 거기에 맞춰 자신의 재능을 발휘하는 능력에는 조금도 격려를 보내지 않았다. 그가 과정에 집착했다면, 레드삭스는 결과만 중요시했다. 그런 상황에서도 그는 분별력을 잃지 않았다. 해티버그 자신은 그렇게 생각하지 않았지만, 그는 혼란스러운 상황을 줄곧 이성적으로 다스려왔던 것이다. 그런 측면에서 그는 놀랄 만큼 성공을 거뒀다.

오클랜드 애슬레틱스의 프런트에는 해티버그의 존재가 대단히 만족스러운 과학적 발견이라고 할 수 있었다. 그가 타석에서 발휘하는 특별한 능력은 평범한 조사 방식보다는 과학적인 사고방식으로만 가능한 것이었다. 해티버그는 타격 방식에서 빌리와 정반대였지만, 빌리가 아니었다면 어느 누구도 그의 재능을 간파해내지 못했을 것이다. 오클랜드에 들어온 순간부터 타격 때문에 겪었던 갈등은 사라졌다. 그는 오클랜드에서 보스턴에서 생활하던 때와는 정반대의 경험을 하게 되었다. "여기서는 3타수에 안타는 하나도 못 치고, 직선타로 두 차례 아웃당하고, 볼넷 한 개만 얻어도 단장이 내 라커룸에 와서 '이봐, 오늘 타석 아주 훌륭했어'라고 말하죠. 프로로 데뷔한 이래 처음으로 '자네 타격 방식은 아주 훌륭해'라는 말을 들은 거죠. 난 내 방식을 알고 있지만, 한 번도 다른 사람들이 거기에 신경 쓸 거라고는 생각해본 적이 없었어요." 오클랜드에서는 그가 성공하기 위해 해야만 했던 그대로 할 뿐인데도 격려를 보냈다. 애슬레틱스 프런트는 그가 느낌으로만 가지고 있던 것을 말로 표현해냈다. "타석에 나가면 선수가 하는 일은 개인적인 행동으로만 생각되지요. 타석은 경기 중 유일하게 개인플레이를 하는 장소라는 뜻입니다. 그런데 이곳에서는 그걸 팀플레이로 바꿔놓았어요."

팀플레이는 오클랜드 실험의 부산물이었다. 그들은 타자 개인의 이익보다 팀의 이익을 중시했다. 이 같은 접근방식에 어떤 타자들은 다른 타자들보다 훨씬 잘 적응했다. 해티버그는 "트리플A 시절 이후로 나는 가장 즐겁게 야구를 하고 있어요"라고 말했다.

해티버그는 경기 전후로 비디오실에 가서 상대편 투수와 자신의 타석을 연구했다. 시애틀 매리너스와 경기하던 어느 날도 마찬가지였다. 그날 시애틀의 선발은 좌완투수인 제이미 모이어(2006년 필라델피아 필리스로 이적 – 옮긴이)였다. 모이어는 대부분의 투수처럼 강속구를 던지지 않았지만, 메이저리그에서 대단한 성적을 기록했다. 시카고 컵스에서 처음 데뷔했을 때만 해도 그는 다른 선수들처럼 빠른 직구를 선호했다. 그러나 부상을 당하고 나서는 새로운 투구법에 적응해야 했다. 40세 생일을 몇 달 앞둔 지금까지 그는 스트라이크존을 완전히 터득하고 상대팀 타자들의 정보를 철저히 수집함으로써 살아남았다. 그는 투수로서 타석의 스콧 해티버그에 맞먹었다. 지금의 접근 방식을 택하지 않았더라면, 이들은 메이저리그에서 이렇게 오래 버티지 못했을 것이다.

해티버그는 모이어를 상대한 기회가 많지 않아서 녹화테이프를 평소보다 훨씬 신중하게 쳐다봤다. 그는 비디오 기기에 테이프를 밀어 넣으며 말했다. "내가 이 선수를 상대로는 별로 잘 못 쳤던 거 같은데. 파이니, 모이어 상대로 내 전적이 얼마나 되지?"

파이니는 비디오실 가운데 있는 자기 자리에서 고개도 들지 않고 말했다. "9타수 무안타요."

해티버그는 자기 앞에 놓인 탁자를 내리치며 명랑하게 말했다. "9타수 무안타라고. 조짐이 별로 좋지 않은걸?"

파이니는 아무 말도 하지 않았다. 그는 애슬레틱스의 다음 상대인 텍사스 레인저스의 경기 테이프를 편집하느라 정신없이 바빴던 것이다. 그의 화면에서는 알렉스 로드리게스가 투구를 기다리고 있었다. 해티버그가 화면을 보더니 이렇게 말했다. “저 녀석 속임수를 쓰고 있군.” 이 말에 파이니가 고개를 들었다. 해티버그의 말에 넘어가 대화에 끼어들게 된 것이다. “저것 좀 보라고.” 그의 말에 모두 고개를 들어 파이니의 화면에 뜬 에이로드(A-Rod, 알렉스 로드리게스의 애칭)의 정지 화면을 보았다. 에이로드는 분명히 공이 날아오기 전 눈동자만 움직여 자기 뒤에 있는 포수가 어느 위치를 잡는지 훔쳐보았다.

해티버그는 이 장면에 화가 난 듯 이렇게 말했다. “나는 선수들이 저런 짓을 하는 걸 아주 싫어했지. 그래서 그런 녀석한테 다가가 ‘이봐, 그렇게라도 안타를 치겠다는 거지’라고 말했어.”

“에이로드 빼고는 누구라도 그렇게 생각할 겁니다. 그는 그렇게 해서 아주 화끈하게 안타를 쳐내죠.”

해티는 제이미 모이어의 녹화테이프로 몸을 돌렸다. 모이어는 이번 시즌에 이미 여러 차례 애슬레틱스를 무너뜨린 바 있었다. 해티버그는 그중 딱 한 차례만 라인업에 들어 있었다. 프런트와 하우 감독 사이에 오가는 논쟁 속에는 해티버그의 기용 여부도 있었다. 프런트는 해티버그가 항상 라인업에 들어가기를 원했다. 반면 아트 하우는 남들이 그렇듯이 좌완투수를 상대할 때는 라인업에서 좌타자를 제외하려고 했다. 따라서 지난 두 차례 애슬레틱스가 모이어를 상대할 때 해티버그는 라인업에서 제외됐다. 모이어는 두 번 다 완봉승을 거뒀으며, 두 경기를 통틀어 단 6개의 안타만을 내줬다. 그러자 프런트는 이번엔 자신들의 주장을 밀어붙이기로 했다. 하긴 그때까지 참았던 게 오히려 이상할 정도였다. 이 모든 상황을 해티버그도 잘 알고 있었다. 그는 말로 표현하지는 않았지만 감독이 틀렸고 프런트가 옳았음을 보여주고 싶었다.

그는 좌타자들을 상대하는 제이미 모이어의 투구 장면을 지켜보았다. 모이어는 좁은 어깨에 키는 180센티미터에 못 미쳤으며, 행동거지가 꼭 공인회계사 같았다. 그의 직구 구속이 스피드건에 132킬로미터로 찍히면 그날은 컨디션이 아주 좋은 것이었다. 해티버그는 자신감에 찬 어조로 이렇게 말했다. "난 고교 시절부터 저 선수보다 훨씬 빨리 던지는 투수를 상대했어요. 아마 이 친구는 드래프트에 뽑히지도 못했을 겁니다. 지금 당장 어떤 팀에 가서 테스트를 받는다고 해보세요. 아마 이 친구가 누군지 모르는 구단이라면 절대 계약하지 않을 겁니다."

메이저리그 최고 투수 중 하나인 모이어가 테스트를 통과하지 못했을 거라는 말은 메이저리그가 어떤 속성을 지녔는지 드러낸다. 동시에 그 말은 투수에 관해서도 다음과 같은 점을 시사한다. 해티버그의 설명에 따르면 훌륭한 투수는 일종의 평행우주(동일한 시간대에 서로 다른 우주가 여러 개 존재한다는 이론–옮긴이)를 만들어낸다. 즉 절대적으로 보자면 투수가 타자의 인식을 어긋나게만 할 수 있다면 구속은 문제되지 않는다. 녹화테이프 속에서 타자들의 반응을 살펴보면, 모이어가 마운드에 서 있을 때 타석은 마치 평행우주 속에서 경계를 구분할 수 없는 중간지대에 놓인 것처럼 보였다. 우리는 모이어가 양키스의 외야수 존 밴더 월을 꼼짝 못하게 만드는 장면을 지켜보았다. 모이어는 실제로 직구로 그를 돌려세웠는데, 그 말은 밴더 월이 공에 방망이를 적시에 갖다 대지 못했다는 뜻이다.

해티버그는 잠깐 화면에서 눈을 떼고 말했다. "모이어가 130킬로미터짜리 직구로 타자들을 얼마나 많이 잡아냈는지 아세요? 늘 그랬어요. 왜냐하면 그는 110킬로미터짜리 체인지업 사이에 직구를 던지거든요." 그는 테이프를 앞으로 감아 모이어의 느린 커브, 그리고 심지어 그보다도 느린 체인지업 투구 장면을 보여주었다. "보세요, 이런 지저분한 공들 덕분에 직구가 150킬로미터처럼 보이는 겁니다." 해티버그는 모이어가 130킬로미터 직구로 좌타자 두 명을 더 돌려세우는 장면을 보며 말했다. "모이어는 나한테도 이렇게 던질 겁니다. 나한테 투 스트라이크를 던지고 나면 몸쪽 공으로 삼진을 잡아내려고 할 걸요." 그는 잠시 생각에 잠겼다가 미소를 띠며 이렇게 말했다. "내가 몸쪽 공을 노리고 있다는 걸 모른다면 말이죠."

모이어는 해티버그가 그를 연구하는 만큼이나 해티버그를 연구하는, 야구계에서 몇 안 되는 투수였다. 모이어는 해티버그가 정말 좋은 공이 아닌 이상 초구에는 절대 스윙하지 않는다는 사실을 알고 있을 테고, 따라서 그는 초구 스트라이크를 잡으려고 할 것이다. 그러나 모이어는 해티버그가 자신의 생각을 읽고 있다는 것을 알았다. 결국 해티버그는 출발점으로 되돌아온 셈이었다.

해티버그는 모이어와 펼치는 심리전에 푹 빠져 있었지만, 경기하러 나갈 때까지 한 시간밖에 남아 있지 않았다. 그가 녹화테이프를 보는 주된 이유 중 하나는 투수가 '과거의 투구 패턴을 반복하는지', 다시 말해 특정 볼카운트에서는 특정 투구를 하리라고 확신할 수 있는지 보기 위해서였다. 그러나 모이어는 투구 패턴을 아주 철저하게 뒤섞어서 패턴을 찾는 일은 시간낭비가 되고 말았다. 해티버그는 어떻게 대처할지 머릿속으로 그려보면서 모이어가 투구하는 장면을 지켜보았다.

그때 존 메이브리가 비디오실에 들어왔다.

"어이, 해티."

해티버그는 메이브리가 화면을 볼 수 있게 자리를 마련해주었다. 잠시 후 해티버그는 파이니 쪽을 쳐다보고 말했다. "둘이 뭐라고 숙덕거리고 있는 거 같은데?"

메이브리가 능청스러운 표정으로 말했다. "오, 그러서?"

파이니는 얼굴을 붉혔고 메이브리는 미소를 지었다. 메이브리와 파이니는 왜 메이브리가 타석에 더 자주 서지 못하는지 논쟁을 벌이던 참이었다. 메이브리는 제러미 지암비와 맞교환되어 필리스에서 이적해온 순간부터 굉장한 활약을 펼쳤다. 지난 몇 주 동안 비정기적으로 타석에 서면서도 4할이 넘는 타율을 올렸고, 홈런도 6개나 쳤다. 그럼에도 감독은 그를 라인업에 올리기 꺼리는 듯했다. 메이브리는 파이니에게 그 이유를 물었던 것이다. 파이니의 설명은 프런트의 반대 때문에 감독이 그를 라인업에 넣지 않는다는 것이었다.

빌리가 메이브리의 타격 방식을 마음에 들어 하지 않았던 이유는 그가 스콧 해티버그와는 정반대의 타자였기 때문이다. 메이브리는 타석에 서서 마음에 드는 초구가 오면 곧장 방망이를 휘두르는 타입이었다. 메이브리는 성공적인 대타자가 되기 위해서는 대단히 공격적이어야 한다는 통념을 강력하게 뒷받침하는 사례였지만, 빌리는 그런 사례에는 전혀 관심을 보이지 않았다. 빌리는 그 이유를 밝히지 않았지만 메이브리를 애슬레틱스에 기꺼이 받아들였다. 하지만 메이브리를 경기에 투입하고 싶지는 않았던 것이다. 하우가 다른 선수에게 휴식을 주려고 몇 차례 메이브리를 기용하자 그는 곧바로 홈런을 때려내기 시작했다. 빌리와 폴의 반응은 마치 카지노에 들어가 슬롯머신에 25달러짜리 칩을 넣었더니 잭팟이 터졌다는 식이었다. 지금까지는 운이 좋았으니 이제 따낸 돈을 가지고 떠나야 한다는 것이다. 어느 날 빌리는 이렇게 말했다. "메이브리는 훌륭한 선수예요. 하지만 조만간 약점을 들켜 끌어내려지고 말 겁니다."

며칠 전 메이브리는 출장 시간이 너무 적다면서 불평을 늘어놓았고 파이니는 이렇게 조언했다. "이봐요, 존. 지금보다 볼카운트를 좀 더 길게 가져가 봐요."

그날 경기에서 메이브리는 파이니의 조언을 염두에 둔 채 경기에 임했다. 타석에 섰을 때 그는 풀카운트가 될 때까지 처음 5개의 공을 바라보기만 했다. 다음 공에서 그는 방망이를 힘차게 휘둘렀고 삼진 아웃을 당했다. TV 카메라가 더그아웃으로 돌아가는 그의 입술 모양을 비추었는데 "빌어먹을 파이니"라고 말하는 것이 분명했다. 그날 경기에서 메이브리는 볼넷 2개를 얻었고, 그중 한 번은 결승점으로 이어졌다. 그렇다고 해서 그가 파이니를 용서했는지는 확실치 않다.

오늘 경기에 메이브리 역시 출장할 예정이었다. 그는 모이어의 녹화테이프를 보면서 토론을 시작했다.

메이브리는 시큰둥하게 말했다. "이 투수는 상대하기가 까다로워. 공격적으로 플레이하는 젊은 타자들은 그대로 박살나고 말지."

이번엔 해티버그가 말을 받았다. "그 어떤 투수하고도 전혀 달라. 타자들은 훨씬 빠른 공에 익숙해져 있거든. 이 투수를 상대하려면 예전 고교시절처럼 느리게 스윙해야 한다고."

메이브리는 마치 뱀파이어 이야기를 하듯 말했다. "그는 타자의 욕심을 빨아먹고 산다고. 절대 닿지도 못할 공을 칠 수 있다고 착각하게 만들거든."

이때 파이니가 물었다. "만일 스트라이크가 아니라면 그냥 치지 않고 참는 게 그렇게 힘들어요?" 그는 여전히 로드리게스의 타석이 녹화된 화면을 쳐다보고 있었다.

메이브리는 한숨과 함께 이렇게 말했다. "아, 힘들지." 화면 속의 모이어는 피칭을 하는 게 아니라 그냥 공을 슬쩍 패스하는 것처럼 보였다. 경기 시작 전에 던지는 시구도 그보다는 빠를 것이다.

그러자 파이니가 놀리듯이 말했다. "나쁜 공은 치지 말고 그냥 보내버려요, 존."

이 말에 메이브리가 퉁명스럽게 말했다. "파이니, 자네 메이저리그의 타석에 서본 적이 있나?"

파이니는 대답하지 않았다.

메이브리는 몸을 돌려 모이어가 흐느적거리는 공을 던지는 화면을 가리키며 말했다. "내 말 잘 들어. 저런 공이 날아오면 타자는 5킬로미터 밖으로까지 날려보낼 수 있겠다는 생각이 든다고."

파이니는 이해하기 어렵다는 듯 이렇게 말했다. "그러니까 그냥 스윙을 안 하면 되잖아요, 존."

그러자 메이브리는 파이니를 노려보며 말했다. "그래, 스윙을 안 했다간 삼진을 당하는데도?"

해티버그가 논쟁을 끝내려는 듯 메이브리에게 말했다. "암튼 정말 똑똑한 친구야. 대비하기가 아주 까다롭지."

이때 메이브리는 다른 곳만 쳐다보는 파이니를 노려보고 있었다.

"파이니, 자네 한 번이라도 메이저리그 투수를 상대해본 적 있나?"

파이니는 지친 기색으로 말했다. "아니요, 존. 난 한 번도 상대한 적이 없어요."

그러자 메이브리는 예상했다는 듯 말했다. "그럴 줄 알았어. 파이니는 한 번도 메이저리그 투수를 상대한 적이 없을 줄 알았다고."

그 말과 함께 대화는 끝이 나는 듯했다. 그때 데이비드 저스티스가 들어왔다. 그는 모이어의 녹화테이프가 돌아가는 것을 보고 무슨 논쟁이 벌어졌는지 즉각 알아챘다. 이들은 타석에서 욕심을 부렸을 때의 대가를 놓고 논쟁 중이었던 것이다. 저스티스는 모이어처럼 스트라이크존을 자유자재로 활용하는 투수를 상대할 때는 부자가 되겠다는 욕심을 버리고 그냥 생계를 유지하는 수준에 만족해야 한다고 말했다. "얼마든지 칠 수 있다고 생각하지만 실은 건드리지도 못하거든."

이제 메이브리는 제 짝을 만난 듯 반기며 말했다. "바로 그거야."

이때 파이니가 끼어들었다. "그러니까 스윙을 하지 말아야지요."

그러자 메이브리는 벌떡 일어서더니 나가버렸다. 그가 떠나자 해티버그는 왜 모든 선수가 자기가 하듯 제이미 모이어에 대한 대책을 세우지 않는 건지 생각에 잠겼다. 즉 무슨 일이 일어날지 머릿속에 그려보고, 어떤 공을 노릴지 또 어떤 공에는 절대 방망이를 내지 않을지 결정하는 것 말이다. 그는 중얼거리듯 말했다. "최고의 타자 중에는 최고의 바보도 있어요. 멍청하다는 뜻이 아니라 생각이 없다는 거죠. 체계가 없다는 말이에요."

멍청한 것도 무기가 될 수 있다고?

"당연하죠. 그런 선수한테는 대처가 불가능하거든요. 패턴이란 게 없으니까요. 아마 바로 전 타석에서 자기가 어떻게 했는지조차 기억하지 못할걸요." 그는 웃음을 터뜨리며 말을 이었다. "오만함도 무기가 될 수 있어요. 어리석음과 오만 말이죠. 나는 둘 중 아무것도 없어요. 그 점이 때론 괴롭다고요."

곧 해티버그는 경기에 대한 생각을 멈추고 실제 경기에 나섰다. 타석에 선 그는 변함없이 까다롭게 굴었다. 그는 식품점의 사과상자에서 가장 잘 익은 과일을 고르는 사람마냥 투구를 기다렸다. 첫 번째 공이 왔지만 별로 잘 익은 놈이 아니었다. 그는 4개의 공을 다 바라보기만 했다. 모두 몇 밀리미터 차이로 홈플레이트를 벗어났고 그는 볼넷으로 출루했다. 그의 두 번째 타석이 되자 모이어는 스트라이크를 던졌다. 그는 초구를 그냥 보내고 2구는 파울로 만들었다. 투 스트라이크가 되자 그는 모이어가 몸쪽 공을 던질 것이라 짐작했고, 실제로도 몸쪽 공이 들어왔다. 그는 공을 받아쳐 우익수 방면으로 1루타를 만들었고, 곧이어 그날의 유일한 득점으로 연결됐다. 세 번째 타석에서는 좌익수 깊숙이 공을 날려보냈다. 타구는 한순간 담장을 넘어갈 듯 보였지만, 결국 워닝트랙(외야의 펜스를 따라 잔디가 없는 부분 – 옮긴이)에서 외야수한테 잡히고 말았다.

그러나 해티버그의 마음속에서 앞선 세 타석은 네 번째 타석에 비하면 별다른 느낌이 들지 않았다. 네 번째이자 마지막 타석에 해티버그가 들어서자, 모이어는 스트라이크존 가장자리에 꽂히는 공으로 그를 약 올리며 순식간에 볼카운트 2-0을 만들었다. 다음 4개의 공은 볼이거나 그가 파울로 처리한 스트라이크였다. 그로서는 파울 외에는 처리할 방법이 없었기 때문이다. 그렇게 6개의 투구로 볼카운트 2-2가 된 상황에서 모이어가 마운드에서 내려왔다. 그는 실제로 해티버그에게 뭔가를 말하고는 대답을 기다리듯 그 자리에 서 있었다.

처음 보는 상황이었다. 타석은 필연적으로 투수와 나누는 대화였지만, 말로써 하는 대화는 아니었다. 투수는 경기 도중에 사담을 나누려고 투구를 중단해서는 안 됐다. 해티버그는 "내가 타석에 있을 때 투수가 말을 건 일은 이번이 처음이었어요"라고 말했다. 모이어가 꿈쩍도 하지 않은 채 그대로 서 있자 해티버그는 타석을 벗어나 그에게 외쳤다. "뭐라고?"

모이어가 지친 기색으로 말했다. "그냥 원하는 공을 말하라고."

해티버그는 무슨 말을 할지 몰라 그냥 어깨만 으쓱했다.

모이어가 다시 말했다. "원하는 공을 말하면 그냥 던져준다니까."

해티버그는 평소 다음에 어떤 공이 들어올지 항상 추측해야만 했다. 그가 다음 공을 추측하는 능력은 투수가 자신을 속이려고 한다는 사실을 아는 데서 나왔다. 투수가 이렇게 노골적으로 나오자 그는 불안해졌다. 머릿속으로 하던 계산이 헝클어지면서 균형을 잃고 마음이 불편해지고 말았다. 이번만큼은 그도 무슨 말을 해야 할지 알 수가 없었다. 그래서 아무 말도 하지 않았다. 그는 모이어가 무슨 공을 던질 것인지 알고 싶지 않았고, 자신의 방식을 그대로 고수하기로 다짐했다.

모이어는 다음 공으로 체인지업을 던졌고 해티버그는 투수 정면으로 공을 날려보냈다. 그렇게 해서 아웃카운트가 하나 늘어났을 뿐이지만, 사실은 그 이상의 의미를 갖고 있었다. 그는 너무나 조용히 자기 할 일을 해냈기에 대부분의 야구인은 그 속에 담긴 가치를 결코 알아보지 못했다. 그해 시즌에 해티버그는 몇 가지 특이한 기록 범주와 한 가지 그나마 덜 특이한 부분에서 리그 최고 수준 내지 최고에 버금가는 기록을 냈다. 그는 아메리칸리그 전체에서 초구에 스윙하지 않기로 1위에 올랐으며, 스윙하지 않은 투구의 비율(64.5%)에서도 3위에 올랐다. 그 자체로는 사소한 성취일지 몰라도, 이는 보다 중요한 결과로 이어졌다.

시즌 막바지에 폴 디포디스타는 모든 애슬레틱스 타자의 경기력을 측정했다. 각 타자가 타석에서 얼마나 효율적으로 플레이를 하는지 알고 싶었던 것이다. 그는 한 명의 타자로만 아홉 명의 라인업을 구성했을 때 팀이 얼마나 많이 득점하는지를 묻는 독특한 방법으로 문제를 풀어냈다. 가령 2002년 오클랜드 애슬레틱스의 모든 타석에 해티버그 한 사람만이 들어설 경우, 그는 몇 점을 뽑아낼 수 있을까? 아홉 명의 해티버그는 940~950점을 생산하는 것으로 나타났으며, 이는 오클랜드 애슬레틱스에서 그보다 훨씬 두드러진 활약을 펼친 타자 미겔 테하다나 에릭 차베스와 맞먹는 것이었다. 이와 비교할 때 폭발적인 공격력을 보유했다는 뉴욕 양키스는 2002년 897득점을 기록했다. 이는 아홉 명의 해티버그로 구성된 팀은 야구에서 최고의 공격력을 지녔다는 뜻이다.

CHAPTER 9

트레이드 협상 테이블

The Trading Desk

MONEYBALL

트레이드는 경기 중에 있는 투수 교체와는 다릅니다.
– 빌리 빈, 〈보스턴 헤럴드〉와의 인터뷰 중(2003년 1월 16일자)

때는 7월 말이었다. 즉 마이크 매그난테가 부진한 투구 내용을 보이기에 적당한 시점이 아니었다는 뜻이다. '맥스'라는 애칭으로 불렸던 그는 클리블랜드를 상대로 7회 초에 두 명의 주자가 나가 있고 3점 차로 리드하는 상황에서 등판했다. 첫 타자인 짐 토미를 볼넷으로 내보냈는데, 이때만 해도 아무도 그를 비난하지 않았다. 이어서 밀턴 브래들리가 빗맞은 안타를 때려내면서 주자들을 불러들였다. 그저 운이 나빴다고밖에 할 수 없었다. 하지만 그는 다음 타자인 리 스티븐스에게 연속으로 볼 3개를 던졌다. 스티븐스는 성실하게 4구째 스트라이크를 그대로 흘려보낸 뒤 매그난테의 다섯 번째 공을 기다렸다.

경기가 끝난 뒤 빌리가 하우 감독에게 한 첫 질문은 도대체 왜 매그난테를 팽팽한 상황에서 올려보냈는가 하는 거였다. 그런 상황에서는 채드 브래드포드를 등판시켜야 했다. 브래드포드는 중간계투 가운데 가장 나은 투수였다. 따라서 빌리는 브래드포드를 '9회 이전 단계의 마무리 투수'로 생각하라고 지시했으며, 하우는 그 사실을 분명히 기억하고 있었을 것이다.

하우는 토미 같은 왼손 강타자를 상대할 때는 좌완인 매그난테가 우완 투수인 브래드포드보다 더 나을 거라 생각했다고 대답했다. 그야말로 바보 같은 대답이었는데, 매그난테는 몇 주째 아웃 카운트를 하나도 잡아내지 못한 반면 브래드포드는 좌타자를 상대로 좋은 성적을 보였기 때문이다. 하우는 빌리에게 직접 말하지 않았지만 마음속으로 빌리가 매그난테를 팀에 넣어놨으니, 선수가 팀에 있는 이상 그를 써먹어야 하는 거 아니냐고 생각했을 것이다. 코칭스태프는 매그난테를 기용했다는 이유로 빌리의 호통을 듣는 데도 질려 있었다. 투수 코치 릭 피터슨은 이렇게 말했다. "그 선수는 다리가 느려터져 대주자로도 쓰지 못해요. 그를 기용하는 것이 그렇게 싫으면 차라리 트레이드를 하라고요."

마이크 매그난테는 몸을 숙이고 포수의 사인을 기다렸다. 지난 달 그는 37세가 되었고 4일만 더 있으면 전액 연금을 받는 데 필요한 10년의 메이저리그 경력을 채울 수 있었다. 그의 문제점이 뭔지, 즉 오클랜드 애슬레틱스 선수라면 당연히 있는 결함이 뭔지 알아보기란 그리 어렵지 않았다. 그는 뚱뚱한 하체에 턱이 늘어진 모습이었는데, 그보다는 차라리 구단 담당기자가 프로야구 선수에 더 가깝게 보일 정도였다. 그러나 그는 시즌 후반부에 전반부보다 더 좋은 피칭을 했던 과거를 떠올리며 희망을 버리지 않았다.

애슬레틱스에는 시즌 개막 당시 불펜에 세 명의 좌완투수가 있었는데, 대부분의 구단보다 두 명이나 더 많은 수준이었다. 한 달 전에 구단은 그중 한 명인 마이크 홀츠를 방출했고, 이틀 전에는 마이크 베나프로를 마이너리그로 내려보냈다. 2002년 7월 29일 경기를 앞두고 매그난테는 피칭 기회가 적어 투구 리듬을 찾는 데 어려움을 겪고 있었다. 그는 한 경기에 단 3개의 공만 던지고 일주일을 보내기도 했다. 베나프로가 떠나자 그는 드디어 리듬을 되찾을 기회가 왔다고 생각했다.

매그난테는 리 스티븐스에게 거의 완벽한 투구를 했다. 바깥쪽으로 낮게 제구된 공이었다. 포수는 바깥쪽으로 몸을 낮춰 앉았다. 이 장면을 다시보기로 살펴본다면 매그난테가 원하는 그대로 공이 들어갔다는 걸 알 수 있다. 설령 목표지점에서 벗어났더라도 고작 1센티미터 정도 차이였으며, 그가 의도한 대로 정확히 들어간 공이었다. 훌륭한 투구였지만 불리한 볼카운트가 문제였다. 자신감에 차 있던 타자가 정확히 방망이의 중심에 공을 맞힌 것이다. 공은 계속해서 하늘로 솟아올랐고 타자가 뛰기도 전에 베이스에 나가 있던 두 명의 주자는 홈을 향해 달리기 시작했다. 매그난테는 넘어가는 공을 그저 가만히 서서 바라볼 수밖에 없었다. 타자들의 무덤이라 불리는 콜리세움 구장에서 우측 담장을 넘어가는 홈런은 보기 드문 광경이었다. 클리블랜드 인디언스에 들어가고 리 스티븐스가 처음으로 때려낸 홈런이었다. 공이 관중석에 떨어지는 동시에 1루수와 3루수가 법정 집행관처럼 마운드로 향했고, 하우 감독은 더그아웃 위로 올라왔다. 매그난테는 한 명의 타자도 아웃시키지 못하고 5점을 내준 것이다. 그가 경기 중에 강판당하는 일은 이번이 처음은 아니지만, 정상적인 피칭을 하다가 강판되는 일은 흔치 않았다. 37세의 나이에는 간혹 그런 일이 벌어진다. 평소와 똑같이 하는데도 어찌 된 일인지 결과는 예전 같지 않은 것이다.

경기는 사실상 끝이 났다. 채드 브래드포드가 올라와 신속하게 세 명의 타자를 아웃시켰지만 이미 때는 늦었다. 인디언스의 유일한 좌완 중계투수인 리카르도 링컨은 3구 삼진으로 데이비드 저스티스를 잡아내고, 에릭 차베스를 4구째에 뜬공으로 아웃시키면서 매그난테와 극명한 대조를 보여주었다. 오늘 경기에서 양 팀 모두 좌완 중계투수를 내보냈지만 애슬레틱스의 투수는 리그 전체에서 가장 허약한 모습을, 인디언스의 투수는 가장 강한 모습을 선보였다. 빌리는 이 둘의 차이를 확인하기 위해 경기를 볼 필요도 없었다.

주인에게 두들겨 맞은 가축처럼 끙끙대며 분노를 삭인 빌리는 책상 앞에 꼿꼿이 앉아 초조한 마음으로 마크 샤피로의 전화를 기다렸다. 샤피로는 클리블랜드 인디언스의 단장(2010년 2월부로 구단 대표로 승진함-옮긴이)이었다.

콜리세움 구장에서 몇 미터 떨어진 사무실로 돌아온 빌리는 눈앞의 벽 전면을 뒤덮은 화이트보드를 바라보았다. 보드에는 오클랜드 애슬레틱스가 보유한 수백 명의 선수 명단이 적혀 있었다. 마이크 매그난테의 이름도 그 명단에 들어 있었다. 그는 뒤쪽으로 몸을 돌려 또 다른 화이트보드를 바라보았다. 그 보드에는 타 구단 소속의 1,200명에 가까운 선수 명단이 적혀 있었다. 1년 중 이 시점이 되면 빌리는 사실 선수 이름을 확인하려고 보드를 들여다볼 필요도 없었다. 그는 자신이 데려오고 싶은 다른 팀 선수와 자기 팀에서 내보내고 싶은 선수 하나하나를 모두 파악하고 있었다. 그의 트레이드 수완은 상대팀이 자신의 선수를 실제 가치보다 더 비싼 값에 사가고, 상대팀 선수를 실제보다 더 싼값에 팔도록 설득하는 것이었다. 지난 몇 년간 너무나 훌륭하게 수완을 발휘하는 바람에 다른 구단들은 그와 거래할 의지가 상당 부분 사라진 상태였다. 그런데 클리블랜드 인디언스는 아직까지 그런 구단에 포함되지 않았다.

빌리는 샤피로의 전화를 기다리는 사이 신경을 다른 데로 돌리려고 동시에 이것저것을 했다. 그의 책상 위에는 〈하버드 매거진〉 최신호가 놓여 있는데, 그 속에는 하버드 통계학과 교수이자 빌 제임스의 팬인 칼 모리스에 관한 기사가 실려 있었다. 그 기사는 모리스가 서로 다른 경기 상황에서 팀이 얻을 수 있는 득점을 결정하는 데 어떻게 통계 이론을 활용했는지 설명하고 있었다. 노아웃에 주자가 없을 때의 득점 확률은 55퍼센트이고, 주자가 1루에 있을 때의 득점 확률은 90퍼센트였다. 이런 식으로 기사는 야구 경기에서 가능한 24개의 상황에 대한 통계 수치를 제시했다. 이 기사를 읽으며 빌리는 이렇게 말했다. "우리는 이걸 3년 전부터 알고 있었는데 하버드는 자신들이 처음 만들어낸 줄 아는군."

그는 입안에 담배 한 줌을 털어 넣고 아마존 홈페이지가 떠 있는 컴퓨터 스크린으로 몸을 돌렸다. 손에는 〈타임〉에서 오려낸 《스키피오의 꿈》이라는 지적 스릴러물에 관한 서평을 들고 있었다. 그는 서평에서 다음과 같은 문장을 읽고 책을 사기로 결심했다. '그들은 문명에 힘입어 학자가 되었지만, 문명을 보존하기 위해 연구를 중단하고 활동가가 되어야 했다.' 그가 컴퓨터 키보드를 두드리는 사이에 머리 위의 TV에서는 전날 밤 마이크 매그난테가 홈런 맞는 장면을 다시 보여주었다. 애슬레틱스 편의 해설자는 왜 오클랜드 애슬레틱스가 지구 순위에서 여전히 애너하임 에인절스(LA 에인절스의 전신-옮긴이)와 시애틀 매리너스에 뒤처져 있는지를 설명하는 중이었다. "우리 팀이 아메리칸리그 서부지구에서 뒤처지는 가장 큰 이유는 클러치히터가 없기 때문이죠. 득점 상황에서 한 방 쳐줄 선수가 부족해요." 빌리는 손에 든 서평을 내려놓고 아마존도 잊어버린 채 TV 리모컨으로 손을 뻗었다. TV 해설자들이 퍼뜨리는 수많은 잘못된 믿음 중에서도 이 '클러치히터'에 대한 맹신은 다른 어떤 것보다도 빌리를 화나게 했다. "빌어먹을, 그건 그냥 운이라니까." 빌리는 이렇게 내뱉고는 계속 채널을 돌리다가 루 도브스가 진행하는 〈머니라인〉 프로그램에서 멈췄다. 어쨌든 그는 야구보다는 경제 프로그램을 선호했다.

트레이드 마감 전날인 7월 30일 그는 여전히 선수 두 명을 노리고 있었고, 그중 하나가 클리블랜드 인디언스의 좌완투수 리카르도 링컨이었다. 지금 이 순간 링컨은 몇 미터 떨어진 원정팀 라커룸 안에서 오클랜드를 상대로 3연전 중 두 번째 게임을 치르려고 옷을 갈아입고 있었다. 전날 경기에서 고작 7개의 공만 던진 그의 팔은 양호한 상태였다. 클리블랜드 인디언스는 올해 이미 우승의 희망을 접고 선수를 팔아치우느라 바빴다. 인디언스의 샤피로 단장은 "정상급 좌완계투는 우리로서는 감당할 수 없는 사치다"라고 했다. 샤피로는 리그를 돌아다니며 링컨을 사들일 구단을 물색했고, 빌리에게 오클랜드 말고도 입찰자가 적어도 한 팀은 더 있다고 말했다. 빌리는 어떻게 알아냈는지 말하지 않았지만 그 입찰자가 샌프란시스코 자이언츠이며, 자이언츠가 자신보다 더 높은 값을 제시했다는 걸 알아냈다. 빌리가 인디언스에 제시한 것은 마셜 맥두걸이라는 마이너리그 2루수가 전부였는데, 그리 형편없는 선수는 아니었다.

가난한 오클랜드가 어떻게 갈수록 많은 승리를 거두는지 알고자 하는 사람이라면 시즌 중반 이후 이들의 성적이 놀랍도록 향상된다는 사실을 알아차릴 것이다. 1999년 이래 오클랜드 애슬레틱스는 올스타전 휴식기 전후로 전혀 다른 팀으로 변모했다. 특히 지난해에는 신기할 정도로 승률이 좋아졌다. 전반기에는 44승 43패였는데, 휴식기를 끝내고 58승 17패를 기록한 것이다. 1933년 올스타전이 만들어진 이래 후반부 75경기에서 이렇게 많은 승리를 거둔 팀은 없었다.•

빌리가 운영하는 오클랜드 애슬레틱스가 시즌 후반부에 전혀 다른 팀으로 변모했던 까닭은 그들이 실제로 다른 팀이었기 때문이다. 빌리는 선수시장에서 연중 다른 때라면 꿈도 꾸지 못했을 일을 봄에서 여름으로

•빌 제임스의 득점기록표 프로젝트에서 발전한 레트로시트(Retrosheet-메이저리그 경기 분석 정보를 제공하는 웹사이트-옮긴이)의 연구원인 톰 루안은 다음과 같은 사실을 산출해냈다. 1961년 이래로 1999~2002년 오클랜드 애슬레틱스보다 4년 연속으로 후반기 성적이 더 좋았던 팀은 1991~1994년의 애틀랜타 브레이브스가 유일하며, 4년 연속 시즌 후반기에 오클랜드 애슬레틱스만큼 성적이 급격히 향상된 팀은 없다.

넘어가는 시점에 거뜬히 해냈다. 그때가 되면 성적이 나쁜 팀은 희망을 접는다. 희망을 접은 팀은 비용을 줄이기 위해 안간힘을 쏟는데, 그러기 위해 선수를 무더기로 팔아치운다. 선수의 공급이 늘어남에 따라 값은 떨어졌다. 여름 중순이 되면 빌리는 시즌 초에는 감히 엄두도 못 냈던 선수들을 사들일 수 있었다. 트레이드 마감 시한을 6주 앞둔 6월 말, 그는 복도 맞은편에 있는 폴 디포디스타의 사무실로 들어가 말했다. "이제 끝내주는 트레이드를 할 때가 왔군." '끝내주는 트레이드'가 무슨 뜻이냐고 묻자 그는 "끝내주는 트레이드는 이 바닥에 있는 모든 사람이 '끝내주는데' 라고 말하는 트레이드죠" 라고 대답했다.

7월 31일의 트레이드 마감 시한이 다가오는 7월 하순이 되자 매물을 찾는 빌리의 안테나가 요동치기 시작했다. 마감 시한 직전에 선수를 사들이는 것은 오스카 시상식 다음 날 여배우들이 입었던 드레스를 사들인다거나, 이혼의 도시 리노에서 중고 결혼반지를 사는 것과 별반 다르지 않았다. 시즌이 시작될 때 그의 목표는 6월 말까지 우승에 대한 희망을 잃지 않는 수준으로 팀을 유지하는 것이었다. 7월 1일 아메리칸리그 서부지구의 순위는 아래와 같았다.

	승	패	승차
시애틀	52	30	-
애너하임	47	33	4
오클랜드	46	36	6
텍사스	35	45	16

팀이 희망의 끈을 놓지 않게 만든 빌리는 이제 구단들을 돌아다니며 플레이오프 진출에 필요한 어떤 선수라도 사들일 계획을 세웠다. 그는 한

바탕 쇼핑에 나서기 전에 간단한 다섯 가지 규칙을 마음에 새겨두었다.

1. 현재 아무리 성공적이라고 해도 변화는 언제나 필요하다. 영원한 현상유지는 없다. 돈이 없을 때는 장기 해결책을 찾지 못하며 단기 해결책만이 가능하다. 항상 업그레이드를 추구하라. 그렇지 않으면 끝장이다.
2. 뭔가를 꼭 해야 한다고 말하는 순간 이미 끝장난 것과 다름없다. 형편없는 거래를 하고 말 것이기 때문이다. 선수와의 계약 실패로 말미암은 충격에서는 쉽게 회복할 수 있지만, 터무니없는 가격에 계약한 선수 때문에 받은 충격에서는 쉽사리 회복하지 못한다.
3. 모든 선수가 정확히 어떤 가치를 지녔는지 정확하게 알아야 한다. 그래야만 선수의 가격을 제대로 매길 수 있다.
4. 어떤 선수가 필요한지 정확하게 파악하고 그 선수를 붙잡아라(다른 팀이 어떤 선수를 트레이드로 보내고 싶어 하는지는 신경 쓰지 마라).
5. 내가 하는 모든 거래는 대중의 주관적인 판단에 따라 집중공격을 당할 것이다. 내가 만일 IBM의 사장이라면, 자신이 내리는 인사결정이 신문 경제면의 첫 페이지에 나온다고 해도 전혀 개의치 않을 것이다. 모든 사람이 자신이 PC에 관해 모든 것을 안다고 생각하지 않는다. 그러나 방망이를 한 번이라도 잡아본 사람은 모두 자신이 야구를 잘 안다고 생각한다. 내 일을 잘해내려면 신문 기사 따위는 무시해야 한다.

다섯 번째 규칙만큼은 전혀 지킬 자신이 없었던 빌리는 대신 다른 네 가지 규칙에 죽기 살기로 매달렸다. 그가 선수시장에 접근하는 방식은 본질적으로 체계적이지 않았음에도 놀랄 만큼 효율적이었다.

한바탕 쇼핑에 나선 그에게 현금 부족은 언제나 골칫거리였다. 리카르도 링컨의 연봉에서 남은 시즌에 지급해야 할 금액은 50만 8,000달러였는데, 오클랜드 애슬레틱스의 구단주는 그렇게 큰돈을 쓰게 놔두지 않을 것이다. 링컨을 데려오려면 빌리는 자신이 최고 입찰자라고 인디언스의 샤피로 단장을 설득해야 할 뿐 아니라 링컨의 연봉을 지급할 돈도 마련해야 했다. 어디서 돈을 마련할까? 링컨을 얻으면 마이크 매그난테는 필요가 없었다. 하지만 다른 구단도 매그난테를 원하지 않을 테니 여기서 돈을 아낄 방법은 없었다. 그가 어떤 선택을 하든지 매그난테의 연봉은 그대로 나갈 것이다. 그러나 얼마 전 트리플A로 내려보낸 값싼 좌완계투인 마이크 베나프로를 트레이드하는 방법도 있었다. 베나프로는 매그난테보다 훨씬 젊었다. 베나프로라면 다른 구단이 관심을 보일 수도 있다.

여기서 빌리는 한 가지 아이디어를 떠올렸다. 리카르도 링컨을 놓고 자신과 경쟁하는 구단에 마이크 베나프로를 매물로 내놓는 것이다.

그는 샌프란시스코 자이언츠가 링컨을 노리고 있다는 걸 알았다. 또한 자이언츠의 예산이 넉넉하지 않기 때문에 더 싼 선수를 얻을 수 있다면 굳이 링컨에게 매달리지 않을 것임을 알고 있었다. 그는 "예산을 바짝 줄이게 해주지"라고 말하면서 자이언츠의 단장인 브라이언 새비언에게 전화를 걸었다. 그는 자이언츠에 아무 조건 없이 베나프로를 내줄 생각이었다. 잘만 되면 링컨을 사는 데 필요한 돈을 아끼는 동시에(베나프로의 연봉을 지급할 필요가 없으니까), 링컨을 노리는 경쟁팀에 베나프로를 대안으로 제시해 링컨에 대한 관심을 줄일 수도 있었다.

브라이언 새비언은 마이크 베나프로를 주겠다는 빌리의 관대한 제안을 듣고 곧장 관심을 보였다. 빌리가 그 대가로 원하는 것은 마이너리그 선수 한 명뿐이었다. 그는 제안을 마치고 이런 말로 마무리했다. "새비언, 난 많은 걸 요구하는 게 아닙니다. 잘 생각해보고 전화주세요."

빌리는 전화를 끊자마자 리카르도 링컨을 데리고 있는 마크 샤피로에게 전화를 해 링컨을 둘러싼 시장 분위기가 한결 부드러워진 것을 전하며, 다른 입찰자가 누구든 자신의 제안만큼은 확고하다는 걸 알아달라고 말했다.

빌리가 전화기를 내려놓자 폴이 사무실에 들어왔다. "빌리, 메츠에 베나프로를 제안해보면 어때요? 선택권을 늘려놓는 차원에서요."

새비언은 말 바꾸기의 명수였다. 그는 항상 선수한테 진지하게 관심을 갖고 있다고 말해놓고는 정작 거래할 때는 입장을 바꾸곤 했다.

이 말에 빌리는 고개를 끄덕이며 말했다. "메츠가 링컨을 노릴 수도 있겠군."

전화벨이 울렸다. 마크 샤피로가 곧바로 다시 전화한 것이다. 그는 놀라운 우연의 일치인지 몰라도 링컨을 원하는 다른 입찰자가 가격을 낮춰달라면서 전화했다고 했다. 빌리는 오클랜드 애슬레틱스가 날린 공이 담장을 넘어갈지 지켜볼 때처럼 몸을 앞으로 숙인 채 입술을 악물었다. 그는 이미 홈런을 확신한 듯 주먹을 추켜올리더니 이렇게 말했다. "구단주와 얘기하는 일만 남았군. 고마워, 마크."

빌리는 전화기를 내려놓고 말했다. "이제 링컨을 얻기까지 두 시간이 남았어." 그의 목표는 뚜렷해졌다. 두 시간 안에 다른 팀에서 50만 8,000달러를 구하거나, 어떻게든 구단주를 설득해 거래를 성사시키도록 만드는 것이다. 하지만 후자의 방법은 불가능했다. 구단주인 스티브 쇼트는 링컨을 영입하는 데 쓸 돈이 없다고 분명히 말했기 때문이다. 그는 복도 건너편을 향해 소리쳤다.

"폴! 베나프로에게 줄 돈이 얼마나 남았지?"

"27만 833달러요."

그는 계산을 해보았다. 베나프로를 다른 팀에 떠넘긴다고 해도 링컨의 연봉을 지급하려면 23만 3,000달러가 추가로 필요했다. 그러나 그 문제는 당장은 잊어버리기로 했다. 구단주는 50만 8,000달러를 쓸 수 없다고 말했을 뿐 23만 3,000달러에 대해서는 말한 바가 없기 때문이다. 그는 베나프로를 데려갈 누군가를 두 시간 안에 찾아야 했다. 폴이 메츠를 떠올린 건 괜찮은 생각이었다. 빌리는 전화기를 들고 메츠의 단장 스티브 필립스의 전화번호를 돌렸다. 비서가 전화를 받았다.

"데니스, 빌리 빈입니다. 오클랜드 애슬레틱스의 부사장 겸 단장이요. 데니스, 메이저리그 단장 중에서 누가 가장 잘생겼지요?" 빌리는 잠깐 멈췄다가 다시 말을 이었다. "바로 맞혔어요, 데니스. 스티브 자리에 있어요?"

스티브는 자리에 없고 지미라는 다른 사람이 있었다. "지미, 그동안 잘 지냈나? 한 가지 물어볼 게 있는데, 자네들 혹시 좌완계투를 찾고 있나?"

빌리는 '됐어!' 라는 의미로 또다시 주먹을 추켜올렸다. 그는 지미에게 베나프로 이야기를 했다. "원하기만 하면 빨리 처리해줄 수 있어." 그는 베나프로를 트레이드하고 싶기는 했지만, 대가로 누굴 받을지는 미처 생각해놓지 않았다.

"얼마나 빨리?"

"15분이면 되겠나?"

"좋아."

빌리는 전화를 끊기 전에 이렇게 말했다. "15분 안에 원하는 선수를 알려줄 수 있어. 내가 자네라면 당장 이 제안을 받아들일 거야. 빈말이 아니라니까, 지미. 난 정말 솔직하게 말하는 거야."

폴은 상황을 파악하고 빌리가 통화를 마치기도 전에 방문을 나서며 말했다. "데려올 선수를 찾아볼게요." 그는 베나프로와 트레이드할 선수로 메츠에서 누구를 데려올지 찾아내야 했다.

빌리는 전화를 끊으면서 이렇게 소리쳤다. "폴! 우린 15분 안에 이름을 알려줘야 해." 폴은 이미 자기 사무실에서 메츠 소속의 모든 선수 명단이 실린 여러 권의 편람을 뒤져보고 있었다. 빌리도 맞은편에 자리를 잡고 그중 한 권을 집어들고는 폴과 함께 메츠의 전체 팜시스템에서 기록을 참조해 선수를 찾아내기 시작했다. 이건 새로운 게임이었다. 15분 안에 메츠의 팜시스템에서 얻어낼 수 있는 것을 최대로 만들어내야 한다. 그들은 코스트코의 공식 오픈 전에 들어가 15분 동안 카트에 담는 물건은 뭐든지 공짜로 가져갈 수 있는 쇼핑객 한 쌍 같았다. 애슬레틱스의 사장인 마이크 크롤리가 들어오더니 웃으면서 농담을 건넸다. "뭐가 그렇게 급해? 어차피 6회나 7회 전에는 링컨이 필요 없잖아."

이때 폴이 물었다. "베넷은 어때요?"

"몇 살인데?"

"스물여섯이요."

"젠장, 스물여섯이나 먹고도 아직까지 더블A에 있다고? 잊어버려."

빌리는 이름 하나를 보더니 웃음을 터뜨렸다. "버질 슈발리에? 이건 또 누구야?"

폴이 또다시 물었다. "에캇이란 친구는 어때요? 그런데 나이가 스물다섯이에요."

빌리가 다시 웃으며 말했다. "이 친구는 어때? 그냥 이름 말이야. 퍼버시라니!"

23세 이상의 매력적인 선수는 메츠에서도 포기하기 아까울 게 분명했다. 따라서 이들은 메츠가 알아보지 못한 가능성을 지닌 아주 젊은 선수를 찾아내야 했다. 누가 됐든지 간에 그는 아마도 이들이 전혀 모르고 한 번도 본 적이 없으며, 30초 만에 찾아낸 선수가 될 것이다.

폴이 마침내 물었다. "가르시아는 어때요?"

"가르시아가 누구지? 나이가 스물둘이라고?"

"네, 스물둘이에요."

폴이 보여준 가르시아의 기록을 들여다보며 빌리는 이렇게 말했다. "가르시아가 괜찮겠군. 가르시아를 달라고 해야겠어." 그는 자리에서 벌떡 일어나 자기 사무실로 돌아가다가 갑자기 소리치며 말했다. "빌어먹을! 이렇게 해야겠어. 메츠한테 현금도 달라고 말해야지. 링컨하고 베나프로하고 다를 게 뭐야?"

폴은 계산기에 숫자를 두드렸다. 232,923.

그러자 빌리가 말했다. "스티브한테 23만 3,000달러에다가 선수도 추가로 달라고 해야지. 메츠한테 돈은 아무것도 아니잖아."

가난한 구단이라는 말은 부자 구단을 하찮은 현금인출기처럼 취급한다는 뜻이기도 했다. 남은 시즌 베나프로와 링컨의 연봉 차이는 23만 3,000달러였다. 만약 메츠에서 23만 3,000달러를 받아낼 수 있다면 그는 구단주에게 전화를 걸 필요도 없었다. 그냥 혼자 알아서 거래하면 된다는 말이었다.

빌리는 전화기를 들기 전에 잠시 머뭇거렸다. "새비언에게 먼저 전화해야 할까?" 자문한 결과 아니라는 대답을 얻었다. 빌리가 스티브 필립스에게 전화하는 사이에 폴이 다시 나타나서 말했다. "빌리, 던컨도 달라고 하세요. 그들도 딱히 거부할 말이 없을 겁니다. 타율이 고작 2할 1푼 7리거든요."

빌리가 급하게 물었다. "가르시아랑 던컨, 누굴 데려와야 하지?"

폴이 대답하기 전에 메츠의 비서가 전화를 받았다. 빌리는 몸을 뒤로 기대며 미소를 지었다. "데니스, 빌리 빈입니다. 오클랜드 애슬레틱스의 부사장 겸 단장이요. 데니스, 메이저리그에서 가장 멋진 단장이 누구죠?" 그는 대답을 기다렸다가 말을 이었다. "또 맞혔어요, 데니스." 데니스의 웃음소리가 빌리의 사무실 끝까지 울려 퍼졌다. 빌리를 단장으로 만든 샌디 앨더슨은 이렇게 말한 바 있다. "빌리는 사람들이 자기를 좋아하게 만드는 재능이 있어요. 아주 위험한 재능이죠."

이번에는 스티브 필립스가 자리에 있었고, 빌리와 대화할 준비가 돼 있었다. 빌리는 이 모든 게 상대방을 위해서라는 말투로 호기롭게 말했다. "나는 선수 한 명과 23만 3,000달러가 필요해. 자네한테 정말 뛰어난 선수를 달라고 할 생각은 없어. 두 명의 선수를 불러줄 테니 자네가 알아서 고르게나. 2루수 가르시아하고 작년 타율이 2할 1푼 7리였던 외야수 던컨이야."

빌리의 전화를 받은 다른 모든 단장처럼 필립스도 그에게 다른 꿍꿍이가 있을 거라고 생각했다. 그는 빌리에게 왜 베나프로를 트리플A로 내려보냈느냐고 물었다. 그는 베나프로의 건강 상태를 우려했던 것이다. 그리고 왜 빌리가 돈을 요구하는지도 궁금해했다.

빌리는 중고차 판매원의 자세로 돌아가서 이렇게 말했다. "베나프로는 문제없어, 스티브. 그냥 우리 상황이 그래서 그래. 어디 돈을 좀 쓸 데가 생겨서 말이야."

필립스는 그래도 베나프로에게 무슨 일이 생긴 건 아닌지 알고 싶어 했다. 지난 몇 차례 등판에서 난타를 당했기 때문이다. 빌리는 작게 한숨을 쉬었다. 생각보다 마이크 베나프로를 뉴욕 메츠에 보내는 게 어려울 거라는 생각이 들었다. "스티브, 자네나 나나 최근 9이닝 투구만 가지고 투수를 판단하지 않는다는 건 알고 있잖아. 아트 하우가 그를 잘못 기용한 거야. 중간에 내리지 말고 1이닝을 죽 이어가게 하면 돼. 그는 우타자 상대로도 훌륭하다니까."

무슨 이유에서인지 그 물고기는 미끼를 물지 않았다. 그 순간 빌리는 메츠가 베나프로를 두고 망설이는 이유가 자신들이 링컨을 데려갈 것으로 생각했기 때문이라는 걸 깨달았다. 빌리가 말했다. "이봐, 내가 상황을 말해주지." 그는 더 이상 중고차 판매원이 아니라 학생들의 장난을 절대로 허용하지 않는 고등학교 소방훈련교관이 되어 있었다. "링컨은 내가 데려갈 거야. 이미 끝난 거래야. 맞아, 이미 얘기가 끝났다고. 그리고 자이언츠는 베나프로를 원해. 난 그들에게 루크 로버트슨을 주면 베나프로를 데려갈 수 있다고 했어."

폴이 속삭이듯 작게 말했다. "앤더슨이요."

빌리가 다시 말했다. "루크 앤더슨 말이야. 우린 앤더슨이 마음에 들어. 메이저리그 선수감이라고 생각하네. 그런데 내가 자네랑 거래하고 싶은 이유는 새비언에겐 돈이 없어서야. 자네는 나한테 현금으로 23만 3,000달러를 줄 수 있지만 그는 아니거든. 내가 꼭 23만 3,000달러가 필요한 건 아니야. 하지만 나와 거래하려면 그 정도의 성의는 보여줬으면 하는 거지." 그는 다시 소방훈련교관에서 개인 트레이너로 변신했다. 넌 할 수 있어, 스티브! 넌 이길 수 있어!

그는 베나프로만 팔 수 있다면 대화가 어떻게 전개되든 상관없었다. "그래, 꼭 가르시아나 던컨이 아니어도 돼. 자네와 같이 선수를 찾아보겠네. 만약 그렇게 하는 게 좋다면 말이야(난 자네가 필요해, 베나프로를 데려갈 수 있는 건 자네뿐이라고)." "좋아, 스티브. 나한테 먼저 전화하는 사람이 베나프로를 차지할 걸세(하지만 자네가 늑장을 부렸다간 평생 후회하게 될 거야)."

빌리의 비서가 ESPN 기자인 피터 개몬스의 전화가 와 있다고 말했다. 트레이드 마감 시한이 다가오면 빌리는 신문기자들의 전화를 거절하곤 했다. 어쩌다 기자와 전화 연결이 되면 그는 험한 말로 전화한 기자를 후회하게 만들었다. 빌리의 경험으로 대부분의 기자는 어차피 마감 시한 전에 알게 될 사실을 가장 먼저 알아내고 싶어 할 뿐이었다. 그는 이렇게 불평했다. "그들이 원하는 거라곤 특종뿐이야. 특종 따윈 있지도 않다고. 우리가 하는 일은 전부 다음 날 모든 신문에 나오니까. 한 시간 만에 나오는 신문이 있지 않은 이상 말이지."

그러나 피터 개몬스가 전화했다면 얘기가 달랐다. 다른 기자들과 달리 개몬스는 빌리가 모르는 뭔가를 말해줄 수 있었다. 그는 "정보를 좀 얻어볼까?"라고 말하며 전화를 받았다. 개몬스는 링컨에 관해 물었고 빌리는 아무렇지도 않게 말했다. "그래, 방금 링컨을 데려오기로 얘기를 끝냈어." 그는 이미 끝난 거래인 것처럼 말했지만 그건 사실이 아니었다. 소식을 들은 대가로 개몬스는 빌리에게 몬트리올 엑스포스가 장타자 외야수인 클리프 플로이드를 보스턴 레드삭스에 트레이드하기로 했다고 말해주었다. 빌리는 재빨리 개몬스에게 자신이 무슨 일을 하든 가장 먼저 알려주겠다고 단단히 약속하고 전화를 내려놓은 뒤 말했다. "제기랄."

클리프 플로이드도 빌리가 노리던 선수였다. 빌리가 종종 하는 말이 있었다. "우리는 한 해에 시즌을 한 번 이상 치른다." 그가 이런 말을 한 것은 한 시즌에 오클랜드 애슬레틱스라고 불리는 팀이 하나 이상이라는 뜻이었다. 시즌 개막 당시의 팀은 빌리가 5월 23일을 기해 몰아냈다. 그 중에는 선발 라인업에 있던 여덟 명 중 세 명과 투수 여럿이 포함돼 있었다. 빌리는 불과 몇 달 전까지만 해도 확실한 믿음을 표시했던 선수들을 잘 가라는 인사도 없이 쫓아낸 것이다. 가령 제러미 지암비도 그중 하나였다. 4월까지만 해도 제러미는 빌리가 '야구팀을 만들기 위한 새롭고 더 나은 방법'이라는 주제로 강연한다면 가장 먼저 소개할 인물이었다. 제러미는 뚱뚱하고 느린 무명의 선수도 메이저리그 최고의 선두타자가 될 수 있다는 빌리의 주장을 증명해 보인 대표적 사례였다. 그러나 이제 와서 빌리가 제러미에 관해 하는 말이라고는 콜리세움 구장으로 가서 직접 해고를 통보하자니 마치 '충직한 애견을 쏘는' 듯한 기분이었다는 것이다.

'충직한 애견'에 관해서라면 그다지 감상적이라고 할 수 없는 또 다른 뒷이야기가 있지만 빌리는 그 일을 결코 입 밖으로 꺼내지 않았다. 5월 중순 오클랜드 애슬레틱스가 토론토에서 블루제이스에 3연패를 당하자 빌리는 엉뚱한 행동을 하기 시작했다. 그는 밤에 집으로 운전해 가다가 고속도로 출구를 놓치고는 15킬로미터를 더 가서야 그 사실을 깨달았다. 그날 밤 빌리는 폴 디포디스타에게 몇 번씩 전화해 말했다. "내가 이 거지 같은 상황을 그냥 참고 넘어갈 거라고 생각하지 마. 내가 가만히 있을 거라고 생각하면 오산이야." 팀이 오클랜드로 복귀했을 때 빌리는 클럽하우스 분위기가 지나치게 활기에 넘친다고 느꼈다. 그는 팀의 코치들에게 말했다. "패배는 신나는 일이 아닙니다. 난 전혀 신나지 않다는 말입니다. 내가 비참해지면 여러분 역시 그렇게 될 겁니다."

토론토에서 3연전을 갖기 직전, 애슬레틱스는 보스턴에서 경기가 있었다. 그곳에서 제러미 지암비는 스트립클럽에 있다가 기자에게 발각되는 실수를 저지르고 말았다. 그는 그전부터 좋은 않은 소문이 어느 정도나 있던 상태였다. 스프링 트레이닝이 시작되기 전에 마리화나를 피우다가 라스베이거스 경찰에 붙잡힌 적도 있었다. 그리고 코치들이 전한 바에 따르면 제러미는 원정경기를 위해 비행기로 이동하는 중에 술을 너무 많이 마신다고 했다. 보스턴의 소식을 전해 들은 빌리에게 제러미는 더 이상 출루기계이자 효율적인 공격무기가 아니었다. 그는 팀이 연패에 빠진 와중인데도 신나게 즐기는 일에만 정신이 팔린 스물일곱 살의 야구 선수일 뿐이었다. 말문을 잃을 정도로 화가 치민 빌리는 제러미를 떠맡을 다른 구단을 찾아 전화기를 돌려댔다. 대가로 뭘 받을지 신경 쓰지도 않았다. 그렇다고 대가가 아주 필요 없다고 할 수 없는 게 적어도 언론에 배포할 적당한 구실이 있어야 했기 때문이다. "우리가 제러미를 아무개와 트레이드한 이유는 아무개가 팀 수비에 보탬이 될 거라고 생각했기 때문이다"라는 식으로 말이다. 필리스는 제러미를 받는 대가로 존 메이브리를 내주었는데, 빌리는 메이브리가 누군지도 잘 몰랐다.

제러미 지암비에게 해고를 통보하러 가는 길에 빌리는 폴에게 자신의 행동을 납득시키려고 이렇게 말했다. "나도 야구만 놓고 보면 최악의 결정을 하고 있다는 걸 알아. 하지만 단장으로서 내리는 최선의 결정일세." 폴은 빌리의 말이 헛소리임을 알았고 실제로 그렇게 얘기했다. 폴은 클럽하우스로 가는 내내 빌리의 분노를 가라앉히려고 애쓰며 그가 얼마나 비이성적으로 행동하고 있는지 설명하려고 했다. 빌리는 객관성을 잃었다. 그는 다만 분노를 터뜨릴 상대를 찾고 있을 뿐이었다.

빌리는 폴의 말을 전혀 듣지 않았다. 거래를 마친 뒤 그는 기자들에게 제러미 지암비를 트레이드한 이유는 '지암비가 너무 일차원적이라는 우려' 때문이었으며, 존 메이브리가 팀의 수비에 보탬이 될 거라고 말했다. 그런 뒤 하우 감독에게 메이브리를 라인업에서 제외시키라고 계속 압력을 넣었다. 하우도 때로는 빌리의 말을 무시했고, 메이브리는 프로 경력을 통틀어 가장 놀라운 속도로 홈런과 결승타를 때려냈다. 오클랜드 애슬레틱스는 연승을 거두기 시작했다. 빌리가 지암비를 트레이드했을 때 애슬레틱스의 전적은 20승 25패였으며, 바로 전 17경기에서 14패를 기록했다. 그리고 두 달 뒤의 성적은 60승 46패로 나타났다. 이제는 모두 존 메이브리의 숨겨진 재능을 간파한 빌리의 천재적인 안목을 칭찬했다. 충직한 애견을 쏘아죽인 결단이 성공을 거뒀다는 것이다.

그러나 제러미 지암비의 트레이드 전후로 그가 한 행동은 전혀 신중한 실험처럼 보이지 않았다. 그보다는 결과가 원하는 대로 나오지 않자 분노한 과학자가 실험실에 뛰어 들어가 실험도구를 때려 부순 것에 가까웠다. 그렇기에 지금의 결과는 더욱 놀라울 수밖에 없었다. 어쨌거나 빌리 빈은 선발 라인업의 8분의 3을 쫓아내고 몇 달이 흘러 7월이 되자, 그처럼 대대적인 물갈이는 필요 없었다고 말했다. 그는 다른 단장과의 통화에서 지난 5월 선수를 한꺼번에 숙청했던 일을 설명하면서 이렇게 말하기도 했다. "아마도 아무런 효과도 없었을 겁니다. 우리 팀은 당시 21승 26패였어요. 표본의 크기로는 너무 작았죠. 내가 아무것도 안 했더라도 성적은 올라갔을 겁니다." 빌리는 자신의 결정이 '플라시보 효과'를 낳았다는 설명이 가장 그럴 듯하다고 인정했다. 그리고 무엇보다 놀라운 사실은 그 자신도 정말로 그렇게 생각했다는 것이다.

두 달 후에도 그는 제러미 지암비에 관해서는 여전히 언급을 피했다. 오클랜드 애슬레틱스가 다시 연승을 하기 시작했다는 사실이 중요할 뿐이었다. 그러나 강력한 팀들이 모인 아메리칸리그 서부지구에서 그들의 순위는 여전히 3위에 머물렀고, 빌리는 올해 플레이오프에 진출할 만큼 좋은 성적을 거두지 못할 수도 있다는 걱정을 해야 했다. 그는 이렇게 말했다. "우리는 90승을 거두고 괜찮은 시즌을 보낼 수도 있어요. 하지만 때로는 '제기랄' 하고 욕하면서 (플레이오프를 향해) 헛스윙을 날리는 경우도 발생하죠."

그래서 빌리는 다른 팀 단장들에게 거의 무작위로 전화해서 '끝내주는 트레이드'를 위해 이런저런 거래를 제안하곤 했다. 그는 이런 행동을 '저인망 작업'이라고 불렀다. 그가 다른 팀에 전화를 해서 끊임없이 떠드는 것은 트레이드의 성공에 필수적인 정보를 파악하기 위한 수단이기도 했다. 즉 다른 단장들이 선수 개개인에게 어떤 가치를 부여하고 있는지를 파악하기 위한 것이었다. 선수에 대한 트레이드는 주식이나 채권 거래와 다를 바 없었다. 더 좋은 정보를 가진 거래자가 성공할 수 있는데, 빌리는 자신이 더 좋은 정보를 가졌다고 확신했다. 그는 분명히 남들과는 다른 정보를 갖고 있었다. 가령 카를로스 페냐는 오클랜드 애슬레틱스에 오기 전까지만 해도 빌리가 누구보다 원하던 마이너리그 선수였지만, 일단 팀에 합류하자 두 달이라는 짧은 기간 만에 모든 사람이 빌리 이상으로 그를 높이 평가하게 되었다. 빌리는 카를로스가 과대평가 받고 있다는 사실을 알았다. 그렇다면 남은 질문은 그를 팔아서 얼마를 받을 수 있는가 하는 것뿐이었다.

빌리는 카를로스를 미끼로 걸어놓고 피츠버그 파이어리츠를 유인해 장타자 외야수인 브라이언 자일스를 내놓게 하려고 작전을 짰다. 파이어리츠가 거부하자 그는 일단 보스턴에 카를로스와 교체 외야수인 애덤 피아트를 보내고 그 대가로 외야수 트롯 닉슨을 받은 뒤, 다시 트롯 닉슨과 애슬레틱스 트리플A 소속으로 강속구를 던지는 중계투수인 프랭클린 저먼을 파이어리츠의 자일스와 트레이드하겠다고 제안했다. 이번에도 행운이 따라주지 않았다. 그는 결국 자일스를 포기하고 클리블랜드의 단장 샤피로에게 에이스투수 바톨로 콜론과 최고 타자 짐 토미를 받는 대가로 코리 라이들과 카를로스 페냐를 내주겠다고 제안했지만 역시 거절당했다.

빌리의 이 같은 행동은 성공보다 실패가 훨씬 많을 수밖에 없었다. 하지만 그는 전혀 상관하지 않았다! 어차피 실패는 공개되지 않으며 성공한 거래만 대중에게 알려질 뿐이다. 6월 말까지 카를로스 페냐를 미끼로 저인망 작업을 계속하던 그는 디트로이트 타이거스가 젊지만 값비싼 에이스투수인 제프 위버를 트레이드할 의향이 있다는 소식을 들었다. 빌리는 위버에게는 별로 관심이 없었다. 연봉 240만 달러가 너무 비쌌기 때문이다. 하지만 양키스라면 관심을 보일 거라고 생각했다. 한편으로 그는 양키스에서 유일하게 젊고도 저렴한 가격의 선발투수인 테드 릴리를 예전부터 탐내고 있었다. 빌리가 보기에 릴리는 위버만큼 뛰어났으며 몸값도 23만 7,000달러로 저렴했다. 그는 디트로이트에 카를로스 페냐를 보내고 위버를 받은 뒤, 다시 위버를 뉴욕 양키스에 보내고 릴리와 함께 추가로 최고의 유망주 두 명을 더 받았다. 이 과정에서 그는 디트로이트한테서 60만 달러까지 뜯어냈다. 양키스의 단장인 브라이언 캐시먼이 도대체 어떻게 한 거냐고 묻자, 빌리는 그 돈이 '자신의 중개수수료'라고 말하며 웃었다.•

이상은 7월 5일에 이루어진 트레이드였다. 하지만 빌리에게는 이것이 끝이 아니라 시작에 불과했다. 이번에 그는 탬파베이의 중견수인 랜디 윌에게 달려들었다. 탬파베이 측은 트레이드할 의향이 있기는 했지만 빌리와 실제로 거래하는 데는 겁을 먹었다. 탬파베이 경영진 출신은 이렇게 말했다. "빌리가 선발투수 코리 라이들을 데려간 뒤로 탬파베이는 그와 다시는 거래를 안 하려고 했어요. 그만큼 빌리에게 겁을 먹었던 거죠." 또한 그는 캔자스시티의 외야수 라울 이바네즈한테도 접근했다. 하지만 때마침 아이바네스가 안타 행진을 이어나가면서 캔자스시티는 그의 진가를 알아보고 빌리가 또다시 자신들의 호주머니를 털어가려 한다는 결론을 내렸다(1년 전에도 빌리는 트레이드 마감 시한을 앞두고 캔자스시티에 쓸모 있는 선수는 하나도 안 주고 저메인 다이를 데려갔으며, 그 전년도에도 자니 데이먼을 거의 공짜로 데려가다시피 했다).

카를로스 페냐를 보낸 뒤로 빌리는 다시 코리 라이들을 미끼로 낚시를 드리웠다. 라이들은 시즌 전반에 부진한 성적을 보였지만 점점 나아지는 추세였다. 라이들이 등판할 때면 빌리는 전에 없이 열렬한 응원을 보냈는데, 단지 라이들이 승리하길 바라서가 아니라 그의 주가가 오르리라는 기대감 때문이었다. 시카고 화이트삭스의 단장인 케니 윌리엄스가 라이

● 오클랜드 애슬레틱스는 제프 위버와 현금을 받는 대가로 디트로이트 타이거스에 카를로스 페냐 외에 투수 제러미 본더먼과 프랭클린 헤르먼을 내주었다. 이후 카를로스 페냐는 별다른 활약을 하지 못했지만, 고교 선수라는 이유로 빌리가 싫어했던 제러미 본더먼은 꾸준한 성적을 기록하며 디트로이트의 주축 투수가 되었다–옮긴이

들에게 관심을 보였다. 빌리는 라이들과 다른 선수를 묶어서 화이트삭스의 강타자 외야수 매글리오 오도네즈와 트레이드하자고 제안했다. 화이트삭스는 거절했지만, 대화 끝에 빌리는 화이트삭스가 올스타급 2루수이자 선두타자인 레이 더럼을 트레이드할 의사가 있다는 사실을 알아냈다. 더럼에다 추가로 더럼의 2002년 남은 연봉을 지급할 현금까지 받아 챙긴 대가로 빌리가 내준 것이라고는 트리플A 소속의 강속구 투수인 존 애킨스(2009년 한국 프로야구 롯데 자이언츠에서 활동했음-옮긴이) 한 명밖에 없었다. 지난 18개월 동안 빌리는 애슬레틱스의 팜시스템에서 애킨스를 제외하고 구속이 153킬로미터 이상인 모든 투수를 트레이드했는데, 드디어 애킨스마저 보내버린 것이다.

빌리가 7월 15일에 레이 더럼을 확보한 것은 그야말로 끝내주는 트레이드였다(대표적인 세이버매트릭 웹사이트인 '베이스볼프로스펙터스닷컴 baseballprospectus.com'은 즉각 '케니 윌리엄스는 애슬레틱스의 팬'이라는 제목의 기사를 뽑아냈다). 더럼을 데려오면서 빌리는 남은 시즌에 훌륭한 선수를 얻은 것 이상의 이득을 보았다. 왜냐하면 더럼은 시즌이 끝나면 A급 자유계약 선수가 되기 때문이었다. A급 자유계약 선수를 잃는 팀은 1라운드 지명권 한 장에다 1라운드의 마지막에 보상지명권도 추가로 얻게 된다. 만약 케니 윌리엄스가 이런 지명권의 가치를 제대로 평가했더라면 더럼을 시즌 말까지 데리고 있다가 제 발로 나가게 했을 것이다. 두 장의 드래프트 지명권만으로도 시즌 절반 동안 레이 더럼을 뛰게 할 가치는 충분했으며, 화이트삭스가 더럼을 내준 대가로 받은 마이너리그 투수보다는 훨씬 높은 가치가 있었다.

그러나 이 같은 트레이드 전략에 새로운 위험 요인이 등장했다. 7월 말까지 메이저리그 구단주와 선수들은 새로운 노사협약을 체결해야 했다. 선수노조는 파업을 불사하겠다고 위협했으며, 구단주들은 마음대로 하라며 배짱을 부렸다. 밀워키 브루어스의 구단주이자 메이저리그 사무국 총재인 버드 셀리그는 블루리본패널 보고서를 바탕으로 선수의 연봉을 제한하고 구단 간에 수익을 배분하자는 움직임을 이끌었다. 셀리그의 제안 가운데 자유계약 선수에 대한 보상을 폐지하겠다는 내용이 있었으며, 선수노조도 일단은 여기에 동의했다. 그렇게 되면 더럼이 FA를 선언하더라도 더는 보상지명권을 받을 수 없었다. 하지만 빌리는 그런 일이 절대 일어나지 않을 거라고 확신했다.

그는 선수들이 자유시장 원칙을 제한하는 새로운 제도에 동의한다면, 새 노사협약에는 구단 간의 수익배분 또는 연봉상한제 중 하나가 도입될 것이라고 예상했다. 그리고 선수들이 거기에 동의한다면 마음을 놓은 구단주들은 자잘한 문제에서 선수들이 원하는 대로 따를 것이라고 보았다.• 그는 이 사안에 대해 이런 의견을 내놓았다. "드래프트 지명권은 큰 그림을 놓고 보면 사소한 문제예요. 노사협상의 역사를 보면 선수들이 사소한 세부사항까지 동의하지 않을 거라는 게 분명합니다. 일단 구단주들이 수익배분제를 통과시키고 나면, 그다음에는 선수들한테 '하고 싶은 대로 해라. 가축 대하듯이 우릴 마음대로 때려봐'라고 할 겁니다."•• 그는 구단주들이 어떻게 나올지 예상한 끝에 보상지명권이 유지되리라고 확신한 것이다.

한편 클리프 플로이드의 트레이드는 레이 더럼의 재판이나 다름없었다. 플로이드는 더럼과 마찬가지로 시즌이 끝나면 자유계약 선수로 풀릴

• 당신은 선수들이 FA와 계약하는 부자 구단이 FA를 잃은 가난한 구단에 보상해야 한다는 방침을 없애기 바란다고 생각할 수도 있다. 이런 관행은 자유계약제도에 대한 세금이나 마찬가지기 때문이다. 그러나 이러한 관행 덕분에 선수노조는 구단주가 아마추어 드래프트에 가져올 수도 있는 모든 변화에 거부권을 행사할 수 있었고, 노조는 이 거부권을 훨씬 더 중시했다.

•• 드래프트 지명권에 대한 빌리의 예상은 맞아떨어졌다.

것이고, 그를 보유한 구단은 두 장의 1라운드 지명권을 확보할 기회가 생긴다. 하지만 가난한 구단의 처지에서 플로이드는 시장에 나온 유일한 거물급 선수로 너무 비싼 가격이 책정되었다. 빌리는 "그의 가치는 앞으로 떨어질 일만 남았다"고 말했다.

링컨을 확보하느라 애쓰는 사이 플로이드는 그의 수중에서 빠져나갔다. 적어도 빌리의 생각에는 그랬다. 그는 전화기에 음성메일이 한 건 들어와 있는 것을 알아차렸다. 개몬스와 이야기하는 사이 누군가 전화를 했던 것이다. 그는 베나프로의 연봉 27만 달러를 대신 지급하겠다는 새비언이나 필립스의 전화일 거라고 짐작했다. 빌리에겐 당장 돈이 필요했고, 그는 마치 안에 돈이 들어 있기라도 한 것처럼 힘차게 전화기 버튼을 눌렀다. 하지만 그의 예상은 빗나갔다. 전화를 건 사람은 몬트리올 엑스포스의 단장인 오마 미나야(2004년 뉴욕 메츠의 단장으로 옮겨갔으며 2010년 해임됨-옮긴이)였다. "오마 미나야일세, 전화해주겠나?" 오마 미나야는 클리프 플로이드의 운명을 쥐고 있는 장본인이었다.

빌리는 손으로 머리를 감싸 쥔 채 이렇게 말했다. "어디 생각해보자." 그는 10초간 생각한 뒤 오마 미나야에게 전화했다. 오마 미나야는 이미 피터 개몬스한테서 들은 말을 반복했다. 즉 보스턴 레드삭스의 제안은 빌리의 제안과는 비교도 안 된다는 얘기였다. 빌리는 리그 최고 수준의 좌타자를 받는 대가로 유망하기는 해도 결코 값지다고는 할 수 없는 더블A 투수만을 제시했을 뿐이다. 반면 레드삭스는 놀랍게도 클리프 플로이드의 연봉에서 남은 200만 달러를 지급하기로 한 것은 물론이고 구단 소속의 메이저리그와 마이너리그 선수를 뷔페식으로 한꺼번에 늘어놓곤 알아서 골라가라고 몬트리올에 선택권을 주었다고 한다. 그중에는 투수 롤랜드 아로요와 한국인 투수 송승준(현재 국내 롯데 자이언츠 소속-옮긴이)도 있었다. 게다가 플로이드의 에이전트에 따르면, 그의 꿈은 난데없이 보스턴 레드삭스에서 뛰는 것이라고 했다(레드삭스는 연말에 플로이드가 자유계약 선수가 된 뒤에 그의 실제 가치 이상으로 돈을 줄 가능성이 높았기 때문이다). 그리고 그는 (클럽하우스에서 마시는 소다수에도 돈을 청구할) 오클랜드 애슬레틱스에서만큼은 절대 뛰고 싶지 않다고 구체적으로 말했다. 플로이드는 계약서에 오클랜드로의 트레이드를 거부할 수 있는 권리를 명시해달라고까지 요구했다.

빌리는 오마가 클리프 플로이드를 레드삭스에 트레이드할 수밖에 없는 수많은 이유를 듣고 난 뒤 상대방의 어리석음을 알아차리고도 모른 척하는 사람의 예의바른 말투로 말했다. “정말 그렇게 하고 싶은가, 오마?”

오마는 그렇다고 대답했다.

“오마, 내 말은 보스턴에서 데려올 그 선수들이 정말로 마음에 드는지 묻는 걸세.”

오마는 조금 망설이는 듯하더니 보스턴에서 데려올 선수들이 마음에 든다고 말했다.

“아로요가 그렇게 마음에 든다고, 정말이야?” 빌리는 아로요의 이름 뒤에 물음표를 붙여 발음했다. 아로요라고? 토론토 블루제이스의 단장 J.P. 리치아디는 빌리가 이런 식으로 거래하는 모습을 보고 ‘빨간 망토 소녀와 얘기를 나누는 늑대’를 보는 느낌이라고 말한 적이 있다.

오마는 20초 만에 롤랜도 아로요에게 관심을 가졌다고 한 말이 잘못임을 인정해야 했다.

빌리는 또다시 말했다. “그리고 다른 친구는 누구라고? 한국인 투수 말일세. 이름을 어떻게 발음한다고? 송송?”

오마는 송승준의 이름을 정확히 말해주었다.

빌리가 다시 어조를 바꾸어 말했다. 그는 이제 길가에서 곤경에 처한 사람을 도와주려고 걸음을 멈춘 선량하고 호의적인 행인이 되었다. "흠, 좋아. 만약 플로이드를 보스턴에 보내려거든 나를 거쳐 보내면 어떤가?"

빌리는 과거 수없이 반복했던 일, 즉 자신과 상관없는 거래의 한복판에 끼어드는 일을 또다시 시도했다.

그는 최대한 자제하며 이렇게 말했다. "오마, 자네는 지금 유리한 입장에 서 있다고. 그러니 그저 가만히 앉아서 급한 쪽이 달려오도록 하면 된다니까."

그런 뒤 빌리는 자신의 계획을 설명했다. 오마는 레드삭스에서 돈과 소속 선수뿐 아니라 추가로 오클랜드 애슬레틱스의 마이너리그 선수를 받을 수 있다. 합리적인 선이라면 오마가 원하는 어떤 선수라도 말이다. 그가 할 일은 클리프 플로이드를 잠시 동안만 빌리에게 넘겨주고 빌리가 레드삭스와 협상하도록 하는 것뿐이다. 빌리는 오마가 클리프 플로이드를 보내는 대가로 레드삭스에서 얻을 수 있는 전부를 충분히 얻어내지 못하고 있다고 노골적으로 말했다.

레드삭스는 항상 그래왔듯 체면에 상관없이 플레이오프 진출을 위해서라면 무슨 짓이든 할 태세였다. 클리프 플로이드를 데려오지 않을 수 없게 스스로 덫에 뛰어든 것이다. 그들은 모든 문제가 선수 한 명으로 해결될 수 있다고 믿는 어리석은 구단 중 하나였다. 플로이드가 바로 그들의 해결책이었던 것이다. 그를 데려온다면 보스턴의 언론도 찬사를 보낼게 분명했다. 클리프 플로이드는 펜웨이파크(보스턴 레드삭스의 홈구장 – 옮긴이)에 헛된 희망을 불어넣었다. 간단히 말해 플로이드는 보스턴 레드삭스가 과도한 대가를 지급하면서까지 데려가려는 선수였다. 만약 오마 미나야에게 보스턴 레드삭스가 플로이드를 얻는 대가로 내줄 수 있는 마지막 한 푼까지 뜯어낼 배짱이 없다면, 빌리가 그를 대신해 나설 생각이었다. 일단 그렇게만 된다면, 빌리는 오마에게 처음 보스턴에서 받기로 했던 선수들에다 추가로 오클랜드 팜시스템 출신의 마이너리거까지 얻게 해줄 것이다.

빌리는 처음부터 자신이 클리프 플로이드를 데려올 수 있을 거라고는 생각하지 않았다. 플로이드가 오클랜드 애슬레틱스에 오려면, 몬트리올 엑스포스가 플로이드의 2002년 연봉 잔여분을 지급하기로 동의해야 했다. 엑스포스는 현재 공식적으로 파산한 구단이며, 메이저리그 사무국의 버드 셀리그가 소유·관리하고 있는 상태였다. 셀리그가 플레이오프 진출을 놓고 싸우는 팀에서 뛰라고 스타 선수의 연봉을 지급해줄 리는 절대 없었다. 빌리도 그 사실을 잘 알고 있었다. 다만 그는 클리프 플로이드를 놓고 진행되는 협상에 자신이 끼어들 자리만 만들면 된다는 생각이었다. 협상 테이블에 앉은 다른 사람들은 모두 돈이 있었다. 하지만 그가 가진 것은 배짱밖에 없었다.

오마는 점차 호기심을 보였다. 그는 이 새로운 거래가 어떻게 이루어질지 정확히 알고 싶어 했다. 빌리는 다음과 같이 간결하게 설명했다. "자네가 나한테 플로이드를 주면, 난 자네한테 아로요하고 송승준 그리고 추가로 한 명을 더 주겠네. 오클랜드 애슬레틱스 소속의 마이너리거까지 말이야."

오마는 여전히 빌리가 어떻게 하려는 건지 완전히 이해하지 못했다. 빌리는 플로이드를 이용해 보스턴 레드삭스에서 아로요와 송승준, 그리고 그 밖에 다른 것도 얻어낼 거라고 설명했다. 그는 '그 밖에 다른 것'을 자신이 갖겠다는 말은 꺼내지 않았다.

오마는 빌리의 제안을 겨우 이해했지만, 거래가 좀 지저분해 보인다고 말했다.

그러나 빌리는 계속 말했다. "좋아, 오마. 이렇게 하지. 보스턴에 다시 전화해서 선수 한 명을 더 달라고 하게. 아로요하고 송승준 말고 한 명 더 달라고 하란 말일세. 그의 이름은 유킬리스야."

에우클레스.

고대 그리스 신화에 나오는 걸음의 신이다.

유킬리스는 지난해에 8라운드에서 지명되었다. 그는 폴 디포디스타의 컴퓨터가 처음으로 뽑아낸 대학 선수였지만, 오클랜드 애슬레틱스의 스카우팅 부서는 그를 무시했다. 유킬리스는 빌리의 스카우팅 부서에 남아 있던 고루한 스카우터들만 아니었어도 2001년 드래프트에서 오클랜드 애슬래틱스가 3라운드에서 지명했을 선수였다. 유킬리스는 2001년 드래프트의 제러미 브라운이나 다름없었다. 그는 더블A리그를 휘저으며 빠른 속도로 메이저리그로 진격했다. 볼넷 부문 그리고 상대투수의 팔을 지치게 만드는 부문에서 세계 신기록을 깨뜨릴 기세였다.

빌리는 클리프 플로이드를 놓고 오마 미나야와 대화를 시작한 순간부터 유킬리스를 노리고 있었다.

오마는 유킬리스가 누군지 몰랐다. 빌리는 기억에 도움이라도 될 것처럼 이렇게 말했다. "케빈 유킬리스. 오마, 그냥 무명선수야. 그냥 살찐 더블A 3루수지." 그 살찐 3루수는 고대 그리스 신화에 등장하는 걸음의 신이었다. 그는 지난해부터는 장타력까지 겸비하게 되었다. 그렇다, 걸음의 신은 이제 홈런까지 쳐내고 있었던 것이다. 걸음의 신이라면 마땅히 그래야 했다.

오마는 이미 최선의 제안을 했다고 말하는 보스턴 레드삭스로부터 어떻게 유킬리스를 얻어낼 수 있을지 망설였다. 그러자 빌리가 말했다. "아니야, 오마. 내 말을 들어보게. 내가 하라는 대로만 하면 틀림없이 얻어낼 수 있다니까. 일단 나를 믿어봐. 그쪽(플로이드의 에이전트)은 그를 보스턴에 보내고 싶어 해. 이유가 뭐겠나? 보스턴은 돈을 내놓을 수 있으니까 그런 거겠지. 유킬리스를 달라고 말할 필요도 없어. 그냥 유킬리스를 거래에 끌어들이기만 하면 된다네. 보스턴에 전화해서 유킬리스 없이는 거래를 안 하겠다고 말하고 그냥 전화를 끊어버려. 내가 장담하는데, 그들은 곧장 전화해서 유킬리스를 준다고 할 거야. '유킬리스가 누군데?'라고 하면서 말이야."

빌리는 유킬리스에게 관심을 보였다가는 창피를 무릅써야 할 거라는 말투로 말했다. "유킬리스 때문에 클리프 플로이드를 포기한다면 말도 안 되는 일이지. 물론 그들은 자네 말에 따를 거야. 래리 루치노 사장은 그가 뭐하는 친구인지도 모를걸. 유킬리스를 포기하지 못해 플로이드를 얻지 못했다고 어디 가서 말할 수 있겠나?"

가난한 구단에는 부자 구단에는 없는 이점이 한 가지 있다. 바로 대중의 비웃음에 면역이 되어 있다는 것이다. 빌리는 언론에 별로 신경을 안 쓰기도 했지만, 어쨌든 오클랜드 언론은 보스턴보다 훨씬 얌전한 편이었다. 그를 한 주에 한 번 꼴로 화나게 만들기는 해도 그게 전부였다. 오클랜드 애슬레틱스의 팬 역시 펜웨이파크나 양키 스타디움의 열성팬들에 비하면 무신경한 편이었다. 그는 팬들의 아우성을 안심하고 무시했다.

오마는 빌리의 말을 받아들이지 않았다. 아마도 그는 빌리가 자신의 거래를 망쳐놓을 작정이라고 생각했을 것이다.

"오마, 내가 하려는 건 그저 나한테서 선수 한 명을 공짜로 데려가라는 것뿐일세. 설사 그들이 거부해도 자네는 잃을 게 없지 않나? 그냥 원래대로 거래하면 되잖아."

오마는 거래가 깨질까 봐 걱정스럽다고 말했다. 그는 자신의 어깨를 짓누르는 버드 셀리그의 존재에 부담을 가졌다. 셀리그로 말미암아 오마는 빌리의 트레이드 규칙 2번을 어기고 있었다. '뭔가를 해야만 한다고 말하는 순간 이미 끝장난 것과 다름없다. 형편없는 거래를 하고 말 것이기 때문이다.'

빌리는 마음을 다잡고 다시 말했다. "오마, 보스턴이 플로이드를 얻겠다고 생각한 이상 유킬리스는 방해가 되지 않을 거야." 그는 오마에게 보스턴 언론의 헤드라인을 생각해보라고 했다. '레드삭스, 뚱보 마이너리거를 지키려고 페넌트레이스를 포기하다.'

오마는 이제야 이해가 되는 듯했다. 그는 빌리를 거의 믿는 단계까지 왔다. 하지만 오마는 한편으로 유킬리스라는 친구가 누구기에 빌리가 이렇게 애쓰는지 궁금해졌다. 어쩌면 유킬리스는 오클랜드 애슬레틱스가 아니라 몬트리올 엑스포스 소속으로 놔둬야 하는 선수인지도 몰랐다.

빌리는 마치 방금 전에 이름을 듣고 거의 까먹었다가 생각난 듯이 말했다. "유킬리스? 그냥 더블A의 뚱뚱한 친구라니까. 보고서를 찾아봐. 자네한테는 '제로'에 가까운 존재야. 나한테는 '어쩌면' 도움이 될 수도 있고. 우리 관점에서 보자면 출루율 때문에 좀 마음에 들어 하는 정도랄까." (그러니 우리가 얼마나 어리석은 팀인지!)

이제 오마는 빌리가 말한 것보다 좀 더 상세히 알고 싶어 했다.

그러자 빌리는 정리하듯 이렇게 말했다. "오마, 오마. 중요한 건 자네가 보스턴과의 거래에서 그를 얻어올 수 있고, 만약 그렇게만 된다면 내가 자네한테 아무 대가도 없이 다른 선수를 내주겠다는 거야."

빌리는 전화기를 내려놓으며 씁쓸하게 말했다. "오마가 보스턴에 전화하기는 하겠지만 별로 강하게 밀어붙이지는 못할 거 같군."

그때 애슬레틱스의 사장인 마이크 크롤리가 빌리의 사무실로 머리를 디밀었다. "스티브한테서 전화가 와 있어." 여기서 스티브는 애슬레틱스의 구단주인 스티브 쇼트였다.

빌리의 생각은 여전히 유킬리스에게 머물러 있었다. 그는 레드삭스에서 무슨 말이 나올지 상상해봤는데, 결과적으로 그의 예상은 꽤나 정확했다. 물론 그들은 유킬리스라는 폭탄을 떨어뜨린 게 오마가 아닌 자신임을 알 것이다. 예전부터 유킬리스에게 관심을 보인 사람은 빌리가 유일했기 때문이다. 또한 레드삭스의 단장 보좌역인 테오 엡스타인(현재는 보스턴 레드삭스 단장–옮긴이)이 평소 빌리와 자주 대화를 나눴기 때문이기도 했다. 엡스타인은 28세의 예일대 출신으로, 예전부터 메이저리그 구단의 단장을 꿈꿔왔으며 어느 팀의 단장이 되겠다는 목표도 미리 정해놓았다. 엡스타인의 등장과 함께 보스턴 레드삭스는 뚱뚱해도 출루율이 좋은 선수를 높게 평가하는 빌리의 조류에 막 합류하려던 참이었다. 빌리는 이 모든 사실을 알고 있었지만, 그래도 보스턴이 유킬리스를 기꺼이 포기하리라고 생각했다. 하지만 그가 몰랐던 사실은 테오 엡스타인이 새로운 파워를 확보했다는 것이다. 레드삭스의 새 구단주인 존 헨리는 엡스타인의 말이라면 뭐든지 들어주었고, 그는 자신의 파워를 이용해서 케빈 유킬리스를 보스턴 레드삭스 팜시스템의 표상으로 삼고자 했다(훗날 엡스타인은 이렇게 말했다. "석 달만 빨랐어도 빌리는 유킬리스를 얻어낼 수 있었을 겁니다").

마이크 크롤리가 다시 말했다. "빌리, 스티브가 계속 기다리고 있다니까!" 빌리는 뭔가를 잊었다는 듯 주위를 둘러봤다. 유킬리스한테 신경 쓰느라 시간을 너무 보낸 것이다. 당장 현금을 모아놔야 했다. 그는 다시 전화기를 들고 메츠의 단장 스티브 필립스에게 마지막 전화를 걸었다. "스티브, 내 말 좀 들어봐. 난 오늘 밤 링컨이 우리 상대로 공을 던지는 일이 없기를 바란다네." 빌리는 스티브의 대답을 들었지만, 마음에 드는 내용은 전혀 없었다. 그는 전화를 끊고 이렇게 말했다. "이 친구도 돈이 없어. 캐즈미어랑 계약할 돈이 필요하다는군." (캐즈미어는 거의 두 달 전에 메츠가 드래프트로 지명했지만 현재까지 계약이 보류된 상태였다.)

메츠도 낭비할 돈이 없었다. 이 역시 새로운 변화라면 변화였다. 선수시장은 주식이나 채권시장과 마찬가지로 언제나 변화한다. 그러므로 성공적인 트레이드를 위해서는 변화에 적응해야 했다.

거의 1분 간격으로 브라이언 새비언은 물론 스티브 필립스까지도 마크 샤피로에게 빌리와 두 시간 전에 한 약속을 취소하라고 졸라댔다. 빌리는 마이크 크롤리에게 소리를 질렀다. "쇼트 구단주한테 내가 베나프로를 보내지 못하면 내년에 링컨을 두 배 가격에 팔 거라고 말해요! 아니, 나랑 거래하자고 하세요! 만일 두 배에 못 팔면 나머지는 내가 댈게요. 하지만 두 배 이상 받으면 남는 돈은 전부 내 차지입니다."

마이크 크롤리는 이 말에 어찌할 바를 몰랐다. 연봉으로 40만 달러를 받는 단장이 구단주에게 선수 한 명을 놓고 지분을 나누겠다고 얘기한 것이다. 만약 그 말대로 한다면 빌리는 항상 해왔던 대로 트레이드만 해도 엄청난 부자가 될 수 있었다. 구단주는 아무런 반응도 보이지 않았고, 빌리는 링컨을 마음대로 처리해도 된다는 뜻으로 받아들였다(실제로 나중에 구단주는 빌리에게 거래에 대한 전권을 위임했다). 그는 메츠와 자이언츠에 15분의 여유를 더 주었다. 그러고는 마침내 결정을 내렸다. 기꺼이 위험을 감수하기로 한 것이다. 빌리는 마크 샤피로에게 링컨을 데려가겠다고 말하려고 전화기를 들었다.

전화기를 든 채로 빌리는 소파에 앉아 있던 폴 디포디스타에게 아무렇지도 않게 말했다. "내려가서 매그난테한테 방출되었다고 전해주겠나?"

폴이 놀라며 물었다. "내가요?" 그는 빌리가 다른 사람한테 말한 게 틀림없다는 듯 좌우를 둘러보았다. 마치 37세의 중계투수에게 쫓겨났다고 말하기를 즐기는 다른 누군가가 있는 게 아닌가 하면서 말이다. 그가 왼쪽으로 고개를 돌리자, 빌리의 사무실 창문 밖으로 몇 미터 떨어진 콜리세움 구장이 눈에 들어왔다. 폴이 이처럼 당황한 이유는 단지 매그난테가 10년의 메이저리그 생활을 겨우 나흘 앞두고 있기 때문이 아니었다. 어쨌든 연금을 받는 데는 지장이 없을 것이다. 문제는 십중팔구 매그난테의 메이저리그 생활이 이대로 끝난다는 데 있었다.

이때 빌리가 단호하게 말했다. "누군가는 얘기해줘야 하잖아." 갑자기 주식이나 채권을 거래하는 일과 사람을 거래하는 일의 차이가 분명해졌다. 선수를 내쫓는 일은 분명 마음이 편치 않았다. 하지만 빌리는 그런 감정에 전혀 영향을 받지 않았다. 그는 선수를 한낱 퍼즐 조각처럼 취급했는데, 이것이 트레이드의 명수가 될 수 있었던 이유이기도 했다.

폴은 조심스럽게 말했다. "하우를 부르세요, 그건 감독이 해야 할 일이잖아요."

빌리는 하우에게 전화를 걸려다가 트레이드가 실제로 끝난 게 아니라는 사실을 기억하고는 클리블랜드의 마크 샤피로한테 전화했다. 오후 6시 30분이었다. 35분 뒤면 인디언스와의 경기가 시작될 것이다.

창밖을 보던 폴이 말했다. "방금 마이크 매그난테가 메이저리그에서 마지막 공을 던졌군요."

이때 빌리가 말했다. "마크, 시간을 오래 끌어 미안하네."

"괜찮아, 어쨌든 시간이 늦었으니 오늘 경기가 끝난 뒤에 링컨을 데려가겠나?"

"아니, 지금 당장 필요해. 오늘 밤 그를 당장 우리 편 더그아웃에 앉혔으면 해."

"뭐가 그렇게 급해?"

"간단히 말하면 매그난테가 어제 우리 경기를 망쳐놨고 링컨이 승리했기 때문이지."

"알았네, 별문제 없겠지. 당장 처리하도록 하지."

"링컨의 건강에는 아무 문제 없지?"

"그래."

빌리가 다시 말했다. "우리는 경기 전에 선수 한 명을 방출해야 해. 일을 빨리 마무리하는 차원에서 조엘한테도 얘기해주겠나?" 조엘은 인디언스의 감독인 조엘 스키너를 뜻했다. 갑자기 빌리가 당황스러운 표정을 지었다. "제기랄, 맥두걸도 보내기로 했지. 그 친구 다리가 살짝 절질렸던 건 자네도 알지?" 맥두걸은 빌리가 링컨을 받는 대신 내주기로 한 선수였다. 최근 맥두걸은 경기 중에 성의 없는 플레이로 일관했다. 애슬레틱스의 마이너리그 코칭스태프는 그가 경기에 열의를 보이지 않는다고 말했다. 그러나 이런 것들은 클리블랜드 인디언스가 직접 겪어가면서 알게 될 사실이었다.

"상관없어. 나도 그 친구가 절질렸던 건 알고 있네."

빌리는 전화를 끊고 아트 하우에게 전화를 걸었다. 그는 클럽하우스 옆의 사무실로 막 돌아오던 참이었다.

"하우, 빌리입니다. 좋은 소식과 나쁜 소식이 있어요."

아트 하우는 불안한 기색으로 헛웃음을 지으며 말했다. "그렇군요."

"좋은 소식은 링컨을 얻게 됐다는 겁니다."

"정말이요?"

"나쁜 소식은 매그난테를 방출해야 한다는 거요."

"그렇군요."

"나도 이런 식으로 선수를 내보내는 게 최선이 아니라는 건 알지만 대신 좋은 투수를 얻었잖아요."

"알았어요."

빌리는 전화를 끊고 폴 쪽으로 몸을 돌렸다. "매그난테한테 방출대기(designated for assignment: 10일 동안 트레이드를 원하는 팀이 나오지 않으면 웨이버공시 기간을 거쳐 자유계약 선수로 풀림-옮긴이) 조치를 취할까?" 방출대기는 선수를 방출하는 모양새가 조금은 더 나았는데, 다른 구단이 그를 데려가서 오클랜드 대신 잔여 연봉을 지급할 가능성이 열려 있기 때문이다. 빌리는 방출대기 조치에 관해 이렇게 설명했다. "말하자면 야구의 연옥(천국과 지옥의 중간 단계로 기도를 통해 천국에 올라갈 수 있음 – 옮긴이)에 집어넣는 셈이죠. 하지만 기도한다고 해서 벗어나지는 못해요."

그런 다음 그는 몇 통의 짧은 전화를 걸었다. 먼저 애슬레틱스의 장비담당자인 스티브 부시니치에게 전화를 했다. "부스, 경기 시작 전까지 매그난테를 방출해야 해. 25분 안에 거기서 나가도록 조치를 취해주게." 그다음 그는 메츠의 스티브 필립스한테 전화를 걸었다. "스티브, 난 원하는 선수를 얻었네. 링컨 말이야(그러니까 자네는 베나프로를 데려가든지 아니면 국물도 없다고)." 그리고 자이언츠의 브라이언 새비언한테도 전화를 걸었다. "브라이언, 나예요 빌리. 방금 링컨을 데려오기로 거래를 끝냈어요(그러니까 내가 포기할 때까지 기다리겠다는 기대는 버려요)." 그는 피터 개몬스한테도 전화해 거래를 끝냈으며 다른 트레이드는 없다고 말했다.

그런 다음 빌리는 오클랜드 애슬레틱스의 홍보담당자인 짐 영을 불러 경기 시작 전에 보도자료를 배포하라고 했다. 그는 빌리에게 언론에 직접 발표해달라고 했다. "기자들한테 가서 직접 말하라고?" 빌리는 이미 말하고 싶은 사람들한테는 전부 얘기를 끝낸 뒤였다.

"알았어."

마지막 통화가 끝나자 전화기가 울렸다. 그는 발신자 번호를 보고 원정팀용 클럽하우스에서 온 전화임을 알았다.

"아, 잘 지냈나, 리카르도." 리카르도 링컨의 전화였다. 그는 멕시코 출신으로 인터뷰할 때는 주로 통역을 쓰곤 했다.

빌리는 설득하는 투로 말했다. "리카르도, 자네한테는 꽤나 충격적인 소식이라는 거 알아. 하지만 우린 오래전부터 자네를 데려오려고 했다네. 자네도 우리 팀 선수들이 마음에 들 거야. 다들 재미있는 친구들이거든." 빌리의 말투가 살짝 달라져 있었다. 그는 멕시코식으로 말하려고 애쓰는 동시에 리카르도를 납득시킬 수만 있다면 무슨 말이라도 할 태세였다.

리카르도는 방금 전에 자신이 전해 들은 소식, 즉 클리블랜드 인디언스의 유니폼을 벗고 소지품을 챙긴 뒤 오클랜드 클럽하우스로 들어가 오클랜드의 유니폼을 입어야 한다는 사실을 이해하려고 애쓰는 중이었다. 하지만 쉽사리 납득이 되지 않았다.

빌리는 아이 다루듯 말했다. "그래, 그래. 오늘 밤 자네가 피칭을 하게 될지는 모르겠지만, 어쨌든 자네는 오늘부터 우리 팀 소속이야."

리카르도의 반응은 이랬다. "세상에, 오늘 경기에서 내가 공을 던져야 한다고요?"

"그래, 그래. 어쩌면 자네는 짐 토미를 때려눕힐 수 있을지도 몰라!" 빌리는 이제 꼭 멕시코 이민자 같은 말투를 쓰고 있었다.

"우리는 자네를 위해 유니폼뿐 아니라 모든 것을 준비해놓았어." 빌리는 '모든 것을 준비해놓았어'라며 링컨의 마음을 사로잡기 위해 애썼다. 그가 혹시라도 이상한 결론에 빠지지 않도록 최선을 다해 대화를 이어나갔다. "자네 어디 출신인가, 리카르도?"

리카르도는 멕시코 베라크루스 출신이라고 대답했다.

"그렇군. 베라크루스는 클리블랜드보다는 여기서 훨씬 가깝다네. 이제 자네 고향과 더 가까워지겠군!"

빌리는 통화를 끝낸 뒤 이렇게 말했다. "리카르도가 예상했던 것보다는 훨씬 긴 여행이 되겠군."

이제 빌리는 완전히 탈진한 것처럼 보였다. 입안에 있던 담배는 이미 다 없어져버렸고, 입은 메마른 상태였다. 그는 책상 위에 있던 물 한 컵으로 입안을 헹군 뒤 뱉어냈다. "운동하러 가야겠어."

그 순간 마이크 매그난테는 오클랜드 유니폼을, 리카르도 링컨은 클리블랜드 유니폼을 벗고 있었다. 매그난테는 재빨리 오클랜드 클럽하우스를 떠났다. 그는 나중에 아무도 없을 때 소지품을 가지러 오겠다고 했다. 그의 아내가 아이들을 데리고 경기장에 와 있었기에 그냥 떠날 수는 없었다. 매그난테는 가족들과 함께 6회까지 경기를 지켜본 뒤 자리에서 일어났다. 덕분에 언론의 질문 공세를 피할 수 있었다. 그는 자신이 처한 상황을 가지고 언론의 관심을 끌고 싶은 생각은 추호도 없었다. 젊은 시절이었다면 큰 소리로 불만을 터뜨리고, 구단에 앙심을 품었을 게 분명했다. 하지만 그는 더 이상 젊지 않았으며, 이런 일에 무감각해진 지 오래였다. 그는 자기 자신을 시장의 논리대로 사고파는 자산이라고 인식했다. 지금 이 순간 느껴야 할 감정 따위는 잊은 지 오래였던 것이다.

이날의 하이라이트는 빌리가 운동복을 갈아입으러 클럽하우스에 들어가기 직전에 매그난테가 클럽하우스를 떠났다는 것이다. 정작 빌리가 마주친 사람은 평상복 차림으로 클럽하우스를 나서는 리카르도 링컨이었다. 링컨은 여전히 어리둥절한 표정이었다. 그는 자신이 샌프란시스코 자이언츠나 로스앤젤레스 다저스로 가게 될 것이란 소문을 들었다. 오클랜드 애슬레틱스 선수가 되리라고는 상상조차 못했다. 아직까지도 그는 무슨 일이 벌어진 건지 완전히 이해하지 못했다. 오클랜드 애슬래틱스의 유일한 좌완 중계투수가 된 링컨은 경기를 보려고 스탠드의 자리를 찾아 나서려던 참이었다. 빌리는 링컨을 클럽하우스 뒤편으로 데려가 방금 전 직원이 그의 이름을 붙여놓은 오클랜드 애슬레틱스의 유니폼을 입혀주었다. 빌리는 링컨의 어깨를 두드리며 이렇게 말했다. "이제 자네는 우리 팀이야."

리카르도 링컨은 새 유니폼을 입고 새로운 클럽하우스로 들어가 TV로 전체 경기를 지켜보았다. 그는 말했다. "난 준비되지 않은 상태여서 경기에 집중할 수가 없었죠." 하지만 그의 왼팔 상태는 여전히 최고였다.

CHAPTER 10

또 하나의 진주

Anatomy Of An Undervalued Pitcher

MONEYBALL

그의 투구 방식이 남다르다는 건 중요하지 않았어요.
중요한 건 그가 믿기 어려울 만큼 효율적으로
아웃을 잡아낸다는 사실이었죠.
– 폴 디포디스타

빌리가 리카르도 링컨과 레이 더럼을 영입한 뒤 오클랜드는 한층 더 강해졌다. 지난 50년간 2002년의 오클랜드 애슬레틱스보다 시즌 후반부 성적이 더 우수했던 팀은 2001년의 오클랜드 애슬레틱스가 유일했으며, 그때와 비교해서도 고작 한 경기 차이만 났을 뿐이다. 9월 4일 저녁 기준으로 아메리칸리그 서부지구의 순위는 텍사스 레인저스만 제외하면 6주 전의 순위와 정반대였다.

	승	패	승차
오클랜드	87	51	-
애너하임	83	54	3.5
시애틀	81	57	6
텍사스	62	75	24.5

애너하임 에인절스는 아메리칸리그에서 두 번째로 잘나가는 팀이었다. 하지만 그들은 최근 19경기에서 13경기를 승리하고도 1위 경쟁에서

오클랜드에 밀려났다. 오클랜드 애슬레틱스가 최근 19경기를 모두 이겼기 때문이다. 이는 아메리칸리그 최다 연승과 동률을 이루는 기록이었다. 2002년 9월 4일 밤 오클랜드 정규 시즌 최다인 5만 5,528명의 관중 앞에서 그들은 아메리칸리그의 102년 역사상 그 어떤 팀도 세우지 못한 기록, 즉 20연승을 달성하기 위한 준비를 마친 상태였다. 7회 초에 캔자스시티 로열스를 상대로 오클랜드는 11대 5로 앞서 있었고, 선발인 팀 허드슨(현재 애틀랜타 브레이브스 소속－옮긴이)이 여전히 마운드를 지키는 상황에서 승부는 거의 끝난 것이나 다름없었다.

그런데 갑자기 허드슨이 난조를 보였다. 투아웃까지 쉽게 잡아낸 그는 마이크 스위니와 후속 타자인 라울 이바네즈에게 연속으로 안타를 내줬다. 하우 감독은 더그아웃에서 나와 불펜 쪽을 바라보았다.

애슬레틱스의 불펜에 누가 있는지는 그날그날 상황에 따라 달랐다. 중요하지 않은 경기에 투입되는 선수로는 빌리가 트레이드하려다가 실패한 작은 키에 냉소적인 성격의 사이드암 좌완투수인 마이크 베나프로 외에 트리플A에서 새로 올라온 제프 톰과 미카 보위가 있었다. 좀 더 중요한 경기에 투입되는 선수로는 무릎에 문제가 있는 내반족의 스크루볼 투수인 짐 메시어, 영어를 거의 못해 팀의 모든 사람을 '포피'라고 부르는 땅딸막한 멕시코인 좌완투수 리카르도 링컨 그리고 엄청난 강속구를 던지지만 제구력과 성격이 모두 불안정한 선수인 빌리 코치가 있었다. 오클랜드 애슬레틱스의 프런트가 볼 때 불펜을 통틀어 팀의 승리에 가장 중요한 선수는 온화한 성격의 침례교도인 채드 브래드포드였다. 그의 투구 동작은 메이저리그의 그 어떤 투수하고도 닮은 구석이 없었다. 빌리는 경기가 위태로운 상황에서는 반드시 브래드포드를 등판시키라고 하우에게 지시해놓았다. 브래드포드가 불펜에서 나올 때는 보통 팽팽한 접전에 주자가 있는 상황이었다. 오늘 경기는 팽팽한 상황은 아니었다. 그런데

이 경기에 그를 불러낸 이유는 메이저리그 역사에 20연승이라는 새로운 기록을 쓰기 위해서였다.

하우는 오른손을 점퍼에서 꺼내 언더핸드 시늉을 하며 손가락을 튕겼다. 신호를 받은 브래드포드가 불펜 마운드를 벗어나 필드로 걸어갔다. 그는 모자를 푹 눌러쓴 뒤 시선을 1미터 앞의 땅바닥에 고정시킨 채로 필드에 들어섰다. 그는 키가 196센티미터임에도 보폭이 짧았다. 파울라인 너머로 살금살금 발을 내딛는 그의 모습은 관중의 시선에서 벗어나기 위해 최대한 몸을 숨기려는 듯이 보였다. 브래드포드가 누군지 모르는 사람이라면, 그가 경기장에 들어서는 게 아니라 밖으로 나가는 중이라고 생각했을 것이다.

프로야구에 개성 강한 선수들이 늘어나면서 메이저리그 불펜에도 의식적으로 튀는 행동을 하는 괴짜가 많아졌다. 하지만 브래드포드는 그들과는 정반대였다. 그는 터크 웬델처럼 이닝과 이닝 사이에 양치질을 하지도 않았고, 알 라보스키처럼 마운드에서 성질을 부리지도 않았다. 파울라인을 쿵쿵 밟거나 노려보거나 훌쩍 뛰어넘지도 않았다(터크 웬델을 비롯한 많은 메이저리그 투수는 파울라인을 밟지 않는 징크스를 갖고 있음－옮긴이). 미시시피에 살고 있는 그의 어머니는 경기장에 나온 아들의 태도에 종종 불평을 늘어놓곤 했다. 특히 아들이 사람들 앞에서 자신이 실제로는 얼마나 잘생기고 매력적인지 전혀 드러내지 않는 게 불만이었다. 가령 이닝을 성공적으로 마무리하고 더그아웃에 앉아 있을 때조차 그는 TV 카메라에 자신의 멋들어진 미소를 보여주지 않았다. 그는 경기 중에 절대 웃지 않았는데 TV 카메라가 자신의 웃는 모습, 아니 그 어떤 모습이라도 잡아낸다고 생각하면 부끄러워 견딜 수가 없었기 때문이다.

이 모든 노력에도 그는 사람들의 시선에서 벗어날 수 없었다. 일단 마운드에 올라서면 관중과 카메라를 피할 방법이 없다. 그는 야구장 안에서 유일하게 높은 지대에 올라서서 서커스 묘기를 연상시키는 괴상한 투구자세를 선보여야만 먹고살 수 있는 투수였다. 그가 연습투구를 시작하면, 그의 피칭을 한 번도 본 적이 없는 관중은 어이없다는 듯이 저것 좀 보라면서 손가락질을 했다. TV 해설자가 시청자들에게 투구 동작을 설명할 때면, 경기장 밖의 방송국 차량은 재빨리 그의 투구 동작을 분석한 테이프를 준비했다. 그는 스트레치 자세에서 피칭할 때 다른 중계투수들과 달리 몸을 꼿꼿이 세운 채 발을 들어 올리지 않았다. 파트너 쪽으로 몸을 기울이는 지르박 댄서처럼 몸을 허리 높이까지 구부렸다. 공을 던지는 그의 손은 홈플레이트를 향해 위에서 아래로 순식간에 떨어졌다. 그는 내야 잔디와 흙이 만나는 지면으로부터 3센티미터도 떨어지지 않은 지점에서 손가락 끝으로 공을 던졌다. 느린 화면으로 그의 투구 동작을 보면, 투구하는 게 아니라 마치 비둘기한테 모이를 주거나 주사위를 던지는 듯한 모양새였다. 해설자들은 종종 그를 사이드암 투수라고 불렀는데, 최근 4년간 그의 투구 폼에 비춰보면 정확한 표현은 아니었다. 현재의 그는 언더핸드 투수를 야구계에서 좀 더 남자다운 느낌으로 지칭하는 표현대로 '잠수함 투수'였다.

그러나 브래드포드의 투구 동작을 표현하기에 적당한 단어는 사실상 존재하지 않았다. '언더핸드'라는 말로도 그의 투구 동작을 완벽하게 담아낼 수 없었다. 특히 올해는 브래드포드가 선수생활을 시작한 이래 처음으로, 공을 던지는 손이 지면을 스칠 정도까지 낮아졌다. 한번은 연습투구 도중에 브래드포드의 손이 바닥에 세게 부딪히는 바람에 타자 대기석에 서 있던 토론토 블루제이스 외야수인 버논 웰스의 머리 위로 공이 튀어 올라 그를 깜짝 놀라게 만들기도 했다. ESPN은 그 장면을 몇 번이고 되풀이해서 방송했다. 브래드포드에게 새로운 걱정거리가 생겼다. 만약 경기 도중에 똑같은 일이 벌어지면, TV 카메라가 그 장면을 찍어 또다시 자신한테 시선을 집중시키지 않을까 하는 걱정이었다.

묘한 것은 브래드포드 자신은 평범한 투수가 되기를 간절히 원했다는 사실이다. 우스꽝스러운 투구 동작만이 문제가 아니었다. 그는 성격의 밑바닥부터 특이했다. 고등학교 시절엔 반짝이는 하얀 돌멩이를 몰래 지니고 등판하는 버릇이 있었다. 어느 날 투구하는 도중에 마운드에서 하얀 돌멩이를 발견했는데, 그것은 이제껏 마운드에서 봤던 그 어떤 돌멩이하고도 달랐다. 그날 그는 평소보다 훨씬 뛰어난 투구를 선보였고, 반짝이는 하얀 돌 덕분에 성공적인 투구를 했다고 믿게 되었다. 그는 투구를 마친 뒤 그 돌멩이를 주워들고 집에 가져갔다. 그리고 이후 3년간 돌멩이 없이는 절대 마운드에 오르지 않았다. 그는 주머니에 몰래 돌멩이를 숨겼다가 아무도 알아채지 못하게 마운드에 살짝 올려놓곤 했다.

메이저리그에 올라간 뒤로는 돌멩이를 지니고 다니는 버릇을 끊어야 했지만, 그 밑바탕이 되었던 기질만큼은 예전 그대로였다. 그는 약간은 제정신이 아니라고 해도 될 만큼 집요한 구석이 있었다. 메이저리그 투수로서 대중의 관심을 비켜가고 싶었던 그는 자신의 미신을 규칙적인 습관으로 위장하는 방법을 터득했다. 가령 불펜에서는 언제나 정확히 똑같은 순서로 똑같은 숫자의 공을 던졌으며, 아내한테는 자신이 등판하는 순간에 경기장을 떠나라고 시켰다. 또한 그는 절대 하지 않는 행동도 있었는데, 가령 로진백(송진가루 주머니-옮긴이)에는 전혀 손을 대지 않았다.

성공하고 싶은 동시에 남의 눈에 띄지 않기를 바라는 그의 두 가지 욕망은 날이 갈수록 양립하기 어려워졌다. 애슬레틱스 프런트의 시각에서 브래드포드의 2002년 기록은 그가 애슬레틱스 불펜 최고의 투수일 뿐 아니라 야구계 전체에서 가장 유능한 중계투수임을 보여주었다. 오클랜드 애슬레틱스가 브래드포드에게 지급하는 연봉은 23만 7,000달러였지만, 그의 출중한 실력은 그보다 몇 배 더 주어도 아깝지 않을 정도였다.

애슬레틱스의 프런트는 브래드포드가 지금처럼만 계속한다면, 언젠가는 300만 달러 이상의 다년 계약도 기대할 수 있을 거라고 말했다. 애슬레틱스가 그처럼 헐값에 브래드포드를 데리고 있다는 것뿐 아니라 그를 보유할 수 있었다는 사실 자체가 놀라운 일이었다. 즉 공짜나 다름없는 값에 애슬레틱스가 브래드포드를 낚아챌 때까지 메이저리그의 어떤 팀도 그에게 전혀 관심을 보이지 않았다는 말이다.

바로 이런 점에서 브래드포드는 오클랜드 애슬레틱스의 다른 여러 투수와 비슷했다. 애슬레틱스는 아메리칸리그 최고 수준의 투수진을 보유했지만, 스카우터들은 애슬레틱스의 탁월한 선발진 세 명 가운데 마크 멀더(2005년 세인트루이스 카디널스로 이적 후 부상으로 은퇴함-옮긴이)를 제외하고는 다른 모든 투수한테 어느 시점에서든 회의적인 반응을 보낸 바 있다. 팀의 두 번째 에이스인 팀 허드슨은 대학교 2학년을 마친 뒤 1996년 드래프트에서는 아예 지명조차 되지 못한 작은 키의 우완투수로, 1997년 6라운드에서야 지명되었다. 팀의 세 번째 에이스인 배리 지토 역시 두 군데서 퇴짜를 맞은 적이 있었다. 그중 한 곳은 텍사스 레인저스로, 그들은 1998년 드래프트 3라운드에서 그를 지명했지만 5만 달러의 계약금이 아까워 계약을 거부했다. 두 번째 구단은 지토가 개인적으로 찾아가 테스트를 받았을 정도로 간절히 들어가고 싶어 했던 샌디에이고 파드리스였다. 파드리스는 지토가 메이저리그에서 통할 만큼 강속구를 던지지 못한다는 이유로 그를 거부했다. 하지만 오클랜드 애슬레틱스는 두 구단과 생각이 달랐고, 1999년 드래프트에서 9순위로 그를 지명했다. 3년 후 과거 지토를 내쳤던 샌디에이고 파드리스의 최고경영진은 오클랜드 애슬레틱스가 그렇게 적은 돈으로 그처럼 많은 승리를 거두는 이유는 '빌리가 운이 좋아 그런 투수들을 보유해서'라고 말했다.

실제로 그렇기는 했다. 그러나 최근 오클랜드 애슬레틱스의 성공적인 투수 운용을 두고 단지 '운'으로만 설명하는 데서 멈춘다면 현실을 외면하고 잠에 빠져드는 것이나 마찬가지였다. 빌리는 궁핍한 구단 상황 때문에 메이저리그 투수에 대해 남다른 사고방식을 지녀야 했다. 그의 생각에 투수는 고성능 스포츠카나 순종 경주마, 그 밖에 우월성을 타고난 그 무엇과도 비교할 수 있는 대상이 아니었다. 오히려 투수는 작가에 가까웠다. 작가와 마찬가지로 투수는 행동을 만들어내고 경기의 분위기를 이끌어간다. 작가와 선수는 결과를 도출해내기 위한 갖가지 방법을 지니고 있으며, 이들은 겉모습이나 테크닉이 아니라 자신이 만들어낸 결과를 통해 판단되어야 한다. 투수의 구속 그 자체를 무엇보다 중시하는 것은 작가의 뛰어난 어휘력만을 중시하는 것과 마찬가지다. 모든 투수가 놀란 라이언처럼 던져야 한다고 말하는 것은 모든 작가가 존 업다이크(퓰리처상을 두 차례 수상한 20세기 후반 미국의 대표적인 작가 – 옮긴이)처럼 써야 한다는 주장만큼이나 터무니없다. 좋은 투수란 아웃을 잘 잡는 투수였고, 어떻게 아웃을 잡아내는지는 아무런 상관이 없었다.

또 다른 면에서 투수와 작가는 공통점을 갖고 있는데, 바로 이들의 결과물을 쉽게 예측할 수 없다는 것이다. 뛰어난 제구력을 지닌 22세의 천재 투수가 어느 날 아침 불안정한 정신 상태로 잠에서 깨어 포수의 머리 위로 공을 던지기도 한다. 스포트라이트를 받던 유망주가 좌절을 겪고, 무명의 선수가 스타가 되기도 한다. 30세의 평범한 투수가 새로운 구질을 개발해 하룻밤 사이에 에이스투수가 되기도 한다. 마이너리그에서 세운 기록보다 메이저리그에서의 기록이 훨씬 뛰어난 투수들도 있다. 어떻게 이런 일들이 일어나는 걸까? 아웃을 잡아낸다는 것이 그만큼 독특한 일이기 때문이다. 피칭은 신체적인 행위임이 분명하지만, 동시에 어느 정도는 상상력의 소산이기도 했다. 마이너리그에서 팀 허드슨은 강력한 체인지업을 개발했고, 애슬레틱스에 6라운드에서 지명될 때와는 전혀 다른 모습으로 변모했다. 배리 지토는 2년제 대학에서 정규 대학으로 옮기는 기간에 커브볼이 손에서 떠나는 순간 그의 평범한 직구와 구분이 안 될 정도까지 구질을 가다듬었다. 이처럼 성공적인 피칭을 이끌어내는 투수의 적응력은 신체적인 동시에 정신적인 노력의 결과였다.

이렇게 특이한 오클랜드 애슬레틱스의 투수진 사이에서도 채드 브래드포드는 정통파와는 가장 거리가 먼 투수였다. 그가 메이저리그에서 뛸 수 있었던 것은 강한 팔 때문이 아니라 뛰어난 상상력 덕분이었다. 이런 사실을 알아챈 사람은 지금까지 아무도 없었는데, 어느 누구도 그가 어떤 선수인지 알지 못했고 관심도 보이지 않았기 때문이다. 그를 조금이라도 알게 되면 투수의 상상력이 얼마나 강력한 효과를 발휘하는지 알 수 있다. 그러기 위해서는 우선 브래드포드가 오클랜드의 콜리세움에 들어찬 5만 5,528명의 관중 앞에서 자신을 선보이게 되기까지 어떤 길을 걸어왔는지 되짚어볼 필요가 있다.

채드 브래드포드는 미시시피 주 잭슨 외곽의 바이램이라는 작은 마을에서 중하류층 가정의 막내로 태어났다. 그는 자신을 '촌뜨기'라고 묘사했다. 그가 두 살 되었을 때 그의 아버지는 뇌졸중을 일으켰고, 간신히 목숨은 건졌지만 신체가 마비되고 말았다. 의사들은 아버지에게 다시는 걷지 못할 거라고 말했다. 하지만 아버지는 의사들의 말을 결코 받아들이지 않았다. 그는 무표정한 얼굴로 침대에서 위를 올려다보며 자신이 세 아들을 키우고 생계를 꾸려나갈 거라고 다짐했다. 굳은 의지와 함께 하느님의 도움에 힘입어 그는 자신의 다짐대로 기적을 일으켰다. 브래드포드의 일곱 번째 생일에 그의 아버지는 걸을 수 있었을 뿐 아니라 완벽하진 않지만 아들과 캐치볼도 할 수 있었다. 아버지는 어깨 위로 팔을 올릴 수 없었기에 공을 정상적으로 던지지 못했다. 하지만 글러브를 세워

공을 받을 수는 있었다. 그는 브래드포드의 공을 받은 뒤 손을 아래로 내려 다시 던져주었다. 아버지의 특이한 투구 동작은 어린 소년의 마음에 깊이 새겨졌다.

브래드포드는 아버지와 캐치볼을 하는 게 무엇보다도 행복했다. 그의 아버지는 아들에게 별다른 욕심을 갖지 않았다. 그저 매 순간을 행복하게 살고 종교를 믿으며 미시시피를 떠나지 않기를 바랄 따름이었다. 브래드포드의 가족은 프로야구 선수라고는 한 명도 알지 못했고, 주위에도 프로야구 선수를 아는 사람이 없었다. 그러나 브래드포드는 학교 선생님이 두 차례에 걸쳐 장래희망에 관한 글을 쓰라고 했을 때 두 번 다 프로야구 선수가 되겠다고 했다. 그는 여덟 살에 '어른이 되면 하고 싶은 일'이라는 제목으로 다음과 같은 글을 썼다.

> 내가 어른이 되면
> 나는 야구 선수가 되겠다.
> 그리고 나는 다저스 선수가 되겠다.
> 카디널스에서도 뛰고 싶다.
> 오리올스에서도 뛰고 싶다.
> 그리고 내가 뛰는 모든 팀에서
> 나는 요격수Shotestop가 되겠다.

'요격수'는 미시시피 바이램의 사투리로 유격수Shortstop를 발음할 때 나는 소리 그대로 쓴 것이다. 5년 후 브래드포드가 13세가 되었을 때 그의 선생님은 학생들에게 나이를 먹은 뒤 과거를 회상하는 형식으로 인생 이야기를 써보라고 했다. 브래드포드는 미래의 시점으로 자신이 학교를 졸업하자마자 결혼해서 아들딸 하나씩 낳고, 메이저리그 유격수가 아닌 투수가 되었다고 썼다. 그가 꿈꾸던 미래는 그대로 현실이 되었다. 다른 미래는 전혀 상상할 수 없었던 그에게는 다행스러운 일이었다. 그는 고등학교를 졸업하자마자 18세의 나이로 여자 친구 제니 라크와 결혼했다. 결혼 후 그녀는 아들을 낳았고 얼마 후 딸까지 낳았다. 둘째가 태어나기 전 브래드포드는 23세의 나이로 시카고 화이트삭스에서 메이저리그 무대에 데뷔했다. 이처럼 상상력은 예측 불가능한 미래를 현실로 만드는 힘이 있었다.

중학교 2학년 이후 메이저리그 무대를 밟기까지 그에게는 단 한 가지 장해물이 있었다. 바로 실력이 형편없었다는 것이다. 야구 선수가 되겠다는 그의 꿈은 공상이나 다름없었다. 메이저리그에 올라가는 야구 선수들 대부분은 고등학교 시절에 이미 모든 것을 보여주었다. 대부분의 메이저리그 투수는 고등학교 시절부터 타자를 압도했다. 고등학교 2학년이 된 15세의 브래드포드가 야구부에 들어간 것만으로도 행운이었다. 그는 야구 외의 다른 운동은 전혀 하지 않았고, 특별히 뛰어난 운동 실력도 없었다. 미시시피 바이램에 있는 센트럴힌스아카데미고등학교에서는 그보다 유망한 야구 선수가 수백 명씩 졸업했어도 그중 아무도 프로 선수가 되지 못했다. 사람들은 브래드포드가 프로야구 투수가 되겠다고 말했을 때 훗날 그가 메이저리그 마운드에 올랐을 때 관중의 반응과 마찬가지로 어이없다는 반응을 보였다. 그로 말미암아 그는 사람들에게 자신의 꿈을 말하지 않게 되었다.

브래드포드는 고등학교 야구 코치인 빌 '무스' 페리한테도 자신의 장래희망을 밝히지 않았다. 그는 주위의 모든 사람처럼 침례교도로 자라났다. 무스는 그의 코치인 동시에 목사이기도 했다. 특이하게도 두 가지 역할을 동시에 맡은 무스는 선수들을 엄하게 매로 다스릴 필요가 있을 때 자신이 실제로 신의 손으로 때리고 있다고 확신했다. 무스는 15세의 브래드포드를 보면서 호된 매질이 필요한 선수라고 생각했다. 무스에게 그는 야구에 정말 흥미가 있거나 적성이 있어서가 아니라 그저 친구들과 어울리고 싶어 야구부에 들어온 철없고 게으른 소년에 불과했다. 무스는 훗날 가급적 좋게 표현하려고 애쓰면서 이렇게 말했다. “한 가지 분명한 건 그가 좋은 학생이었다는 겁니다. 학교에서는 학생들이 무엇에라도 재능을 보인다면, 그 재능을 칭찬하고 격려하게 마련이지요. 그렇지만 기본적으로 채드는 야구를 하고 싶어 한다는 것 말고는 따로 장래성이 있다고 할만한 게 없었어요. 나도 이런 말 하기는 싫지만 그게 사실인걸요.”

브래드포드는 무스에게 투수가 되고 싶다고 했지만, 그는 불가능한 일이라고 여겼다. 무스는 이 점에 대해 솔직하게 말했다. “의미 없는 경기에서 공을 던질 수 있을지는 모르죠. 하지만 나는 중요한 경기에서는 절대 채드에게 공을 던지게 하지 않았습니다. 그의 커브볼은 회전력이 전부였어요. 공을 빨리 던지지도 못했죠. 그의 직구는 그냥 배팅 티에 공을 올려놓고 치는 것이나 마찬가지였어요.”

무스는 고교야구 선수들을 가르치고 설교하는 일 외에 다른 일도 맡고 있었다. 그중 하나는 미시시피 주 잭슨의 뉴욕 메츠 더블A 팀에서 예배를 인도하는 일이었다. 그런 관계로 그는 빌리를 앞에 놓고 예배를 이끈 적도 있었다(과거 가톨릭교도였던 빌리는 두 종교 사이에서 방황했다고 한다). 브래드포드가 2학년으로 올라가던 해, 무스는 원정팀의 사이드암 투수에게 설교를 했다. 예배가 끝난 뒤 무스는 그 투수한테 어떻게 사이드암 자세를 갖게 되었는지 물었고, 투수는 자신의 투구 방식을 가르쳐주었다. 그해 시즌이 시작되기 전 어느 겨울날 오후, 센트럴힌스아카데미의 야구장이 물에 잠겨서 제대로 연습을 할 수 없었다. 그러자 무스는 브래드포드를 축구장으로 데려가서 마이너리그 선수가 보여주었던 투구자세를 가르쳐준 뒤 한번 해보라고 시켰다. 그는 팔을 옆으로 쭉 편 상태보다 약간 위쪽인 12시에서 2시 방향으로 팔을 떨어뜨려 공을 던졌고, 말할 것도 없이 그의 직구에는 변화가 생겼다. 그때까지는 직구밖에 던질 줄 몰랐는데, 이제 우타자의 몸쪽으로 바짝 붙고, 좌타자의 바깥쪽으로 더 멀어지는 직구를 던지게 된 것이다. 그가 던지는 공은 언제나 홈플레이트 안쪽에 꽂혔고, 코치가 가르쳐준 자세 덕분에 그의 공은 홈플레이트 안쪽으로 들어가는 동시에 타자를 겁먹게 만들었다.

그렇게 해서 한순간에 브래드포드는 원칙적으로는 실전에서 활용 가능한 투수로 탈바꿈했다. 하지만 무스의 표현대로라면 그는 여전히 '철이 없었다'. 무스는 그가 좀 더 철이 나고 강해지려면 공을 던질 때마다 욕을 내뱉어야 한다고 우겼다. 1990년대 초반 저녁 무렵 센트럴힌스아카데미의 야구장을 기웃거린 사람이라면, 아마도 멀쑥하고 솜털이 보송보송한 선수가 목사에게 사이드암 자세로 공을 던질 때마다 '염병할!'이라고 욕하는 장면을 보았을 것이다.

사이드암 투구자세가 자연스럽게 몸에 익은 것은 아니었다. 그는 매일 밤 연습장에서 나와 가족이 기다리는 따뜻한 벽돌집에 돌아오면 아버지와 캐치볼을 했다. 그의 아버지는 여전히 오른팔이 부분적으로 마비된 상태라 팔을 어깨 위로 올릴 수 없어 언더핸드로 공을 던져주었다. 아버지는 아들이 새로운 사이드암 자세를 익힌 뒤 집에 왔을 때를 기억했다. "나는 그 애의 공을 잡을 수가 없었어요. 공에서 휙 하는 소리가 나더군요. 공에 맞았다간 죽을 것 같았죠. 그 순간 '어허, 이젠 캐치볼을 그만둬야겠군'이라고 말했어요."

브래드포드는 서양호랑가시나무 두 그루가 심어진 집 옆쪽으로 관심을 돌렸다. 두 나무의 간격은 대략 홈플레이트 넓이와 비슷했다. 그는 나무를 맞추지 않고 벽면에 사이드암으로 공 던지는 연습을 하다가 몇 번 유리창을 깨뜨리기도 했다. 그의 아버지는 투수 마운드를 만들어주겠다고 했다("아버지는 무엇이든 만들 수 있었어요"). 철망을 가져다 네 군데를 말뚝으로 박고 그 위에 융단을 고정시킨 뒤 융단에다 스트라이크존을 그려 넣었다. 그러고는 투수와 포수 사이의 거리인 18.44미터를 재어 미시시피 강의 진흙으로 투수 마운드를 쌓아올렸다. 브래드포드는 매일같이 그 마운드에서 투구 연습을 했다. 세월이 흘러 마이너리그 선수가 되어서도 오프시즌에 미시시피 바이램의 고향으로 돌아오면 여전히 아버지가 만들어준 마운드에서 공을 던졌다.

브래드포드는 여전히 사이드암 동작이 편안하지 않았지만 연습할수록 나아지는 걸 느꼈다. 그리고 자신의 새로운 구질에 꼼짝없이 당하는 타자들을 보면서 개인적인 불편함은 신경 쓰지 않기로 했다. "타자들이 내 앞에서 움찔하는 걸 보면서 생각했죠. '이야, 이게 정말 먹히는구나.'" 하지만 그는 결코 스타가 되지는 못했다. 어느 누구도 그가 훌륭한 고교 투수 이상이 되리라고 생각하지 않았다. 졸업을 앞둔 시점에서 브래드포드가 계속해서 야구를 할 거라고 생각한 사람은 그 자신이 유일했다. 그는 이렇게 고백하며 웃었다. "1부 리그의 어느 학교에서도 나를 불러주지 않았어요. 2부 리그도 마찬가지였죠."• 그는 이리저리 찾아보다가 고향에서 몇 킬로미터 떨어진 힌스커뮤니티칼리지의 코치와 면담을 했다. 코치는 그에게 투수 한 명을 더 쓸 용의가 있다고 말했고, 그렇게 해서 그는 무스의 주례로 결혼식을 올리자마자 대학에 진학했다.

브래드포드는 어린이리그를 포함해 야구 경력을 쌓으면서 거쳐 간 모든 단계마다 난관에 부딪혀야 했다. 그럼에도 이유 없이 그냥 야구하는

• 미국 대학야구의 메이저리그 격인 NCAA(National Collegiate Athletic Association, 미국대학체육협회)에는 1부(division), 2부, 3부 리그가 있으며 1부 리그에 가장 강팀들이 소속되어 있다-옮긴이

게 좋았다. 다음은 그의 말이다. "나도 어쩌다 야구를 좋아하게 된 건지 대답할 수 있으면 좋겠어요. 하지만 정말로 모르겠습니다." 2년제 대학에서 괜찮은 성적을 냈지만, 장차 프로 선수가 될 거라고 생각할 만큼 뛰어난 실력을 보이지는 못했다. 단 한 명의 예외가 있다면, 바로 시카고 화이트삭스의 스카우터인 워런 휴즈였다. 휴즈는 호주 출신의 별난 스카우터로, 호주 국가대표팀에서 투수를 맡다가 장학금을 받는 조건으로 미국의 사우스앨라배마대학교로 건너왔다. 휴즈가 처음 브래드포드의 피칭을 보았을 때는 화이트삭스에서 막 스카우터 업무를 시작하던 시점으로, 아직까지 야구계의 이런저런 통념에 들어맞지 않는 선수를 외면하는 기존 스카우터의 시각에 물들기 전이었다. 휴즈는 브래드포드를 처음 본 순간을 이렇게 회상했다. "난 그런 각도에서 그렇게 자연스럽게 공을 던지는 선수는 거의 보지 못했어요. 그런 자세로 뛰어난 피칭을 해낸다는 게 아주 흥미로웠죠." 휴즈가 사는 앨라배마 모바일에서 힌스커뮤니티칼리지까지는 차로 세 시간 반이나 걸렸지만, 그는 종종 브래드포드를 보러 그 먼 거리를 달려오곤 했다.

처음에 브래드포드는 자신이 스카우트 대상이라는 사실조차 모르고 있었다. 그는 1994년 시즌이 끝날 무렵 시카고 화이트삭스에서 자신을 34라운드에 지명했다는 전문을 받고 깜짝 놀랐다. 전문에 따르면 그들은 당장 계약을 제안할 생각은 없지만 다음 해까지 그에 대한 권리를 쥐고 있었다. 그들은 당분간 브래드포드를 주시할 생각이었다. 다음 해 워런 휴즈는 브래드포드에게 거의 말을 걸지는 않았지만 계속 그의 경기를 보러 나타났다. 휴즈는 이렇게 설명했다. "그런 식으로 공을 던지는 투수들은 여러 차례 봐야만 제대로 평가할 수 있어요. 보면 볼수록 그의 진가를 알아볼 수 있었지요."

휴즈는 브래드포드한테 1995년에도 화이트삭스에 그와 계약할 돈이 없으니 학업을 계속해야 한다고 말했다. 그해 브래드포드는 드래프트에서 철저히 외면당했다. 다른 메이저리그 구단들은 그의 존재를 알지도 못했던 것이다. 그는 결국 서던미시시피대학교에서 학업을 지속하기로 했다. 그곳에서 메이저리그 스카우터의 눈에 띄길 기다리며 피칭을 계속했다. 미국 남부에는 스카우터가 득실댔지만, 그중 누구도 브래드포드에게 관심을 보이지 않았다. 화이트삭스에서도 그를 보러 오는 스카우터는 유별난 호주인이 유일했다. 그다음 해인 1996년 워런 휴즈는 브래드포드를 드래프트하라고 화이트삭스를 설득할 작정으로 그의 피칭 장면을 찍은 비디오테이프를 들고 시카고로 향했다. 그전에 휴즈는 그에게 전화를 걸어 계약 의사가 확실한지 물었다.

"나 말고 자네와 얘기하러 온 다른 스카우터가 몇이나 되나?"

"아무도 없어요."

"흠, 아무래도 자네는 내 차지가 되겠군."

휴즈는 브래드포드한테 사전에 계약에 동의한다면 화이트삭스가 그를 예전보다 하위 라운드에서 지명하겠지만, 이번에는 1만 2,500달러의 계약금을 줄 거라고 말했다. 브래드포드는 여전히 화이트삭스가 자신을 진지하게 고려하지 않는다는 걸 알았다. 그들에게 그는 기껏해야 마이너리그 명단을 채울 선수였던 것이다. 그가 화이트삭스의 물망에 올라 있다는 유일한 증거는 무슨 이유에서인지 미시시피 시골구석을 계속 찾아오는 고독한 호주인이 전부였다. 그는 대학을 계속 다닐지 아니면 화이트삭스의 마이너리그 투수가 될지 쉽게 결정을 내리지 못했다. 그는 무스에게 전화를 걸어 어떻게 하는 게 좋을지 물었다.

무스는 코치라기보다는 목사에 가까운 말투로 물었다. "자네는 얼마나 간절히 프로야구 선수가 되고 싶은가?"

"그건 내가 언제나 꿈꿔왔던 일이죠."

"그렇다면 계약하지 않는 게 바보짓이지."

브래드포드는 하이 싱글A리그에서 첫 시즌을 보냈지만 성적은 별로 좋지 않았다. 그의 138킬로미터짜리 직구는 시시한 대학야구에서라면 충분히 인정받을 수 있었지만, 이곳에서는 거의 우스꽝스럽게 보일 지경이었다. 부양할 아내와 아들이 있었던 그는 학교를 끝마치지 않은 게 실수가 아니었는지 계속 고민해야 했다. 계약금은 이미 다 써버린 뒤였다. 그는 마이너리그에서 한 달에 고작 1,000달러만 벌고 있었다. 생계유지를 위해 오프시즌에는 지게차를 몰거나 트레일러를 청소해야 했다. 그는 당시 갈등이 얼마나 심했는지 말해주었다. "난 오프시즌이면 통장 잔고를 바라보며 야구를 계속해야 하는지 자문하곤 했어요." 1998년 시즌 스프링캠프에 참가한 그에게 화이트삭스도 같은 질문을 했다. 투수 코치의 말에 따르면 그가 공식적으로 '비주류 유망주'로 분류되었다는 것이다. 그 뜻은 '시즌 성적이 좋으면 계속 남아 있을 수 있지만, 그렇지 못하면 떠나라'는 말이었다.

1998년 시즌 개막 당시만 해도 그의 목표는 그저 일자리를 지키는 데 있었다. 그해 늦봄, 사람들은 그의 투구 방식이 달라졌다는 걸 알아채기 시작했다. 그는 투구자세에 변화를 줘서 예전보다 더 낮은 각도에서 타자와 마주하게 되었다. 대학 시절 그는 무심결에 팔의 각도를 2시 방향에서 3시 방향으로, 즉 스리쿼터에서 일직선의 사이드암으로 서서히 바꾸었다. 그가 마이너리그에서 초라한 첫 시즌을 끝낼 때까지 그의 투구자세는 그 상태에 머물러 있었다. 이제 그는 선수생활을 시작한 이래 처음으로 릴리즈 포인트가 허리 아래로까지 낮아지게 됐다. 그러나 그는 비디오테이프로 자신의 모습을 보기 전까지는 투구자세가 바뀌었다는 사실조차 몰랐다. 슬로피치 소프트볼 투수처럼 보이는 그의 변화는 무의식중에 일어난 것이었다. 자신이 추락하고 있다는 느낌 속에서 그는 뭐라도 움켜쥘 것을 찾아 안간힘을 썼고, 그의 괴상한 투구 동작이 처음으로 든든한 버팀목이 되어준 것이다. 그는 이 자세에 대해 자신도 모른다고 했다. "팔의 각도를 12시에서 2시 방향으로 바꾸게 된 건 무스 덕분이었어요. 하지만 거기서 팔이 더 낮아지게 된 이유는 정말 모르겠어요. 어떻게 된 건지 전혀 감이 오지 않아요. 설명이 불가능하다니까요." 그가 아는 사실은 팔의 각도를 더 낮추면서 공 끝에 새로운 움직임이 더해졌고, 마이너리그 스프링 트레이닝이 끝나고 더블A리그에서까지도 타자들이 자신의 공에 당황하기 시작했다는 게 전부였다.

6월 말에 시카고 화이트삭스는 브래드포드를 더블A에서 캐나다 캘거리의 트리플A 팀으로 올려보냈다. 캘거리에 도착한 그는 자신이 왜 이곳에 오게 되었는지 알 수 있었다. 새로운 홈구장은 거센 바람이 휘몰아치는 캐나다의 로키산맥 기슭에 있었다. 그곳은 투수들의 무덤으로 악명 높았다. 그가 대체하게 된 투수도 그저 그곳이 싫어 그만두고 떠난 것이었다. 브래드포드가 도착한 후 치른 첫 경기에서 화이트삭스의 선발투수는 1회 투아웃 상황에서 이미 6실점을 기록했다. 첫 번째 중계투수가 올라와 한 개의 아웃도 잡아내지 못하고 또다시 7점을 내주었다. 평범한 뜬공이 되어야 할 타구도 고산의 희박한 공기 탓에 하늘로 치솟아올라 구장 밖으로 넘어가곤 했다. 여전히 1회 초에 그의 팀은 13대 0으로 지고 있었고, 캘거리의 감독은 다음 투수로 브래드포드를 지목했다. 그는 당시 기분이 어땠는지 말해주었다. "다음 투수가 나라는 걸 알게 되자 '내가 도대체 여기서 뭘 하고 있는 거지?'라는 생각이 들더군요." 그 대답은 그가 경기에 투입되자마자 밝혀졌다. 두 시간 후 그가 마운드에서 내려왔을 때 경기 상황은 8회 초에 점수는 14대 12가 돼 있었다. 6과 3분의 1이닝 동안 1점만을 내준 것이다. 그다음에 등판한 투수는 순식간에 5점을 더 내주었고, 최종 스코어는 19대 12로 끝이 났다.

마이너리그에서도 2이닝 넘게 던져본 경험이 없는 무명의 더블A 투수가 트리플A에서도 가장 까다로운 구장에서 6과 3분의 1이닝 동안 완벽한 투구를 펼친 것이다. 그가 펼친 활약이 놀라운 만큼이나 어떻게 그런 활약이 가능했는지 궁금하지 않을 수 없었다. 그 대답은 팔의 각도를 한층 떨어뜨렸다는 것이다. 예전과 마찬가지로, 그는 나중이 되어서야 투구자세가 또 한 번 바뀌었다는 사실을 알아차렸다. 어쩌면 희박한 공기나 기압차 때문이었을 수도 있고, 그게 아니라면 어떤 보이지 않는 힘이나 아득한 기억이 그의 팔을 끌어내렸는지도 모른다. 어쨌든 그는 난생처음 언더핸드로 타자들을 공략했다. 그가 아는 투수들 가운데 언더핸드 투수는 단 한 명밖에 없었다.

브래드포드의 기적 같은 성공에 대해 물어보면 그가 할 수 있는 말은 '주님이 나를 위해 계획하신 일'이라는 대답뿐이었다. '주님의 계획'은 마치 선수들에게 찰스 다윈의 진화론을 가르치는 일처럼 보였다. 브래드포드는 새롭고 도전적인 환경에 던져질 때마다 화이트삭스나 그 자신조차 적응이 어렵다고 생각하던 상황에서도 어떻게든 적응해나갔다. 워런 휴즈에게 스카우트되었을 때 그의 직구 구속은 138킬로미터 정도였다. 휴즈는 화이트삭스 프런트에 브래드포드를 데려오자고 설득할 때 그가 앞으로 더 강해질 것이며, 언젠가는 145킬로미터 이상의 구속에 제구력까지 겸비할 거라고 말했다. 브래드포드도 자신이 언젠가 다른 대부분의 선수처럼 강속구를 던지게 되기를, 즉 정상적인 투수가 되기를 간절히 소망했다. 하지만 그 대신 그는 언더핸드로 구속 130킬로미터대 초중반의 공을 던지게 되었다.

릴리즈 포인트가 낮아지면서 다양한 변화가 일어났지만, 가장 두드러진 변화는 공이 손에서 떠나는 순간 브래드포드의 손과 포수 미트 사이의 거리가 줄어들었다는 것이다. 그의 시속 135킬로미터짜리 직구가 홈플레이트에 도달하는 시간은 일반적인 투수가 던지는 151킬로미터의 직구와 비슷했다. 언더핸드로 던지는 그의 싱커는 엄청난 톱스핀이 걸린 테니스 서브처럼 떨어지기 직전에 위로 솟구쳤다. 슬라이더도 마찬가지로 우타자의 눈앞까지 똑바로 덮쳐오다가 갑자기 바깥쪽으로 휘어졌다. 이전에 그와 상대했던 타자들조차 그의 공에 움찔하기 일쑤였는데, 공을 받아쳐 날려보내는 건 사실상 불가능에 가까웠다. 그들은 떠오르는 공을 향해 방망이를 휘둘렀지만 그사이에 공은 가라앉아 포수의 미트로 빨려 들어갔다. 그가 던지는 어떤 구질의 공이건 타자는 기껏해야 땅볼을 쳐내는 게 전부였다. 캐나다 로키산맥은 대부분의 투수에게 비참한 기억을 남겨주었지만, 브래드포드한테는 자신 있게 공을 던질 수 있는 기반이 되어주었다. 아무리 공기가 희박하고 바깥바람이 거세게 불어도 땅볼을 담장 너머로 내보내기란 불가능한 일이었기 때문이다.

생존본능과 함께 다른 어떤 직업도 상상해본 적이 없을 만큼 메이저리그 투수가 되겠다는 강렬한 의지를 바탕으로 브래드포드는 캘거리 팀의 다른 모든 투수가 고전하는 상황에서도 트리플A 타자들을 압도했다. 장타자에게 절대적으로 유리한 홈구장에서도 그는 51이닝 동안 1.94의 방어율을 기록했고, 단 3개의 홈런만을 내줬다. 타자들은 그를 상대하기가 얼마나 까다로운지, 그의 공을 읽어내기가 얼마나 어려운지, 또 그가 얼마나 타자를 잘 속이는지 끊임없이 불평을 늘어놓았다. 실로 재미있는 평가였다. 투수 마운드를 떠난 브래드포드는 누구에게 어떤 거짓말도 하지 못했기 때문이다. 그는 예전 그대로의 촌뜨기였다. 때때로 그는 집안일 따위를 하지 않으려고 들 때도 있었다. 아내한테 창고를 정리하겠다고 말해놓고서는 그냥 넘어가려는 식으로 말이다. 그러나 결국은 그렇게 할 수가 없었다. 그는 자신의 성격을 이렇게 표현했다. "나는 마지막 순간까지 한참 미뤄두다가 결국에는 그냥 해버리고 맙니다. 죄책감이 드는 게 싫거든요." 하지만 투수 마운드에서만큼은 죄책감을 느끼지 않았다. 마운드에 올라서는 순간 그는 무자비한 사기꾼이자 사악한 마술사가 되었다. 그는 예쁜 아가씨를 톱으로 두 동강 내거나 토끼를 사라지게 만들었다.

브래드포드는 계속해서 타자들을 잡아낸다면 화이트삭스의 프런트가 자신을 메이저리그로 부를 수밖에 없을 거라고 막연하게나마 생각하고 있었다. 그의 생각은 옳았다. 어느 날 선배 마이너리거와 공을 주고받던 중에 캘거리 감독 사무실에서 그를 호출했다. 브래드포드에게 맡겨진 새로운 임무는 댈러스로 가는 첫 번째 비행기를 타라는 것이었다. 그는 텍사스 레인저스와의 3연전을 앞두고 화이트삭스의 불펜에 합류하게 된 것이다. 그와 공을 주고받던 선수는 그해 말 은퇴를 앞둔 래리 캐시언이었다. 캐시언은 브래드포드에게 감독이 무슨 말을 했는지 물어본 뒤 메이저리그로 가야 할 사람이 왜 아직도 캐치볼이나 하고 있느냐고 말했다. 브래드포드는 자신도 모르겠다면서 계속 공을 던졌다. 나중에 그는 "아마 충격 때문이었을 겁니다"라고 말했다. 그의 목사 겸 코치가 고교 야구부에서 쫓겨나는 신세나 면하라고 투구 요령을 가르쳐준 지 8년이 흘러 그는 메이저리그 무대에서 그 요령을 펼칠 기회를 얻은 것이다.

화이트삭스는 알링턴에 있는 야구장에서 열리는 3연전 중 두 번째 경기에 그를 투입했다. 그는 소속감을 느끼지도 못했고 어찌할 바를 몰랐다. '이걸 어떻게 해야 하지? 지금까지 해왔던 경기와는 완전히 다르잖아'라는 생각뿐이었다. 그는 자신이 상대한 처음 일곱 명의 타자를 차례로 아웃시켰다. 시즌의 마지막 두 달 동안 그는 화이트삭스의 중간계투로 30과 3분의 2이닝을 소화했고, 3.23의 평균 방어율을 기록했다. 한때 그는 12경기 연속 무실점을 기록하기도 했다. 그해는 마크 맥과이어와 새미 소사의 홈런 경쟁으로 유명했는데, 누구도 브래드포드한테서는 홈런을 쳐내지 못했다.

시즌이 끝나자 브래드포드는 으레 그래왔듯이 고향인 미시시피 바이램으로 돌아갔다. 왜인지는 몰라도 그는 처음으로 아버지가 자신을 위해 만든 투수 마운드에 오르지 않았다. 팔을 떨어뜨려 사이드암으로 던지게 되면서 아버지와의 캐치볼도 그만두었다. 이제 메이저리그에 올라간 그는 아버지에 대한 마지막 의존마저 끊어버린 것이다. 그는 어떤 것도 의식적으로 생각하지는 않았다. 낡은 마운드를 두고 떠나는 게 그 다음으로 할 일이었을 뿐이다. 1999년 봄, 그는 스프링캠프에 나서면서 생각했다. '좋아, 나도 이제 메이저리거구나.'

그러나 브래드포드의 판단은 틀렸다. 화이트삭스는 그의 성공을 신뢰하지 않았다. 화이트삭스의 프런트는 그의 기록도 신뢰하지 않았다. 통계를 믿고 싶지 않았던 그들은 보다 주관적인 평가에 기댔다. 그는 메이저리그 선수처럼 보이지 않았으며, 메이저리거처럼 행동하지도 않았다. 그의 성공은 그저 요행수였을 뿐이다. 브래드포드는 메이저리그 타자들한테 조만간 약점을 간파당할 게 틀림없는 사기꾼에 불과했다. 물론 화이트삭스의 프런트는 이 중 어떤 말도 그의 앞에서 대놓고 하지는 않았다. 1999년 스프링 트레이닝 기간에 메이저리그 투수 출신인 화이트삭스의 론 슈어러 단장은 브래드포드에게 그가 던지는 공 끝의 움직임이 예전만 못하다고 말했다. 그러고는 그를 트리플A로 내려보냈다. 그는 차마 입 밖으로 내뱉지는 못했지만 속으로 이런 생각을 했다. '공 끝의 움직임이 없다고? 나는 공 끝의 움직임이 전부라고!' 그가 트리플A로 가자 그곳의 코치는 공 끝의 움직임이 예전 그대로라면서, 단장은 진짜 속내를 감추려고 핑계를 댔을 뿐이며 화이트삭스 프런트가 그를 '트리플A 선수'로만 보고 있음을 확인시켜주었다.

하느님은 브래드포드를 위해 계획을 갖고 있었을지 모르지만, 하느님마저도 메이저리그 클럽하우스 너머의 비밀스러운 세계만큼은 끼어들 수 없었던 것이다. 그 뒤로 2년간 브래드포드는 주로 마이너리그에서 뛰었다. 이따금 메이저리그에 올라가 성공적인 투구를 선보였지만 금세 다시 마이너리그로 내려와야 했다. 2년간 그는 트리플A 타자들을 완전히 압도했지만, 자신보다 훨씬 못한 기록을 보유한 투수들이 그를 앞질러 메이저리그로 가는 걸 지켜봐야만 했다. "난 더블A 투수들도 메이저리그에 올라가는 걸 봤어요. 그때 내가 '만일의 경우'에 대비한 선수라는 걸 깨달았죠. 만일 누가 부상을 당하거나, 누가 트레이드될 때를 대비해서 준비해놓은 선수 말이에요. 그게 아니면 아무리 잘해도 불러주지 않았어요." 그는 아내에게 화이트삭스를 그만두고 일본에서 뛰면 어떨까 얘기하기도 했다. 그곳에서는 풍족하게 살 수 있기 때문이었다. 그가 아침에 일어나 야구장으로 향할 수 있었던 유일한 이유는 자신이 화이트삭스만을 위해 공을 던지는 것이 아니라는 믿음 때문이었다. 그는 그 믿음이 뭐였는지 말했다. "1999년 시즌 중반부터는 나를 지켜볼지도 모를 다른 모든 메이저리그 구단을 위해 공을 던졌어요."

그리고 실제로 그를 지켜보는 사람들이 있었다.

브래드포드 본인은 알지 못하는 사이 그에게 지켜볼 만한 가치가 있다고 생각한 사람이 세 배로 늘어났다. 아마추어 시절에는 메이저리그 스카우터 한 명만이 그에게 관심을 보였지만, 프로에 데뷔한 후에는 멀리서나마 그를 높게 평가하는 사람이 두 명 더 늘었다. 그중 한 명은 폴 디포디스타로, 그는 화이트삭스가 왜 그처럼 엄청난 투수를 트리플A에서 썩히고 있는지 도무지 믿을 수가 없었다. 그는 빌리에게 시카고 화이트삭스와 얘기해서 어떻게든 브래드포드를 오클랜드 애슬레틱스로 데려올 수 있다면 좋겠다고 말했다. 또 다른 한 명은 시카고에서 법률보조원으로 따분하게 살아가던 보로스 매크래켄이었다. 그는 혐오해마지않는 시카고 법률회사 업무에서 조금이라도 벗어날 방도를 찾다가 판타지 베이스볼을 시작했다. 그리고 게임을 하는 과정에서 의도치 않게 왜 시카고 화이트삭스가 브래드포드의 진정한 가치를 깨닫지 못했는지, 오클랜드 애슬레틱스는 어떻게 그의 진가를 알아볼 수 있었는지를 밝혀내게 된다.

매크래켄은 자신의 판타지 베이스볼 팀에 브래드포드를 드래프트할 생각이었다. 그러나 그전에 메이저리그에서 투수의 역할에 관해 좀 더 알아보고 싶었다. 특히 그가 알고 싶었던 것은 좋은 투수와 그렇지 않은 투수를 어떻게 구분하는가 하는 문제였다.

매크래켄은 어렸을 때 야구를 한 적도 있고, 한때는 야구에 거의 빠져 지내다시피 했다. 1986년 14세의 나이로 빌 제임스의 최신판《야구 개요》를 집어는 순간, 야구에 대한 그의 관심은 지적인 차원의 애착으로 발전했다. 그 책을 읽으면서 그는 엄청난 충격을 받았다. "열네 살 때 야구에 관해 아는 거라고는 기본적으로 야구 해설자들이 말한 내용이 전부였습니다. 그런데 이 사람은 야구 해설자가 하는 말 중 최소 80퍼센트는 완전히 헛소리라고 했어요. 그러고는 굉장히 설득력 있게 그 이유를 설명해주었죠." 야구에 대한 그의 관심은 10대 후반부터 20대 초반까지 차츰 줄어들었지만, 인터넷에서 판타지 베이스볼을 접하면서 되살아났고 빌 제임스의 정신에 바탕을 두게 되었다.

물론 인터넷은 새로운 야구 지식을 찾아내는 데 중요한 역할을 했다. 인터넷의 이점 중 하나는 서로 다른 장소에 있는 사람들이 한데 모여 공통 관심사를 공유할 수 있다는 것이다. 소년 시절 빌 제임스의 책에 빠져 지냈던 젊은이들이 만든 '베이스볼프라이머baseballprimer'와 '베이스볼 프로스펙터스' 같은 인터넷 토론 그룹이나 웹사이트가 속속 등장했다. 매크래켄은 그중 한 토론 그룹에서 자신의 판타지 베이스볼 팀을 어떻게 꾸려나갈지 논했다. 그러다가 누군가한테서 아무리 분석해봤자 아무도 수비에서 피칭을 구분해낼 수 없을 거라는 말을 들었다. 그 말은 누구도 수비 부문에서 훌륭한 통계를 제시할 수 없으며, 따라서 투수 부문도 마찬가지라는 뜻이었다. 타구가 날아간 뒤의 상황에서 수비수의 가치를 매기는 방법을 모른다면, 같은 상황에서 투수의 책임이 얼마나 되는지도 당연히 알 수 없다. 그러므로 어떤 투수가 훌륭하다고 단언하기란 완전히 불가능하다는 말이었다. 수비수의 평가 또한 마찬가지였다.

매크래켄은 그 말을 듣고 이렇게 생각했다. '바보같이 굴고 있군. 뭐라도 해볼 수는 없어?' 문제를 해결하려면 그냥 포기하는 수밖에 없다는 것이 전혀 이해되지 않았다. 그는 이 문제를 논리적으로 풀어보고자 했다. 그는 수비진이 영향을 끼칠 수 있는 투수의 기록(피안타와 자책점)과 투수 혼자서 만들어내는 기록(볼넷, 삼진과 홈런)을 따로 떼어놨다. 그런 다음 메이저리그에 있는 모든 투수를 이 두 번째 범주에 따라 순위를 매겼다. 1999년 시즌의 성적을 통계로 내본 결과 1위부터 5위까지 투수 목록은 다음과 같았다. 랜디 존슨, 케빈 브라운, 페드로 마르티네스, 그레그 매덕스 그리고 마이크 무시나였다. 그는 그 목록을 본 뒤에 이렇게 말했다. "젠장, 이건 메이저리그 최고 투수 다섯 명이랑 다를 게 없잖아." 그다음 그는 또 다른 질문을 제기했다. 만약 볼넷과 삼진, 홈런만을 보는 환원주의 접근 방식으로 프로야구 최고의 투수 다섯 명을 밝혀냈다면 그 밖에 다른 투수 기록의 중요성은 얼마나 될까?

공교롭게도 1999년은 그레그 매덕스('제구력의 마술사'로 불리며 사이영상을 4회 연속 수상한 투수로 2008년 은퇴함 – 옮긴이)가 '부진'한 성적을 보인 해였다. 그의 평균 방어율은 1998년 2.22에서 1999년 3.57로 치솟았는데, 전년 대비 32이닝을 더 적게 던지고도 안타를 57개나 더 내주었기 때문이다. 그해 시즌에 매덕스는 자기가 얼마나 쉽게 안타를 내주었는지 자신도 깜짝 놀랐다고 수차례에 걸쳐 말했지만, 당연히 아무도 그 말에 신경 쓰지 않았다. 매크래켄은 매덕스의 피안타율이 다른 시즌보다 훨씬 높다는 걸 발견했다. 실제로 그의 피안타율은 메이저리그에서 가장 높은 수준이었다. 우연히도 매덕스의 팀 동료 투수인 케빈 밀우드는 메이저리그 최저 수준의 피안타율을 기록했다. 모르는 사람이 봐도 두 사람의 기록은 전년도와 완전히 뒤바뀐 상태였다. 1998년에는 밀우드의 피안타율이 가장 높았고, 매덕스의 피안타율이 가장 낮았다. 도무지 이해가 되지 않는 상황이었다.

매크래켄은 자기 자신에게 또 다른 질문을 던져보았다. 투수가 매년 기록하는 주요 수치가 서로 상관관계가 있을까? 상관관계는 분명히 존재했다. 투수가 매년 기록하는 볼넷과 홈런, 삼진 숫자는 예측 가능한 수준까지는 아니더라도 충분히 이해될 수 있는 정도의 연관성을 보여주었다. 어느 해에 삼진을 많이 빼앗은 투수는 그다음 해에 더 많은 삼진을 기록하는 경향이 있었다. 홈런을 많이 내준 투수의 경우에도 같은 논리를 적용할 수 있다. 그러나 투수가 기록한 피안타율에서는 어떠한 상관관계도 발견되지 않았다.

그 순간 보로스 매크래켄에게 다음과 같은 급진적인 생각이 떠올랐다.

'일단 타구가 인플레이된 후에는 투수가 피안타 여부를 통제할 수 없다고 한다면?'

분명히 어떤 투수는 다른 투수보다 안타를 적게 내준다. 이는 그 투수가 다른 투수보다 삼진을 더 많이 잡기 때문에, 즉 인플레이되는 공을 더 적게 허용하기 때문일 수도 있다. 그러나 일반적인 통념으로는 투수가 공의 인플레이되는 방식에 영향을 미칠 수 있다고 여겨졌다. 다시 말해 랜디 존슨이나 그레그 매덕스 같은 위대한 투수는 타자를 유인해 땅볼이나 뜬공처럼 안타가 될 수 없는 공을 치게 만든다는 것이다. 하지만 이러한 통념은 매해 투수가 내는 기록과 일치하지 않았다. 피안타율에서만큼은 매덕스와 존슨도 메이저리그 최악의 성적을 기록할 때가 있었다.

만약 보로스 매크래켄의 생각이 옳다면, 예전에는 투수의 능력으로 치부되던 것들이 사실은 수비나 구장의 특성 또는 행운 때문이라는 이야기가 될 수 있다. 그러나 그레그 매덕스와 케빈 밀우드의 사례를 보면, 수비와 구장이라는 요인은 그다지 중요하지 않다는 것을 알 수 있다. 그들은 같은 수비수를 놓고 피칭을 했고, 보통은 같은 경기장을 썼다. 여기서 매크래켄은 또 다른 급진적인 생각을 품게 되었다.

'지금까지는 투수의 책임으로만 간주되던 부분이 단지 행운에 따라 달라지는 것이라면?'

150년이 넘는 세월 동안 투수는 부분적으로 일단 인플레이된 공이 안타가 되지 못하게 막는 능력에 따라 평가를 받았다. 타구가 땅에 떨어져 안타가 되는 일이 많은 투수는 그렇지 않은 투수보다 자책점과 패배가 늘어났다. 따라서 수비수가 타구를 잘 잡아주는 투수보다 실력이 떨어진다고 평가되었다. 하지만 곧 일자리를 잃고 부모가 살고 있는 애리조나 피닉스로 돌아가게 될 한 젊은이의 생각은 달랐다. 그는 일단 타구가 인플레이된 이상 투수한테는 안타를 막을 능력이 없다는 결론에 다다랐다. 투수는 홈런과 볼넷을 막을 수 있으며, 또한 타자를 삼진으로 잡아냄으로써 공이 인플레이되는 상황을 막을 수 있다. 그리고 투수가 할 수 있는 일은 실질적으로 그게 전부였다.

보로스 매크래켄의 이론은 급진적이었다. 그는 자신의 이론을 지지하는 확실한 증거를 수없이 목격했다.

그러나 비판적 사고 능력을 중시하는 미국 교육 체계에서 자라난 덕분인지 매크래켄은 자진해서 자신의 주장이 틀렸을 가능성을 따져보고자 했다. 그는 볼넷과 삼진, 홈런 수는 매우 비슷하지만 피안타 수는 상당한 차이를 보이는 메이저리그 투수를 두 명씩 짝지어보는 컴퓨터 프로그램을 만들어냈다. 그리고 1999년 시즌에서 이런 식으로 90쌍의 투수를 찾아냈다. 매크래켄이 판단하기에 투수가 실제로 타자가 친 공의 안타 여부를 통제할 수 있다면 1999년 안타를 적게 내준 투수가 2000년에도 더 낮은 피안타율을 기록해야 마땅했다. 그러나 실제로는 그렇지 않았다. 사실상 어떤 투수를 막론하고 한 해와 그다음 해에 안타를 막아내는 능력에는 아무런 상관관계가 없었다.

그 대신 매크래켄은 야구에서 그의 이론으로 설명 가능한 독특한 상황을 계속해서 맞닥뜨렸다. 가령 2000년 시즌이 시작되고 두어 달이 지난 뒤, 이전까지 평범한 투수에 지나지 않았던 화이트삭스의 투수 제임스 볼드윈이 시즌 초에 순조로운 출발을 보이자 언론에서는 그가 제2의 페드로 마르티네스가 될 거라면서 호들갑을 떨었다. 매크래켄은 그의 기록을 유심히 살펴본 뒤, 인플레이가 된 공에 대한 볼드윈의 피안타율이 극단적으로 낮다는 것을 알아차렸다. 그의 자책점은 놀라울 정도로 낮았으나 단지 운이 좋았기 때문이다. 시간이 흐르면서 당연하게도 피안타 수는 늘어났고, 볼드윈은 다시 평범한 투수로 돌아갔다. 그리고 사람들은 더 이상 페드로 마르티네스와 그를 비교하지 않았다.

매크래켄의 말에 따르면 그는 2000년의 대부분을 "매덕스가 1999년 피안타율이 왜 그렇게 높았는지 찾는 데 보냈고, 지금도 여전히 그 이유를 찾고 있었다". 그는 그렇게 해서 찾아낸 결론을 베이스볼프로스펙터스닷컴에 상세히 기술했다. 그의 결론은 다음과 같았다. "메이저리그 투수 간에 인플레이된 공이 안타가 되지 않도록 막는 능력의 차이는 거의 없다." ESPN의 기자 로브 네이어도 그의 글을 읽었다. 네이어는 글에 담긴 생각의 깊이와 논지의 설득력에 충격을 받고 그에 관한 기사를 썼다. 수천 명의 아마추어 야구 분석가가 그의 주장을 제대로 이해하지 못한 채 말도 안 되는 소리라면서 반박문을 보냈다. 어떤 사람들은 '보로스 매크래켄'이 당시 시애틀 매리너스의 투수로 안타를 잘 얻어맞기로 유명한 애런 실리의 필명일지 모른다고 주장하기도 했다.

빌 제임스도 로브 네이어의 기사를 읽었다. 제임스는 매크래켄의 이론이 사실이라면 매우 중요한 발견이지만, 사실로는 생각되지 않는다고 말했다. 빌 제임스와 수천 명의 다른 분석가들은 그의 주장이 틀렸음을 입증하는 작업을 시작했다. 하지만 어느 누구도 이 사실을 증명해내지 못했다. 기껏해야 너클볼을 던지는 투수는 일부나마 피안타를 통제할 수 있다고 제시했을 뿐이다. 9개월 뒤 제임스는 885페이지에 달하는 방대한 《빌 제임스의 역사적 야구 개요Bill James Historical Baseball Abstract》에서 매크래켄의 주장을 소개하면서 다음과 같은 네 가지 의견을 제시했다.

1. 대부분의 이론과 마찬가지로 매크래켄의 주장을 지나치게 문자 그대로 해석해서는 안 된다. 투수는 홈런과 삼진 아웃에 영향을 미치는 외에 이닝당 피안타율에도 어느 정도 책임을 진다.
2. 위의 조건에서라면 나는 매크래켄의 주장이 옳다고 확신한다.
3. 이러한 지식은 매우 중요할 뿐 아니라 유용하다.
4. 30년 전에 이 점을 깨닫지 못했던 나 자신이 바보 같다고 생각한다.

매크래켄이 투수 분석을 통해 얻은 부수적인 결과 중 하나는 그가 시카고 화이트삭스의 트리플A 소속 투수인 브래드포드에게 관심을 갖게 되었다는 것이다. 매크래켄은 그가 '수비에 독립적인 투구 기록(DIPS, Defense Independent Pitching Statistic)'이라고 이름 붙인 믿을 만한 지표를 개발해냈다. DIPS는 LIPS(Luck Independent Pitching Statistic), 즉 행운에 독립적인 투구 기록이라고 불리기도 했는데 투수의 진정한 가치를 논할 때면 때때로 행운이 수비보다도 그의 실력을 한층 왜곡시키는 효과를 낳기 때문이었다. 어쨌든 트리플A에서 브래드포드는 수비에 의존한 기록도 놀랄 만큼 뛰어났지만, DIPS는 그 이상으로 훌륭했다(그는 트리플A에서 202와 3분의 2이닝 등판했으며, 평균 방어율은 1.64였다). 매크래켄은 메이저리그 등판 경험이 많지 않은 선수는 판타지 팀에 도움이 되지 않는데도 브래드포드를 자신의 팀에 집어넣었다. "나는 나 외의 다른 누군가가 브래드포드의 진가를 알아채고 그를 활용하기를 기다렸다."

매크래켄은 거의 1년을 기다려야 했다. 그는 왜 화이트삭스가 브래드포드를 '트리플A급 선수'라고 여겼는지 무심결에 설명해준 셈이었다. 이는 젊은 투수를 판단할 때 화이트삭스를 포함해 대부분의 메이저리그 프런트가 마이너리그의 기록보다 자신들의 주관적인 판단을 선호하는 데 그 이유가 있었다. 마이너리그 투수의 기록은 미비한 점이 많았다. 타격 부문의 통계만큼 문제가 심각하지는 않더라도 확실하게 신뢰할 수 없다는 것만은 분명했다. 구단 운영진이 확실한 데이터보다도 자신들의 의견을 앞세우게 된 것은, 적어도 부분적으로는 오랫동안 엉터리 데이터에 속은 경험이 있었기 때문이다. 그들은 트리플A에서는 낮은 방어율을 기록했던 투수가 메이저리그에 올라와 갑자기 추락하는 일을 너무나 많이 봤다. 그러니 브래드포드처럼 우스꽝스러운 투구자세에 느린 공을 던지는 선수라면 실패할 게 뻔하다고 생각했던 것이다.

물정을 잘 모르는 사람이라면, 메이저리그 내부의 모든 사람이 '베이스볼프로스펙터스'에 실린 매크래켄의 글에 칭찬을 보냈으리라고 생각할지도 모른다. 하지만 실상을 잘 알고 있는 사람도 꽤 있었다. 매크래켄 역시 그랬다. 그는 이렇게 말했다. "메이저리그의 문제점은 야구인으로만 운영되는 조직이라는 것이다. 야구 지식도 조직의 성격에 맞춰 굳어지게 된다. 야구관계자는 모두 선수 아니면 선수 출신이다. 그 이유는 조직 구조가 일반적인 기업 체계에 따라 세워지지 않았기 때문이다. 그들은 자신들의 운영 체계를 평가할 채비를 갖추지 못했다. 좋은 것을 받아들이고 나쁜 것은 없애는 체제도 갖추지 않았다. 그들은 전부 수용하거나 아니면 전부 없애버리는 쪽을 택하지만, 후자의 경우는 극히 드물었다." 그는 아무 생각이 없는, 심지어 뭘 생각해야 할지도 모르는 구단주에게 동정을 표하기도 했다. "야구를 한 번도 해본 적이 없는 구단주라면 보로스 매크래켄과 래리 보아(2001~2004년까지 필라델피아 필리스 감독으로 현재 LA 다저스 3루 베이스 코치-옮긴이) 가운데 누구를 믿겠는가?" 부모와 함께 사는 법률보조원 출신 실직자와 적어도 한 채의 주택을 소유했을 올스타 유격수 출신의 감독 중에 선택하라면 답은 뻔했다.

메이저리그 투수에 관한 매크래켄의 놀라운 발견은 실제 투수의 관리나 평가에 별다른 영향을 주지 못했다. 야구계의 어느 누구도 매크래켄을 불러 그의 결과물을 놓고 토론한 적이 없었다. 그가 알기로는 야구계에서 자신의 글을 읽은 사람조차 없었다. 그러나 사실 한 사람이 있었으니 바로 폴 디포디스타였다. 폴은 그 글을 읽고 한참 생각한 끝에 이렇게 말했다. "빌 제임스의 뒤를 이을 사람을 꼽으라면 아마 보로스 매크래켄이 될 것이다." 하지만 글을 읽자마자 그의 머릿속에 떠오른 생각은 '브래드포드를 데려와야겠군'이라는 것이었다.

매크래켄은 오클랜드 애슬레틱스의 프런트가 일찍이 생각했던 대로, 투구 부문에서 믿을 만한 통계를 만들어낼 수 있다는 것을 뒷받침해주는 이론을 제시했다. 더블A나 싱글A 등 메이저리그와 거리가 멀어질수록 메이저리그에서의 경기력을 신뢰성 있게 예측하기란 어려운 일이었다. 그러나 적합한 통계에만 초점을 맞춘다면, 트리플A나 심지어 더블A의 기록에 기초해서도 메이저리그에서의 경기력을 확실하게 예측할 수 있다. 여기에서 적합한 통계란 볼넷, 홈런, 삼진 아웃과 추가로 몇 가지가 더 있다. 이러한 통계를 신뢰할 수 있다면, 선수가 어떻게 생겼는지 또는 그가 얼마나 강속구를 던지는지는 굳이 생각할 필요가 없다. 선수의 경기력을 그가 성취한 바에 따라 객관적으로 판단할 수 있는 것이다.

오클랜드 애슬레틱스의 프런트가 보기에 브래드포드는 고민할 필요도 없는 최고의 선수였다. 폴 디포디스타는 이렇게 말했다. "그의 투구 방식이 남다르다는 건 중요하지 않았어요. 중요한 건 그가 믿기 어려울 만큼 효율적으로 아웃을 잡아낸다는 사실이었죠." 폴의 컴퓨터로 분석한 결과 브래드포드는 여러 가지로 특별한 면모를 갖추었다. 그는 볼넷으로 타자를 내보낸 적이 거의 없으며, 홈런은 사실상 전혀 내주지 않았다. 그리고 한 이닝에 거의 한 명꼴로 삼진을 잡아냈다. 빌 제임스와 마찬가지로 폴도 매크래켄의 이론이 지나치게 획일적이라고 생각했다. 그는 볼넷과 삼진, 홈런에 더하여 투수가 통제할 수 있는 한 가지 중요한 요인이 더 있다고 생각했다. 바로 2루타 이상의 장타 수였다. 브래드포드는 일정 수준의 피안타율을 기록하기는 했지만, 땅볼 안타가 어떤 투수보다도 많았다. 마이너리그에서 그의 땅볼 대 뜬공 비율은 5대 1로, 메이저리그 평균은 보통 1.2대 1이었다. 땅볼은 담장을 넘기기가 어려울 뿐 아니라 2루타나 3루타로 만들기도 어려웠다.

여기서 당연한 질문이 떠오른다. 왜 메이저리그에는 브래드포드 같은 뛰어난 땅볼 투수가 없을까? 대답 역시 당연했다. 브래드포드 같은 땅볼 투수가 존재하지 않기 때문이다. 오버핸드로 던지는 땅볼 투수는 대개 싱커볼을 구사했고, 보통은 제구력에 문제가 있기 때문에 삼진을 잡아내지 못하는 경우가 많다. 브래드포드는 인간적인 면뿐 아니라 통계적인 면에서도 특별한 인물이었다.

오클랜드의 입장에서 무엇보다 좋았던 것은 다른 스카우터들이 브래드포드를 좋아하지 않는다는 사실이었다. 고루한 야구인들은 그들이 '사기꾼'이라고 지칭하는 기교파 투수를 못마땅해했다. 화이트삭스가 브래드포드를 트리플A로 돌려보내자 폴은 그들을 비웃었다. 하지만 그들이 왜 그랬는지는 짐작할 수 있었다. 폴은 언젠가 브래드포드가 등판했을 때 홈플레이트 뒤에 앉아 있다가 스카우터들이 그를 조롱하는 소리를 들었다. 그가 타자를 농락하고 있는 와중에도 그들은 저 선수는 투구 자세가 우스꽝스럽다느니, 직구 구속이 130킬로미터대 초중반밖에 안 된다느니 하며 떠들어댔다. 브래드포드 본인은 알지 못했지만, 팔의 각도를 떨어뜨리고 직구를 포기한 순간부터 그는 오클랜드 애슬레틱스의 선수가 될 운명이었던 것이다. 폴은 희망적인 결말을 내놓았다. "사람들이 그를 어떻게 취급하는지 보고 우리가 데려올 수 있을 거라고 생각했죠. 내 눈에 띄는 선수는 대개 다른 사람들도 전부 아는 선수였어요. 그런데 아무도 이 선수에 대해서는 몰랐어요. 투구 방식이 남달랐기 때문이죠. 그가 트리플A에서 지금과 똑같은 성적을 내는 동시에 150킬로미터짜리 직구를 던졌다면 우리는 그를 트레이드해오지 못했을 겁니다."

빌리는 자신이 원하는 선수에게 대놓고 관심을 표현하면 오히려 그를 데려올 가능성이 낮아진다는 사실을 진작부터 깨달았다. 2000년 시즌 막바지에 빌리는 전임 단장 론 슈어러를 대신해 새롭게 화이트삭스의 단장을 맡은 케니 윌리엄스에게 전화를 걸었다. 그리고 대수롭지 않은 말투로 '투수진에서 열두 번째나 열세 번째 투수가 될 만한 선수'를 찾고 있다고 말했다. 화이트삭스 팜시스템에 있는 선수 중에 트리플A 수준이면 적당할 거라고도 했다. 빌리는 트리플A 투수를 받는 대가로 마이너리그 포수를 내주겠다고 했으며, 어떤 투수라도 상관없다고 했다. 그러고는 화이트삭스 측에 투수 몇 명을 제안해달라고 부탁했다. 케니 윌리엄스는 잠시 망설이다가 마침내 브래드포드를 언급했다. 그는 그런 선수까지 입에 올리게 되어 미안하다는 말투였는데, 얼마 전 브래드포드가 미시시피에서 전화해 등을 다쳐 수술이 필요할지도 모른다고 했기 때문이다. 빌리는 기쁜 속마음을 드러내지 않고 담담하게 말했다. "그 선수면 됐어요."

CHAPTER 11

인간적인 요소

The Human Element

MONEYBALL

12명의 서로 다른 투수를 데리고 있다면,
12개의 서로 다른 언어를 말할 수 있어야 한다.
– 릭 피터슨

9월의 이 역사적인 경기에서 채드 브래드포드가 마운드를 이어받기에 앞서 콜리세움 구장의 주변은 교통량이 많기로 유명한 북부 캘리포니아에서도 유례를 찾기 어려울 만큼 차량 행렬이 끝없이 이어졌다. 지난 이틀만큼 오클랜드 애슬레틱스의 매표소 앞이 이처럼 장사진을 이룬 적은 한 번도 없었다. 캔자스시티 로열스와의 경기를 앞두고 애슬레틱스의 판매 부서가 예상한 홈 관중 수는 약 1만 명이었다. 그러나 만 하루 동안 표를 예매하러 현장을 직접 찾은 사람만 2만 명을 넘어섰다. 경기에 앞서 하늘에서 내려다본 오클랜드는 거의 주민 전체가 콜리세움 구장으로 몰려들고 있는 것처럼 보였다. 오직 빌리만이 이곳의 열기에 동참하지 않았다.

빌리는 자신의 팀이 새 역사를 창조하는 순간을 지켜볼 생각이 추호도 없었다. 평소에도 경기를 보지 않았던 그는 이날도 역시 그저 또 한 번의 경기일 뿐이라며 이렇게 말했다. “경기를 지켜봐봤자 주관적인 감정만 들 뿐입니다. 그런 감정은 역효과를 낳기 쉽죠.” 그는 몇 건의 언론 인터뷰를 마친 뒤 자신의 레인지로버를 타고 슬쩍 모데스토로 떠날 생각이었다. 오클랜드 애슬레틱스가 20연승을 눈앞에 두고 있는 같은 날 밤, 모데스토에서는 모데스토 에이스(현재는 콜로라도 로키스 산하의 모데스토 너츠-옮긴이)가 비살리아 오크스(현재는 애리조나 다이아몬드백스 산하의 비살리아 로하이드-옮긴이)와 경기를 하고 있었다. 두 팀 모두 오클랜드 애슬레틱스 산하의 싱글A 팀이었다. 몇 달 전에 애슬레틱스가 드래프트한 선수 대부분이 양 팀 중 어느 한쪽에 속해 있었다. 빌리는 닉 스위셔와 스티브 스탠리, 마크 티헨과 제러미 브라운 등 아직은 실패해도 그러려니 하고 봐줄 젊은 선수들을 지켜볼 생각이었다. 그는 앨라배마 주 휴이타운에서 온 형편없는 몸매의 포수 제러미 브라운에게 특히 관심을 보였다. 오클랜드 애슬레틱스가 브라운을 1라운드에서 지명하자 모두 비웃었다. 하지만 빌리는 날이 갈수록 브라운에게 더 흥미가 생겼다.

이렇게 해서 팀의 신기록 수립을 앞두고 흥분에 젖어들어야 할 순간에 정작 빌리는 경기장을 빠져나갈 틈만 기다렸다. 하지만 사무실을 나서는 그를 발견한 마케팅 부서 직원들이 깜짝 놀라 가로막았다. 오클랜드 애슬레틱스의 홍보를 담당하는 이들은 마케팅 부서를 설립한 장본인인 빌리가 이 시점에 자리를 피하려는 것을 도무지 이해하지 못했다. 이들은 빌리에게 지금 자리를 뜬다면 돈다발을 길바닥에 쌓아놓고 불을 붙이는 거나 다름없다고 말했다. 더 많은 사람에게 오클랜드 애슬레틱스를 알릴 수 있는 수년 만에 찾아온 최대의 기회를 날려버리는 거라고 협박까지 했다. 최다연승 기록은 전국적인 뉴스감이었다. 결국 빌리는 약간 짜증을 낸 뒤 그냥 남아 있기로 했다. 그는 CBS 저녁뉴스, CNN, 폭스 스포츠뉴스, ESPN 그리고 기타 몇몇 언론과 인터뷰를 한 뒤 체력단련실로 향했다. 언론의 관심을 피하는 동시에 경기를 보지 않기 위해서였다.

러닝머신과 자전거 운동기구를 오가던 어느 순간, 그는 항상 휴대하고 다니는 흰색 중계기를 통해 지금이 3회 말이며 오클랜드가 11대 0으로 앞서고 있음을 알게 되었다. 참으로 오랜만에 마음을 놓을 수 있었다. 그는 여전히 땀을 뚝뚝 흘리며 비어 있는 하우 감독의 사무실로 가서 TV를 켰다. 오클랜드 애슬레틱스가 19연승을 기록한 가운데 최약체 팀을 상대로 11대 0이라는 점수 차에 리그 최고 수준의 투수가 여전히 마운드를 지키고 있는 상황이었다. 이런 경기라면 안심하고 봐도 될 것 같았다. 이 정도라면 확률의 법칙이 무너지는 일은 없을 것이다. 경기를 보다가 화가 치솟거나 나중에 후회할 일을 저지르는 일도 없을 것이다. 그 순간 빌리 빈은 아주 평화로운 기분에 젖어 기꺼이 나를 맞아들였다.

빌리는 하우의 포마이카 책상 위에 발을 얹어놓고 있었다. 초연하고 느긋한 분위기였으며, 흐뭇하고도 유쾌한 표정이었다. 평소에 그는 언제나 이런 분위기였다. 야구를 떠나 있을 때는 거의 이런 식으로 처신했다. 그는 하우가 스콧 해티버그가 들어갔어야 할 자리에 존 메이브리를 넣은 라인업을 보고 걱정스럽다는 말을 했다. 나 역시 해티버그로서는 안된 일이라는 생각이 들었다. 그는 오클랜드 애슬레틱스의 공격 부문에 커다란 공헌을 했을 뿐 아니라 헌신적으로 경기에 임해왔는데도, 전 세계가 주목하는 경기에 나갈 수 없게 된 것이다. 하우가 빌리에게 설명한 이유에 따르면, 해티버그는 캔자스시티의 에이스인 폴 버드(현재 보스턴 레드삭스 소속 – 옮긴이)를 한 번도 상대해본 적이 없다고 했다. 하지만 메이브리는 버드에 맞서 장타를 날린 적이 있을뿐더러 본인의 주장대로라면 버드가 무슨 공을 던질지도 예상할 수 있다고 했다. 빌리는 마치 자신이 원래부터 하우의 판단을 존중했다는 듯 그의 판단에 따랐다고 말했다. 다행히도 메이브리가 활약을 펼친 덕분에 하우는 선견지명을 지닌 감독이 될 수 있었다. 메이브리는 오클랜드가 1회에 기록한 6점 가운데 1타점을 기록하면서 버드가 조기 강판되는 데 힘을 보탰다. 그리고 2회에는 솔로 홈런까지 쳤다.

11대 0으로 앞서 가는 가운데 팀 허드슨이 여전히 로열스의 라인업을 꽁꽁 묶어두자 해티버그의 공백은 잊히는 듯했다. 빌리가 평상시의 기분을 만끽하는 것도 당연했다. 일이 잘못될 가능성이 터무니없을 만큼 작았던 것이다. 그는 남부 캘리포니아에 살고 있는 열두 살짜리 딸 케이시에게 전화를 걸었다.

"케이시, 잘 지냈니? 경기 보고 있어?"

케이시가 전화 너머로 뭐라고 대답했다.

"〈아메리칸 아이돌〉이라고? 아니 지금 다른 걸 보고 있단 말이냐?"

그는 케이시에게 자신의 팀이 전국 야구팬이 지켜보는 중요한 경기에서 이기고 있다는 소식을 전하면서 딸을 살짝 놀린 뒤 전화를 끊었다.

사실 빌리는 그의 팀이 경기할 때 언제나 이렇게 침착해야 마땅했다. 그가 자신이 믿는다고 주장하는 바, 즉 경기는 일종의 사회과학으로 환원될 수 있으며 승산을 파악하고 확률 법칙을 활용하는 문제에 불과하다는 것과 선수들은 놀랄 만큼 예측 가능한 패턴을 따른다는 사실을 정말로 믿고 있다면 침착하지 않을 이유가 없었다. 단장이 선수의 플레이나 경기를 보며 흥분하는 것은 카지노 매니저가 슬롯머신 기계 하나하나의 결과가 어떻게 나올지 걱정하는 일만큼이나 비생산적이었다. 지금 빌리는 TV 화면을 손가락으로 가리키며 이러한 논리를 직접 보여주고 있었다. TV에서는 에릭 차베스가 까다로운 수비를 아무렇지도 않게 해낸 뒤 멋쩍은 듯 지면의 흙을 걷어찼다. 이 모습을 보고 빌리가 말했다. "저 선수는 자신이 얼마나 뛰어난지 인정하기 싫은 모양이에요. 중요한 건 이제 스물네 살에 불과하다는 거죠. 지금 그가 이 정도 위치라면(빌리는 가슴 높이로 손을 들었다), 나중에는 이만큼(그는 손을 머리 위로 올렸다) 발전해 있을 겁니다. 차베스가 야구계 전체를 통틀어 누구보다 재능을 타고난 선수라는 건 입증이 가능하죠."

나는 실제로 그 증거를 보여달라고 주문했고, 초연한 태도의 빌리는 기꺼이 그러겠다고 했다. 약팀을 상대로 11대 0으로 앞서 나가자 그는 객관적이고 과학적인 분위기를 한껏 누렸다.

"선수를 평가할 때 나이는 아주 핵심적인 요소가 되죠." 빌리는 이 말과 함께 하우의 책장에서 오클랜드 애슬레틱스의 안내책자를 꺼내들었다. "여기 보세요. 차베스는 스물네 살이죠. 시즌도 아직 끝나지 않았는데 벌써 홈런 31개에 2루타 28개, 볼넷은 55개에 평균 타율이 2할 8푼 3리 그리고 출루율은 3할 5푼 3리입니다. 이런 선수랑 비교할 상대가 누가 있단 말입니까?"

나는 대답했다. "제이슨 지암비요."

그러자 빌리는 다시 뉴욕 양키스 안내책자를 꺼내들었다. "좋아요. 하지만 대답은 나와 있죠. 이미 비교해본 적이 있으니까요." 그는 제이슨 지암비의 통산 기록을 찾아냈다. "제이슨이 스물네 살이었을 때 그는 시즌의 절반을 에드먼턴의 트리플A리그에서 보냈죠. 나머지 절반은 메이저리그에 있었지만 홈런 6개에 볼넷 28개, 평균타율은 2할 5푼 6리밖에 안 됩니다. 또 누가 있습니까?"

"배리 본즈요." 당시 샌프란시스코 자이언츠의 배리 본즈는 자신이 야구 역사상 가장 위대한 타자임을 매일같이 과시했다.

이번에 빌리는 난색을 표하며 이렇게 말했다. "그건 좀 어렵군요. 본즈는 이미 타고난 재능만으로는 다다를 수 없는 수준에 올라선 선수니까요. 어쨌든 좋습니다. 한번 살펴보죠." 그는 샌프란시스코 자이언츠의 안내책자를 잡았다. "사실 본즈하고도 비교해본 적이 있어 어떻게 나올지 알고 있어요. 본즈는 1964년에 태어났죠. 1988년 그의 평균 타율은 2할 8푼 3리에 홈런이 24개, 볼넷 72개 그리고 2루타가 30개였죠. 이 정도면 차베스가 얼마나 뛰어난 선수인지 대충 감이 올 겁니다."

빌리가 또다시 물었다. "또 누가 있습니까?" 하지만 내가 생각해보기도 전에 이번에는 그가 먼저 말했다. "에이로드(알렉스 로드리게스)랑 비교해보죠. 에이로드만큼 일찌감치 두각을 나타낸 선수도 없으니까요." 그는 텍사스 레인저스의 안내책자를 뽑았다. "에이로드는 1999년에 스물네 살이었죠. 1999년에 평균타율은 2할 8푼 5리였고, 2루타 25개에 홈런 42개, 111타점을 기록했군요." 그는 나를 올려다보며 말을 이어갔다. "이 정도면 제법 비교가 되겠군요. 하지만 수비를 잊어서는 안 됩니다. 차베스는 메이저리그 최고의 3루수죠. 하지만 유격수로서 에이로드는 절대 최고가 아닙니다."

나는 사람을 상대로 그렇게 기계적인 예측을 한다는 발상이 여전히 마음에 와 닿지 않았기에 이의를 제기했다. 내가 반발심을 느낀 이유는, 단순히 말해 모든 선수는 서로 다르다는 생각 때문이었다. 모든 선수는 하나하나가 특별한 경우로 인식되어야 한다는 게 내 생각이었다. 그렇다 보니 표본의 크기는 언제나 하나일 수밖에 없다. 하지만 그의 대답 역시 단순했다. 선수들은 유사한 패턴을 따르며, 이러한 패턴은 기록표에 뚜렷하게 반영된다. 물론 때로는 통계수치에 의해 정해진 자신의 운명을 거스르는 선수도 있기는 하지만, 25명으로 구성된 팀에서 그런 예외적인 경우는 다른 선수에 의해 상쇄되게 마련이다. 그리고 대부분의 선수는 그의 예상과 상당 부분 정확히 일치할 것이다. 예를 들어 빌리는 차베스의 미래에 한 치의 의심도 갖고 있지 않았다. 그는 차베스에 대해 무한한 신뢰를 드러냈다. "야구에 흥미를 잃지 않는 한 차베스는 절대 멈추지 않을 겁니다. 앞뒤 정황을 모르는 사람은 그를 얕잡아볼지 몰라도 그는 언제나 그런 시각을 꺾어놓았죠. 그는 겨우 스물네 살입니다. 스물네 살에 아무도 해내지 못한 일을 해냈어요. 건강이 허락하는 한 그의 앞날은 확실히 보장돼 있어요."

나는 빌리 역시 차베스를 얕잡아본 적이 있지 않으냐고 물었다. 차베스도 미겔 테하다처럼 아무 공에나 방망이를 휘두르는 선풍기 타자였기 때문이다. 객관적인 분위기를 유지하던 빌리는 내 의견을 일축했다. 그는 내가 어쩌면 그렇게 편협한지 이해할 수 없다는 반응이었다. "차베스는 젊어요. 잘생긴데다 백만장자이기도 하죠. 아무 공에나 방망이를 휘둘러도 당연한 거라고요. 스물네 살 때 당신은 안 그랬단 말입니까?"

바로 이런 면모가 그가 야구팀을 운영하고자 하는 이상적인 방식과 실제 행동이 일치하는 모습이었다. 이성적이고 과학적인 태도 말이다. 이것이 바로 '객관적인' 빌리 빈, 즉 '선수를 바꿀 수는 없다. 그들은 있는 그대로의 그들일 뿐이다'라고 확신하는 단장의 모습이었다. 그는 자신의 일을 이렇게 설명했다. "비누상자 경주(상자 모양의 차체에 바퀴를 달아 사람을 태우고 언덕길을 내려가는 경주 – 옮긴이)와 마찬가지죠. 연초에 차를 만들면 그 뒤에 할 수 있는 일이란 언덕 아래로 굴리는 것뿐이에요." 빌리의 이러한 사고방식에 따르면 과학적 실험에 참견하는 것은 쓸데없는 짓이었다. 가령 경기에 임하는 선수의 태도를 바꿔놓기 위해 그의 머릿속에 들어가려고 하는 것은 아무 소용이 없다. 그들은 있는 그대로의 모습을 가져갈 뿐이다. '객관적인' 빌리가 선수에 관해 하는 얘기를 듣노라면, 그들한테 과연 자유의지란 게 있을까 의문이 들 정도였다.

그러나 객관성이 결여된 또 하나의 빌리도 있었다. 4회 초 미겔 테하다가 2루수인 마크 엘리스가 던진 공을 받아 이닝을 끝낼 수 있는 평범한 더블플레이를 놓치면서 또 다른 빌리가 잠에서 깨어나기 시작했다. 어이없는 실책으로 로열스에 5점을 내주었지만 그는 여전히 침착했다. 어쨌든 점수는 11대 5였고, 팀 허드슨도 마운드를 지켰다. 하지만 빌리는 비상이 걸린 상태였다. 그는 방금 전과는 다른 식으로 선수 얘기를 하기 시작했다. 나는 빌리를 보면서 실험을 총괄하는 그의 입을 통해 듣는 것에 비해,

실제로는 과학 실험이 더 엉망으로 진행된다는 사실을 알 수 있었다.

4회 말 오클랜드 공격 차례가 되어 중견수 테렌스 롱은 투수 앞 땅볼을 치고 1루까지 전력 질주했다. 이전까지는 볼 수 없던 광경이었다. 예전에는 땅볼을 치고 나면 관중의 시선을 아랑곳하지 않고 1루까지 어슬렁거리며 뛰어가곤 했다. 사람은 자신이 보이고 싶은 모습대로 된다는 사실을 깨닫기에는 너무 젊은 그는 남들의 시선에 전혀 개의치 않았던 것이다. 그런데 공교롭게도 며칠 전 선수용 주차장에 갔다가 누군가 자신의 자동차에 달걀을 던져놓은 것을 보았다. 사건을 전해 들은 빌리는 그의 라커룸에 들러 이렇게 말했다. 애슬레틱스의 팬이라는 범인한테서 이메일을 받았는데, 범인의 말이 롱이 조깅하듯 주루하는 꼴이나 보려고 입장료를 낸 게 열 받아서 그랬다는 것이다. 그 말의 효과가 즉각 나타났다. 롱은 땅볼을 친 뒤 평소처럼 1루까지 설렁설렁 뛰는 대신, 빌리의 심기를 또다시 건드리지 않으려고 있는 힘을 다해 뛰었다. 그가 1루까지 전력 질주하는 모습을 보며 빌리는 이렇게 말했다. "테렌스의 진짜 문제는 자신감이 부족하다는 겁니다. 언론 때문에 상황이 더욱 나빠졌죠. 젊은 선수들이 흔히 저지르는 실수는 신문을 정말로 읽는다는 겁니다."

오클랜드의 5회 말 공격이 시작되었다. 스코어는 여전히 11대 5였고, 선두타자는 라몬 에르난데스(현재 신시내티 레즈 소속의 포수–옮긴이)였다. 앞선 두 타석 모두 그는 바깥쪽 직구를 밀어쳐 우익수 방면의 2루타를 날렸다. 이 역시 예전에 없던 일이었다. 시즌 내내 에르난데스는 바깥쪽 직구를 밀어치려고 했지만 번번이 실패했기 때문이다. 오클랜드 애슬레틱스의 프런트는 그에게 큰 기대를 걸었지만, 그는 한심한 수준의 공격력으로 프런트의 기대에 부응하지 못했다. 그러던 어느 날 빌리는 우연히 에르난데스의 라커룸에 들렀다가 그와 내기를 하게 되었다. 에르난데스가 바깥쪽 공을 밀어칠 때마다 빌리가 그에게 50달러를 주고, 바깥쪽 공을 끌어당겨 치면 그가 빌리에게 50달러를 주기로 한 것이다. 빌리는 이렇게 말했다. "내기의 요점은 그에게 잔소리할 핑계를 만들기 위해서였죠. 그가 눈치 채지 못하게 끊임없이 잔소리를 늘어놓기 위한 발상의 전환이랄까요."

이 역사적인 경기가 벌어지는 현장에서 TV 화면에 비치는 선수들은 대부분 빌리의 교묘한 조종 아래에 있었다. 그는 말로는 선수를 바꿔놓으려는 시도가 쓸데없는 일이라고 하면서도, 실제로는 그들을 바꿔놓기 위해 애쓰고 있었다. 그는 대부분의 선수가 현재 보이는 모습보다 더 나아질 수 있다는 걸 알았고, 선수들에게 대놓고 말로 표현하지는 않더라도 어떻게든 자신의 뜻을 전달했다. 6회 말이 되자 그는 말했다. "미겔의 얼굴 좀 보세요." 중계 카메라는 더그아웃에 앉아 있는 미겔 테하다를 비추었다. 그는 놀랄 만큼 침울한 표정이었다. "저 친구는 오늘 라인업에서 유일하게 안타를 치지 못했어요. 젊은 선수들의 문제는 바로 이런 겁니다. 너무 욕심을 부린다는 거죠. 저것 좀 봐요. 자신의 몫 이상을 보여주려고 애쓰는 표정이잖아요." 그때 팀 허드슨이 난조에 빠지자 당연하게 브래드포드가 불펜에서 호출을 받고 모습을 드러냈다.

브래드포드는 불펜에 있을 때 종종 아버지를 떠올리곤 했다. 아버지를 생각하면 그는 어떤 압박감에 시달리든 시야를 좀 더 넓힐 수 있었다. 의사들은 아버지가 다시는 걷지 못할 거라고 말했지만, 아버지는 걷게 되었을 뿐 아니라 일도 하고 심지어 그와 캐치볼까지 했다. 그렇게까지 해낸 아버지도 있는데 이게 뭐가 대수겠는가?

그런 생각을 하면 보통 마음이 편안해졌지만, 오늘처럼 중요한 경기를 앞두고는 별로 도움이 되지 않았다. 그는 불과 몇 주 전과 전혀 다른 투수가 된 듯한 느낌이었다. 슬럼프가 시작되기 전, 그는 폴 디포디스타의 컴퓨터가 예측했던 것과 정확히 일치하는 유능한 선수였다. 거의 두 시즌 내내 그는 자신이 꿈꿔왔던 인생을 살았다. 2001년 시즌에 앞서 브래드포드는 등 수술을 마친 직후 빌리의 전화를 받았다. 빌리가 오클랜드 애슬레틱스에서 메이저리그 불펜의 중간계투 가운데 중심 역할을 맡기려고 그를 트레이드했다는 소식을 전하자, 그는 좀처럼 그 말을 믿을 수가 없었다. 빌리는 자신이 예상하는 그의 성적을 말해주었고, 그는 지나친 과장이라고 생각했다. 하지만 브래드포드 자신도 놀랄 만큼 빌리가 예상했던 성적과 거의 일치하는 결과를 만들어냈다. 브래드포드는 믿기 어렵다는 표정으로 말했다. "빌리는 일이 벌어지기도 전에 어떻게 될지 전부 알고 있는 것 같았어요."

그러나 오늘만큼은 빌리의 믿음에 부응할 수 있을지 자신이 없었다. 그는 모자를 이마까지 푹 눌러쓰고 마운드를 향해 평소와 똑같은 발걸음을 꿋꿋하게 내디뎠다. 겉으로는 모든 게 그대로였지만, 마음은 하나같이 다르게 느껴졌다. 몇 주 전만 해도 그는 포수의 신호를 받으려고 고개를 들 때마다 주위를 전혀 의식하지 않은 채 공에만 집중했다. 그는 평소 긴장을 풀기 위해 스스로 주문을 외우고는 했다.

자신 있게 던지자.

자신 있게 던지자.

자신 있게 던지자.

그러나 오늘 밤 브래드포드는 주위를 의식하지 않을 수 없었다. 포수 쪽으로 몸을 기울인 순간 모든 것이 그의 눈을 어지럽게 했다. 관중들의 소음과 포수의 신호, 그리고 전국에서 그를 지켜볼 시청자들까지 말이다. 그리고 이제 새로운 주문이 머릿속에서 퍼져나갔다.

실수하면 안 돼!

실수하면 안 돼!

실수하면 안 돼!

그는 프로 경력을 통틀어 최악의 슬럼프를 겪고 있었지만, 그 와중에도 성적이 그리 나쁘지는 않았다. 양키 스타디움과 펜웨이파크에서 한 차례씩 난조를 보였을 뿐이다. 그러나 그는 실패를 여유 있게 받아들일 수가 없었다. 집에 있는 책장에는 그가 언제나 가까이하는 손때 묻은 책 두 권이 나란히 꽂혀 있었다. 한 권은 하비 도프먼과 칼 쿠엘이 쓴 《야구에서 배우는 승부의 법칙》이었고, 또 다른 한 권은 성경이었다. 그가 성경에서 특히 좋아하는 구절은 빌립보서 4장 13절이었다. "내게 능력 주시는 주 안에서 나는 모든 것을 할 수 있느니라." 이 구절 역시 지금은 그에게 위안이 되지 못했다. 며칠 전 경기를 치른 후 지칠 대로 지친 그는 새 학기를 맞아 아이들을 데리고 바이램에 가 있던 아내 제니한테 전화를 걸었다. "더는 버티지 못할 것 같아."

오클랜드 애슬레틱스의 투수 코치인 릭 피터슨은 그의 문제가 8월 초부터 시작됐다고 보았다. 그때 ESPN 기자인 제프 브랜틀리가 오클랜드를 방문해 전국 TV 방송에 브래드포드를 메이저리그 최고의 중간계투 가운데 한 명이라고 소개하는 인터뷰를 내보냈다. 그 후 그에게 관심이 쏟아지면서 집중력이 흐트러진 것이다. 피터슨은 오클랜드의 성공적인 투수 운용에 핵심적인 인물이었다. 그는 오클랜드 투수진의 신체적 건강뿐 아니라 집중력을 유지하는 데도 여러모로 신경을 썼다. 그가 즐겨 쓰는 표현으로 "12명의 서로 다른 투수를 데리고 있다면, 12개의 서로 다른 언어를 말할 수 있어야 한다"라는 말이 있었다. 브래드포드와 다른 투수의 차이는, 다른 선수들의 언어에는 '나는 메이저리그에 속한 선수'에 해당하는 단어가 있다면, 그의 언어에는 개인적인 도전정신이나 자신감에 해당하는 단어가 아예 없다는 것이었다. 그는 곤경에 처할 때면 내면의 문제가 무엇인지 들여다보는 게 아니라 릴리즈 포인트를 지면에 더 가깝게 낮추는 걸로 대처했다. 그의 자세는 이미 공을 던질 때 손이 바닥을 스칠 만큼 낮아진 상태였다. 피터슨은 이 자세에 대해 이렇게 말했다. "물구나무를 서서 던지지 않는 이상 그에게 더는 내려갈 곳이 없어요."

피터슨은 브래드포드에게 내면을 들여다보는 법을 가르치려고 했다. 어느 날 그가 마운드에서 불안한 모습을 보인 뒤 의기소침해 있자 피터슨은 시즌 초반 다섯 달 동안 그가 메이저리그 타자들을 능수능란하게 요리하는 장면이 담긴 테이프를 보게 했다. 브래드포드가 예전 자신의 모습을 보는 동안 피터슨은 그를 설득하기 시작했다.

"자네 기독교인이지?"

"네."

"자네 예수님을 믿나?"

"네."

"한 번이라도 예수님을 본 적이 있나?"

"아니요, 본 적이 없어요."

"자네가 타자를 아웃시키는 건 본 적이 있고?"

"그럼요."

"그러면 한 번도 본 적이 없는 예수님은 믿으면서 타자를 잡아내는 자기 모습을 수없이 봤으면서도 왜 자네 능력은 믿지 못하는 건가?"

코치는 그 말을 남기고 자리를 떴다. 브래드포드는 그 자리에 앉아 자신에게 말했다. "그래, 맞는 말이야." 하지만 시간이 흐르자 다시 의심이 고개를 들었다. 그는 선수생활 내내 자신에게 믿음을 보내는 사람을 거의 보지 못했다. 이제 드디어 사람들이 그에게 믿음을 보내기 시작했지만 정작 그는 자신을 믿을 수가 없었던 것이다. 그는 힘없는 목소리로 이렇게 말했다. "그게 나의 가장 큰 약점이에요. 자신감이 아예 없거든요. 따지고 보면 유일한 이유는 내가 시속 150킬로미터가 넘는 공을 던지지 못하기 때문이에요. 150킬로미터의 공을 던지는 선수는 언제든 자기 재능을 확신할 수 있어요. 하지만 난 그런 재능이 없죠. 내 능력은 타자를 속이는 데 있어요. 내 공이 제대로 먹히려면 수많은 조건이 그에 맞게 따라줘야 하죠. 만일 조건이 제대로 따라주지 않으면 나는 이렇게 생각해요. '맙소사, 타자를 속일 수 있어야 할 텐데.' 그런 다음 '내가 얼마나 더 오랫동안 그들을 속일 수 있을까?'라는 질문을 던지곤 해요."

현재의 그는 믿음의 위기에 빠졌다고밖에는 표현할 방법이 없다. 그에게 믿음이 있을 때는 흔들림 없이 공을 던졌지만, 믿음이 흔들린 순간에는 공도 비켜나갔다. 그는 지금 자신이 얼마나 훌륭한 투수인지 의식하지 못한 채 자신의 성공이 속임수나 요행 또는 어느 순간에든 깨질 수 있는 주술이라는 주장에 흔들렸다. 그의 기적과도 같은 선수생활을 본 사람들은 이제 그런 주장을 하지 않지만, 그는 여전히 혼자서 그 주장에 귀를 기울이고 있었던 것이다.

9월 초의 그날 밤, 브래드포드는 과거 어느 때보다 자기 자신과 격렬하게 싸웠다. 빌리도 그 사실을 알고 있었다. 그가 헐값에 사들인 '아웃 잡는 기계'에 프로그램상의 결함이 발생한 것이다. 그는 어떻게 해결해야 할지, 즉 어떻게 브래드포드의 머릿속에 들어가야 할지 알지 못했다. 게으르거나 기강이 해이해진 선수 또는 프런트를 무시하는 선수라면 빌리도 손쉽게 대처할 수 있다. 하지만 정신적인 불안정은 그가 해결할 수 있는 영역 너머에 있었다. 만일 그 문제에 대한 해답을 알고 있었다면 그 자신부터 화려한 선수생활을 마친 뒤 명예의 전당에 들어갔을 것이다. 그러나 빌리는 여전히 답을 몰랐고, 그로 말미암아 브래드포드를 크게 걱정하지 않을 수 없었다. 브래드포드는 자신이 로봇처럼 정확하게 예측 가능한 방식과 속도로 타자를 돌려세울 수 있음을 알지 못했다.

빌리는 나와 함께 경기를 보겠다고 약속한 바람에 어쩔 수 없이 그 뒤에 벌어진 장면을 전부 지켜봐야 했다. 다음 장면에서 브래드포드는 아무리 큰 점수 차도 순식간에 줄어들 수 있다는 사실을 보여주었다. 그는 7회에 땅볼로 마지막 아웃카운트를 잡아냈다. 문제는 8회에 벌어졌다. 하우는 그를 다시 불러올려 좌타자들을 상대하게 했다.

그러자 빌리는 안심했다는 듯 이렇게 말했다. "하우가 그를 다시 올리다니 다행이군요. 겨우 원아웃을 잡으려고 올리는 건 자원 낭비죠."

나는 브래드포드가 종교에 지나치게 의존하는 것이 걱정스럽지 않느냐고 물었다. 그는 하느님이 자신에게 메이저리그 타자를 아웃시키는 놀라운 능력을 부여했다고 진실로 믿고 있었다. 하지만 어느 순간 하느님의 마음이 변할지 모른다는 의심을 품었을 수도 있다.

빌리는 의외의 대답을 했다. "전혀 그렇지 않아요. 나도 그의 땅볼 유도 능력을 믿는 신자인걸요."

올해 브래드포드가 구원투수로 등판한 횟수는 거의 70회에 달했지만, 타자에게 볼넷을 내준 경우는 고작 열 번에 불과했다. 타자 30명당 한 명 꼴이었다. 그런데 8회 초에 선두타자 브렌트 메인을 볼넷으로 내보냈다.

메인이 1루까지 뛰어가자 동요한 오클랜드 관중이 소리를 질러댔다. 외야석 중앙의 누군가는 경기장 안에 두루마리 휴지를 집어던지기까지 했다. 경기장을 정리하는 동안 브래드포드는 끔찍한 생각에 사로잡혔다. 경기가 재개되자 5만 5,000여 명의 관중은 자리에서 일어나 발을 구르며 고함을 지르기 시작했다. 그렇게 하면 그가 힘을 얻을 거라고 생각한 모양이었다.

빌리는 짜증 섞인 말투로 말했다. "왜 관중의 소음이 투수보다는 타자한테 도움이 되는지 알아요? 내가 원정팀 타자라면 관중이 나한테 응원을 보낸다고 생각하면 그만이거든요."

브래드포드는 두 번째 타자인 디 브라운한테도 볼넷을 내줬다. 그가 두 타자에게 연속으로 볼넷을 내준 것은 올해 처음 있는 일이었다. TV 카메라는 미겔 테하다와 2루수인 마크 엘리스가 글러브로 입을 가리고 뭔가 상의하는 모습을 비췄다.

그 모습을 본 빌리는 딱딱거리며 말했다. "지난 10년 사이에 선수들이 글러브로 입을 가리고 말하기 시작하더군요. 난 야구계에서 입술 모양만 보고 무슨 말인지 알아듣는 사람은 단 한 명도 본 적이 없는데 말이죠. 도대체 내가 모르는 사이에 독순술을 하는 사람이 늘어났단 말인지?"

세 번째 타자인 네이피 페레즈는 2루 방향으로 느린 땅볼을 쳤다. 1루를 맡고 있던 존 메이브리가 달려나가 공을 막아냈다. 브래드포드는 그저 마운드에 서서 동료의 플레이를 멍하니 지켜보고만 있었다. 그가 1루를 커버해야 한다는 사실을 깨달은 때는 이미 너무 늦었다. 이제 노아웃에 만루가 되고 말았다. 외야석 중앙에서 또다시 두루마리 휴지가 날아들었다. 관객들은 자리에서 일어나 그 어느 때보다 큰 소리를 질러댔다. 마치 그들이 관심을 보여야 브래드포드가 곤경을 헤쳐나갈 수 있다는 듯이 말이다.

빌리는 엉망으로 해석한 〈햄릿〉을 억지로 참고 봐야 하는 비평가처럼 역겨운 표정으로 TV를 보고 있었다. 그는 흥분된 목소리로 말했다. "여기 앉아서 이 거지 같은 경기를 지켜봐야 한다니 믿을 수가 없군." 그는 책상 위에 올려놓았던 작은 중계기를 집어들었다. 중계기의 플라스틱 표면은 하도 문질러서 광택이 다 사라졌다. "계속 경기를 보다간 죽어버릴지도 모르겠군." 빌리는 공상에 빠지기 시작했다. 내가 사무실에서 함께 TV를 보도록 옭아매지 않았다면, 그는 주차장으로 나가 5초에 한 번씩 중계기를 들여다보며 이리저리 돌아다녔을 것이다. 그는 여기서 뭘 하든 간에 차라리 밖에 나가 죽는 게 낫겠다는 것처럼 보였다.

다음 타자인 루이스 오르다스는 빌리가 미겔 테하다에 관해 했던 예언, 즉 "두고 봐요, 그는 자신의 몫 이상을 보여주려고 할 겁니다"라는 말을 현실로 만들었다. 오르다스는 테하다의 오른쪽으로 평범한 땅볼을 날렸다. 정상적이라면 3루 포스아웃을 시켜야 할 상황에서 테하다는 곡예 같은 플레이를 펼치며 홈에서 포스아웃을 시도했다. 그가 껑충 뛰어오르며 홈에 송구한 공은 포수 에르난데스 앞에서 땅을 맞고 튀어 올랐고, 덕분에 모든 주자가 세이프가 되었다. 점수는 11대 6이 됐으며, 여전히 노아웃에 만루 상황이었다.

하우는 더그아웃에서 뛰어나와 브래드포드를 끌어내렸다. 벤치로 돌아가는 길에도 그는 여전히 무표정한 얼굴로 아래만 내려다보았다. 그는 6점 차로 앞선 상황에서 등판했지만, 마운드를 떠날 때는 동점까지 허용할 수 있는 상황을 만들어놓았다. 그가 던진 공은 한 번도 내야를 벗어나지 못했는데도 말이다.

빌리는 화가 나 어쩔 줄을 몰랐다. "제기랄, 정말 어이가 없군." 그는 책상 아래로 손을 뻗어 코펜하겐 담배통을 꺼내들었다. 그는 담배 한 움큼을 입술 밑에 쑤셔 넣었다. "내가 왜 이 쓰레기 같은 경기를 보고 있어야 하는 거지?"

새로운 투수 리카르도 링컨은 신속히 투아웃을 잡아냈고, 희생 플라이로 1점만을 내주면서 점수는 11대 7이 되었다. 투아웃에 주자가 1루와 3루에 있는 가운데 하우가 다시 걸어나왔다. 이번에는 트리플A에서 막 올라온 우완투수인 제프 톰을 올렸다. 아메리칸리그 타격 부문 1위를 달리는 오른손 타자 마이크 스위니를 상대하기 위해서였다.

그 순간 빌리는 이성을 잃은 사람처럼 보였다. "빌어먹을, 대체 이유가 뭐야? 좌타자에겐 좌완, 우타자에겐 우완투수 논리를 어디까지 밀어붙이겠다는 건지 도무지 이해가 안 된다고. 링컨을 그냥 놔두면 무슨 문제라도 있냐고?"

브래드포드가 오기 전 톰은 2년 동안 애슬레틱스의 불펜에서 현재 브래드포드가 맡고 있는 역할을 했다. 한때 내야 코치인 론 워싱턴은 톰을 '화장실 휴지'라고 부르기도 했는데 다른 투수가 싸놓은 걸 치워야 했기 때문이다. 그러나 그에게 정신적인 문제가 있었는지, 아니면 제구력에 문제가 생겼는지 몰라도 지난 2년간은 예전과 같은 모습을 보여주지 못했다. 빌리는 닥치는 대로 자기 생각을 쏟아냈다. "중계투수는 가격이 오락가락하는 주식이나 마찬가집니다. 면밀히 주시하다가 단기이익을 챙기고 팔아버려야 하는 자산인 셈이죠."

감독과 중계투수가 상의하는 사이 빌리는 미안한 표정으로 나를 쳐다봤다. 45분 사이에 그의 감정은 무관심에서 관심으로, 관심에서 짜증으로, 짜증에서 분노로 변해갔고 지금은 분명 폭발하기 일보 직전이었다. 그는 자신의 급격한 변화에 당황하면서도 감정을 억제할 수가 없었다. 그리고 마침내 이렇게 말했다. "자, 이제는 정말 실례해야겠군요. 좀 돌아다녀야겠어요."

그 말을 남기고 클럽하우스로 들어가 문을 닫은 뒤 쿵쾅대며 돌아다니기 시작했다. 빌리가 지나친 트레이너실에서는 불쌍한 팀 허드슨이 어떻게 하면 승리투수가 될 수 있을지 고심하며 어깨에 찜질을 받고 있었다. 또한 그는 스콧 해티버그와 그레그 마이어스를 지나쳐 갔다. 벤치 멤버로 오늘은 경기에 투입되지 않으리라 생각했던 그들은 혹시라도 대타로 불릴 가능성에 대비해 타격 연습장에서 연습 스윙을 하려고 클럽하우스를 급히 나가던 중이었다. 그리고 마지막으로 불가능에 가까운 상황이 벌어진 경기를 마음 졸이며 지켜보는 폴 디포디스타가 있는 비디오실을 지나쳤다. 폴은 20연승을 기록할 확률을 미리 계산해보았다. 그에 따르면 20연승의 확률은 100만분의 14였다. 이제 그는 11점 앞섰던 상황에서 패배할 확률을 계산하고 있었다("100만분의 14까지는 아니더라도 거의 비슷한 수준입니다").

빌 제임스는 《1983년 야구 개요》에서 이날 밤 경기와 같은 상황을 예상한 적이 있었다. 제임스는 야구에서 적용되는 일명 '경쟁력 균형의 법칙'을 소개했다. 그는 "세상에는 부정적인 타성이 존재한다"면서 다음과 같이 기술했다.

> 부정적인 타성은 강팀과 약팀, 앞선 팀과 뒤처진 팀, 훌륭한 선수와 그렇지 못한 선수의 차이를 감소시키는 방향으로 끊임없이 작용한다. 그 필연적인 결과는 다음과 같다.
>
> 1. 모든 형태의 강점은 하나의 약점을 숨기는 동시에 또 다른 약점을 만들어낸다. 따라서 모든 형태의 강점은 동시에 약점이기도 하며, 모든 형태의 약점은 강점이기도 하다.
> 2. 전략적 균형은 언제나 뒤처진 팀에 유리한 쪽으로 작용한다.
> 3. 심리 작용은 승자를 끌어내리고 패자를 끌어올리는 경향이 있다.

물리학이라기보다는 형이상학에 가까운 이 이론은 구단 전체뿐 아니라 개개인한테도 똑같이 적용된다. 간절하게 승리를 원하는 사람, 승리하는 모습을 간절히 보여주고 싶은 사람은 그렇지 않은 사람보다 전략적 우위를 점하게 된다. 하지만 간절한 갈망은 동시에 약점이 되기도 한다. 선수 시절 빌리는 그러한 갈망을 너무나 공개적으로 표출한 바람에 갈망이 약점을 넘어 저주가 되어버리고 말았다.

경기가 재개되고 제프 톰과 마이크 스위니는 피 튀기는 한판 승부를 벌였다. 스위니는 네 번에 걸쳐 슈퍼맨 자세의 스윙으로 파울을 쳐내더니 톰이 제10구로 던진 슬라이더를 받아쳐 좌측 담장 너머의 광고판을 명중시켰다.

11대 10이 되었다.

클럽하우스 어딘가에서 뭔가 부서지는 소리가 크게 울렸다.

감독 사무실 TV에서는 하우가 제프 톰을 미카 보위라는 좌완투수로 교체하러 다시 마운드에 올라가는 장면이 나오고 있었다. 스위니는 캔자스시티 더그아웃의 팀 동료들에게 홈런이 아니라 파울인줄 알았다며 잔뜩 흥분해 떠들어댔다. 해설자는 테하다가 평범한 3루 땅볼을 '과욕을 부리다가' 아웃시키지 못한 게 몹시 안타깝다고 말했다. 그의 실책만 아니었어도 애슬레틱스는 이닝을 진작 마무리했을 것이다. 빌리는 붉어진 얼굴에 담배로 까맣게 물든 잇몸을 드러내며 방으로 불쑥 들어오더니 말했다. "빌어먹을 톰 녀석, 그깟 슬라이더로 리그 최고의 타자를 속이려고 들어?" 그는 TV의 볼륨을 죽이더니 코펜하겐 담배통을 움켜쥐고 사라졌다. 나는 다시 감독 사무실에 홀로 남아 경기를 지켜봐야 했다.

감독 사무실은 쥐죽은 듯이 조용했다. 바깥에서는 5만 5,000여 명의 관중이 있는 힘껏 고함을 질러댔지만, 이곳까지는 전달되지 않았다. 불쌍한 하우 감독! 개인적인 물품이라고는 찾아볼 수 없는 그의 사무실은 빌리가 그를 보는 시선이 세상의 시선과 너무나도 다르다는 것을 암시해주었다. 빌리 밑에서 그가 이렇게 오래 버틸 수 있었던 것도 어찌 보면 놀라운 일이었다. 방 안에는 '낙관주의자의 신조'라는 경구가 액자에 걸려 있고, 전설적인 미식축구 감독인 빈스 롬바르디의 명언이 담긴 장식판도 있었다. 또한 비어 있는 커피주전자와 커피크림통이 보였다. 감독의 흰색 포마이카 책상 뒤편 벽에는 '금연해주셔서 감사합니다'라고 적힌 종이가 붙어 있었다. 그가 메이저리그라는 그들만의 비밀스러운 세계에 속해 있음을 암시하는 사진들도 있었다. 그중 한 장은 하우가 더그아웃 계단에 서 있는 사진이고, 다른 한 장은 립켄의 서명이 들어 있는 하우와 칼 립켄 주니어('철인'으로 불리는 볼티모어 오리올스의 전설적인 유격수 – 옮긴이)의 사진이었다. TV에서 하우는 달관한 표정을 유지하고 있었다. 그의 얼굴 밑으로 1936년 필라델피아 애슬레틱스가 세인트루이스 브라운스에 패배한 이래 애슬래틱스가 11점 차로 앞섰던 경기에서 패한 적은 한 번도 없었다는 뉴스가 자막으로 나왔다. 이처럼 야구에는 너무나도 많은 역사와 전통이 있다. 그 역사와 전통을 존중할 수도 있고, 자기 이익을 위해 이용할 수도 있다. 하지만 장소와 시간을 불문하고 역사와 전통은 끊임없이 이어진다.

캔자스시티의 8회 초 공격에서 미카 보위가 스리아웃을 잡아낸 뒤 애슬레틱스는 8회 말 공격을 너무 허무하게 마쳤다. 9회 초 마무리 투수 빌리 코치를 상대로 캔자스시티는 타자 한 명을 2루로 내보냈다. 투아웃에 루이스 알리시아라는 허약한 타자를 상대로 투 스트라이크까지 가면서 경기는 끝이 나는 듯했다. 그 순간 알리시아가 좌중간 안타를 때렸다.

11대 11이었다.

클럽하우스 어딘가에서 날카로운 고함 소리가 들리더니 금속끼리 부딪치는 쨍그랑 소리가 들려왔다. 나는 감독 사무실의 문을 열고 바깥을 훔쳐보다가 마침 해티버그가 타격 연습장에서 오클랜드 더그아웃으로 통하는 터널을 지나가는 장면을 보게 되었다.

해티버그는 경기에 나설 준비가 되어 있지 않았다. 그는 마음의 준비도 되지 않은 상태였고, 방망이까지 엉뚱한 걸 들고 있었다. 감독한테서 오늘 밤 출전하지 못할 거라는 말을 들은 뒤 그는 커피를 연속으로 들이켰다. 해티버그는 이름도 기억하지 못하는 낯선 누군가와 잠깐 앉아서 잡담을 나누었는데, 그 사람은 자신이 손으로 직접 깎았다는 방망이를 보여주었다. 해티버그는 그 사람이 만든 방망이 중 하나를 집어들었는데, 그것은 검은빛이 도는 단풍나무 재질에다 손잡이 주위에 흰색 고리가 그려져 있었다. 그는 방망이를 잡는 순간 그 느낌이 마음에 들었다.

대부분의 선수처럼 해티버그도 마이너리거 시절 루이빌슬러거 사와 계약을 맺고 그 회사의 방망이만 쓰기로 합의했다. 오늘 밤은 출전할 기회가 없다고 확신했던 그는 낯선 사람이 준 사제 방망이를 들고 더그아웃으로 갔다. 점수가 11대 0까지 벌어지자 그는 마음을 놓은 채 방망이를 무릎 사이에 끼고 커피를 넉 잔이나 들이켰다. 9회 말 무렵 그는 카페인에 완전히 취해 있었다. 게다가 한 번도 쳐본 적 없는 방망이까지 손에 쥐고 있었다.

점수는 여전히 11대 11이었다. 캔자스시티의 마무리 투수 제이슨 그림슬리는 마운드에 서서 평소처럼 각도가 큰 싱커를 던졌다. 저메인 다이는 오른쪽으로 뜬공을 날리면서 원아웃을 기록했다. TV 카메라는 애슬레틱의 더그아웃을 비췄는데, 많은 선수가 이미 진 것과 다름없다는 표정을 짓고 있었다. 11점 차로 앞선 경기에서 진다는 것은 단지 한 경기에서 패배한 이상의 의미를 담고 있었다. 그들은 자신들의 운이 다했다는 사실을 인정하는 듯한 표정이었다.

하우 감독은 해티버그에게 방망이를 잡으라고 했다. 그를 대타로 기용하기로 한 것이다. 해티버그는 무명의 장인이 준 방망이를 움켜쥐었다. 마이너리거 시절 루이빌슬러거 사와 맺은 계약을 위반하는 행위였지만, 그런 걸 따질 겨를이 없었다.

해티버그는 바로 이틀 전에도 비슷한 상황에서 그림슬리를 상대한 적이 있다. 똑같이 9회 말에 동점 상황이었지만, 그때는 주자가 있었다. 그는 오늘 밤 녹화테이프를 볼 필요도 없었다. 그림슬리 같은 투수를 상대할 때는 무슨 공이 날아올지 뻔했다. 155킬로미터짜리 직구였다. 또한 어느 위치로 날아올지도 대충 짐작이 갔다. 스트라이크존의 아래쪽이거나 바로 밑이었다. 이틀 전에 그림슬리는 그한테 싱킹패스트볼(변화구의 일종으로, 빠른 직구처럼 날아가다 중간에 가라앉는 투구 – 옮긴이)을 6개 연속 아래쪽이나 바깥쪽으로 던졌다. 해티버그는 마지막 공에 방망이를 휘둘러 2루 방향으로 힘없는 땅볼을 쳐냈다(후속 타자인 테하다는 좌중간으로 결승타를 때렸다). 당시에는 실망만 안겨주었던 경험이 지금은 유용하게 사용될 거라는 생각이 들었다. 그는 그림슬리의 투구를 여섯 차례에 걸쳐 보면서 충분한 정보를 얻었다. 이제 그는 가능한 그림슬리의 낮은 싱커에 속아선 안 된다는 것을 알고 있었다.

오늘 밤 해티버그는 타석에 들어서면서 투 스트라이크를 얻기 전에는, 즉 어떤 공이든 칠 수밖에 없는 상황이 오기 전까지는 아무 공에나 방망이를 내지 않고 마음에 드는 공을 기다리겠다고 다짐 또 다짐했다. 그는 2루타를 칠 수 있는, 다시 말해 득점권에 들 수 있는 공을 기다렸다.

해티버그는 평소처럼 오른발을 뒤로 뺀 자세를 잡고 처음 티샷을 준비하는 골퍼처럼 검은 광택이 도는 사제 방망이를 앞뒤로 흔들었다. 스트레치 자세를 취하는 그림슬리의 얼굴이 기괴하게 일그러졌다. 그는 투구를 할 때 씩 웃어 보이곤 했는데, 결코 친근한 웃음은 아니었다. 재미삼아 파리 날개를 떼어내는 사람이나 지을 법한 그런 웃음이었다. 그 웃음을 본 TV 시청자들은 어쩐지 불안해졌다. 하지만 해티버그는 그림슬리의 얼굴을 보지 않았다. 그는 그림슬리의 손이 어느 위치에서 공을 던질 것인지만 주시했다. 그리고 정확한 타이밍을 포착할 수 있는 단 한 개의 공을 기다리며 생각했다. '만약 초구를 그냥 보내버리면 다음 공은 스트라이크존에 꽂힐 것이다.' 그는 끊임없이 자신에게 다짐했다. '초구는 그냥 보내자.' 올해 아메리칸리그 전체에서 초구에 손대지 않기로 선두를 달리는 그가 초구를 보내야 한다고 스스로 주문을 걸어야 하는 상황인 걸 보니 아무래도 카페인 때문임이 틀림없었다.

해티버그는 초구를 흘려보냈다. 스트라이크존 바로 밑을 스치는 볼이었다. 그림슬리는 또 한 번 끔찍한 표정을 짓더니 다시 투구자세를 취했다. 두 번째 공은 높게 형성된 직구였다. 해티버그는 방망이를 짧게 휘둘렀다. 공은 방망이의 중심에 맞더니 우중간 깊숙한 방향으로 솟구쳐 올랐다.

해티버그는 타석을 벗어나 몸을 웅크리고 달리기 시작했다. 3루수 방향으로 타구가 날아가자 최대한 빨리 움직여야 한다는 생각뿐이었다. 그는 그림슬리가 화를 터뜨리는 장면을 보지 못했다. 5만 5,000여 명의 관중이 터뜨리는 환호성도 들리지 않았다. 1루수가 필드를 벗어나려고 돌아서는 모습도 알아채지 못했다. 그는 쿠퍼스타운에 있는 명예의 전당에서 나온 직원이 그를 뒤따라 베이스들을 집어들고, 뒤이어 방망이를 찾아 나서리라는 것도 알지 못했다. 콜리세움 구장 전체에서 공이 어디로 가는지 모르는 사람은 공을 때려낸 당사자가 유일했다. 해티버그만이 늦은 밤하늘을 가르는 공을 무심히 바라보았다.

공은 그냥 담장을 넘긴 게 아니었다. 우중간의 110미터 표시를 넘어서는 대형 아치를 그리며 관중석 상단에 꽂혔다. 해티버그는 마침내 공이 완전히 넘어갔다는 것을 확인하고 양손을 머리 위로 번쩍 치켜들었다. 승리에 취해서라기보다는 믿기지 않는다는 몸짓이었다. 1루를 돌고 난 뒤 그는 오클랜드 더그아웃을 바라보았다. 하지만 그곳엔 아무도 남아 있지 않았다. 선수 전원이 필드로 달려나오고 있었다. 그는 "내가 해냈어!"라고 말하지 않았다. 그 대신 "우리가 해냈어! 우리가 이겼다고!"라고 외쳤다. 그는 몇 발짝 뛸 때마다 조금씩 세월을 거꾸로 먹더니 홈에 들어올 즈음엔 소년처럼 기뻐 날뛰었다.

그리고 5분도 채 지나기도 전에 빌리는 나를 바라보며 그저 또 한 번의 승리를 거둔 것뿐이라고 말했다.

CHAPTER 12

생각의 속도

The Speed Of The Idea

MONEYBALL

그들이 하는 말은 하나같이 똑같았어요.
결국에는 '양키스와 경쟁할 만한 돈을 달라, 그러면 양키스를
이겨 보이겠다'는 거였죠. 나는 앞으로의 전략을 가진 사람을
원한다고 말했는데도 그들은 내 말뜻을 알아듣지도 못하더군요.
나는 '1억 5,000만 달러를 주면 승리를 가져다주겠소'라는
말을 하는 사람을 원한 게 아니었는데 말입니다.
– 폴 고드프리

빌리 빈은 경기나 선수 또는 자신의 경험에 대한 감상적인 기분을 한사코 거부했다. 그는 섬세한 감정 따위에는 철저히 담을 쌓고 지내려는 사람처럼 보였다. 과거의 선수 시절을 낭만적으로 회상하기는커녕 혐오스러워하기까지 했다. 이런 점에서 그는 대부분의 야구인과 달랐다. 메이저리그 출신은 대개 그 시절의 환영에 젖어 있기 때문이다.

그러나 대부분의 선수 출신이 선수 시절의 경험, 즉 과거의 경기 방식을 그리워하는 것이 전통에 반하는 오클랜드 애슬레틱스에서 문제를 일으켰다. 오클랜드는 경험이 풍부한 사람을 필요로 했지만, 그들은 대개 선수 출신다운 태도에 그들 고유의 예감과 직감까지 지니고 있었다. 빌리는 종종 자신이 선수나 코치들의 과거와 싸우고 있다는 기분이 들었다. 또한 조직 전체에서 똑같은 데이터를 놓고도 자신과 같은 결론을 이끌어내는 사람은 폴 디포디스타가 유일하다는 느낌도 받았다. 플레이오프가 다가오면서 이러한 문제는 갈수록 심각해지기만 했다.

정규 시즌이 끝나기 하루 전, 애슬레틱스의 내야 코치 론 워싱턴과 타격 코치인 태드 보슬리는 알링턴 볼파크(텍사스 레인저스 홈구장 – 옮긴이)의

원정팀 클럽하우스에서 나와 타격 연습장으로 향했다. 애슬레틱스는 텍사스 레인저스를 상대로 정규 시즌의 마지막 3연전 중 두 번째 경기를 치르려는 참이었다. 워싱턴과 보슬리는 코치라기보다는 감식가에 가까운 시선으로 레이 더럼의 타격 연습을 지켜보았다.

땅!

두 사람은 오클랜드를 잠시 스쳐간 다른 스타들처럼 더럼이 떠나가기 전 마지막으로 감정이 듬뿍 담긴 눈길로 그를 바라보았다. 빌리가 다음 시즌에 더럼과 재계약할 가능성은 희박했다. 그에게 뭔가 문제가 있어서는 아니었다. 그는 메이저리그의 어느 단장이든지 칭찬해 마지않는 자질을 모두 갖췄다. 선두타자로서의 적극성과 뛰어난 주루 능력에다 5년 전보다 못하지만 여전히 뛰어난 2루수로서의 명성도 갖고 있었다. 선수시장에서 더럼은 약간 과대평가돼 있기는 하지만, 설사 제값을 매긴다고 해도 빌리는 그를 보유할 돈이 없었다. 선수시장도 더럼의 실력만큼은 효율적으로 평가를 내리고 있었다.

두 사람은 처음에 아무런 사심 없이 대화를 시작했다.

먼저 워싱턴이 시작했다. "더럼 좀 보게."

땅!

"저렇게 작은 몸에서 어떻게 저런 힘이 나오나 몰라. 자칫 실투라도 했다간 당장 얻어맞고 말걸."

그러자 보슬리가 받아쳤다. "정말 사내다운 스윙이지. 아주 위협적인 친구야."

이번에는 워싱턴이 말을 받았다. "단타나 치게 생겼지만 우습게 봤다간 큰코다치지."

땅! 더럼이 그들의 대화를 들었는지는 확실하지 않다.

보슬리가 말했다. "더럼이 처음 여기 왔을 때 가장 인상 깊었던 게 뭔지 아나? 바로 1루까지 달려가는 모습이었어."

갑자기 워싱턴이 내게 말을 건넸다. "우리 팀에 있는 유일한 도루왕이지요. 도루왕이 뭔지 압니까?"

나는 모른다고 했다.

"도루왕이라는 건 경기장에 있는 사람들 모두 '저 친구가 뛰겠구나'라고 생각할 때 정말로 뛰어 도루를 성공시키는 선수죠."

땅!

워싱턴은 1970년대 초 캔자스시티 로열스에서 선수로 선발됐는데, 당시 로열스는 육상 선수를 뽑아 야구 선수로 전향시키는 작업에 한창이었다. 로열스는 속도에 목을 맸고, 그 덕에 단거리주자였던 워싱턴은 야구 선수가 될 수 있었다. 워싱턴의 말에 따르면, 매 경기마다 그와 팀 동료들은 투수가 처음 공을 던질 때부터 달리기 시작해서 마지막 공이 나올 때까지 멈추지 않았다고 했다. 그러더니 "가끔은 뛰지 않을 때도 있기는 했지"라고 말했지만, 그런 때가 과연 언제였는지 한참 생각하고 나서야 간신히 당시의 기억을 떠올렸다. "가령 놀란 라이언을 상대할 때는 뛰어선 안 돼. 라이언 앞에서 뛰었다가는 그가 열 받아 길길이 뛸 테니까. 그냥 1루에 엉덩이 붙이고 있으면서 다음 타자가 뭔가 해주길 기다려야지."

나는 대화가 어떻게 전개될지 짐작도 못 한 채 워싱턴에게 젊은 시절 도루를 몇 개나 했느냐고 물었다.

그는 무덤덤하게 말했다. "1년에 57개까지 훔쳤어."

더럼이 살짝 돌아보더니 믿을 수 없다는 표정으로 머리를 치켜들었다.

워싱턴은 더럼을 똑바로 쳐다보며 이렇게 말했다. "보슬리는 90개까지 훔쳤어."

이 말에 보슬리는 고개를 끄덕였다.

더럼은 깜짝 놀라 방망이를 내려놓았다. "90개를 훔쳤다고요?"

그러나 보슬리는 별일 아니라는 듯 다시 고개만 끄덕였다.

"젠장!" 이제 더럼은 대화에 완전히 빠져들었다. 그는 마치 기차 옆자리에 앉은 독일인이 오래전 잃어버린 사촌이라는 사실을 알아낸 미국 관광객처럼 보였다. 그는 다시 물었다. "그런데 여기는 꽤 다르죠?"

그 질문은 다분히 수사적이었다. 더럼은 이곳이 다른 구단과 얼마나 다른지 몸소 체험해 알고 있었다. 두 달 전 빌리는 시카고 화이트삭스에서 그를 거의 공짜로 데려오다시피 했다. 더럼은 새로운 팀과 맞이하는 첫 경기를 앞두고 더그아웃에 앉아 있었다. 오클랜드의 담당기자들이 그의 주위로 한꺼번에 몰려들었다. 입단 소감을 물은 데 이어 그들이 두 번째로 던진 질문은 "빌리가 당신을 중견수로 배치한 걸 어떻게 생각하세요?"였다. 그날 그는 처음으로 빌리의 엉뚱한 계획을 들었다. 고등학교를 졸업한 이후 그는 한 번도 외야 수비를 맡은 적이 없었다. 더럼은 팀에 도움이 되는 일이라면 무엇이든 기꺼이 하겠다고 예의바르게 대답했지만, 그의 휘둥그레진 눈은 '젠장 지금 나한테 농담하는 거야?'라고 말하고 있었다. 그 즉시 더럼의 에이전트는 빌리에게 전화해서 올스타 2루수인 더럼은 시즌 직후 자유계약 선수가 될 예정이므로 외야를 맡을 수 없다고 말했다. 더럼은 땀투성이의 비루한 손으로 요행히 시즌 절반 동안 자신을 잡아둔 하류 팀에 기꺼이 공격력을 빌려줄 의사는 있었지만, 오클랜드 애슬레틱스의 중견수로 구경거리가 되어 자신의 시장가치를 떨어뜨리고 싶지는 않았다.

그렇게 해서 더럼은 야구의 효율화라는 명목으로 빌리가 세운 계획을 무산시켰다. 하지만 도루를 하지 말라는 코치의 지시는 그대로 따랐다. 선수생활 내내 더럼은 도루 능력을 최우선으로 인정받았지만, 오클랜드에 도착한 순간부터 코치들은 그에게 타자가 공을 칠 때까지 누상에 가만히 머물러 있으라고 했다. 빌리가 더럼을 트레이드해온 이유는 그의 도루 능력 때문이 아니라 아웃을 당하지 않는 재주, 즉 출루 능력 때문이었다. 그렇게 그는 선수생활 최초로 누상에서 안전한 플레이를 하게 되었다. 미학적 관점에서 보자면 실로 안타까운 일이었다. 더럼에게 마음껏 주루 실력을 발휘하도록 했다면 그는 롤러코스터처럼 질주했을 테니 말이다. 어느 날 시애틀 매리너스와 경기할 때였다. 상대 투수의 폭투가 나오자 그는 단숨에 2루에서 3루로 질주한 뒤 정상적으로 3루에서 멈추는 대신 그대로 베이스를 돌아 홈으로 돌진했다. 경기장 전체에 숨 막히는 긴장감이 흘렀다. 시애틀의 포수는 황급히 몸을 날려 홈플레이트를 막아섰고, 투수는 애간장이 탔다. 4만 명의 시애틀 팬은 거대한 롤러코스터의 첫 번째 꼭대기에 올라선 것처럼 숨을 죽였다. 그런데 더럼은 갑자기 끽 소리를 내며 멈춰서더니 재빨리 3루로 돌아가 낄낄 웃었다. 그는 자신의 두 다리로 사람들의 마음을 들었다 놨다 하는 법을 알았던 것이다.

더럼에게는 달리지 않는 것이 숨 쉬지 않는 것만큼이나 부자연스러웠다. 그러나 이곳에서는 자신의 빠른 발뿐 아니라 감정까지 억누르고 지내야 했다. 그럼에도 고작 "그런데 여기는 꽤 다르죠?"라고 말한 것이다.

워싱턴이 코웃음을 치고 말했다. "엉망이지 뭐. 올해 우리 팀 도루가 25개야. 그중 8개는 선수가 임의대로 뛴 거고, 10개는 풀카운트 상황이었지. 감독이 신호를 보낸 건 겨우 7개라고." 시즌 160경기 중에서 아트 하우 감독이 주자에게 도루 지시를 내린 게 고작 일곱 번이라니, 이 정도면 신기록감이었다.

워싱턴이 더럼에게 물었다. "자네 이번 시즌에 도루가 몇 개인가?"

"25개요."

워싱턴은 나한테로 시선을 돌리며 이렇게 말했다. "여기 오기 전에 기록한 게 22개입니다. 그러니 여기 와선 3개만 훔친 셈이죠. 그중 두 번은 그가 자의로 뛴 거고요."

보슬리가 불길한 말투로 말했다. "자네는 이 팀에서 뛰면서 자의로 도루를 했단 말이지."

워싱턴이 말했다. "그래, 이 팀에는 규칙이 있어. 규칙에 따르면 별일 없지만, 그러지 않았다간 지옥을 맛보게 될 거야." 빌리가 사탄이라도 되는 듯한 말투였다.

더럼은 기가 막힌다는 듯 고개를 젓고 다시 타격자세를 취했다.

땅!

보슬리가 장담하듯 말했다. "주루플레이를 무시했다가는 베이스에서 어떻게 뛰는지 잊어버리게 될걸."

워싱턴은 계속해 주절거렸다. "재미있는 얘기 하나 해줄까? 나랑 3루 코치 자리에 서서 엉터리 같은 녀석들이 뛰어오는 꼴을 한 번 보라고. 이 팀 선수들은 하나같이 1루에서 3루까지 어떻게 뛰어야 하는지도 모른다니까." 워싱턴은 수비에는 쓸 돈이 없는 팀의 내야 코치인 동시에 스피드에 쓸 돈도 없는 팀의 3루 코치이기도 했다. 타구가 담장으로 향할 때마다 그는 빌리가 보낸 선수들의 주루 능력을 고려해 세심하게 계산해야 했다. 주루 능력을 과대평가하고 있다는 말 따위는 듣고 싶지 않았다.

더는 타격에 집중할 수 없었던 더럼이 말했다. "플레이오프에서는 신중한 게 별로 도움이 되지 않아요."

워싱턴과 보슬리는 그 말에 아무 말도 하지 않았다. 더럼은 앞으로 3주 후면 자유계약 선수로 풀려 수백만 달러를 주는 어느 팀으로든 가게 될 것이다. 따라서 빌리의 운영 방식을 놓고 무슨 말이든 할 수 있었다. 며칠 후면 오클랜드 애슬레틱스는 플레이오프 1차전에서 미네소타 트윈스와 맞붙는다. TV와 신문에서는 플레이오프가 정규 시즌과 얼마나 다른지를 끊임없이 떠들어댔다. 그들에 따르면 플레이오프는 얼마나 점수를

'짜내는지' 여부에 달려 있다. 플레이오프는 실전 경험이 중요하며, 과학은 아무런 역할도 하지 못한다.

더럼은 계속 자신의 생각을 털어놓았다. "난 8대 5처럼 점수가 많이 나오는 플레이오프 경기는 별로 보지 못했어요. 언제나 1대 0 아니면 2대 1이죠."

그러자 워싱턴이 대답하듯 이렇게 말했다. "중요한 건 빌리가 누상에서 아웃당하는 걸 싫어한다는 거야."

더럼은 애석하다는 듯 고개를 흔들고 나서 다시 스윙을 시작했다.

나는 우연히도 오클랜드 애슬레틱스 내에서 혁명을 꿈꾸는 사람들, 즉 여전히 스피드가 필요하다고 믿는 세 사람의 비밀스러운 공모에 끼어든 셈이었다. 이들은 결코 어리석지 않았다. 더럼은 사채업자만큼이나 상황 판단이 빨랐다. 워싱턴은 말끝마다 《바틀릿의 친숙한 인용문Bartlett's Familiar Quotations》(미국의 출판인 존 바틀릿이 편찬한 인용문 모음집-옮긴이)에 나온 격언을 들먹일 만큼 유식했다. 또한 보슬리는 야구 이외의 분야에서도 성공을 거둔 사람이었다. 그는 메이저리그에서 13년을 보낸 뒤 7년이 넘는 세월을 집필과 음반 제작에 매진했다. 보슬리는 선수 출신이면서도 외부인의 시각을 가졌는데, 빌리가 그를 고용한 이유도 바로 그 때문이었다. 보슬리는 오클랜드 애슬레틱스에서 자신에게 맡긴 특별한 역할, 즉 '타격 코치'가 아닌 '출루 교관'으로서의 임무를 기꺼이 받아들였다. 그는 프런트가 평균 타율에 관심을 갖지 않아도 그러려니 했다. 하지만 주루플레이를 무시하는 것은 또 다른 문제였다.

워싱턴은 자조 섞인 말투로 이렇게 말했다. "더럼은 예전부터 누상에서 적극적으로 움직여야 한다는 말을 듣고 자랐지. 여기 오기 전까지는 한 번도 공격적으로 주루플레이를 한다고 질책당한 적이 없을 거야."

땅! 더럼은 불펜 포수인 브랜든 버클리의 발에 맞는 직선타를 날렸다.

칸막이 뒤에서 그에게 공을 던져주던 버클리가 껑충껑충 뛰며 어디 부러진 데가 없는지 살피는 사이 더럼은 몸을 돌려 말했다. "화이트삭스에서는 공격적인 플레이를 하다 나온 실수는 실수가 아니라고 했어요."

워싱턴은 그와 동질감을 느꼈다. 이곳에서는 주루플레이의 표본과도 같은 더럼을 데려다 놓고 정작 주루플레이는 안중에도 없었던 것이다. 그는 더럼에게 물었다. "자네는 타구를 날리고 나면 무슨 생각이 드나?"

"당연히 2루까지 가야겠다는 생각이 들죠."

"공이 계속 굴러가는 한 말인가?"

"계속 달리는 거죠."

"계속 달린다는 말이지."

"그러다 보면 1루타가 2루타가 되죠." 더럼은 확신에 차 말했다.

"2루타는 3루타가 되고." 이번엔 워싱턴이 말을 받았다.

잠시 동안 모두 아무 말도 하지 않았다. 그런 다음 워싱턴이 입을 열었다. "여기는 상황이 달라. 만일 누군가 주루플레이를 하다가 아웃이라도 당하면, 모두가 전문가랍시고 달려들어 소중한 아웃카운트를 낭비했다며 비난하지."

더럼은 고개를 갸우뚱하며 말했다. "난 이제껏 그런 일은 한 번도 겪어 본 적이 없어요."

빌리의 오클랜드 애슬레틱스가 플레이오프 진출권을 확보한 시즌에는 언제나 시즌이 끝날 무렵 두 가지 사건이 벌어졌다. 그중 하나는 소수의 프런트 직원이 조금은 꼴사납게도 언론을 이용해 연봉을 올려달라고 단장한테 압박을 가하는 것이었다. 이 중 가장 노골적으로 속내를 드러낸 사람은 감독인 아트 하우로, 그는 〈산 호세 머큐리뉴스San Jose Mercury News〉와의 인터뷰에서 장기계약 문제를 언급했다. "내가 이곳에서 보낸 시간과 그간 이룬 성과를 고려하면, 나는 충분히 자격을 갖췄다고 생각합니다. 만일 이곳에서 보장을 받을 수 없다면 다른 곳에 가서라도 보장받아야 한다고 봅니다." 그의 아내 역시 빌리가 자신들의 은퇴 후 생활을 보장할 리 없다는 것을 알고 충격받았다고 말했다. 하우는 다른 구단의 서열 체계에 자신이 얼마나 충격을 받았는지도 언급했다. "애너하임에서는 모두 감독에 대해서만 이야기하더군요. 그곳에서는 단장이 누구인지 모르는 사람이 더 많을 겁니다."

매년 벌어지는 또 다른 사건은 선장이 시즌 내내 끌고 간 유별난 항로를 놓고 기관실의 여기저기서 불만이 터져 나오는 것이었다. 코치와 선수들, 기자들까지 모두 한꺼번에 오클랜드 애슬레틱스가 번트나 도루를 하지 않는다고 걱정하기 시작했다. 특히 도루가 문제가 되었다. 빌리는 도루에 철저히 무관심했고, 그런 방식은 정규 시즌의 162경기에서는 완벽하게 통할지 몰라도 포스트시즌에서는 어리석기 짝이 없는 짓으로 받아들여졌다. 뜀박질에 소질이 없는 선수들도 포스트시즌에서는 "뭐든지 해야 한다"고 말하기 시작했다. 상대팀에 뭔가 행동을 보여줘야 한다는 것이다. 빌리는 그런 생각을 가리켜 '뜀박질에 대한 인간 본연의 욕구'라고 불렀다.

모두 정규 시즌은 까맣게 잊어버렸는데, 그래선 안 되는 일이었다. 어떻게 보더라도 오클랜드가 거둔 성적은 기적이나 다름없었다. 메이저리그 전체를 통틀어 오클랜드 애슬레틱스만큼 많은 승리를 거둔 팀은 뉴욕 양키스가 유일했다. 제이슨 지암비를 더 나은 조건의 구단으로 떠나보내면서 절망적인 상황에 빠졌을 때도 애슬레틱스는 전년도보다 1승이 더 많은 103승을 거뒀다. 경제결정론자들이 더 놀랄 만한 사실은 메이저리그에서 가장 경쟁이 치열한 지구인 아메리칸리그 서부지구에서 팀별 순위가 연봉 총액 순위와 완전히 반대였다는 것이다.

적어도 아메리칸리그 서부지구에서는 구단이 선수에게 더 많은 돈을 쓸수록 선수들이 경기에서 이길 확률은 더 줄어들었다. 다른 지구에서는 똑같은 논리가 적용되지 않았지만, 역시 경악할 만한 결과가 쏟아졌다. 메츠나 다저스, 오리올스처럼 거액을 쏟아부은 팀들은 재앙에 가까운 결과를 낸 반면, 트윈스처럼 저예산 팀이 리그 우승을 차지한 것이다.

	승	패	승차	총연봉•
오클랜드	103	59	-	41,942,665달러
애너하임	99	63	4	62,757,041달러
시애틀	93	69	10	86,084,710달러
텍사스	72	90	31	106,915,180달러

그러나 오클랜드 애슬레틱스가 엄청난 성공을 거뒀음에도 구단의 운영 방식을 바꿔야 한다는 압력이 교묘하게 이어졌다. 그 주역은 바로 언론이었다. 빌리는 TV에 출연한 전문가라는 사람이 오클랜드 애슬레틱스는 '점수를 짜내지' 못하기 때문에 이길 수 없다고 주장하는 말을 15번쯤은 들었다. 빌리는 코치와 선수들이 정말로 그 말을 믿을까 봐 걱정되기 시작했다. 그는 오클랜드 애슬레틱스와 미네소타 트윈스의 2002년 공격 부문 기록을 뽑아놓고 코치들과 자리를 함께했다. 트윈스의 팀 평

• 이 연봉의 총액 수치는 메이저리그 대상 2002년 8월 31일 기준이다. 다수의 가난한 팀이 플레이오프에 진출한 반면, 부자 팀은 월드시리즈 진출에 실패한 2002년 시즌은 마치 요술거울에 비친 모습처럼 특이한 결과를 보여주었다. 하지만 메이저리그는 여전히 구단이 성공하려면 돈이 가장 중요하다는 생각을 바꾸지 않았다. 버드 셀리그 커미셔너는 소폭이나마 수익을 거둔 오클랜드 애슬레틱스의 운명이 곧 끝날 거라는 주장을 굽히지 않았다. 그는 2003년 2월 다음과 같이 말했다. "이것은 오클랜드 애슬레틱스에 경쟁이 안 되는 구장에서 경기를 하라고 요구하는 겁니다. 새 구장을 짓지 않는다면 그들은 생존할 수 없어요."

균 타율은 애슬레틱스보다 1푼 1리가 높았고, 장타율은 5리가 더 높았다. 그런데도 득점은 32점이 더 적었다. 왜일까? 바로 팀의 출루율이 근소한 차이로 애슬레틱스보다 낮았기 때문이다. 그리고 애슬레틱스의 도루 실패가 20개였던 데 반해, 트윈스의 도루 실패는 62개였고 희생번트도 두 배에 달했다. 다시 말해 그들은 아웃카운트를 낭비한 셈이었다. 이 자료를 보고 빌리는 이렇게 말했다. "트윈스는 경기를 자연스럽게 풀어간 것이 아니라 인위적으로 조작하려고 한 겁니다. 수학적인 논리는 분명히 들어맞아요. 하지만 아무리 여러 번 증명해도 사람들이 믿지 못하니 또다시 증명해 보여야만 하죠."

플레이오프 시작과 동시에 모든 야구인이 들고 일어나 오클랜드 애슬레틱스가 실제로 좋은 성적을 낼 수는 없을 거라면서 우승 가능성을 깎아내렸다. 명예의 전당에 입성한 2루수 출신의 조 모건은 그런 야구인을 대표하는 인물이었다. 그는 애슬레틱스와 트윈스가 벌이는 총 5차전의 해설을 맡았다. 그는 매 경기마다 시청자들에게 애슬레틱스의 사고방식에 문제가 있다고 말하곤 했다. 그렇게 말한 까닭은 그가 애슬레틱스의 사고방식이 어떤 것인지 충분히 이해했기 때문이 아니라, 그저 이들의 작전이 합리적이지 않다고 단정을 내렸기 때문이다. 애슬레틱스가 1차전에서 7대 5로 패하자 모건은 기다렸다는 듯 2차전의 시작과 동시에 왜 오클랜드 애슬레틱스가 어려움에 빠졌는지 설명하기 시작했다. "포스트시즌에는 점수를 짜내야 합니다." 그 말은 번트와 도루, 더 크게 보면 아웃카운트를 한정된 자원으로만 생각해선 안 된다는 뜻이었다. 이어서 그는 믿을 수 없게도 전날 경기에서 뉴욕 양키스가 애너하임 에인절스를 이긴 이유 역시 '점수를 짜냈기' 때문이라고 설명했다.

나도 그 경기를 봤다. 8회에 양키스가 5대 4로 뒤진 상황에서 양키스의 2루수 알폰소 소리아노가 1루에 있다가 2루를 훔쳤다. 뒤이어 데릭 지터가 볼넷으로 걸어나갔고, 제이슨 지암비가 안타를 치면서 소리아노를 홈으로 불러들였다. 그다음에는 버니 윌리엄스가 3점 홈런을 날렸다. 합리적인 사람이라면 그러한 일련의 사건을 검토하면서 이렇게 말하는 게 정상이다. "휴, 소리아노가 도루에 실패하지 않은 게 천만다행이군. 돌이켜보면 그가 역전극에 찬물을 끼얹을 뻔했잖아." 하지만 그 장면을 본 조 모건은 소리아노의 2루 도루가 '생산라인'에서 점수를 '만들어내는' 과정의 일환으로, 대역전극의 계기가 되었다고 단언했다. 놀랍게도 모건은 작전 수행에서 그날의 경기가 주는 교훈이 '3점 홈런은 가만히 앉아서 기다리고만 있다가는 언제까지고 나오지 않는다'라고 결론을 맺기까지 했다.

그러나 모건의 설교가 끝나기 무섭게 그의 눈앞에서 굉장한 사건이 벌어지기 시작했다. 오클랜드의 선두타자 더럼은 볼넷으로 걸어나갔다. 그는 모건의 바람과 달리 도루를 시도하지 않았다. 더럼의 후속 타자로 해티버그가 나섰지만, 그 역시 모건의 바람처럼 번트를 대지 않았다. 대신에 그는 2루타를 날렸다. 잠시 뒤 에릭 차베스가 3점 홈런을 때렸다. 모건의 입에서 나온 말 한 마디 한 마디를 완벽하게 뒤집듯이, 그가 이렇게 해서는 절대 3점 홈런을 얻어낼 수 없다고 했던 상황이 그대로 벌어진 것이다. 그날 애슬레틱스는 볼넷을 얻고 방망이를 휘두르며 9득점을 기록했고, 원래의 모습으로 돌아온 브래드포드는 2이닝을 무실점으로 막아냈다. 하지만 이틀 뒤 미네소타에서 3차전을 갖기에 앞서 모건은 똑같은 연설을 처음부터 다시 반복했다.

결과적으로 애슬레틱스는 야구계 전체가 바라던 대로 5차전에서 트윈스에 패배하고 말았다.• 그들이 승리한 두 경기의 점수는 각각 9대 1과 8대 3이었다. 패배한 세 경기의 점수는 7대 5와 11대 2, 5대 4였다. 어느 경기도 더럼의 예상처럼 저조한 득점으로 끝나지 않았다. 그럼에도 그들이 패한 직후, 사람들은 더럼과 모건이 주장한 논리에 동조를 보내며 애슬레틱스를 비판했다. 서부 지역의 대표적인 야구 칼럼니스트인 〈샌프란시스코 크로니클San Francisco Chronicle〉의 글렌 디키는 독자들한테 "애슬레틱스는 점수를 '짜내는' 법을 몰랐기 때문에 포스트시즌의 접전 상황에서 무너져버렸다. 과거 '스몰 볼'을 신봉했던 하우 감독마저 애슬레틱스에 부임한 후로는 볼넷과 홈런 위주의 승부 방식에 매몰되어 포스트시즌에 적응하지 못했다"고 설명했다. 10월 말, 모건은 오클랜드 애슬레틱스의 문제점을 지면에서 다음과 같이 요약하기도 했다. "애슬래틱스가 패배한 이유는 그들의 2차원적 사고방식 때문이다. 그들은 투수력과 홈런이라는 두 가지 요소에만 의존했다. 그들은 주루플레이를 활용하지도, 점수를 뽑아내려 애쓰지도 않은 채 그저 홈런이 나오기만을 마냥 기나렸다."

오클랜드 애슬레틱스의 프런트는 쏟아지는 비판 앞에서도 초연했다. 폴 디포디스타는 사태가 진정되기를 기다렸다가 이렇게 말했다. "도루는 하든 안 하든 지적 대상이 됩니다. 만일 우리가 지면 도루 때문이고 이겨도 도루 때문이죠." 그런 다음 계산기에다 숫자를 두드렸다. 애슬레틱스는 트윈스를 상대로 총 다섯 차례의 경기에서 경기당 5.5점을 뽑아냈다. 점수를 '짜내지' 않았어도 정규 시즌에서보다 플레이오프에서 더 많은 득점을 기록한 것이다. 폴은 계속해서 말했다. "진짜 문제는 정규 시

● 총 5차전에서 해티버그는 14타수 7안타 중 볼넷 3개에 삼진은 없었으며 홈런 1개, 2루타 2개에 5득점 3타점을 기록했다. 브래드포드는 10타자를 상대로 아웃 9개를 잡아냈으며, 그중 일곱 번은 땅볼아웃이었다. 그가 맞은 1개의 안타는 빗맞은 안타였다. 브래드포드는 20연승 직후 슬럼프에서 탈출했다. 그가 자신감을 되찾은 것은 해티버그가 그를 상대한 타자들이 어쩌다 1루를 밟으면 뭐라고 하는지 말해주면서부터였다. 애너하임의 2루수인 애덤 케네디는 브래드포드한테서 빗맞은 안타를 쳐낸 뒤 해티버그에게 이렇게 말했다. "맙소사, 저게 135킬로미터짜리 공이라니 말이 된다고 생각해요?"

즌에는 경기당 4점만을 내주었는데 플레이오프에서는 실점이 5.4점으로 늘어났다는 겁니다. 표본 사이즈가 작으니 별로 의미가 없기는 하지만, 그래도 우리의 공격철학에 대한 비판이 얼마나 터무니없는지 보여주기엔 충분하죠."

진짜 문제는 이전까지 큰 경기에 강한 면모를 보인데다 미네소타 트윈스를 상대로 완벽한 투구를 해왔던 팀 허드슨이 두 차례의 등판에서 형편없이 무너졌다는 것이다. 아무도 그런 일까지 예상해보지는 않았다.

포스트시즌 제도는 왜 야구계가 과학적 연구의 성과, 다시 말해 지극히 합리적인 구단 운영 방식에 그렇게까지 반발하는지를 부분적으로 설명해준다. 이는 그저 구단을 운영하는 주체가 예전에 해왔던 방식만 고집하는 고루한 야구인이기 때문만이 아니었다. 정규 시즌이 막을 내린 직후 포스트시즌이라는 거대한 도박판이 벌어진다는 이유도 있었다. 플레이오프에서는 합리적인 운영 방식이 수포로 돌아가고 마는데, 정규 시즌과 달리 단기전에서는 표본 사이즈가 너무 작아 예상 밖의 일들이 벌어지곤 하기 때문이다. 세이버메트리션이자 《야구의 이면》의 저자인 피트 팔머가 계산한 바에 따르면 실력에 따라 좌우되는 점수는 경기당 약 1점이지만, 운에 따라 좌우되는 점수는 경기당 4점이다. 장기간에 걸쳐 시즌을 치르다 보면, 각 구단에 운이 공평하게 돌아가고 결국 실력 차이가 빛을 발한다. 그러나 5전 3승제나 7전 4승제로 치러지는 경기에서는 어떤 일이라도 벌어질 수 있다. 가령 5차전 경기라면, 가장 형편없는 팀이 최고의 팀을 이길 확률은 15퍼센트나 된다. 데블레이스 같은 최약체도 양키스를 이길 가능성이 있다는 말이다. 과학적인 야구를 구사하는 팀이 약간의 우위를 점할 수는 있을 테지만, 그 정도의 우위는 언제든지 행운에 의해 뒤집힐 수 있다. 이처럼 메이저리그의 시즌 운영 방식은 합리성을 조롱할 수밖에 없도록 짜여 있다.

가장 중요한 포스트시즌에서 과학이 적용될 수 없으므로 야구인들한테는 본래의 미개한 방식으로 되돌아갈 핑곗거리가 하나 더 늘어난 셈이었다. 메이저리그는 (금전적으로는 아니더라도) 심리적으로 승자독식의 구조로 이루어졌다. 월드시리즈에 오르지 못한 팀은 아무리 화려한 시즌 성적을 거두었어도 인정받지 못했다. 모두 애슬레틱스의 시즌이 실패로 끝났다고 생각하는 가운데 폴 디포디스타는 이런 말밖에 할 수 없었다. "사람들이 계속해서 우리 방식이 효과가 없다고 믿었으면 좋겠군요. 그러면 우리가 몇 년을 더 벌 수 있으니까요."

빌리는 팀이 플레이오프에서 좌절한 상황에서도 놀랄 만큼 침착했다. 트윈스를 상대로 2차전이 시작되기 전 그에게 왜 그처럼 초연하냐고, 즉 왜 중계기를 들고 주차장을 돌아다니지 않느냐고 묻자 그는 말했다. "내 방식은 플레이오프에서는 통하지 않거든요. 내 역할은 플레이오프에 올려놓는 데까집니다. 그 뒤에 벌어지는 일은 빌어먹을 운에 달렸죠." 정작 분통을 터뜨린 사람은 폴 디포디스타였다. 폴은 5차전이 끝나고 모두 집으로 돌아간 늦은 밤, 혼자 비디오실에 남아 의자에다 방망이를 내리치며 분을 삭였다.

빌리의 태도는 마치 경영진이 할 수 있는 일은 장기전에서 우승할 수 있을 만큼 훌륭한 팀을 만드는 것이 전부라는 식이었다. 포스트시즌에는 특별한 비법이랄 게 없다. 굳이 있다면 세 명의 훌륭한 선발투수를 보유하는 것이고, 그는 이미 그런 투수진을 갖고 있었다.

빌리는 팀이 패배하고 일주일가량 객관적인 태도를 유지했다. 그러나 자신의 팀이 명백히 한 수 아래의 미네소타 트윈스에 패했다는 현실 앞에서 끝내는 속이 곪아터지고 말았다. 또한 겉으로는 아무 말 없었지만, 자신이 이룬 성과에 아무도 고마워하지 않는 현실을 좀처럼 믿을 수 없었던 게 분명했다. 심지어 다른 구단주 대비, 투자한 돈의 몇 배는 더 벌어들였을 그의 구단주조차 불만을 늘어놓았다. 대중의 반응에 빌리도 점점 지쳐갔다. 이러한 상황에 심기가 불편해진 빌리는 언제나 그렇듯 트레이드 대상을 물색하기 시작했다. 하지만 자연스럽게 관심이 쏠리는 선수가 당장 없었고, 구단 내에서 내쫓아야 속이 시원할 사람은 감독인 하우가 유일했다. 오래지 않아 그는 하우를 트레이드해야겠다는 참신한 생각을 떠올렸다.

빌리는 일주일 만에 그 생각을 실행에 옮겼다. 뉴욕 메츠의 스티브 필립스 단장에게 전화를 걸어 하우는 뛰어난 감독이지만 마지막에 맺은 1년짜리 계약을 갱신하려면 큰 폭의 연봉 인상이 불가피한데 오클랜드에는 그럴 만한 돈이 없다고 말했다. 필립스는 마침 자기 팀의 감독 바비 발렌타인을 해고하고 새로운 감독을 찾는 중이었다. 빌리는 하우를 내주는 대가로 어쩌면 선수 한 명을 데려올 수도 있겠다고 생각했지만, 결과적으로는 하우의 남은 연봉을 메츠가 대신 지급하는 걸로 끝냈다. 하우는 계약기간 5년에 연봉 200만 달러를 받는 조건으로 뉴욕 메츠의 감독을 맡기로 했다(2년 뒤 성적 부진으로 경질됨–옮긴이). 빌리는 하우를 대신해 애슬레틱스의 수석코치인 켄 마카(2006년 10월 선수들과의 불화로 감독직에서 해임됨–옮긴이)를 감독으로 선임했다.

그러고 나자 빌리의 기분은 조금 나아졌다. 하지만 효과는 오래가지 못했다. 그는 한계선에 부딪혔다는 느낌이 들기 시작했다. 이곳에서 저예산 프랜차이즈를 도맡아 할 수 있는 선에서 최대한 효율적으로 팀을 꾸려왔지만, 아무도 그 사실을 알아주지 않았다. 메이저리그 구단을 훨씬 잘 이끌어갈 수 있는 혁신적인 방법을 제시했는데 아무도 신경 쓰지 않았다. 모두가 신경 쓰는 거라고는 포스트시즌이라는 도박을 얼마나 잘해냈는지 뿐이었다. 그가 하는 일의 대가로 빌리는 고작해야 3년차 중계투수에 해당하는 연봉을 받았고, 폴은 메이저리그 최소 연봉에도 못 미치는 돈을 받았다. 빌리는 분명히 모든 선수보다 가치 있는 존재였음에도 그의 역할은 그가 트레이드해온 어떤 선수보다 훨씬 평가 절하되었다. 그는 이처럼 괴상한 시장의 비효율성에 맞설 유일한 방법이 무엇인지 알고 있었다. 바로 그 자신을 트레이드하는 것이었다.

시기적으로도 더할 나위 없이 완벽했다. 빌리의 역할에 대한 시장의 평가도 급격하게 달라지고 있었다. 1년 전 토론토에서부터 새로운 흐름이 생겨나기 시작했다. 블루제이스의 새로운 구단주인 로저스 커뮤니케이션스는 다른 어떤 구단보다도 많은 돈을 낭비해온 블루제이스가 재정적으로 자립해야 한다고 분명하게 못을 박았다. 2001년 시즌이 끝난 뒤 블루제이스의 사장직을 새롭게 맡은 폴 고드프리는 토론토 시의 전임 시장이자 야구와는 전혀 인연이 없던 인물이었다. 구단을 합리적인 방식으로 운영하겠다고 방침을 정한 그는 일단 기존의 단장을 해고하는 일부터 시작했다. 그런 다음 책상 위에 놓인 다른 29개 구단의 안내책자를 들여다보며 후임 단장을 물색했다. 그는 거의 모든 야구계 인사에게 전화를 했고, 그들 대부분과 인터뷰를 했다. 그중에는 애리조나 다이아몬드백스의 감독을 맡았다가 TV 해설자로 변신한 벅 쇼월터(현재 볼티모어 오리올스 감독 – 옮긴이)나 디트로이트 타이거스의 단장을 맡고 있는 데이브 돔브로스키도 있었다. 또한 과거 블루제이스의 영광을 이끌었으며 현재는 시애틀 매리너스의 단장인 팻 길릭(2008년 필라델피아 필리스 단장을 마지막으로 은퇴 – 옮긴이)도 있었다. 최근 텍사스 레인저스의 단장직에서 해임된 더그 멜빈, 그리고 클리블랜드 인디언스의 단장이자 훗날 레인저스에서 멜빈의 후임을 맡게 된 존 하트도 있었다.

고드프리는 이렇게 말했다. "그들이 하는 말은 하나같이 똑같았어요. 결국에는 '양키스와 경쟁할 만한 돈을 달라. 그러면 양키스를 이겨 보이겠다'는 거였죠. 나는 앞으로의 전략을 가진 사람을 원한다고 말했는데도 그들은 내 말뜻을 전혀 알아듣지 못하더군요. 나는 '1억 5,000만 달러를 주면 승리를 가져다주겠소'라는 말을 하는 사람을 원한 게 아니었는데 말입니다."

고드프리는 야구계 전체에서 돈에 정신이 팔리지 않은 단 하나의 예외적인 팀을 발견했다. 바로 빌리가 이끄는 오클랜드 애슬레틱스였다. 그는 애슬레틱스가 다른 팀과는 다른 방식으로 플레이하고 있다는 결론을 내렸다. 그들이 어떤 식으로 경기를 해왔던, 자기도 그렇게 해야겠다고 결심했다. 고드프리는 오클랜드와 장기 계약을 맺고 있는 빌리 빈에게 접근하는 것이 불가능할 거라고 생각했다. 그래서 대신 폴 디포디스타에게 블루제이스의 단장직을 제안했지만 거절당했다. 고드프리는 다시 오클랜드 애슬레틱스의 안내책자를 뒤진 끝에 폴 밑에서 일하는 누군가의 사진을 발견했다. 그의 이름은 J.P.리치아디로 애슬레틱스의 선수개발 책임자였다. 리치아디는 토론토로 날아가 인터뷰를 한 결과 5분 만에 단장직에 올랐다.

고드프리는 말했다. "리치아디는 아주 합리적인 사람이었어요. 인터뷰한 사람들 가운데 자신만의 운영 계획이 있고, 내가 너무 많은 돈을 쓰고 있다고 말한 유일한 사람이었죠. 그는 라인업을 대충 훑어보더니 이렇게 말하더군요. '이들을 전부 당신이 한 번도 못 들어본 선수들로 대체할 수 있습니다.' 그래서 내가 확실하냐고 물었더니 그가 그러더군요. '당신이 언론의 비난을 견딜 수만 있다면, 더 저렴하면서도 더 훌륭한 팀을 만들어보겠습니다. 더 저렴한 팀을 만드는 데는 몇 달이 걸리고, 더 훌륭한 팀을 만드는 데는 몇 년이 걸리죠. 하지만 예전보다 훨씬 훌륭해질 겁니다'라고 말이죠."

리치아디가 단장에 오른 뒤 첫 번째로 한 일은 28세의 하버드 졸업생 키스 로를 고용한 것이었다. 그는 실제로 야구계에 몸담은 적은 한 번도 없지만, 베이스볼프로스펙터스닷컴에 흥미로운 글을 많이 올렸다. 그건 부분적으로 빌리의 아이디어이기도 했다. 그는 게임에서 이기려면 '자네만의 폴이 필요할 거야'라고 리치아디에게 조언한 적이 있었다. 리치아디가 두 번째로 한 일은 블루제이스의 스카우터 25명을 무더기로 해고한 것이었다. 그다음 몇 달에 걸쳐 메이저리그의 검증된 고액연봉 선수 거의 전원을 내보내고 아무도 들어본 적 없는 마이너리거로 대체하는 작업을 진행했다. 2002년 시즌이 끝날 때까지 리치아디는 로와 함께 모든 블루제이스 경기를 지켜보았다. 그는 경기 중간에 자신이 총애하는 세이버메트리션에게 몸을 돌리고는 의기양양하게 소리치곤 했다. "이봐, 지금 경기장 안에 있는 우리 선수들 연봉을 다 합쳐도 180만 달러밖에 안 된다고!"

이처럼 과학으로 무장한 우수한 경영진조차 헐값에 데려올 수 있다는 것은 야구계에 존재하는 온갖 비효율성 중에서도 가장 두드러지는 측면이었다. 그리고 시장의 어리석음을 꿰뚫어볼 수 있는 예민한 판단력을 지닌 구단주들은 이 점을 잘 알고 있었다. 얼마 전 보스턴 레드삭스를 사들인 존 헨리는 오클랜드 애슬레틱스에 견주어 자신의 구단을 재점검하고자 했다. 10월 말 그는 빌 제임스를 '야구 운영 부문 수석컨설턴트'로 채용했다(헨리는 이렇게 말했다. "왜 아무도 이 사람을 아직까지 고용하지 않았는지 이해할 수가 없어요"). 또한 일을 보다 확실하게 하기 위해 보로스 매크래켄을 투수 부문 특별고문으로 채용했다. 그런 다음 구단을 운영할 적임자를 찾아 나섰다.

메이저리그에서 구단에 합리성을 적용할 수 있음을 실제로 증명해낸 사람은 단 한 명밖에 없었다. 그리고 그 사람은 2주 전 플레이오프에서 팀이 탈락한 후 자신의 자리에 염증을 느끼고 있었다. 자연스럽게 인연이 맞닿으면서 오래지 않아 빌리는 보스턴 레드삭스의 단장을 맡기로 합의했다. 그는 5년 계약에 1,250만 달러를 받기로 했으며, 이는 역대 어느 단장이 받았던 금액보다도 높은 수준이었다. 빌리는 아직 계약서에 서명하지 않았지만, 어차피 형식적인 절차에 불과했다. 오클랜드 애슬레틱스의 구단주를 설득해 남은 계약을 취소해달라고 했으며, 레드삭스에 대한 검토도 시작했다. 그는 머릿속으로 레드삭스의 3루수 시어 힐렌브랜드를 다른 구단에 트레이드할 생각을 하고 있었다. 그 선수의 평균 타율은 2할 9푼 3리였지만, 3할 3푼이라는 낮은 출루율을 감안한다면 공격에 그다지 도움이 되지 않는 선수였고, 이 점을 깨닫지 못한 구단이라면 얼마든지 그를 데려갈 게 분명했다. 또한 그는 뉴욕 메츠의 에드가도 알폰소와 샌프란시스코 자이언츠의 빌 뮬러를 데려와 각각 2루수와 3루수를 맡기고, 레드삭스의 기존 포수인 제이슨 배리텍을 내보내고 화이트삭스의 백업포수 마크 존슨을 그 자리에 앉힐 생각이었다. 장타자 매니 라미레즈는 남은 기간 수비는 세우지 않고 지명타자로 쓸 예정이었다. 그는 머릿속으로 이 모든 것을 구상해두었다.

오클랜드에서 빌리가 곧 떠날 거라는 소문이 조직 전체에 순식간에 퍼져나갔다. 폴 디포디스타가 새롭게 오클랜드 애슬레틱스의 단장직을 맡기로 했다. 폴은 하버드 출신의 동료인 데이비드 포스트를 자신의 보좌관으로 승진시켰다. 이제 폴의 주된 관심사는 자신들의 단장을 채간 보스턴 레드삭스한테서 얼마를 받아낼 것인지에 있었다. 어느 날 빌리는 업무를 보러 왔다가 새로운 상황에 맞닥뜨렸다. 그의 표현을 빌리자면 이렇다. "하버드 출신 두 녀석이 이제는 내 소파에 앉아 나한테서 얼마나 뜯어낼지 열심히 계산하고 있었다." 이제 그들은 예전과는 다른 처지에 놓인 것이다. 빌리와 폴은 논쟁을 벌인 끝에 빌리를 보내는 대가로 폴이 선수 한 명을 받는 것으로 합의를 마쳤다. 그 선수는 바로 그리스 신화에 나오는 출루walk의 신, 케빈 유킬리스였다. 과거 애슬레틱스의 고루한 스카우터들만 아니었어도 진작 오클랜드 애슬레틱스 소속이 되었을 선수였다. 그는 배리 본즈를 제외하면 프로야구 전체를 통틀어 가장 출루율이 높았다. 폴은 또 다른 마이너리거도 원했지만, 진짜 횡재는 바로 유킬리스였다.

이제 빌리에게 남은 일은 보스턴 레드삭스의 계약서에 서명하는 것뿐이었다. 그런데 그럴 수가 없었다. 존 헨리의 제안을 받아들인 지 48시간이 지나자 그는 애슬레틱스가 블루제이스에 싹쓸이 패배를 당했던 5월에 그랬듯, 제정신이 아닌 상태가 되어 분별력을 잃고 잠을 이룰 수가 없었다. 그는 대부분의 일에서 결단력이 있었지만, 자기 자신과 관련된 일에서만큼은 무기력한 모습을 보였다. 그는 시장을 이해하고 시장의 비효율성을 꿰뚫어보는 존 헨리와 일한다면 참 좋을 거라고 생각했다. 하지만 다른 구단주와 일하기 위해 5,000여 킬로미터를 이동해 새로운 곳에서 생활해야 한다는 것은 아무래도 내키지 않았다. 5일 전만 해도 빌리는 자신이 단지 돈 때문에 그 일을 수락한 게 아니라고 확신했다. 그렇지만 딱히 레드삭스를 좋아한 것도 아니었기 때문에 도대체 왜 이 일을 하려는 것인지 의문이 들기 시작했다. 그는 마침내 자신이 단지 그 일을 할 수 있음을 보여주려고 그랬을 뿐이라는 결론을 내렸다. 또한 자신의 특별한 재능이 가치 있다는 것을 증명하기 위해서였다. 그 가치는 돈으로 환산될 수 있었다. 그는 정상적인 세상에서라면 자신의 특별한 재능으로 거금을 받을 수 있다는 사실을 증명해 보이고 싶었던 것이다.

그런데 이제 빌리한테 문제가 생겼다. 그는 이미 그 사실을 세상에 증명해 보였다. 야구 기사가 실리는 모든 곳에 빌리가 역사상 최고 연봉을 받는 단장이 될 거라는 소식이 실렸다. 이제 모든 사람이 그의 진정한 가치를 알았으니, 더는 증명하려고 애쓸 필요가 없었다. 이제 그 일을 맡는 유일한 이유는 돈을 위해서가 되어버린 것이다.

다음 날 아침 그는 존 헨리에게 전화를 걸어 단장직을 맡지 못하겠다고 말했다.[•] 몇 시간 뒤 그는 한 기자에게 털어놓고 싶지 않았지만 진실임이 분명한 말을 내뱉고 말았다. "난 인생에서 단 한 번 돈 때문에 결정을 내린 적이 있습니다. 바로 스탠퍼드에 가지 않고 메츠와 계약한 일이죠. 그 후 나 자신한테 다시는 그런 일을 하지 않겠다고 맹세했습니다." 그러고 나서 빌리는 개인적인 이유에 관해 으레 늘어놓는 판에 박힌 대답만 하고 넘어갔다. 그가 했던 어떤 말도 지극히 이성적이거나 '객관적'이지 않았다. 물론 그의 행동 자체도 이성이나 객관 하고는 거리가 멀었다.

일주일 만에 빌리는 다시 오클랜드 애슬레틱스를 플레이오프에 올려놓을 계획을 짜기 시작했고, 폴 디포디스타도 보좌관으로 돌아와 그의 옆을 지켰다. 이제 그에게는 단 하나의 가장 큰 두려움만 남아 있었다. 아무도 제대로 이해하지 못할 그 두려움은 바로 그와 폴이 가난하지만 강력한 구단을 만들어낼 더 똑똑한 방법을 찾아낼 수 있는가 하는 것이었다. 그러나 그런 방법을 찾아낸다고 한들 그들이 월드시리즈 우승을 한두 번이라도 차지하지 못한다면 아무도 몰라줄 것이다. 그리고 설령 월드시리즈에서 우승한다고 한들 그의 삶이 달라질 게 뭐가 있겠는가? 그저 하루 축하받고 금세 잊혀지고 마는 수많은 단장 가운데 한 명이 될 뿐이다. 사람들은 짧은 순간이나마 그가 옳았고 세상이 틀렸음을 결코 알지 못할 것이다.

그러나 나는 빌리의 그러한 생각이 틀렸다고 본다. 그는 기묘한 형태의 생각을 담기 위한 완벽한 그릇이었다. 그리고 그 생각은 오클랜드 애슬레틱스의 주자처럼 이곳저곳으로 옮겨 다녔다. 빌리는 그 기묘한 생각

• 새로 레드삭스의 단장이 된 사람은 프로야구 경험이 전혀 없는 28세의 예일대 출신 테오 엡스타인이었다.

을 행동으로 옮겼고, 그의 행동은 중요한 결과를 만들어냈다. 그는 자신이 아니었다면 아무도 발견하지 못했을 숨은 재능을 가진 선수들의 삶을 바꿔놓았다. 그리고 그 생각의 수혜자가 된 선수들은 그에 보답하기 위해 오늘도 열심히 활약을 펼치고 있다.

에필로그

오소리의 활약

제러미 브라운은 오클랜드 애슬레틱스가 1라운드에 지명한 선수 가운데 최근까지 사람들이 기억하는 가장 의외의 인물이었다. 10월 초 타석에 들어선 그는 겉보기에는 예전 그대로의 앨라배마 휴이타운 출신의 뚱뚱한 포수였지만, 실제로는 전혀 다른 선수가 되어 있었다. 그는 여전히 173센티미터의 키에 98킬로그램의 체중을 유지했는데, 물론 청바지 모델 같은 멋진 체격과는 거리가 멀었다. 그러나 겉모습보다 중요한 다른 면에서 경험을 쌓음으로써 새로운 모습으로 탈바꿈했다.

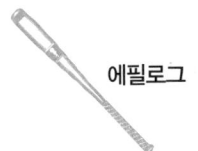

6월에 실시된 드래프트 직후인 석 달 전, 그는 애슬레틱스의 루키리그에서 뛰기 위해 캐나다 밴쿠버에 도착했다. 그곳에서 그를 기다리고 있는 것은 그의 몸매를 제물로 삼은 끝없는 농담이었다. 라커룸에서 가장 널리 읽히는 잡지인 〈베이스볼 아메리카〉는 끊임없이 그의 외모에 관해 무례한 기사를 써대고 있었다. 그들은 이름을 밝히지 않은 다른 구단 스카우터들의 입을 통해 "그는 피자라면 무조건 환장해요" 따위의 말을 싣곤 했다. 그들은 애슬레틱스의 스카우팅 책임자인 에릭 쿠보타를 끈질기게 괴롭혀 제러미 브라운 같은 외모의 선수를 1라운드에 지명한 것이 얼마나 괴상한 일인지 인정하도록 만들었다. 쿠보타는 숫제 변명하는 투로 이렇게 말했다. "신체적으로 완벽한 선수는 아니죠. 분명 보기 좋은 몸은 아닙니다. (중략) 나쁜 몸매라는 덫에 갇힌 뛰어난 야구 선수라고 할까요." 〈베이스볼 아메리카〉는 브라운의 대학 졸업앨범에 나온 사진을 실은 뒤 '억울한 나쁜 몸매'라는 표제를 붙이기도 했다. 휴이타운에 있는 그의 어머니는 이 모든 기사를 전부 읽었으며, 누군가 아들의 몸매를 가지고 놀릴 때마다 화를 내곤 했다. 그의 아버지는 그저 웃음만 터뜨렸다.

루키 팀에 있는 다른 선수들은 이를 굉장한 흥밋거리라고 여기는 듯했다. 그들은 〈베이스볼 아메리카〉가 이번에는 제러미 브라운에 관해 뭐라고 썼을지 보고 싶어 다음 호를 눈빠지게 기다렸다. 브라운과 새로 친구가 된 닉 스위셔는 가장 먼저 기사를 찾아 읽었지만, 다른 선수들과 달리 기사를 보며 분통을 터뜨렸다. 메이저리그 선수였던 스티브 스위셔의 아들인 그는 모두가 만장일치로 동의한 1라운드 지명감이었으며, 자신을 트집 잡는 사람이 있으면 절대 그냥 넘어가지 않았다. 스위셔는 사람들이 자신의 가치를 인정해주기를 기다리지 않았으며, 앞장서서 가치를 보여주려고 했다. 그는 브라운에게도 같은 사고방식을 심어주려고 애썼지만 별반 소용이 없었다. 어느 날 몇몇 선수와 함께하는 저녁식사 자리에서 스위셔는 브라운에게 이렇게 말했다. "〈베이스볼 아메리카〉에서 지껄이는 건 전부 헛소리야. 넌 야구를 잘하잖아. 중요한 건 그게 다야. 넌 야구를 잘해. 베이브 루스가 근육질이었다고 생각해? 절대 아니지, 완전 뚱보 돼지였잖아." 브라운은 여간해서는 화를 내지 않았으며, 스위셔의 격려 아닌 격려를 알아듣는 데도 조금 시간이 걸렸다. "그래, 베이브 루스는 뚱보 돼지였지. 꼭 나처럼 말이야." 식탁에 앉아 있던 모두가 웃음을 터뜨렸다.

브라운이 밴쿠버에 도착한 지 몇 주가 지난 뒤, 트레이너가 그와 스위셔를 부르더니 사무실에서 코치가 찾는다고 말했다. 브라운에게 처음 든 생각은 이랬다. '맙소사, 내가 무슨 멍청한 짓을 저지른 게 틀림없어.' 그는 언제나 윗사람이 자신에게 특별한 관심을 보일 때면 본능적으로 그런 생각을 했다. '내가 뭘 잘못한 게 분명해.' 하지만 그가 이번에 저지른 일은 타석의 절반에서 출루하는 놀라운 기록을 세웠다는 것이다. 브라운에게는 루키리그 투수가 던지는 공이 너무 쉬워 보일 정도였다. 빌리는 더 까다로운 경쟁 환경에서 그를 시험해보고, 그의 능력이 얼마나 뛰어난지 확인하고 싶었다. 코치는 브라운과 스위셔에게 비행기 티켓을 쥐여주며 그들이 오클랜드의 2002년 드래프트 출신 중 싱글A리그로 올라가는 첫 번째 선수들이라고 말해주었다.

캐나다 밴쿠버에서 캘리포니아 비살리아까지 가는 길은 도무지 끝나지 않을 것처럼 멀었다. 그들은 31시간 동안 한숨도 못 자고 경기 직전에야 도착했다. 아무도 그들에게 말을 걸지 않았으며, 다가오는 사람도 없었다. 마이너리그 내에서 승격한 선수는 언제나 그런 취급을 받았다. 새로운 팀 동료들은 그들을 달가워하지 않았던 것이다. 브라운은 "모두 멀뚱히 쳐다보기만 할 뿐 아무 말도 하지 않았어요. 우린 잘 보이려고 노력할 수밖에 없었어요. 처음부터 관계가 꼬이면 안 되니까요"라고 당시 상황을 들려주었다.

비살리아에서 맞은 첫날 밤, 그와 스위셔는 옷을 갈아입고 벤치 끝에 앉았다. 그들은 마치 원정팀 소속 선수처럼 보였다. 아무도 그들에게 다가와 인사를 건네지 않았다. 만약 스위셔가 옆에 있지 않았다면 브라운은 자기가 투명인간이 된 게 아닌가 생각했을 정도였다. 3회가 되자 팀의 기존 포수인 조지 소토라는 거구의 선수가 타석에 등장했다. 브라운은 소토가 누군지 몰랐지만, 자신과 포수 자리를 놓고 경쟁할 선수임을 직감했다. 초구를 맞아 소토는 브라운과 스위셔가 난생 처음 보는 대포알

같은 홈런을 쏘아 올렸다. 타구는 좌중간의 조명탑을 넘어 계속 솟아올랐다. 공은 주차장과 주차장 반대편에 있는 스케이트장까지 넘어갔다. 아마 비거리가 170미터는 될 게 분명했다. 소토가 천천히 베이스를 도는 모습을 지켜보며 브라운은 스위셔한테 말했다. "아무래도 여기서 포수로 나서기는 글렀나 봐."

만일 그 결정권이 그의 팀 동료들에게 있었다면, 정말 그렇게 되었을 것이다. 그들은 문을 철저히 닫아걸었다. 브라운과 스위셔가 그곳에 들어갈 방법은 그 문을 부숴버리는 길밖에 없었다. 어느 날 브라운이 비살리아 클럽하우스로 들어가는데 누군가 놀리는 듯한 말투로 소리쳤다. "이봐, 오소리." 브라운은 처음에 그 선수가 무슨 소리를 하고 있는 건지 몰랐지만, 머지않아 그것이 자신의 별명임을 알게 되었다. 팀 동료들은 여전히 말을 걸지 않았지만, 그에게 '오소리'라는 별명을 붙였던 것이다. 브라운은 이렇게 설명했다. "샤워하러 갈 때 내 몸에 털이 수북한 걸 보고 그런 별명을 붙였나 봐요." 팀 동료들은 하나같이 그의 등 뒤에서 놀려대는 말을 했지만 브라운은 항상 그래왔듯이 웃음을 보이며 잘 헤쳐나갔다.

브라운은 2002년 오클랜드 애슬레틱스가 지명한 대부분의 선수와 함께 시즌 막바지에는 애리조나에서 열리는 교육리그(신인선수의 평가와 실력 향상을 위해 매년 9월 말 3주간 개최되는 리그-옮긴이)에 참여했다. 비살리아로 올라간 지 석 달이 지난 무렵, 그를 비웃는 사람은 아무도 없었다. 비살리아에서 그는 조지 소토한테서 순식간에 선발포수 자리를 빼앗았고, 평균 타율(0.310)과 출루율(0.444) 그리고 장타율(0.545)에서 팀의 선두자리에 올랐다. 그는 55경기에서 40타점을 기록했다. 그가 싱글A에서 능수능란하게 투수를 요리하자 빌리는 그를 2003년 메이저리그 스프링캠프에 초대했다. 2002년 드래프트에서 선발된 선수 중 그런 영광을 누린 사람은 그가 유일했다. 스위셔를 포함해 2002년 드래프트에서 뽑힌 나머지 다른 선수들은 애슬레틱스의 마이너리그 책임자인 키스 리프먼의 표현대로 냉혹한 '현실'에 맞닥뜨려야 했다. 리프먼은 이렇게 말했다. "살아남기 위해서는 지금껏 해왔던 방식을 바꿔야만 한다는 걸 깨닫는 순간이 곧 현실이죠." 하지만 브라운만큼은 자신의 방식을 아무것도 바꿀 필요가 없었다. 바뀌어야 할 건 오히려 그를 둘러싼 세상이었다. 그리고 세상은 바뀌었다. 〈베이스볼 아메리카〉에 실리는 그의 기사는 예전과 180도 달라졌다. 〈베이스볼 아메리카〉에서 2002년 전체 드래프트의 3대 톱 타자이자 오클랜드 애슬레틱스 팜시스템의 4대 유망주 중 하나로 브라운을 선정하자, 그의 어머니는 전화를 걸어 드디어 제대로 된 기사가 실렸다고 말했다. 비살리아의 팀 동료들은 더는 그를 '오소리badger'라고 부르지 않고 '배지badge'라고 불렀다.

10월 중순의 어느 날 오후, 애리조나 스코츠데일에서 브라운이 타석에 들어섰을 때는 2회 말이었다. 양 팀 모두 득점이 없고, 누상에 주자가 없었다. 덩치 큰 상대팀 좌완투수는 애슬레틱스의 첫 세 타자를 간단히 돌려세웠다. 그는 브라운에게 홈플레이트를 벗어나는 빠른 직구를 던졌다. 브라운은 그냥 바라보기만 했다. 원 볼이었다. 2구는 바깥쪽 코너로 향하는 체인지업이었는데, 딱히 대처할 방법이 없었기에 역시 그냥 흘려보냈다. 원 스트라이크였다. 브라운은 투수에 관해 한 가지를 알고 있었는데, 그것에 대해 이렇게 말했다. "그들은 거의 언제나 실수를 합니다. 내가 할 일은 그냥 기다리는 것뿐이죠." 게임이 유리한 방향으로 풀릴 때까지 가만히 기다리다 보면 기회는 찾아오게 마련이었다. 그는 체인지업이 스트라이크로 꽂히는 장면을 보며 투수가 곧 실투를 할 가능성이 있음을 알아차렸다. 체인지업을 던질 때의 팔 동작이 직구를 던질 때보다 눈에 띄게 느렸던 것이다.

투수의 다음 공은 홈플레이트를 벗어나는 빠른 직구였다. 투 볼이었다. 이제 볼카운트는 1-2로 타자한테 유리해졌다.

제4구가 실투였다. 투수가 다시 체인지업을 던진 것이다. 브라운은 투수의 팔이 또다시 느리게 움직이는 걸 보면서 바로 지금이 기다렸던 순간임을 알아챘다. 체인지업은 허리 높이의 홈플레이트 한복판으로 들어왔다. 브라운이 때린 직선타구는 투수의 오른쪽 귀 옆을 스치며 비어 있는 좌중간을 향해 날아갔다.

타석을 벗어나는 브라운의 눈에 좌익수와 중견수가 재빨리 한 방향으로 움직이는 장면이 들어왔다. 자신이 공을 잡아낼 수 있을 거라고 생각한 좌익수는 자기 위치에서 한참 벗어나 공을 받아내려고 담장 앞으로 뛰어갔다. 브라운은 자신의 공이 얼마나 세게 날아갔는지 알고 있었기에 다음에 벌어질 일을 짐작했다. 공은 담장을 맞고 경기장 안으로 튀어나올 것이다. 담장까지 달려갔던 좌익수는 다시 한참 되돌아와서 공을 주워야 할 것이다. 1루까지 절반쯤 뛰어간 브라운의 머릿속에는 한 가지 생각만 가득했다. '내가 3루타를 만들겠구나.'

브라운에게는 예전에 없이 새로운 모습이었다. 그는 3루타를 치는 유형의 선수가 아니었기 때문이다. 몇 년째 3루타를 친 적이 한 번도 없었다. 그는 이 새로운 생각에 가슴이 설레기 시작했다. 3루타를 치는 제러미 브라운이라니. 그가 기적적으로 오클랜드 애슬레틱스의 마이너리그 체계에서 가장 빠른 속도로 승격을 거듭하는 선수가 되면서 재미있는 일이 벌어졌다. 주위에서 그가 무엇이든 해낼 수 있는 선수라고 끊임없이 칭찬하자 그 자신도 실제로 그런 선수가 되었다고 믿게 된 것이다.

브라운은 정신없이 1루를 돌면서 좌익수가 달려가는 모습을 흘긋 바라보았지만, 타구는 보지 않았다. 그는 그 어느 때보다도 빨리 달렸다. 하지만 다음 순간 더는 앞으로 나아가지 못했다. 1루와 2루 사이에서 발을 헛디디면서 뒤로 벌렁 나자빠진 것이다. 가장 먼저 손에서 찌릿한 통증을 느꼈다. 손가락이 몸에 깔렸던 것이다. 그는 허둥지둥 일어나 안전하게 1루로 돌아가려다 더그아웃의 동료들을 보게 되었다. 그들은 서로 하이파이브를 하며 웃고 있었다. 스위셔, 스탠리, 티헨, 카이거까지 모두 또다시 그를 보며 웃었다. 하지만 예전과는 분명히 다른 웃음이었다. 그의 몸을 보며 놀려대던 사람들의 낄낄거리는 비웃음이 아니었다. 그는 좌익수와 중견수 사이의 빈 공간을 바라보았다. 외야수들은 공을 따라가다 말고 그 자리에 그냥 서 있었다. 공은 경기장 어디에도 없었다. 제러미 브라운이 3루타라고 생각했던 타구는 사실 홈런이었던 것이다.

출간 뒷이야기

야구계의 종교전쟁

야구장과 그 옆에 맞붙은 구단 운영진이나 스카우터의 어수선한 생활 공간이 얼마나 극명한 대조를 이루는지는 메이저리그를 기웃거리는 누구라도 곧바로 알아챌 수 있다. 야구 자체는 냉혹한 경쟁의 연속이다. 아주 뛰어난 실력이 없다면 그 속에서 살아남지 못한다. 그러나 경기장에서 조금만 벗어나면 아무리 무능한 사람이라도 얼마든지 버틸 수 있는 또 다른 공간이 존재한다. 여기에는 수많은 이유가 있지만, 대표적인 이유는 야구계가 사업체라기보다는 사교클럽에 가까운 구조로 되어 있기 때문이다. 이 사교클럽에는 구단의 운영진뿐 아니라 일종의 부인회처럼 이들을 따르는 수많은 작가와 해설자가 속해 있다. 이 사교클럽에는 선택받은 사람만이 들어갈 수 있지만 입회 기준은 모호하기 짝이 없다. 클럽을 곤란하게 하는 일은 여러 가지가 있지만, 적어도 실력 부족은 그중에 포함되지 않는다. 클럽의 회원으로서 저지를 수 있는 최대의 잘못은 무능력이 아니라 배신행위다. 짐 보턴은 분별없이 책을 쓰지만 않았더라면 메이저리그 유망주를 길러내는 스카우터와 코치로서 제2의 인생을 살 수도 있었을 것이다. 그러나 《볼넷Ball Four》(마약과 도박, 여자 문제 등 메이저리그의 수많은 치부를 드러낸 책으로 1970년 출간됨–옮긴이)을 내는 바람에 클럽에서 영영 추방당하고 말았다.

내가 하고자 한 말은 좋은 운영진과 나쁜 운영진 혹은 좋은 스카우터와 나쁜 스카우터의 구분이 존재하지 않는다는 것이 아니다. 다만 그들 사이의 구분이 명확하지 않다는 말이다. 구단의 운영진은 경기에 대한 압박감이나 심지어 구단 운영으로 말미암은 스트레스에도 별반 시달리지 않는다. 거액을 들이고도 성적이 나쁜 메이저리그 구단의 수뇌부는 목이 달아나기도 하지만, 그렇다고 해서 그들이 야구계를 떠나는 일은 없다. 사교클럽의 회원들은 또 다른 높은 자리에 앉게 될 때까지 야구계를 배회하면서 젊은 선수를 스카우트하고 게임에 훈수를 두는 데 일가견이 있기 때문이다. 따라서 이들은 최근에 해고된 클럽의 다른 회원들과 함께 확실한 기대감을 품고 이곳저곳으로 면접을 보러 다닌다. 사실 제대로 된 인선 기준은 존재하지도 않는다. 아무도 '이들이 일을 맡을 자격이 있는가?'라는 질문을 솔직하게 하지 않기 때문이다. 만일 클럽 회원으로서의 적격 여부보다 다른 자질을 더 높게 평가했다가는 클럽의 존재기반 자체가 흔들릴 수도 있다.

초반에 언급했듯이 이 책은 단순하고도 분명한 사실에서부터 출발했다. 즉 어떤 구단의 운영진은 다른 사람들에 비해 현저히 적은 돈으로도 승리를 일궈내는 데 훨씬 뛰어난 능력을 보였다는 점이다. 이런 생각을 처음 한 것은 내가 아니라 탁월한 야구 작가인 더그 파파스였다. 그는 오래전부터 이 같은 효율성에 관한 생각에 매달렸다. 파파스는 오클랜드 애슬레틱스가 다른 어떤 팀보다도 일관되게 효율적인 모습을 보였기에 이들이 다른 팀과는 전혀 다른 비즈니스를 하는 것처럼 보인다고 지적했다. 나는 이 책을 통해 이런 일이 어떻게 가능한지 설명하고 싶었다.

메이저리그라는 사교클럽 내에서 《머니볼》에 보인 반응을 완전히 이해하려면 이들과는 상관없는 배경을 갖고 있어야 한다. 처음 취재를 시작할 당시만 해도 나는 오클랜드 애슬레틱스에 속한 어느 누구도 알지 못했다. 오클랜드 단장인 빌리 빈의 이름도 들어본 적이 없었다. 오클랜드 애슬레틱스를 조사하는 1년 동안 빌리가 내 집필 계획에 대놓고 관심을 보였던 경우는 너무 자신에게만 초점을 맞추어서는 안 된다고 말했던 몇 번에 불과했다. 그와 오클랜드 프런트의 또 다른 핵심 인물인 폴 디포디스타는 한 번도 나한테 무례하게 행동하지 않았지만, 나랑 대화하는 일보다 훨씬 흥미로운 일이 많다고 분명하게 밝혔다. 내 집필 계획에서 그들이 마음대로 할 수 있었던 부분은 사무실이나 클럽하우스 밖으로 나를 쫓아내는 게 전부였으며, 가끔은 정말로 쫓겨나기도 했다. 슬프게도 그들은 나에게 거의 아무런 관심도 보이지 않았다. 내가 오클랜드 애슬레틱스에 관한 책을 쓰는 게 아니라는 사실을 안 이상, 그들한테는 내 존재가 관심 밖이었던 것이다. 나는 처음에는 야구와 합리성의 충돌에 관한 책을 쓰고 있었다(책의 주제를 설명하자 따분한 표정을 지은 건 그들만이 아니었다). 책에는 오클랜드 애슬레틱스에 관한 내용이 담기긴 하겠지만, 다른 구단 역시 다룰 예정이었다. 또한 그들이 도입한 새로운 평가체계 덕분에 인생이 바뀐 선수들의 얘기도 다룰 생각이었다. 그리고 책의 상당 부분은 오클랜드의 정신적 아버지인 야구 작가 빌 제임스에게 할당할 예정이었다.

나는 다른 구단과 얘기를 나눠보고 그들에게 이 특정한 주제에 덧붙일 만한 얘기가 별로 없다는 사실을 알고 나서야 애슬레틱스의 운영진과 선수들한테 초점을 맞췄다. 그때는 이미 시즌이 끝난 뒤였고, 나는 자료를 충분히 모은 상태였다. 자료가 많을수록 실제 집필에 들어가면 각각의 이야기를 압축적으로 다루어야 한다. 나는 야구팀을 구성하는 요소와 상관없는 모든 것을 버려야 한다는 강박감에 시달렸다. 그 결과물은 전혀 한 남자의 전기로는 보이지 않았다. 그보다는 하나의 생각에 관한 전기에 가까웠으며, 그 생각의 중심인물인 빌리는 한 번에 수십 페이지에 걸쳐 다뤄졌다.

오클랜드의 프런트는 내 책을 보기 전까지 책의 내용에 관해 전혀 모르는 상태였다. 구단 관계자들은 책이 서점에 깔리기 약 한 달 전, 평론가들과 동시에 책을 받아보았다. 각각의 사람은 조금씩 다른 반응을 보였다. 빌리의 반응은 경악에 가까웠다. 그는 책의 상당 부분이 자신을 다루고 있다는 데 놀랐으며, 내가 그를 미치광이처럼 묘사했다는 사실에 불편해했다. 나는 이 점에 좀 더 죄책감을 느껴야 마땅할지도 모르겠다. 하지만 이 책에 담긴 그의 모습이 전부가 아니라 내가 다루는 주제에 한정된 것임을 독자들이 이해하리라고 믿는다. 나는 빌리가 너무나 잘하고 또 즐기는 일을 할 때의 모습을 포착해내고 싶었다. 야구 선수를 평가하고 확보하며 관리할 때 드러나는 모습 말이다. 그리고 그가 이 일에 가장 몰입해 있는 순간에는 실제로 약간 광적이기도 했다.

이상이 출간 이후 벌어진 사건들의 배경으로, 책을 낸 뒤 나는 작가로서 전혀 새로운 경험을 하게 되었다. 야구장과 맞붙은 공간에서 살아가는 사교클럽의 회원들, 즉 단장과 스카우터 그리고 부인회에 속한 작가와 해설자 중에서도 특히 요란스러운 작자들은 버럭 화를 냈다. 하지만 분명하게 밝히건대 그 대상은 내가 아니라 빌리였다. 2003년 시즌의 여섯 달 동안 전문 해설가를 자처하는 허풍쟁이들은 하루도 빠짐없이 빌리의 자아과잉에 관해 떠들어대곤 했다. 빌리의 잘못이라면 나를 사무실 밖으로 더 자주 쫓아내지 못한 죄밖에 없었지만, 이 불쌍한 남자에게 쏟아진 비난은 일일이 열거하기도 어려울 정도였다. 하지만 그중 몇 가지를 인용하는 것이 의미가 있으리라는 생각에 여기에 싣기로 했다.

베스트셀러 《머니볼》의 주인공은 사실상 빌리 빈이다. 책에서 그는 선수를 평가하는 방법을 개혁함으로써 부자 구단을 앞질렀다고 끝없이 자화자찬을 늘어놓는다.

— 아트 티엘, 〈시애틀 포스트 인텔리전서Seattle Post Intelligencer〉

댄 에번스(LA 다저스의 전임 단장–옮긴이)의 잠재적 계승자로 언급되는 또 다른 인물은 오클랜드의 빌리 빈이다. 그는 애슬레틱스에서 적은 예산으로 놀라운 성과를 냈지만, 한편으로는 자신이 천재라고 주장하는 책을 써낸 부끄러움을 모르는 자랑꾼이자 야구계의 스카우터로부터 경멸받는 존재이기도 하다.

— 더그 크리코리언, 〈롱비치 프레스 텔레그램Long Beach Press Telegram〉

최근 발간된 《머니볼》에 관해 분명한 사실 두 가지가 있다. 하나는 오클랜드 단장인 빌리 빈의 자아가 폭발했다는 것이다.

— 트레이시 링골스비, 〈로키 마운틴 뉴스The Rocky Mountain News〉

링골스비가 말한 두 번째의 분명한 사실은 나중에 다시 언급하겠다. 왜냐하면 그는 사교클럽의 거대 파벌을 대변하는 인물이기 때문이다. 반면 내 입장에서 너무나 분명해 보이는 사실은 야구인들이 내가 소재로 다룬 인물들에게 그들의 발언을 철회할 것을, 즉 야구계에 관한 이 책이 터무니없이 초점을 벗어나 있으며 무시해도 좋다고 말할 것을 강요하리라는 점이었다. 만일 기자들이 빌리나 폴에게 그들의 발언이 '잘못 인용되었는지'를 물을 때마다 오클랜드 애슬레틱스가 1달러씩 받았다면, 그들은 선수시장에서 적당한 중견수를 사들일 수도 있었을 것이다. 특히 빌리를 향한 대중의 압력은 극심했다. 자신이 한 적도 없는 말과 하지도 않은 행동을 놓고 그렇게까지 비난받은 사람은 아마 없을 것이다. 몇몇 야구인은 빌리가 자신의 말이 와전되었다고 거짓말했다는 새로운 방식으로 비난을 퍼붓기도 했지만, 애초에 빌리는 자신의 말이 와전되었다는 말을 한 적이 없었다. 시애틀 매리너스의 단장 팻 길릭은 화를 내면서 "200쪽이 넘는 분량이 모두 와전될 수는 없다"며 일갈한 뒤 이 책을 절대 읽지 않겠다고 맹세했다. 당시는 엄청난 돈을 쏟아부은 매리너스가 또 한 번 저예산의 애슬래틱스에 크게 패한 직후이기도 했다.

그러나 오클랜드 애슬레틱스는 그들의 발언을 철회하지 않았고, 곧 거짓 논쟁이라는 불붙기가 시작했다. 하지만 의견 교환이 이루어지지 않는 거짓 논쟁은 제대로 된 논쟁만큼 흥미롭지 못했다. 차라리 종교전쟁이나 창조론자와 진화론자 간에 끝없이 되풀이되는 비생산적인 논쟁에 가까웠다. 한쪽 편에서는 자신들의 기득권을 지키겠다는 어설프고도 뿌리 깊은 생각에 사로잡힌 사교클럽 회원들이 섣부른 질문과 모욕을 퍼부어댔다. 다른 한편에서는 야구 기록의 활용과 남용에 관해 골똘히 탐구하는 야구팬들이 모여 회원들의 섣부른 질문과 모욕을 받아냈다.

> Q: 빌리 빈이 자신을 그렇게 대단한 천재라고 생각한다면, 왜 그는 고교 출신의 천재 선수 아무개를 드래프트하지 않았나? 왜 저메인 다이에게 1,100만 달러의 연봉을 주고 있는가?•

• 저메인 다이는 오클랜드와 3년간 3,000만 달러의 계약을 맺었으나, 3년 내내 부진과 부상이 겹친 끝에 초라한 성적을 내면서 빌리 빈의 최대 실패작이라는 오명을 얻었다. 이후 2005년 화이트삭스에 이적해 화려하게 부활했으며 2011년에 은퇴했다-옮긴이

A: 요점은 빌리 빈이 완전무결하다는 것이 아니다. 진짜 핵심은 그가 야구 선수의 미래 실력이라는 본질적으로 불확실할 수밖에 없는 판단에서 불확실성을 조금이라도 줄일 수 있는 체계적인 사고방식을 가졌다는 것이다.

Q: 빌리 빈이 그렇게 똑똑하고 출루율이 그렇게 중요하다고 주장한다면, 왜 애슬레틱스의 득점이 고작 그것밖에 안 되는가?

A: 그들이 득점을 더 내지 못하는 이유는 출루율이 그렇게까지 높지 않기 때문이다. 애슬래틱스의 출루율은 예전보다 훨씬 떨어졌다. 이는 출루율을 바라보는 시장의 시각이 바뀐 탓도 있으며, 상당 부분 오클랜드 애슬레틱스의 성공 덕분이기도 하다. 그럼에도 애슬레틱스의 출루율은 한 가지 중요한 특징을 갖고 있다. 바로 제값을 다한다는 것이다. 중요한 것은 가장 높은 출루율을 기록하는 게 아니라 가능한 저렴한 비용으로 승리를 거두는 것이다. 그리고 저비용으로 승리를 거두는 방법은 시장이 과소평가하는 자질을 가진 선수를 사들이고, 시장이 과대평가하는 자질을 가진 선수를 파는 것이다.

Q: 그가 이 모든 통계를 발견했다고 주장하는 것은 도대체 무슨 병적인 이기주의인가? 내 오래된 친구 아무개는 1873년부터 출루율에 관해 알고 있었다.

A: 오클랜드 애슬레틱스는 한 번도 자신들이 정교한 통계 분석을 발견했다고 주장한 적이 없다. 그들은 메이저리그 구단에 이러한 통계를 실질적으로 도입했다고 주장할 뿐이다.

나는 책에서 빌리가 무작위로 갖다 붙인 모든 생각이 다른 누군가의 머리에서 싹텄다는 사실을 공들여 담아내고자 했다. 실제로 《머니볼》의 독자들 가운데 빌 제임스나 그 뒤를 잇는 최고의 야구 작가들(피터 개몬스, 로브 네이어, 앨런 슈워츠)의 책을 읽었거나, 대표적인 야구 웹사이트 '베이스볼프로스펙터스'와 '베이스볼프라이머' 중 하나를 방문했던 사람이라면 "우린 이미 이걸 알고 있었어"라는 호들갑이 도대체 무슨 소리인지 의아해할 것이다. 내가 볼 때 정말 호들갑을 떨어야 할 부분은 기존에 알려져 있던 지식이 현장에서 처음 실제로 적용되었다는 사실이며, 이 점에서 빌리는 높게 평가받아야 마땅하다(보는 시각에 따라 비난을 받아야 마땅할 수도 있겠지만). 그는 지적인 용기라는 측면에서 상당한 공헌을 했다. 그에게는 사교클럽의 동료 회원들이 거부하거나 최소한 심각하게 받아들이지 않은 생각을 부여잡고 실천에 옮길 배짱이 있었다. 하지만 나는 한 번도 빌리를 천재라고 생각한 적이 없다. 그는 연구조사에는 전혀 재주가 없는 타고난 월스트리트 증권거래인에 가까웠다.

2003년 시즌 나는 독자 대중과 야구인들의 판이한 반응을 끊임없이 반복적으로 마주했다. 그러나 조 모건이 논쟁에 끼어든 뒤에야 그들의 차이를 완전하게 이해할 수 있었다. 명예의 전당에 오른 선수 출신에다 ESPN의 해설자면서 야구인의 표상과도 같은 모건은 메이저리그라는 사교클럽의 회장에 가장 가까운 인물이었다. 그리고 모건이 《머니볼》에 관해 발언하기로 결심한 이후, 처음에는 기괴하게 보였던 그의 논조가 나중에는 적나라한 분노를 표출했다. 시즌 중간 ESPN의 토크쇼에서 그는 책에 관한 질문을 받고 이렇게 대답했다.

> 책을 쓰는 사람은 대개 자신을 영웅적으로 그리고 싶어 한다. 빌리 빈도 명백하게 자신을 영웅화했다. 내가 〈뉴욕 타임스〉에서 읽은 바

> 에 따르면(〈뉴욕 타임스〉는 《머니볼》의 일부 내용을 발췌해서 실었다), 빌리 빈은 그 누구보다도 똑똑한 사람처럼 다뤄졌다. 난 그렇다고 그가 야구계의 다른 단장이나 야구인보다 더 인기를 끌 거라고는 생각하지 않는다.

여러 사람이 모건에게 서면으로 《머니볼》의 저자는 빌리가 아니라고 지적했지만, 아무런 소용이 없었다. 일주일 뒤, 또 다른 토크쇼에서 누군가가 모건에게 만약 그가 빌리라면 애슬레틱스를 개선하기 위해 무엇을 하겠느냐고 물었다. 그 질문에 갖은 기지를 총동원한 모건이 기껏 내놓은 대답은 다음과 같았다. "무엇보다 나는 빌리가 되지 않을 거요! 나는 《머니볼》 같은 책을 쓰지 않을 거란 말이요!"

여기에 문제의 핵심이 있다. 모건은 책을 읽지 않았지만 빌리가 이 책을 썼다고 확신했다는 것이다. 《머니볼》의 내용을 수고스럽게 끼적거린 다른 누군가가 있음을 아는 야구인들조차 속으로는 이 책을 빌리의 작품으로 받아들였다. 그들의 생각 속에서 빌리는 구단의 전력을 평가하는 객관적인 방법이 있으며, 그 일에 자신이 최고라고 말했다. 더 나쁘게는 빌리는 사교클럽 회원들의 언행이 상당 부분 어리석다고 말하는 책을 집필했다.

어떻게 보면 이것은 작가의 희망사항이기도 했다. 책에 가장 불만을 품은 사람들이 그 책의 저자가 누군지도 알지 못한다니 말이다. 한편 사교클럽 외부의 독자들이 보이는 관심이나 독해 수준은 이보다 더 좋을 수는 없었다. 오클랜드 구단 프런트는 미국의 기업이나 운동계로부터 수많은 전화를 받았다. 그중에는 미식축구NFL, 농구NBA, 아이스하키NHL 팀과 금융기업, 〈포천〉 500대 기업과 할리우드 영화사, 대학과 고등학교의 야구팀이 있었다. 심지어는 핫도그 체인을 운영하는 사람조차 오클랜드 프런트 안에서 벌어진 실험에서 사업에 대한 교훈을 얻었다고 했다(누군지는 묻지 마시라). 마치 미국 사회의 구석구석에 오클랜드 프런트와 비슷하게 시장 효율성을 발견하고 이용하는 문제에 천착하는 사람들이 존재하는 듯했고, 그들은 오클랜드 프런트에서 영감을 얻었다. 오클랜드로부터 아무것도 배울 게 없다고 확신한 이들은 다른 메이저리그 구단들뿐이었다.

물론 그들은 배울 것이 없을 것이다! 그들은 사업체가 아니라 사교클럽이었으니 말이다. 그들이 사업체였다면, 누군가가 나타나 가장 유능한 경쟁상대의 사업 비밀을 까발려준다면 기뻐서 어쩔 줄 모를 것이다. 설령 의심스러운 점이 있더라도 일단 책을 집어 내용을 들여다본 뒤 사실 여부를 확인할 것이다. 혹시 모르니까 말이다. 하지만 야구계는 달랐다. 야구인들은 화를 냈다. 사교클럽 회원들은 책을 읽을 필요조차 느끼지 않았다. 구단의 운영진들은 으레 책을 읽지 않았다고 떠벌려댔다. 역겨운 책이라는 이유였다. 시애틀 매리너스의 단장이자 사교클럽의 고위간부인 팻 길릭은 실제로 '천박한 취향의 책'이라는 얼토당토않은 표현을 쓰기도 했다.

그 대신 야구계가 한 일은 오클랜드에서 일어난 사건, 그리고 지금은 토론토와 보스턴에서 벌어지고 있는 사건을 묵살하기 위한 이유를 찾아내는 것이었다. 그들이 그처럼 반응한 것은 야구 경영을 합리화하자는 사고방식이 이미 퍼져나가고 있기 때문이기도 했다. 빌리의 영입에 실패한 보스턴 레드삭스는 차선책으로 그를 롤 모델로 삼은 젊고 명석한 테오 엡스타인을 단장으로 선임했다. 토론토 블루제이스는 빌리의 오른팔인 리치아디를 단장으로 영입했다. 엡스타인과 리치아디는 모두 문화적 저항에 맞닥뜨렸다. 보스턴 언론은 원래 극성맞기로 유명해서 그들이 새로운 체제에 퍼붓는 독설과 감히 펜웨이파크를 지나치는 다른 모든 사람에게 퍼붓는 독설을 구분하기란 불가능한 일이었지만 말이다. 하지만 정작 흥미로운 부분에 대해서는 보스턴의 그 누구도 글로 표현하거나 질문을 제기하지 않았다. 만일 우리가 지난 80년간 내내 똑같은 방식으로만 해왔고 그 결과에 걷잡을 수 없을 만큼 화가 치민다면, 뭔가 다른 것을 시도해봐야 하지 않을까? 어쩌면 밤비노의 저주•에 대한 해답을 과학이 제공해줄 수도 있지 않을까?

토론토는 완벽에 가까운 사례 연구라고 할 수 있었다. 새로운 단장인 리치아디는 생각이 트인 단장이라면 누구든지 해야 할 일을 감행했다. 수많은 스카우터를 해고하고, 통계 분석에 익숙한 사람을 고용한 것이다. 그는 '베이스볼프로스펙터스'에서 키스 로를 데려왔다(맙소사, 웹사이트 출신이라니!). 그리고 선수 가치에 따라 가차 없는 트레이드를 실시했다. 그는 고액연봉 선수를 최대한 많이 잘라낸 뒤 그 자리를 헐값의 무명 선수로 대체했으며, 더 많은 승리를 거두기 시작했다. 그의 최대 고민은 부풀려진 스타 선수를 데려갈 다른 팀을 찾아내는 일이었다(그는 나에게 말하길 1년 중 최고의 날은 조지 스타인브레너가 양키스의 우익수가 뜬공을 떨어뜨리는 걸 보고 분통이 터져 블루제이스의 라울 몬데시를 당장 사들이라고 한 때였다고 했다). 그는 블루제이스의 연봉 총액을 9,000만 달러에서 5,500만 달러로 삭감했다. 효율적인 시장이라면 총연봉이 40퍼센트나 줄어든다면 경기에서 패하는 일이 더 많아져야 정상일 것이다. 그러나 실제로는 그렇게 되지 않았다. 그 대신 블루제이스는 고액연봉에도 기대 이하의 성적을 내는 침체된 분위기의 팀에서 흥미진진한 팀으로 하루아침에 변모했다.

• 보스턴 레드삭스가 1920년 홈런왕 베이브 루스를 뉴욕 양키스로 트레이드시킨 뒤 수십 년간 월드시리즈에서 한 번도 우승하지 못한 불운을 일컫는 말로, 2004년 86년 만에 월드시리즈에서 우승함으로써 저주를 풀었다-옮긴이

그들은 더 젊고 더 저렴했으며 더 훌륭했다.

토론토의 대부분 사람은 이러한 변화에 기쁨을 표시했다. 그러나 그 점잖고 온화한 도시에서도 시끄러운 소리를 내는 자들이 있었다. 클럽의 부인회에서 찍찍대는 불쾌한 소리였다. 2003년 시즌의 어느 날 아침, 〈토론토 스타Toronto Star〉는 새로운 블루제이스에 관해 경종을 울리는 1면 기사를 내보냈다. 기사의 표제는 '화이트제이스?'였다. 선수들의 얼굴 사진과 함께 기사는 이렇게 시작했다. "토론토는 수많은 다국적 시민으로 구성돼 있지만, 토론토 야구팀은 리그 전체에서 가장 백인의 비중이 높다. 어째서일까?" 이 기사를 쓴 제프 베이커는 직접 나서서 약간의 조사를 했다. 그 결과 메이저리그 각 팀의 25인 로스터에서 유색인종 선수는 평균 10명인 데 반해 리치아디가 수단과 방법을 가리지 않고 팀을 바꿔놓은 결과, 새로운 제이스에는 유색인종 선수가 여섯 명에 불과하다는 사실을 알아냈다. 새로운 단장은 체계적으로 헐값의 백인 선수를 트레이드해오고 있었다. 다양성으로 유명한 토론토 같은 도시에서 블루제이스가 더는 다양성을 대표하지 않는다니 얼마나 슬프고도 안타까운 일인가? 베이커는 확신에 찬 어조로 기사를 작성했다. "리치아디는 단지 우연의 일치일 뿐이라고 쩔쩔 매며 변명을 늘어놓았다." 그는 리치아디의 구단 운영 방식이 문제의 원인이라고 설명했다.

베이커의 기사는 아주 참신한 방식의 공격이기는 했지만, 전술적인 약점을 갖고 있었다. 신문기사의 속성상 사교클럽 외부에서 반응이 나올 수밖에 없었던 것이다(이 점은 결국 사교클럽의 아킬레스건이기도 했다. 이들은 결코 메이저리그의 존재 기반인 대중과 완전히 유리될 수 없기 때문이다). 〈토론토 스타〉에는 항의 편지가 쏟아졌으며, 신문사의 옴부즈맨은 사과를 요구하는 전화에 시달렸다. 다른 신문들도 기사에 모욕감을 느끼기는 마찬가지였다. 〈내셔널 포스트National Post〉는 블루제이스의 광고 캠페인에 등장하는 두 명의 선수, 카를로스 델가도와 버논 웰스가 모두 흑인임을 지적하는 기사로 〈토론토 스타〉의 기를 죽였다. 또한 그들은 토론토에는 흑인과 히스패닉계의 비율이 각각 8퍼센트와 12퍼센트이며, 기사를 문자 그대로 받아들이면 오히려 블루제이스 구단에서 소수인종의 숫자를 '줄여야 하는 것'이 아니냐고 비꼬기도 했다. 또한 선수 몇 명의 변동을 가지고 인종문제를 일반화시키는 것은 터무니없는 처사라고 했다. 〈내셔널 포스트〉는 이렇게 언급했다. "인종주의를 암시하는 표현으로 가득한 이 기사는 게임에서 승리하고 팬을 기쁘게 하는 것만을 목적으로 하는 야구팀의 명예를 더럽히기까지 했다."

그러나 누구보다 화를 낸 것은 바로 블루제이스의 선수들이었다. 알다시피 그들은 피부색이 아니라 야구 실력으로 뽑혔다는 생각으로 하루하루 경기에 임한다. 카를로스 델가도는 〈토론토 선Toronto Sun〉과의 인터뷰에서 이렇게 말했다. "내가 이제껏 들어본 말 중에서 가장 바보스러운 소리예요. 말도 안 되는 소리죠. 누가 메이플 리프스(토론토의 프로아이스하키 팀-옮긴이)에 흑인 선수가 한 명도 없다거나 랩터스(토론토의 프로농구팀-옮긴이)의 선수 90퍼센트가 흑인이라고 기사를 쓰는 거 봤어요? 인종은 스포츠랑 아무 관계도 없다고요. 우리 클럽하우스에는 그런 문제가 전혀 없어요. 인종문제 따위는 전혀 필요 없다고요."

두 번째로 등장한 인물은 〈토론토 스타〉의 또 다른 칼럼니스트 리처드 그리핀이었다. 그리핀 역시 고루한 야구인으로, 그는 처음부터 리치아디를 괴롭혔다. 리치아디의 새로운 체제와 방식을 끈질기게 미워했던 그는 레드삭스의 어디가 잘못되었는지 지적할 기회를 결코 놓치지 않았다. 이제 그는 〈토론토 스타〉의 독자들에게 그들이 '엉뚱한 사람에게 화살을 돌려서는' 안 된다고 끈기 있게 설명했다. 그의 동료 칼럼니스트가 쓴 글은 인종주의에 관한 게 아니라니, 글쎄 그게 인종주의가 아니면 도대체

뭐란 말인가? 그는 적당한 문구를 생각해내려고 한참 애쓰다가 마침내 '야구계에서 끊임없이 변동하는 인종의 모자이크'라는 말을 만들어냈다. 그가 머리를 긁적이는 사이 순진한 독자들은 틀림없이 '아! 바로 그 말이었구나' 하고 생각했을 것이다. 그런 다음 그리핀은 자신이 원래 하고 싶었던 말을 분명하게 토로했다.

"블루제이스의 리치아디 단장은 오클랜드의 빌리 빈이나 그 밖에 새로운 움직임을 이끄는 사람들처럼 타석에서의 인내심과 누상에서 모험을 하지 않는 공격 방식을 추구한다. 그러한 방식은 제2차 세계대전 이전에나 통할 만한 것이다. 그런 기준에서라면 아마 재키 로빈슨(메이저리그 최초의 흑인 선수로 브루클린 다저스에서 활약한 2루수이자 강타자 – 옮긴이)은 메이저리그에서 뛰지도 못했을 것이다."

대화를 인종주의에서 다른 주제로 전환하고 싶었다면 그리핀은 보다 안전한 다른 사례를 드는 편이 나았을 것이다. 그의 글은 마치 막스 형제(1920~30년대 희극배우로 활동했던 네 형제로 치코, 하포, 그루초, 제포의 슬랩스틱 코미디로 유명함 – 옮긴이)의 전형적인 코미디를 야구 기사로 풀어낸 듯한 느낌이었다. 하포 역할을 맡은 그리핀은 친구가 불길에 에워싸인 것을 보고 물 한 동이를 퍼붓는다. 양동이에 적힌 '석유'라는 글씨를 보지 못하고 말이다. 이 코미디가 한층 더 우스꽝스러운 까닭은 재키 로빈슨이 애슬레틱스와 블루제이스가 탐내는 유형과 정확히 일치하는 선수였기 때문이다. 그는 높은 출루율과 타석에서의 절제력, 2루수로서의 강한 어깨 등 그들이 강조하는 모든 특징을 갖고 있었다. 게다가 그는 과소평가되기까지 했다. 사실 어떤 면에서는 야구 경영에 일어난 혁명은 재키 로빈슨만큼 극적이지 않지만 그와 유사한 배경을 가진 선수, 즉 흔히 외모 따위의 불공정한 이유로 시장에서 무시되고 저평가되는 선수를 찾아내는 작업과도 일맥상통했다.

그러나 이 두 명의 토론토 야구 칼럼니스트는 한 가지 점에서만큼은 옳았다. 그들이 아무리 교묘하게 인종주의 색깔을 입히려고 했어도 그들의 이야기는 인종에 관한 것이 아니었다. 인종은 단순한 도구에 불과했으며, 더 크고도 중요한 전투를 위한 무기였을 따름이다. 스카우터나 스포츠 담당기자의 말을 순진하게 받아들이지 않는 사람들에 대항한 싸움 말이다. 그들을 괴롭히는 사람들은 하나같이 변변치 못한 얼간이였다. 웹사이트나 야구 통계, 컴퓨터 따위를 가지고 야구팀을 구성하는 데 자신들이 뭔가 할 말이 있다고 생각하는 얼간이들 말이다. 썩은 과일처럼 유효 기간이 끝난 오래된 기사를 작성하고도 베이커는 독자의 반응을 이런 얼간이들의 작당에 불과하다고 일축했다. 그는 나에게 이런 글을 써보냈다. "우리는 기사에 불만을 늘어놓는 이메일과 편지의 상당수가 일정 부분 베이스볼 웹사이트와 그 외에도 기사를 반박하는 데 관심을 가진 특정 집단이 조직적인 캠페인을 벌인 결과라고 의심하고 있습니다." 성가신 외부인들 같으니!

'화이트제이스', 전화 한 통 걸기도 귀찮아서 사실 확인 없이 호통을 늘어놓는 야구 기자들, ESPN 토크쇼에서 늘어놓는 험담 그리고 빌리의 '천재성'에 관해 아는 체하는 농담들까지 이들의 목적은 하나같이 똑같았다. 메이저리그라는 사교클럽의 회원들은 새로운 사고방식으로부터 클럽을 방어하기 위해 이 새로운 생각을 왜곡시켜야 했던 것이다.

2003년 야구 시즌이 끝나갈 무렵, 나는 《머니볼》의 출간으로 새로운 사실을 배우게 되었다. 아무리 이치에 맞지 않는 논리라도 포기하지 않고 계속 우기다 보면 정말 그대로 될 때가 있다는 것이다. 여섯 달 동안 클럽 내부에서는 오클랜드 애슬레틱스의 실패를 손꼽아 기다리는 게 눈에 보일 정도였다. 책이 출간된 이후 시즌 초, 이러한 기대는 빠른 시일 내에 실현될 것처럼 보였다. 빌리는 연봉 총액을 서둘러 축소하는 과정에서 스타급 마무리 투수인 빌리 코치를 화이트삭스에 트레이드하고, 그 대가로 퇴물 취급을 받던 키스 폴크를 데려왔다. 또한 그는 값이 너무 올라버린 제4선발 투수인 코리 라이들도 잃었다. 이번에도 애슬레틱스는 훨씬 부유한 구단들과 같은 지구에서 경기하고 있었다. 무엇보다 나쁜 것은 레드삭스와 블루제이스로 말미암아 선수시장이 예전보다 훨씬 효율적이 되었다는 것이다. 이런 상황에서 애슬레틱스가 도대체 어떻게 승리를 지속할 수 있겠는가?

그럼에도 그들은 계속해서 승리를 일궈냈다. 그들보다 정규 시즌에서 더 많은 승리를 거둔 팀은 자이언츠와 양키스, 브레이브스밖에 없었다. 그런 다음 그들은 5차전으로 치러지는 플레이오프 시리즈의 처음 두 경기에서 레드삭스를 상대로 승리를 거뒀다. 정말이지 기쁜 일이 아닐 수 없었다. 다윗이 골리앗을 이기는 장면을 보게 되었기 때문만은 아니다. 골리앗의 방식에 투자한 사람들이 승리를 목전에 앞둔 다윗을 마주하는 장면을 지켜보는 일은 참으로 통쾌했다. 지난 3년간 오클랜드 애슬레틱스가 플레이오프에서 탈락하고 나면 매년 클럽의 부인회에서는 판에 박힌 구호를 외쳐댔다. 애슬레틱스는 이길 수 없다! 희생번트를 꺼리고, 도루에 냉소를 보내며, 괴상한 선수들을 뽑고, 야구계에 내려오는 오랜 지혜를 철저히 무시하는 애슬레틱스의 괴상한 운영 방식은 정규 시즌에는 제법 통했을지 몰라도 플레이오프에서는 무너질 수밖에 없다. 하지만 애슬레틱스가 2차전까지 승리를 거두자 아무도, 문자 그대로 아무도 이렇게 말하지 않았다. "아, 오클랜드 애슬레틱스는 보스턴 레드삭스를 이길 수 없어요. 처음 두 게임은 가져갔을지 몰라도 구단의 본질적인 속성상 플레이오프 시리즈에서는 절대 우승할 수 없다고요." 그 대신 그들은 눈앞에 닥친 끔찍한 사건을 합리화하기 위한 이유를 찾아내고자 안간

힘을 썼다. 그들이 의견의 일치를 본 이유는 다음과 같은 사건에서 비롯되었다.

라몬 에르난데스가 번트를 댔다!

애슬레틱스가 보스턴 레드삭스를 상대로 승리를 거둔 플레이오프 1차전에서 느린 발의 포수 라몬 에르난데스는 투아웃 상황에 3루 선상으로 떨어지는 번트를 댔다. 그의 번트는 그 자체로 사교클럽 회원들의 머릿속에서 다음과 같은 화학적 반응을 만들어냈다.

> 머니볼 구단은 번트를 대지 않아! 시답잖은 얼간이들이 항상 하는 말이 있지. 현명한 감독은 베이스와 아웃을 바꾸지 않는다는 말. 흥! 봐라! 그래, 그들은 이겼어. 하지만 그들은 우리의 주장이 옳다는 걸 보여줬지!

그들은 번트라는 단일한 사건이 전체 경기 결과의 원인이 되었다는 논리적 부조리에는 조금도 신경 쓰지 않았다. 단 한 번의 예외를 갖고 전체의 논지, 즉 긴 안목으로 볼 때 진루를 위해 아웃을 내주는 것은 실수라는 주장을 해칠 수 없다는 점도 신경 쓰지 않았다. 희생번트에 대한 반감은 야구에 대한 새로운 접근 방식에서 사소한 부분에 불과하다는 것에도 신경 쓰지 않았다. 사실 에르난데스의 플레이는 희생번트도 아니었다. 당시는 투아웃 상황이었다. 에르난데스는 베이스와 아웃을 바꾸기 위해서가 아니라 안타를 치기 위해 번트를 댔다.

어쨌거나 그들한테는 천만다행으로 오클랜드 애슬레틱스는 5차전에서 패배했다(물론 애슬레틱스가 3차전에서 패배했다면 상황이 더 깔끔했겠지만 말이다). 그리고 월드시리즈에서 플로리다 말린스가 우승한 것은 물론 필연적이자 진정한 투지의 결과였다. 그들은 사교클럽의 회원만이 이해할 수 있는 특별한 뭔가를 가졌다. 〈베이스볼 아메리카〉의 칼럼니스트 트레이시 링골스비는 빌리를 가장 소리 높여 끈질기게 비판한 인물로, 말린스의 우승 현장에서 감독인 잭 매키언을 침이 마르도록 칭찬했다. 그는 매키언에게 다음과 같은 말로 최고의 상찬을 바쳤다. "그는 분명히 구단이 대학 선수만을, 특히 투수만을 드래프트해야 한다고 주장하는 《머니볼》의 이론을 받아들이지 않았다." 매키언이 실제로 선수 드래프트에 관해 어떤 생각을 가졌는지는 전혀 상관없었다. 왜냐하면 그는 말린스 팀을 구성한 장본인이 아니라 시즌 중간에 낙하산으로 감독이 되었기 때문이다. 어쨌든 이 매키언이라는 사람은 링골스비가 이해하는, 하지만 빌리 같은 사람은 결코 알 수 없는 특별한 뭔가를 갖고 있었다. 그 특별한 뭔가는 시답잖은 얼간이들은 결코 이해할 수 없는 것이었다. 또한 약해빠진 외부인들은 모르겠지만 링골스비는 피부 깊숙이 느끼는 호쾌한 그 무엇이었다. 또한 그것은 챔피언전에서 승리할 수 있는 비결이기도 했다.

링골스비의 관점에서 그 특별한 뭔가, 또는 그 뭔가의 부재는 《머니볼》에 존재하는 뚜렷한 문제점을 즉각적으로 드러냈다. 문제는 단지 빌리의 자아가 통제 불능이라는 데만 있지 않았다. 문제는 《머니볼》의 작가가 '빈약한 야구 지식을 가지고 있으며, 빌리한테 과도하게 심취했다는 데 있었다'. '빈약한 야구 지식'이라니, 상당히 비판적인 말이기는 하지만 도대체 무슨 뜻일까? 분명한 것은 그 말이 링골스비가 압박감에 시달리며 경기에서 직접 뛰었다거나, 내게 경기 경험이 없음을 의미하지 않는다는 것이다. 그는 야구장 근처에도 온 적이 없었기 때문이다. 또한 링골스비가 오클랜드 프런트에서 무슨 일을 하는지 실제로 이해하고자 애썼다는 뜻도 아니다. 그는 굳이 나서서 그들을 인터뷰한 적이 한 번도 없었다. 생각해보라. 야구에 관한 글을 써서 먹고사는 사람이 수년에 걸쳐 오클랜드의 이 급진적인 실험에 관해 열심히 파고들면서 한 번도 전화기를 들어 빌리에게 그가 하려는 일을 설명해달라고 묻지도 않았다니 말이다. 내가 아는 한 '빈약한 야구 지식'이라는 말의 뜻은 선수 출신도 아닌 그가 메이저리그 내부에 들어올 자격이 없다고 생각하는 자들을 게임 밖으로 몰아내는 역할을 맡고 있다는 말이었다. 그는 작가가 아니었다. 단지 사교클럽의 경비원에 지나지 않았다.

그러나 링골스비는 나름대로 자기만의 순간을 즐겼다. 칼럼을 쓰려고 자리에 앉은 순간, 그는 자신이 야구장과 맞붙은 공간에서 일하는 수많은 사람을 대변하고 있음을 가슴속 깊이 알고 있었다. 고작 부인회 소속에 불과할지 몰라도 그가 야구를 보는 시각은 실제 사교클럽 회원들의 시각을 반영했다. 야구팀을 구성하기 위한 결정을 내리는 많은 사람이 그와 같은 생각을 가졌다. 이것이 바로 가난한 팀이 실제 경기에서 그처럼 많은 승리를 거둘 수 있는 이유이기도 하다.

감사의 말

오클랜드 애슬레틱스 구단의 도움과 격려가 없었다면 결코 이 책을 쓰지 못했을 것이다. 이 책에서 애슬레틱스의 많은 임직원을 중점적으로 다루고 있지만, 여기서 다루지 못했음에도 내게 중요한 의미를 가르쳐준 분들에게 이 자리를 빌려 감사를 전하고 싶다.

팀의 공동 구단주 가운데 한 사람인 스티브 쇼트는 경기에 안내해주고 조사를 수행하도록 격려를 아끼지 않았다. 프런트의 최일선에서 근무하는 베티 시노다와 윌로나 페리, 패기 밥티스트는 언제나 변함없이 환대해주었다. 짐 영과 데비 갤러스는 기자석에서 일하는 내게 많은 편의를 제공해주었다. 미키 모라비토는 구단의 원정 비행기에 동승할 수 있도록 기꺼이 배려해주었다.

키스 리프먼과 테드 폴라코프스키는 내가 왜 그렇게 마이너리그 선수들을 성가시게 하는지 궁금했을 텐데도 아무 말 없이 나를 도와주었다. 스티브 부시니치 역시 클럽하우스에 볼일이 있을 때마다 따지지 않고 도와주었으며, 오클랜드 애슬레틱스의 유니폼에 내 이름을 새기고 마운드에 오르게 하는 것만 빼고는 모든 편의를 제공해주었다.

짐 블룸은 내게 메이저리그 선수들을 소개해주었고, 나를 대신해 집필 의도를 설명해주었다. 특히 팀 허드슨과 배리 지토는 이 책에 언급한 이상으로 많은 도움을 주었다.

내 오랜 친구 몇 명은 원고의 일부나 전체를 읽고 오류를 수정해주었다. 토니 호위츠, 게리 마조라티, 제이컵 와이즈버그, 크리스 와이먼이 그들이다. 새롭게 알게 된 로브 네이어, 댄 오크랜드와 더그 파파스도 초고를 샅샅이 검토하고 야구에 관한 조언을 해주었다. 딕 크레이머와 피트 파머는 세이버메트릭스의 이론과 역사에서 귀중한 조언을 해주었다. 앨런 슈워츠는 야구 통계의 역사를 집필하는 데 도움을 주었는데, 그 자신도 동일한 주제에 관한 책을 집필하고 있음을 고려할 때 놀랄 만큼 관대한 처사였다.

로이 아이센하르트는 내게 빌리 빈을 소개해주었는데, 덕분에 오랜 기간을 빌리와 함께할 수 있었다. 내가 작성한 기록을 들여다보면 이 책의 상당 부분이 1년이라는 오랜 시간 빌리와 폴 그리고 데이비드 포스트와 함께 나눈 자유로운 대화에서 탄생한 것임을 알 수 있다. 하지만 그들 중 어느 누구도 내가 쓰려는 내용을 통제하거나 덮어버리려고 하지 않았다. 나는 그들의 너그러운 마음에 언제까지나 감사할 것이다.

오클랜드 애슬레틱스에 관한 책을 출간할 수 있었다는 것은 내게 축복이었다. 내게 야구에 관한 책을 쓰는 일은 스콧 해티버그에게 1루수 자리를 맡기는 것만큼이나 모험이었다. 이 점에서 나는 편집자인 스털링 로런스와 그의 조수 모건 밴 보스트에게 심심한 감사를 표한다.

노튼출판사의 영업담당자 빌 루신은 이 프로젝트가 시작되기 전 중지시켜야 마땅했음에도 그렇게 하지 않았다. 나는 올리버 길리랜드에게 이 책을 바칠 수 있었음을 감사하게 생각하지만, 그렇다고 해서 그를 잃은 슬픔을 완전히 덮을 수는 없을 것이다.

이 프로젝트의 매 단계마다 도움을 준 아내 타비사 소렌한테도 고맙다는 말을 하고 싶다. 그녀는 겉으로 드러난 모습도 훌륭하지만, 실제 가치는 그 이상이다.

머니볼

초판 1쇄 발행 | 2011년 10월 21일
초판 17쇄 발행 | 2024년 11월 13일

지은이 | 마이클 루이스
옮긴이 | 김찬별, 노은아

발행인 | 홍은정

주 소 | 경기도 파주시 심학산로 12, 4층 401호
전 화 | 031-839-6800
팩 스 | 031-839-6828

발행처 | (주)한올엠앤씨
등 록 | 2011년 5월 14일
이메일 | booksonwed@gmail.com

* 책읽는수요일, 라이프맵, 비즈니스맵, 생각연구소, 지식갤러리, 스타일북스는
㈜한올엠앤씨의 브랜드입니다.